乡村教师队伍建设研究

唐智松 徐爱斌 王丽娟 ◎ 著

「「乡村教师支持计划」实施的效果评估、舆情监测及对策研究」（BHA150084）课题研究成果

西南师范大学出版社
国家一级出版社 全国百佳图书出版单位

图书在版编目(CIP)数据

乡村教师队伍建设研究 / 唐智松, 徐爱斌, 王丽娟
著. — 重庆 : 西南师范大学出版社, 2021.1
ISBN 978-7-5697-0315-3

Ⅰ.①乡… Ⅱ.①唐… ②徐… ③王… Ⅲ.①农村学
校 – 师资队伍建设 – 研究 – 中国 Ⅳ.①G451.2

中国版本图书馆CIP数据核字(2021)第011053号

乡村教师队伍建设研究
XIANGCUN JIAOSHI DUIWU JIANSHE YANJIU

唐智松　徐爱斌　王丽娟　著

责任编辑:郑先俐
责任校对:黄丽玉
排　　版:夏　洁
书籍设计:CASTALY 周　娟　何欢欢
出版发行:西南师范大学出版社
　　　　　地址:重庆市北碚区天生路2号
　　　　　网址:http://www.xscbs.com
　　　　　邮编:400715　市场营销部电话:023-68868624
经　　销:全国新华书店
印　　刷:重庆市美尚印务有限公司
幅面尺寸:170mm×240mm
印　　张:23.75
字　　数:452千字
版　　次:2021年1月 第1版
印　　次:2021年1月 第1次印刷
书　　号:ISBN 978-7-5697-0315-3

定　　价:84.00元

MULU 目录

导论　关注《乡村教师支持计划(2015—2020年)》的落实 …………1

上篇　国家政策关切"乡村太阳" ……………………………5

专题一　政府落实《支持计划》举措的监测 ……………7

　一、调查设计与调查对象 ………………………8

　二、落实举措评估及推进建议 …………………9

专题二　乡村教师的《支持计划》舆情监测 ……………22

　一、调查设计与调查对象 ………………………22

　二、舆情反映评估及建议 ………………………24

中篇　关键力量支撑"乡村太阳" ……………………………39

专题三　乡村教师的职业情怀之研究 ……………………41

　一、研究缘起与研究意义 ………………………41

　二、概念界定与研究方法 ………………………47

　三、调查工具与调查对象 ………………………53

　四、数据统计及结论分析 ………………………59

　五、结果评判及问题分析 ………………………66

　六、提振乡村教师职业情怀的思考 ……………75

专题四　乡村教师的职业支持之研究 ……………………81

　一、研究缘起与研究意义 ………………………81

　二、概念界定与研究方法 ………………………87

　三、调查工具与调查对象 ………………………91

　四、数据统计及结论分析 ………………………93

五、结果评判及问题分析 …………………………………………107

六、增强乡村教师职业支持的建议 ……………………………116

专题五 乡村教师的职业作用之研究 …………………………122

一、研究缘起与研究意义 ………………………………………123

二、概念界定与研究方法 ………………………………………130

三、调查工具与调查对象 ………………………………………136

四、数据统计及结论分析 ………………………………………139

五、结果评判及问题分析 ………………………………………154

六、调适乡村教师职业作用的思考 ……………………………159

专题六 乡村教师的业余生活之研究 …………………………168

一、研究缘起与研究意义 ………………………………………169

二、概念界定与研究方法 ………………………………………176

三、调查工具与调查对象 ………………………………………181

四、数据统计及结论分析 ………………………………………184

五、结果评判及问题分析 ………………………………………199

六、提高乡村教师业余生活品质的思考 ………………………206

专题七 乡村教师专业发展模式之研究 ………………………213

一、研究缘起与研究意义 ………………………………………213

二、概念界定与研究方法 ………………………………………220

三、乡村教师专业发展模式实施的现状 ………………………225

四、乡村教师专业发展模式问题的归因 ………………………233

五、有效运用教师专业发展模式的思考 ………………………235

专题八 乡村教师专业发展路径效能之研究 …………………247

一、研究缘起与研究意义 ………………………………………248

二、概念界定与研究方法 ………………………………………254

三、调查工具与调查对象 ………………………………………261

四、数据统计及结论分析 ………………………………………264

五、结果评判及问题分析 ………………………………………287

六、有效利用专业发展路径的建议 ……………………………292

下篇 为了"乡村太阳"更加灿烂 ·······301

专题九 新时代乡村教师使命之研究 ·······303

一、问题提出与概念界定 ·······303

二、乡村教师的使命内容 ·······305

三、乡村教师使命践行之法 ·······308

专题十 信息化助推乡村教师之发展 ·······313

一、基础:教师专业发展走向大数据时代 ·······313

二、问题:当下乡村教师专业发展之困境 ·······316

三、方式:利用泛在学习助推专业之发展 ·······322

专题十一 乡村教师问题研究之研究 ·······332

一、乡村教师百年认识之梳理 ·······332

二、农村教师研究的国际视野 ·······348

三、乡村教师研究的当代热点 ·······360

结语 助推《乡村教师支持计划(2015—2020年)》的落实 ·······369

导论　关注《乡村教师支持计划(2015—2020年)》的落实

　　较长一段时间以来,围绕发展乡村教育,党和国家制定、颁行了一系列政策举措。《国家中长期教育改革和发展规划纲要(2010—2020年)》指出:"以农村教师为重点,提高中小学教师队伍整体素质。"《教育部关于大力加强中小学教师培训工作的意见》(教师〔2011〕1号)认为,乡村教师队伍建设是全国教师队伍建设不可或缺的重要组成部分,新时期教师工作要"以农村教师为重点"。《国务院关于加强教师队伍建设的意见》(国发〔2012〕41号)中提出了顶岗置换研修、校本研修、远程培训等多种模式的农村教师培训。《教育部 中央编办 国家发展改革委 财政部 人力资源社会保障部关于大力推进农村义务教育教师队伍建设的意见》(教师〔2012〕9号)中围绕加强农村教师国家级示范培训指出,要"积极探索农村教师远程网络培训的有效模式"。从2015年起,国家将国培计划重点转向乡村教师,并印发了针对乡村教师的实际培训指南。从以上文件来看,国家对乡村教师专业发展越来越重视。

　　为了建设一支"下得去""留得住""教得好"的乡村教师队伍,有力支撑打赢脱贫攻坚战、全面实现建成小康社会目标,振兴乡村教育、阻止贫困的代际传递,国务院办公厅于2015年6月1日颁布了《乡村教师支持计划(2015—2020年)》(以下简称《支持计划》),表明党和国家对乡村教师的关注已经达到了空前的高度。该《支持计划》抓住乡村教师队伍建设的关键环节,对全面推进乡村学校可持续发展作了战略布局和战术部署。在新时代乡村振兴战略背景下,为了实现产业兴旺、生态宜居、乡风文明、治理有效、生活富裕的乡村振兴要求,习近平主席在乡村振兴战略上发出号召,要求"让乡村振兴成为全党全社会的共同行动"。

　　一方面,有关数据显示,截至2018年底,全国共有乡村教师290多万人[①]。所以,关注、关心乡村教师,事关约300万乡村教师的工作质量、生命价值! 另一方面,有关

[①] 余俊杰,翟翔.全国共有乡村教师290余万人[N/OL].http://www.xinhuanet.com/2019-02/26/c_1210068385.htm[2019-12-12].

数据显示,2018年,我国乡村人口约5.64亿多①,乡村教育仍然在整个社会、整个国民教育体系中占有举足轻重的地位。所以,支持、支撑乡村教师发展,是事关乡村振兴、全面小康的千秋大事! 研究《支持计划》政策落实、促进乡村教师队伍建设,是落实十九大提出的乡村振兴战略,实现《国家中长期教育改革和发展规划纲要(2010—2020年)》提出的"以农村教师为重点,提高中小学教师队伍整体素质"要求的重要组成部分。当然,我们也看到,乡村教师队伍建设一直是政府、学界及社会人士关注的焦点,多年来已经涌现了一批相关的研究成果。随着《支持计划》的颁布,全国掀起了一股新的乡村教师及乡村学校问题研讨的热潮。本课题组在有关专家的大力支持下、在全国教育科学规划办的有力领导下,有幸获得《支持计划》政策颁布后的有关研究工作机会,因而才有这本关于《支持计划》政策评估及乡村教师队伍建设的研究成果。

本著是关注、聚焦《支持计划》的研究成果,为此我们首先认真研读了《支持计划》。在研读中发现,它提出了采取提高思政和师德素质、拓展补充渠道、提高生活待遇、统一编制标准、倾斜职称(职务)评聘、推动教师流动、提升能力素质、建立荣誉制度等举措全面加强乡村教师队伍建设。同时发现,它还特别要求区县政府从明确责任主体、加强经费保障、开展督导检查等方面加以落实。因此,本著就以此《支持计划》的基本精神为指向,聚焦问题研究,研究内容直指《支持计划》政策监测及评估,探讨如何解决乡村教师队伍建设中"下得去""留得住""教得好""活得好""能发展"的关键问题,如何利用信息化契机发展乡村教师,进而在新时代更好地服务乡村振兴。

具体而言,本著所反映的研究包含三个方面:一是关注、评估区县地方政府落实《支持计划》的举措;二是关注、监测乡村教师对落实《支持计划》的舆情反映;三是思考如何进一步推进乡村教师研究,进而更好地服务于新时代里新型城镇化下乡村学校及社区的发展。所以,本著由此形成了上、中、下三篇,共计11个专题,分别对《支持计划》的落实举措、舆情反映做了监测、评估,对支撑乡村教师队伍建设的职业情怀、职业支持、职业作用、业余生活、专业发展路径做了系统的实证研究及评估,对乡村教师研究进行了梳理及对利用信息化促进乡村教师专业发展等主题做了专门的研究。

同时,课题组为了确保研究工作的科学性,在负责人的总体部署下,一方面,在分析研究基础上,确立了以西部及中部地区的国家级连片贫困区为调查对象。另一方面,把课题组成员交叉组织成6个小组,对30多个县的300多名教育行政人员,约300

---

① 国家统计局.国家数据[EB/OL].http://data.stats.gov.cn/easyquery.htm? cn=C01&zb=A0301&sj=2018[2019-12-12].

所乡村学校的4000多位乡村教师进行问卷调查、个别访谈。为了确保研究活动的有效性,课题组共同研制了《区县政府落实〈乡村教师支持计划〉举措调查问卷》《乡村教师〈支持计划〉舆情反映调查问卷》《乡村教师职业情怀量表》等7个调查问卷,运用了SPSS等高级统计技术,结合人口学的推拉理论、社会学的支持理论、经济学的人力资本理论、心理学的需要层次理论、文化学的文化模式理论等进行较为深入的系统性分析,由此保证了统计结论、问题归纳、原因分析和问题解决建议的科学性。

站在现代大教育观的角度看,乡村教师所工作的乡村学校是整个社区的一个部分,乡村教师作为乡村学校的"灵魂"、乡村社会的精神象征,理论上具有承担教书育人、推动化民成俗、参与乡村治理、助推经济发展、引领环境保护等多重作用。因此,他们就是乡村的"太阳",他们的价值如同陶行知先生所言:乡村教师"是学校和乡村的灵魂",乡村教师对所在的乡村学校的作用小而言之"关系全村之兴衰",大而言之"全民族的命运都掌握在小学教师的手里"! 以包括本著在内的学界研究、政府举措、社会支持、社区支撑等所有力量,一起汇聚起来,共同托起"乡村太阳"——支持建设好乡村教师队伍!

上篇　国家政策关切"乡村太阳"

本篇导言

本篇的研究工作就是围绕《支持计划》颁布后,区县政府落实《支持计划》的举措、乡村教师对落实《支持计划》举措的舆情反映两个方面进行专门的调查研究。

首先,课题组认真研读、分析了《支持计划》,认为该《支持计划》提出的乡村教师队伍建设举措包括提高思政和师德素质、拓展补充渠道、提高生活待遇、统一编制标准、倾斜职称(职务)评聘、推动教师流动、提升能力素质、建立荣誉制度八个方面;同时,该《支持计划》还对如何推进落实提出了明确责任主体、加强经费保障、开展督导检查三个方面的要求。

其次,在全面把握《支持计划》政策之后,课题组针对监测区县政府落实《支持计划》举措情况、乡村教师对落实《支持计划》举措的舆情反映情况,设计了相应的《区县政府落实〈乡村教师支持计划〉举措调查问卷》《乡村教师＜支持计划＞舆情反映调查问卷》,为完成课题研究任务奠定了研究工具基础。

再次,课题组研究认为,西部及中部地区的国家级连片贫困区的乡村学校、乡村教师最具有代表性,理应是实地调查的必选地方。同时,课题组把研究人员交叉组织成6个小组,分别对30多个县的300多名教育行政人员,120多所乡村学校的1000多位乡村教师进行问卷调查、个别访谈。

最后,对调查数据进行了统计、分析,获得了区县政府落实《支持计划》举措的基本情况、乡村教师对落实《支持计划》举措的舆情反映,对这些统计结果的评估认为,目前落实《支持计划》处于中等偏上的状态、乡村教师对《支持计划》舆情偏好。同时,也发现了前期落实《支持计划》中存在的诸如《支持计划》政策文本学习宣传不够、经费及配套困难、紧缺学科(课程)教师难以配齐、全员培训效果一般、教师交流形式单一等等突出问题。课题组在分析问题的根源后提出了若干针对性的对策。

专题一　政府落实《支持计划》举措的监测①

【摘要】通过设计、运用《区县政府落实〈乡村教师支持计划〉举措调查问卷》,对32个国家贫困区县及乡镇的310名教育行政人员进行调查、访谈,结果表明:各区县政府建立落实《支持计划》主体责任制度整体偏好;落实设立《支持计划》专项基金的地区整体偏少,已设立专项基金的区县实际执行情况偏好;落实《支持计划》督导制度整体状况较差;乡村学校教师思政道德制度建设处于中等状态,已经开展教育的其内容较为全面;落实乡村学校师资补充渠道工作处于中度偏下状态;落实乡村教师保障生活待遇工作处于中间偏上状态;落实乡村教师的人事编制标准工作处于中间偏上状态;落实乡村教师的职称评定倾斜政策情况偏好;落实乡村教师的岗位管理制度的工作处于中间偏上状态;信息技术培训、教师交流途径得到较好落实,教师培训的制度、内容、形式、条件等处于中间偏上状态,紧缺学科教师、双语教师落实处于中间偏下状态;落实乡村教师荣誉制度处于中间偏上状态,已经实施的在奖励上注重物质与精神并举;落实设立乡村教师发展基金、对乡村教师的宣传处于中间偏下状态。同时,综合访谈内容发现,区县政府教育行政人员认为落实《支持计划》已经取得初步成效,同时也认为落实《支持计划》还存在诸多困难。基于上述关于区县政府落实举措效果的评估,结合落实《支持计划》中的区县行政人员反映的现实困难,课题组分门别类地对国家、区县政府提出了系列相应的针对性的后期推进《支持计划》的举措建议。

【关键词】乡村教师支持计划;落实举措;评估;推进建议

①本专题由唐智松(男,教育学博士,西南大学教授、博士生导师)、徐爱斌(男,西南大学博士生,成都市礼仪职业中学教师)同志完成研究、撰写。西南大学王丽娟博士、程莲雪硕士,重庆师范大学附属初级中学校李瑞老师,四川省成都市新都区锦门小学向静老师,四川省双流区棠湖中学实验学校任洁老师,贵州省铜仁学院谢焕庭老师,湖南生物机电职业技术学院高娅妮老师,重庆工商职业学院唐艺祯老师,湖北省孝感学院张春草老师,山西师范大学郭卿老师,安徽农业大学滕瀚教授,福建省宁德师范学院肖建勇副教授等同志参与前期调研工作,特此致谢! 同时,向所调查区县教育行政人员、乡村学校领导、乡村教师致以衷心的感谢!

一、调查设计与调查对象

根据国务院等部门的有关文件,我国目前有1300多个区县。根据《中国农村扶贫开发纲要(2011—2020年)》,其中有680个处于14个集中连片特困区。以特困区县为主的区县是《支持计划》实施的主要对象。这些区县作为实施《支持计划》的对象、落实《支持计划》的主体,在《支持计划》颁布后落实、执行的情况如何,不仅是《支持计划》该项政策是否"有令必行""有禁必止"的问题,更是影响290万以上乡村教师在依法享受权利下激发从教情怀、提高专业素质、提升农村教育质量的问题。所以,实施对农村区县落实《支持计划》的监测,以便国家在了解、评估《支持计划》实施情况的基础上,持续推进或调整策略,使《支持计划》政策取得预期的效果,显得非常必要。

(一)调查设计

《支持计划》提出了若干区县政府落实的要求,为了掌握区县政府落实情况,本调查依据该《支持计划》中对区县政府落实的要求,设计了调查问卷。该问卷包括落实的主体责任、落实的经费保障、落实监督检查制度、思政师德管理、师资补充渠道、保障生活待遇、落实编制标准、职称评定政策、岗位管理制度、素质提升管理、建立荣誉制度11个一级指标、50个二级指标;同时辅以3个开放性的访谈题目。该调查问卷的项目内容涵盖了《支持计划》对区县政府落实要求的各个方面。

(二)调查对象

真正意义上的乡村学校主要集中在中西部地区,尤其是西部地区,特别是在14个国家级连片贫困区。这些区县及其乡镇政府的区位特征主要有:地处山区高地、远离中心乡镇,居住人口稀疏、人际交往较少,交通条件较差、信息不够畅通。乡村学校就是处于这样的环境之中。为了掌握区县及乡镇政府落实《支持计划》的情况,课题组在近6个月内,以中、西部国家级连片贫困区中的六盘山区、秦巴山区、武陵山区、乌蒙山区、滇桂黔石漠化区为对象,先后对32个国家贫困区县、乡镇的310名教育行政人员进行了调查、访谈。

(三)调查过程

为了便捷、高效、高质地完成问卷调查,本研究利用网络技术开展面对面的网络问卷调查。

　　首先,在进入调查场地之前,课题组先把制作好的调查问卷转化成网络问卷,并且上传至网络空间里,以便移动使用。

　　其次,进入调查的场地实施调查时,研究人员先与所在区县或乡镇教育行政人员进行有关《支持计划》的话题交谈、调查工作的沟通。然后再告知网络问卷的填写方式。

　　最后,接受调查、访谈的区县、乡镇教育行政人员按照调查人员的要求在网络上填写调查问卷、回答相关问题。

　　课题组研究人员在实地调查之后再从网络中提取获得的调查问卷结果材料,整理访谈内容,并进行相应的统计、分析。

二、落实举措评估及推进建议

　　课题组成员利用现场发放问卷、网络填写问卷等途径,对32个国家贫困区县及乡镇的310名教育行政人员进行了现场的问卷调查、个别访谈。问卷调查、访谈的内容及统计分为三个部分:一是根据《支持计划》中关于主要举措、组织实施的两大部分要求,设计了政府落实"组织实施"举措的评估及建议、政府落实"主要举措"的评估及建议两个部分的调查问卷;二是为了总体掌握区县教育行政人员对落实《支持计划》效果的感受而设计了对行政人员落实感受的访谈项目。通过对网络问卷所获数据的统计分析,获得了如下对区县政府落实《支持计划》举措的总体性评估;同时,基于评估分析,提出了后期推进的工作建议。

(一)对政府落实"组织实施"举措的评估及建议

1.对落实政府主体责任的评估及建议

　　为了掌握地方区县政府落实《支持计划》中关于落实政府主体责任的情况,从五个方面进行了调查,统计问卷结果如下(见表1-1)。

表1-1 建立落实政府主体责任制度的工作达成度

序号及任务目标	工作进展及达成描述	达成度的等级评估				
		80%及以上（A级）	60%~79%（B级）	40%~59%（C级）	20%~39%（D级）	20%以下（E级）
1.建立落实政府主体责任制度	1a. 90%反映已经建立了落实《支持计划》的"一把手"制度;反映落实进展非常好	A				
	1b. 50%反映对落实《支持计划》进行了分工、分解;落实进展一般			C		
	1c. 有1/3反映把落实《支持计划》纳入考核政策;反映落实进展较差				D	
	1d. 70%反映已经动员社会参与落实《支持计划》行动;落实进展较好		B			
	1e. 超过60%反映已经做到了总结落实《支持计划》经验及进行表彰;但反映落实进展一般		B			

第一,举措评估:建立落实《支持计划》主体责任制度整体偏好。区县政府建立落实《支持计划》主体责任制工作处于中间较好状态,但存在分解落实《支持计划》任务的分工不彻底的问题;社会参与《支持计划》已经基本动员起来,超过一半的区县政府注意总结落实《支持计划》的经验。

第二,后期建议:通过国家层面的检查、督导,要求各地区县政府进一步明晰落实《支持计划》的领导内容分工、任务分解;国家把落实《支持计划》纳入地方政府的业绩考核并且实施"奖优罚劣"。同时,继续全面动员全社会参与、及时总结落实《支持计划》的经验。

2.对落实专项经费保障的评估及建议

为了掌握地方区县政府落实《支持计划》中关于落实专项经费保障的情况,从三个方面进行了调查,统计问卷结果如下(见表1-2)。

表1-2　设立落实专项经费保障制度的工作达成度

序号及任务目标	工作进展及达成描述	达成度的等级评估				
		80%及以上（A级）	60%~79%（B级）	40%~59%（C级）	20%~39%（D级）	20%以下（E级）
2.设立落实专项经费保障制度	2a. 36%反映已经设立了《支持计划》专项基金制度；落实进展较差				D	
	2b. 68%认为《支持计划》经费使用是公开透明的；反映落实进展较好		B			
	2c. 68%认为不存在截留、克扣、虚报、冒领《支持计划》经费现象；反映落实进展较好		B			

第一，举措评估：落实设立《支持计划》专项基金处于中间偏下状态，已设立的区县政府执行情况偏好。还有近2/3的调查对象反映区县政府还没有设立《支持计划》专项基金，可见区县政府设立专项基金的任务远未达成；已有经费使用具有一定的透明度，但仍需要提高透明度；被调查者反映基本上不存在截留、克扣、虚报、冒领《支持计划》经费等现象。

第二，后期建议：在国家划拨资金到位的情况下，督促区县政府尽快建立落实《支持计划》的专项基金制度，订立该专项经费使用报告制度、追责体制，保证《支持计划》资金使用的"全透明"。

3.对落实监督检查制度的评估及建议

为了掌握地方区县政府落实《支持计划》中关于落实监督检查制度的情况，从两个方面进行了调查，统计问卷结果如下（见表1-3）。

表1-3　建立落实监督检查制度的工作达成度

序号及任务目标	工作进展及达成描述	达成度的等级评估				
		80%及以上（A级）	60%~79%（B级）	40%~59%（C级）	20%~39%（D级）	20%以下（E级）
3.建立落实监督检查制度	3a. 37%反映已建立落实《支持计划》监督检查制度；反映落实进展较差				D	
	3b. 34%反映已制定落实《支持计划》的奖惩制度；反映落实进展差				D	

第一,举措评估:落实《支持计划》督导制度整体状况较差。只有1/3反映区县建立了落实《支持计划》的监督检查、奖惩制度,尚有2/3反映区县政府尚未落实。

第二,后期建议:从建立国家层面的督导制度开始,向下延伸至各个区县政府、乡村学校逐级建立的监督检查、奖励和惩罚制度;并且通过各级单位的自查、上级部门的巡视等多种途径保证其有效性;并对落实《支持计划》不力领导实行追责。

(二)对政府落实"主要举措"的评估及建议

1.对加强思政道德建设的评估及建议

为了掌握地方区县政府落实《支持计划》中关于加强思想政治道德建设的情况,从三个方面进行了调查,统计问卷结果如下(见表1-4)。

表1-4 落实加强教师思想政治道德建设的工作达成度

序号及任务目标	工作进展及达成描述	达成度的等级评估				
		80%及以上(A级)	60%~79%(B级)	40%~59%(C级)	20%~39%(D级)	20%及以下(E级)
4.落实加强教师思想政治道德建设	4a.30.5%反映乡村学校常规政治理论学习制度已经全部建立,36.7%认为已经部分建立,20.8%认为正在落实中;反映落实进展一般		B			
	4b.乡村学校教师思政道德教育涵盖了职业道德教育,以及职业理想、法治教育、心理健康教育等;内容较为全面	A				
	4c.51%反映已经建立了教育、宣传、考核、监督与奖惩制度;反映落实进展一般			C		

第一,举措评估:乡村学校教师思想、政治、道德制度建设处于中等状态,已经开展教育的内容较为全面。2/3左右反映建立或部分建立了乡村学校教师常规思想、政治、道德教育制度,一半左右建立了师德的教育宣传、考核、监督与奖励制度;乡村学校教师的思想、政治、道德教育内容较为全面。

第二,后期建议:在加强乡村教师思想、政治、道德研究工作的基础上,通过巡视、督查等手段,督促尚未完成的区县政府尽快完善乡村学校的思想、政治、道德教育制度,并建立有效学习活动预报、中间检查、结果反馈与通报制度。

2.对落实师资补充渠道的评估及建议

为了掌握地方区县政府落实《支持计划》关于落实补充乡村教师渠道的情况,从六个方面进行了调查,统计问卷结果如下(见表1-5)。

表1-5　落实乡村学校师资补充渠道的工作达成度

序号及任务目标	工作进展及达成描述	达成度的等级评估				
		80%及以上(A级)	60%~79%(B级)	40%~59%(C级)	20%~39%(D级)	20%以下(E级)
5.落实乡村学校师资补充渠道	5a. 50%反映已经制定了吸引高校毕业生到乡村学校的政策;反映落实进展一般			C		
	5b. 64%反映已经制定了特岗教师计划;落实进展一般		B			
	5c. 1/3反映提高了特岗教师的工资性补助标准;反映落实进展较差				D	
	5d. 26%反映已经采取了培养本土化乡村教师的措施;反映落实进展较差				D	
	5e. 50%反映已制定非免费师范生到村校任教追偿学费或助学贷款政策;反映落实进展一般			C		
	5f. 30%反映已制定吸引城市退休教师到乡村学校支教的政策;反映落实进展较差				D	

第一,举措评估:落实乡村学校师资补充渠道工作处于中间偏下状态。近一半反映制定了吸引高校毕业生到乡村学校的政策;64%反映已经制定了特岗教师计划,可见特岗教师计划政策还没有完全建立起来;仅有1/3认可提高了特岗教师工资性补助标准,尚有2/3认为还没有;1/4反映已经采取了培养本土化乡村教师的措施,但尚有近3/4反映还没有;有一半反映区县政府已经制定了非免费师范生到乡村学校任教追偿学费或助学贷款政策,有29%反映区县政府已经落实到位了非免费师范生到乡村学校任教追偿学费或助学贷款政策;30%反映区县政府已经制定了吸引城市已退休教师到乡村学校支教的政策,其中10%的教育行政人员反映区县已经得到执行。可见,后期推进落实《支持计划》中的乡村教师补充任务还比较艰巨。

第二,后期建议:对尚未制定吸引高校毕业生、特岗教师到乡村学校任教政策的区县政府予以通告,并责令尽快完成;督促各地全面落实对特岗教师的工资性补助;积极开展乡村教师本土化的培养工作;全面落实非免费师范生到乡村学校任教追偿学费或助学贷款政策的工作;通过政策引导吸引大批城市已退休教师到乡村学校支教。同时,呼吁高等院校、社会人士、社区民众都参与到吸引大学生、退休教师来乡村学校任教的工作中来。

3.对落实保障生活待遇的评估及建议

为了掌握地方区县政府落实《支持计划》中保障生活待遇的情况,从五个方面进行了调查,统计问卷结果如下(见表1-6)。

表1-6 落实乡村教师保障生活待遇的工作达成度

序号及任务目标	工作进展及达成描述	达成度的等级评估				
		80%及以上(A级)	60%~79%(B级)	40%~59%(C级)	20%~39%(D级)	20%以下(E级)
6.落实乡村教师保障生活待遇	6a. 31%反映已经落实乡村教师国家待遇补助政策;反映落实进展较差				D	
	6b. 80%反映已经为乡村教师缴纳住房公积金和社保费;反映落实进展较好	A				
	6c. 50%反映已经实行乡村教师的重大疾病补助政策;反映落实进展一般			C		
	6d. 50%反映已经将乡村教师住房纳入住房保障范围;反映落实进展一般			C		
	6e. 50%反映已经或正在为乡村教师修建周转使用的宿舍;但普遍落实进展一般			C		

第一,举措评估:落实乡村教师保障生活待遇工作处于中间偏上状态。31%反映政府已经落实乡村教师国家待遇补助政策;36%反映政府正在落实;超过80%反映政府已经为乡村教师缴纳住房公积金和有关社保费;一半反映政府已经实行乡村教师的重大疾病补助政策;一半反映政府已经将乡村教师住房纳入住房保障范围;一半反映政府已经或正在为乡村教师修建周转宿舍。一方面,某些乡村教师认为该项政

策非常好,但另一方面这些一半的数据也反映了这项政策的落实仅仅处于中等状态,可见后期推进落实乡村教师生活待遇工作的任务还比较艰巨,需要相对充足的资金予以保障。

第二,后期建议:在国家资金按时、足额划拨到位的条件下,教育部需要督促尚未制定、完全落实的区县政府尽快全面落实:满额及时地发放国家补助、为乡村教师缴纳住房公积金和社保费,及时发放重大疾病补助、将住房纳入住房保障范围、修建周转宿舍;并且各地通过及时与定时相结合的方法通报落实保障乡村教师生活待遇的执行情况,并进行相应的奖励或责罚。

4.对落实人事编制标准的评估及建议

为了掌握地方区县政府落实《支持计划》中关于人事编制标准的情况,从四个方面进行了调查,统计问卷结果如下(见表1-7)。

表1-7 落实乡村教师人事编制标准的工作达成度

序号及任务目标	工作进展及达成描述	达成度的等级评估				
		80%及以上(A级)	60%~79%(B级)	40%~59%(C级)	20%~39%(D级)	20%以下(E级)
7.落实乡村教师人事编制标准	7a. 70%反映已经建立统一核定城、乡学校的教师编制制度;反映落实进展较好		B			
	7b. 60%反映在村小、教学点已经落实按照师生比和班师比相结合方式核定编制;反映落实进展一般			C		
	7c. 一半反映乡村学校已经实现村小、教学点学科教师全覆盖、开足开齐国家课程;落实进展一般			C		
	7d. 42%反映乡村学校不存在有编不补、临聘人员、占用乡村学校教师编制的现象;反映落实进展一般偏下			C		

第一,举措评估:落实乡村教师的人事编制标准工作处于中间偏上状态。70%反映区县政府已经建立统一核定城、乡学校的教师编制制度,还有30%的区县政府还没有研制该项政策;60%反映已经在村小、教学点按照师生比和班师比相结合方式核定编制,还有近40%反映没有实施;一半反映已经解决村小、教学点学科教师全覆盖、开

足开齐国家课程问题,有37%反映正在落实,亦即还有10%以上的区县乡村学校没有得到落实,可见乡村学校的学科教师全覆盖、开足开齐国家课程的任务还很艰巨。42%反映区县政府不存在有编不补、临聘人员、占用乡村学校教师编制的现象。可见,乡村学校的教师编制混乱现象仍未得到解决,后期仍需精准设计、落实有关乡村学校的编制问题。

第二,后期建议:通过国家层面的巡视、督查、督导等途径,督促各地区县政府尽快落实统一城乡教师编制;同时,不能简单套用城市学校的师生比来确定乡村学校的教师编制,而要按照师生比和班师比相结合方式核定编制;加大力度解决村小、教学点学科教师全覆盖的问题;自查和督促相结合解决"有编不补"、临聘人员、占用乡村学校教师编制的问题;开通专门的信息反映、通报渠道,以督促该项制度建设的常规化。

5.对落实职称评定倾斜性政策的评估及建议

为了掌握地方区县政府落实《支持计划》关于落实乡村教师职称评定倾斜性政策的情况,从四个方面进行了调查,统计问卷结果如下(见表1-8)。

表1-8　落实乡村教师职称评定倾斜性政策的工作达成度

序号及任务目标	工作进展及达成描述	达成度的等级评估				
		80%及以上(A级)	60%~79%(B级)	40%~59%(C级)	20%~39%(D级)	20%以下(E级)
8.落实乡村教师职称评定倾斜性政策	8a.41%反映已制定落实职称评定中向乡村教师倾斜的政策;反映落实进展一般			C		
	8b.46%反映已落实乡村教师评定职称时不作外语、论文刚性要求;反映落实进展一般			C		
	8c.超过80%反映在乡村教师职称评定中注重师德、业绩考核;反映落实进展非常好	A				
	8d.70%反映已落实城市教师晋升职称时要求有村校任教的经历;反映落实进展较好		B			

第一,举措评估:落实乡村教师职称评定倾斜政策处于中间偏好状态:41%反映政府已经制定落实了职称评定中向乡村教师实行倾斜性的政策,尚有近60%的区县政府还没有落实,离全覆盖还有很大差距;46%反映政府已经落实对乡村教师评定职

称时不作外语、论文刚性要求,还有近一半的区县政府还没有落实,可见后期全面落实任务还较为艰巨;超过80%反映在乡村教师职称评定中注重师德、业绩考核,还有20%的区县还没有得到落实;70%反映已经落实城市教师晋升职称时要求有乡村或薄弱学校任教经历的要求,可见该项政策在30%的区县还没有得到落实。可见,实施乡村教师职称评定倾斜政策受到较好反映,后期需要全覆盖地落实该项政策。

第二,后期建议:教育部会同有关部门一起督促各地区县政府尽快全面落实职称评定中向乡村教师实行倾斜性的政策;全面贯彻落实对乡村教师评定职称时不作外语、论文刚性要求;全面执行城市教师晋升职称时必须有乡村学校任教经历的要求;全面执行职称评定中注重师德、业绩考核的要求。此外,支持研制乡村学校教师岗位胜任资格条例。

6.对落实岗位管理制度的评估及建议

为了掌握地方区县政府落实《支持计划》关于落实乡村教师的岗位管理制度的情况,从四个方面进行了调查,统计问卷结果如下(见表1-9)。

表1-9　落实乡村教师的岗位管理制度的工作达成度

序号及任务目标	工作进展及达成描述	达成度的等级评估				
		80%及以上(A级)	60%~79%(B级)	40%~59%(C级)	20%~39%(D级)	20%以下(E级)
9.落实乡村教师的岗位管理制度	9a. 近50%反映开始了域内教师"县管校聘"管理体制;反映落实进展一般			C		
	9b. 69.0%反映采取了定期交流为主,辅以对口支援、跨校竞聘、教师走教、学区一体化、学校联盟等;反映落实进展较好		B			
	9c. 66.5%认为职称晋升、发放补贴是促进城市教师到村小、教学点任教的主要动力;反映落实进展一般		B			
	9d. 63.3%反映采取了以职称晋升为主,辅以有序流动、改善住房、发放补贴、缴纳住房补贴等措施稳定优秀农村学校教师;反映落实进展较好		B			

第一,举措评估:落实乡村教师的岗位管理制度的工作处于中间偏上状态。近

50%反映区县已经开始了域内教师全面实施"县管校聘"管理体制,尚有近50%反映处于正在研制状态,可见这些国策的落实仅处于中等状态。同时,调查结果反映区县采取了定期交流为主,对口支援、跨校竞聘、教师走教、学区一体化、学校联盟等为辅的多渠道教师流动措施,但途径还是较为单一。职称晋升、发放补贴是促进城市教师到村小、教学点任教的主要动力;区县政府采取了以职称晋升为主,辅以有序流动、改善住房、发放补贴、缴纳住房补贴等措施。可见,乡村学校的职称评定/晋升、提高补助/待遇是促进乡村学校师资队伍建设的关键。后期推进《支持计划》仍然需要坚持这个基本的"利好"政策。

第二,后期建议:教育部应当加强指导、督促各地尽快全面落实域内教师"县管校聘"政策;扩大教师奖励规模并提高交流的效能;继续采取以职称晋升、发放补贴,以及缴纳住房公积金、缴纳社保费、解决保障住房等为主的多种途径促进城市教师到村小、教学点任教;继续积极发挥职称晋升倾斜性政策的杠杆作用来稳定乡村教师队伍、提高乡村教师岗位的吸引力。

7.对落实教师素质提升的评估及建议

为了掌握地方区县政府落实《支持计划》关于落实提升乡村教师专业素质的情况,从十个方面进行了调查,统计问卷结果如下(见表1-10)。

表1-10　落实提升乡村教师素质举措的工作达成度

序号及任务目标	工作进展及达成描述	达成度的等级评估				
		80%及以上(A级)	60%~79%(B级)	40%~59%(C级)	20%~39%(D级)	20%以下(E级)
10.落实提升乡村教师素质的举措	10a.超过60%反映已经建立了乡村教师全员培训计划制度;反映落实进展一般		B			
	10b.27%反映已经整合高校、进修校和中心校资源以建立乡村教师支持服务体系;反映落实进展较差				D	
	10c.84.1%反映信息技术培训涉及注重资源利用、课堂运用、学科结合、注重技能普及等;反映内容较为全面	A				

序号及任务目标	工作进展及达成描述	达成度的等级评估				
		80%及以上（A级）	60%~79%（B级）	40%~59%（C级）	20%~39%（D级）	20%以下（E级）
10. 落实提升乡村教师素质的举措	10d. 61%反映已经将师德贯穿于教师培训全过程；反映落实进展较好		B			
	10e. 1/3反映已经落实了加强音体美紧缺学科教师队伍建设；落实进展较差				D	
	10f. 近1/4反映已经落实了加强乡村学校双语教师队伍建设；反映落实进展较差				D	
	10g. 71%反映乡村教师培训以网络研修为主,辅以校本研修、送教下乡、顶岗置换、专家指导、教师发展学校等；反映形式较为多样化		B			
	10h. 反映促进域内教师流动以定期交流为主,辅以对口支援、跨校竞聘、教师走教、学区一体化、学校联盟等；途径较为丰富多样	A				
	10i. 66%反映已经落实了乡村学校校长参加"国培计划"；反映落实进展较好		B			
	10j. 区县政府采取了允许请假、学费报销、优先拔用、生活补贴、减免培训费等措施吸引乡村教师参与在职学习、学历提升；奖励手段较为多样		B			

第一,举措评估:信息技术培训、教师交流途径得到较好落实,教师培训的制度、内容、形式、条件等处于中等偏上状态,紧缺学科教师、双语教师落实处于中间偏下状态。超过60%反映已经建立乡村教师全员培训计划制度;27%反映已经整合高校、进修校和中心校资源以建立乡村教师支持服务体系;84.1%反映信息技术培训涉及注重资源利用、注重课堂运用、注重学科结合、注重技能普及等;61%反映已经将师德教

育贯穿教师培训全程中;1/3反映落实了加强音体美紧缺学科教师队伍建设,尚有2/3反映仍未得到解决;近1/4反映落实了加强乡村学校双语教师队伍建设,但大部分区县政府还没有落实;71%反映乡村教师培训以网络研修为主,辅以校本研修、送教下乡、顶岗置换、专家指导、教师发展学校等;区县促进域内教师流动的方式以定期交流为主,辅以对口支援、跨校竞聘、教师走教、学区一体化、学校联盟等;66%反映落实了乡村学校校长参加"国培计划";反映采取了允许请假、学费报销、优先拔用、生活补贴、减免培训等措施吸引乡村教师参与在职学习、学历提升。

第二,后期建议:提高信息技术培训、各种教师交流途径的有效性;通过监督、检查等手段促进教师培训的制度、内容、形式、条件的全面落实,强化师德教育、校长"国培计划"的全覆盖;通过定向培养、校本培训等方式解决紧缺学科教师配备、双语教师培训的问题。

8.对落实建立教师荣誉制度的评估及建议

为了掌握地方区县政府落实《支持计划》关于落实建立乡村教师荣誉制度的情况,从四个方面进行了调查,统计问卷结果如下(见表1-11)。

表1-11 落实建立乡村教师荣誉制度的工作达成度

序号及任务目标	工作进展及达成描述	达成度的等级评估				
		80%及以上(A级)	60%~79%(B级)	40%~59%(C级)	20%~39%(D级)	20%以下(E级)
11.落实建立乡村教师荣誉制度	11a. 73%反映已经落实了设置乡村教师荣誉的制度;落实进展较好		B			
	11b. 85.4%反映对获得荣誉教师的奖励主要是精神奖励、职称优先评定,次有金钱奖励、优先提拔任用、物质奖励及解决生活困难等;落实进展较好	A				
	11c. 30%反映设置了支持乡村教师事业发展基金;落实进展较差				D	
	11d. 超过50%反映落实了宣传乡村教师工作的活动;落实进展一般			C		

第一,举措评估:落实建立乡村教师荣誉制度处于中偏上状态,已经建立乡村教师荣誉制度的在奖励上注重物质与精神并举;落实设立乡村教师发展基金、对乡村教

师的宣传处于中偏下状态。73%反映区县落实了设置乡村教师荣誉的制度,但还没有全面达成;区县对获得荣誉教师的奖励主要是精神奖励、职称优先评定,次有金钱奖励、优先提拔任用、物质奖励及解决生活困难等,荣誉奖励是精神与物质并举;30%反映区县设置了支持乡村教师事业发展基金,大多数区县还没有设立;超过一半反映区县在宣传乡村教师的工作。

第二,后期建议:通过国家拨款、地方筹资、社会募集等方式,指导、检查等手段,督促区县设立乡村教师发展基金、乡村教师荣誉制度,加大宣传乡村教师工作,保持物质与精神奖励并举。

(三)对行政人员落实感受的评估及建议

为了掌握地方区县教育行政人员对落实《支持计划》感受的情况,从落实的初步效果、落实中存在的困难、对未来落实的希望三个问题进行了访谈。综合分析访谈内容发现:

第一,落实《支持计划》已经取得了初步成效。通过分析区县教育行政人员对落实《支持计划》的反映,其中值得肯定的方面有注重领会《支持计划》政策精神,全面落实《支持计划》的总体目标,依照《支持计划》研制了具体目标,收到了较好的效果:提升了教师素养,改善了教师待遇,优化了教师结构,激发了教师从教热情。

第二,落实《支持计划》确实还存在诸多困难。通过分析区县教育行政人员对落实《支持计划》的反映,发现落实中《支持计划》政策文件的学习力度、透明度等方面还不够;乡村教师队伍还存在学科与年龄结构不合理、优质资源不足和条件较差,人员流失较严重、补充渠道不畅,难以招募到特岗教师等问题;落实《支持计划》的经费划拨、设备条件、社会支持等保障还不够。

第三,后期推进的关键是中央与地方配合落实《支持计划》。一方面,国家层面既要采取多种措施,宣传、奖励落实《支持计划》取得良好效果的区县政府;又要增加和落实专项经费投入、提高教师待遇,并监督经费的使用。另一方面,区县政府层面,在国家指导、协助下,加强《支持计划》政策学习、研制有力措施,注重优化师资结构、加强教师全员培训、提高培训的效果。

专题二 乡村教师的《支持计划》舆情监测①

【摘要】通过设计、运用《乡村教师〈支持计划〉舆情反映调查问卷》,对32个国家级贫困县内的120所乡村学校的1075位乡村教师进行问卷、访谈。结果表明:乡村学校的教师思想、政治、道德教育制度建设及落实才达成一半;乡村学校教师的多渠道补充获得高度认同,但落实工作处于中等状态;提高乡村教师生活待遇的社会舆情较好;落实乡村学校人事编制政策较差;对《支持计划》教师编制标准政策的支持处于中间偏上状态,同时对已经落实该政策的反映较好;落实乡村教师职称评定的制度建设处于中等状态,已经落实的得到了一致好评;《支持计划》所列提升乡村教师素质的政策获得了乡村教师的高度赞同,但总体执行效果偏低;对《支持计划》的乡村教师荣誉制度高度赞同,但落实处于中间状态;对主体责任者落实《支持计划》的效果反映一般。同时,就访谈内容的分析,乡村教师感受到落实《支持计划》的初步效果是较好的,对落实中的困难认识也是极为客观的,提出的若干后期推进建议也具有参考价值。基于上述关于落实举措舆情反映的评估结果,我们结合落实《支持计划》中反映的现实问题,分门别类地对国家、区县、乡村教师提出了系列后期推进《支持计划》的举措建议。

【关键词】乡村教师支持计划;舆情反映

一、调查设计与调查对象

乡村教师是《支持计划》政策实施的接受对象,也是该政策实施效果的评估主体。

① 本专题由唐智松(男,教育学博士,西南大学教授、博士生导师)、王丽娟(女,西南大学博士生)同志完成研究、撰写。西南大学徐爱斌博士、程莲雪硕士、重庆工商职业学院唐艺祯老师、重庆师范大学附属初级中学校李瑞老师、四川省成都市新都区锦门小学向静老师、四川省双流区棠湖中学实验学校任洁老师、贵州省铜仁学院谢焕庭老师,湖南生物机电职业技术学院高娅妮老师,湖北省孝感学院张春草老师、山西师范大学郭卿老师、安徽农业大学的滕瀚教授、福建省宁德师范学院肖建勇副教授等同志参与前期调研工作,特此致谢! 同时,向所调查区县教育行政人员、乡村学校领导、乡村教师致以衷心的感谢!

《支持计划》实施的情况到底怎么样,最好的答案是到乡村教师中去寻找。因此,设计调查问卷,针对乡村教师进行有关落实《支持计划》反映的舆情调查,对该项国策进行舆情监测,并做出评估,进而提出相应的完善建议,是必须完成的研究任务。

(一)调查设计

《支持计划》提出了若干加强乡村教师队伍建设的举措,为了掌握《支持计划》实施的情况,本调查依据《支持计划》中有关加强乡村教师队伍建设的若干政策性建议举措,设计调查问卷。该问卷包括思政师德、补充渠道、生活待遇、编制标准、职称评聘、流动管理、素质提升、荣誉制度8个一级指标、59个二级指标;同时辅以3个开放性的访谈题目。该调查问卷的项目内容涵盖了该《支持计划》所要求的全部内容。

(二)调查对象

处于教师群体最基层的乡村教师主要在中、西部地区,尤其是14个国家级连片贫困区。他们的特征主要有:大多数是本地出生,具有一定家乡情怀;大多数以任教为主业,闲暇时做一些兼职工作;大多数在乡村和城镇都有住房,奔走于城乡和学校之间;大多数具有中师毕业后任教,然后继续完成专科或本科的学习经历;大多数有基本的全面发展素质,能够承担包班上课、包年级上课;对于从教的态度倾向于积极,但又带有"认命"的态度。为了能够从乡村教师的角度掌握该《支持计划》实施的情况,课题组在近4个月内,以中西部国家级连片贫困区中的六盘山区、秦巴山区、武陵山区、乌蒙山区、滇桂黔石漠化区为调查对象,先后对32个国家级贫困县内的120所乡村学校的1075位乡村教师进行了问卷调查和访谈。

(三)调查过程

为了便捷、高效、高质地完成问卷调查,本研究利用网络技术开展面对面的网络问卷调查。

首先,在进入调查场地之前,课题组先把制作好的调查问卷转化成网络问卷,并且上传至网络空间里,以便移动使用。

其次,进入调查的场地实施调查时,研究人员先与被调查的乡村教师进行乡村教师的话题交谈、调查工作的沟通。然后再告知网络问卷的填写方式。

最后,调查人员要求接受调查的乡村教师按照调查人员的说明、要求在网络上填写调查问卷。

课题组研究人员在实地调查之后再从网络中提取获得的调查问卷结果材料,进行相应的统计、分析。

二、舆情反映评估及建议

通过依据《支持计划》对区县政府落实要求而设计的调查问卷及访谈工具,课题组成员利用现场发放问卷、网络填写问卷等途径,对32个国家级贫困县内的120所乡村学校的1075位乡村教师进行了问卷调查、个别访谈。问卷调查、访谈的内容及统计分为三个部分:一是根据《支持计划》中关于主要举措、组织实施的两大部分要求,设计了乡村教师关于政府"组织实施"举措的舆情及建议、乡村教师对政府落实"主要举措"舆情的评估及建议两个部分的调查问卷;二是为了总体掌握乡村教师对落实《支持计划》效果的舆情而设计了对乡村教师落实感受的访谈项目。通过对网络问卷所获数据的统计、分析,获得了如下的乡村教师对落实《支持计划》舆情的系列评估;同时,基于评估分析,提出了后期推进的工作建议。

(一)对"主要举措"的舆情评估及建议

1.加强思想政治道德建设舆情的评估及建议

为了掌握区县政府落实《支持计划》中加强乡村教师思想政治道德建设的舆情反映,从五个方面进行了调查,统计问卷结果如下(见表2-1)。

表2-1　加强乡村教师思想政治道德建设的舆情反映

序号及任务目标	工作进展及舆情描述	舆情反映的等级评估				
		80%及以上(A级)	60%~79%(B级)	40%~59%(C级)	20%~39%(D级)	20%以下(E级)
1.加强乡村教师思想政治道德建设舆情	1a. 82%反映乡村学校已建立常规思政师德学习制度;舆情反映非常好	A				
	1b. 89.1%反映思政师德学习涵盖了职业道德、法治教育、职业理想、健康教育等方面;内容总体判断是较为全面的	A				
	1c. 50%认为乡村学校教师师德学习效果一般;舆情反映一般			C		
	1d. 90%以上反映已经建立了思政师德的教育、宣传、考核、监督与奖惩的制度;舆情反映非常好	A				
	1e. 50%认为思政师德的教育、宣传、考核、监督与奖惩制度的效果较好;舆情反映比较好			C		

第一,舆情评估:乡村学校的教师思想、政治、道德教育制度建设及落实才达成一半的进度。82%反映已建立常规思政师德学习制度,已经建立的乡村学校思想、政治、道德教育内容较为全面;90%以上反映已经建立了思政师德的教育、宣传、考核、监督与奖惩的制度。但是只有50%认为师德学习效果一般;50%认为思想政治道德制度建设的效果较好。可见,乡村学校教师思想、政治、道德教育的制度建设及落实仅达成一半的目标,提高师德教育的有效性也值得关注。

第二,后期建议:后期通过巡视检查、指导建设等措施督促未完成区县尽快全面落实乡村学校教师思想、政治、道德学习制度。

2.乡村学校师资补充渠道舆情的评估及建议

为了掌握区县政府落实《支持计划》中关于落实乡村学校教师补充工作及效果的舆情反映,从十个方面进行了调查,统计问卷结果如下(见表2-2)。

表2-2　乡村学校师资补充渠道的舆情反映

序号及任务目标	工作进展及舆情描述	舆情反映的等级评估				
		80%及以上(A级)	60%~79%(B级)	40%~59%(C级)	20%~39%(D级)	20%以下(E级)
2.乡村学校师资补充渠道舆情	2a.80%反映近年来有新毕业大学生来乡村学校任教;舆情反映比较好	A				
	2b.63%认为大学生到乡村学校任教态度积极、效果较好;舆情反映比较好		B			
	2c.超过90%认为实施特岗计划是有必要的;舆情反映非常好	A				
	2d.超过85%乡村教师认可特岗教师支持计划的补助已经到位;舆情反映非常好	A				
	2e.超过90%认为乡村教师有必要具备"一专多能"素质;舆情反映非常好	A				
	2f.50%认为身边同行具有一专多能的素质;舆情反映一般			C		
	2g.61%知道追加补偿到村校任教的非免费师范生的学费或助学贷款政策;舆情反映比较好		B			

续表

序号及任务目标	工作进展及舆情描述	舆情反映的等级评估				
		80%及以上(A级)	60%~79%(B级)	40%~59%(C级)	20%~39%(D级)	20%以下(E级)
2.乡村学校师资补充渠道舆情	2h. 超过80%对国家追加补偿到村校任教的非免费师范生的学费或助学贷款的政策持感谢的态度;舆情反映非常好	A				
	2i. 20%反映已经有城市退休教师来任教;舆情反映非常差					E
	2j. 近一半反映城市退休教师来乡村学校任教是有组织性的,而且效果较好;舆情反映一般			C		

第一,舆情评估:乡村学校教师的多渠道补充获得高度认同,但落实工作处于中等状态。很多人反映新毕业大学生来乡村学校任教工作已有较好起色,63%认为其任教态度积极、效果较好;乡村教师大多认为乡村学校实施特岗教师计划是有必要的,对已到位的特岗教师的补助已经大多数到位,特岗教师的规模还需要扩大、补助还需要全面落实;乡村教师大多接受"一专多能"素质的要求,但只有一半认为身边同行具有一专多能素质;追加补偿到村校任教的非免费师范生的学费或助学贷款政策的宣传还没有完全到位,乡村教师大多对此政策持非常感谢的态度;城市退休教师来乡村学校任教仅处于起步阶段,而且组织性和效果较好只得到近一半人的认可。

第二,后期建议:首先是全面提高在职乡村教师"一专多能"的比例。其次是吸引更多人员到乡村学校任教,具体包括:一方面,采取提高待遇、改善条件、培育情怀等多种措施,让乡村学校吸引到满足需要的新毕业大学生、招募到够用的特岗教师、接收到一批来乡村学校的城市退休教师。另一方面,尽快落实特岗教师的补助、落实追加补偿到村校任教的非免费师范生的学费或助学贷款。此外,加大力度宣传多渠道补充乡村学校教师的优惠政策。

3.提高乡村教师生活待遇舆情的评估及建议

为了掌握区县政府落实《支持计划》中提高乡村教师生活待遇的舆情反映,从十个方面进行了调查,统计问卷结果如下(见表2-3)。

表2-3 提高乡村教师生活待遇的舆情反映

序号及任务目标	工作进展及舆情描述	舆情反映的等级评估				
		80%及以上（A级）	60%~79%（B级）	40%~59%（C级）	20%~39%（D级）	20%以下（E级）
3.提高乡村教师生活待遇舆情	3a. 77%反映当地已经实施了乡村教师待遇补助办法；舆情反映比较好		B			
	3b. 74%对发放乡村教师工作补助政策表示感谢；舆情反映比较好		B			
	3c. 90%反映区县已经为乡村教师缴纳了住房公积金和社保费；舆情反映非常好	A				
	3d. 86%对区县政府为乡村教师缴纳住房公积金和社保费表示心存感激；舆情反映非常好	A				
	3e. 68%反映已经实施了对乡村教师重大疾病补助的办法；舆情反映比较好		B			
	3f. 90%对国家对乡村教师重大疾病补助的政策办法表示感谢；舆情反映非常好	A				
	3g. 近50%知道将乡村教师住房纳入住房保障范围的政策；舆情反映一般			C		
	3h. 90%对区县政府将乡村教师住房纳入住房保障范围的政策举措表示感谢；舆情反映非常好	A				
	3i. 66%知道政府为乡村学校建设教师周转宿舍的政策；舆情反映比较好		B			
	3j. 82.15%对政府为乡村教师建设教师周转宿舍的政策举措表示感谢；舆情反映非常好	A				

第一，舆情评估：被调查的乡村教师大多反映，区县政府已经为他们缴纳了住房公积金和社保费，完成较好，落实了任教政策补助；对乡村教师实施重大疾病补助、

为乡村学校建设教师周转宿舍工作处于中间状态；乡村教师对为乡村教师缴纳住房公积金和社保费、乡村学校任教政策补助、重大疾病补助、建设教师周转宿舍高度表示感谢，该政策取得了较好社会反映。当然，还存在乡村教师对个别政策不甚了解的情况。

第二，后期建议：在国家资金足额划拨到位的条件下，督促各地区县政府配备相应的资金，以便尽快完成落实乡村教师任教政策补助、对乡村教师实施重大疾病补助、为乡村学校建设教师周转宿舍等工作。同时，加大力度宣传、组织学习国家通过《支持计划》为乡村教师缴纳住房公积金和社保费、实施乡村学校任教政策补助、对乡村教师实施重大疾病补助、为乡村学校建设教师周转宿舍等政策。

4. 落实乡村学校人事编制标准舆情的评估及建议

为了掌握区县政府落实《支持计划》中关于乡村学校人事编制工作的舆情反映，从四个方面进行了调查，统计问卷结果如下（见表2-4）。

表2-4 落实乡村学校人事编制标准的舆情反映

序号及任务目标	工作进展及舆情描述	舆情反映的等级评估				
		80%及以上(A级)	60%~79%(B级)	40%~59%(C级)	20%~39%(D级)	20%以下(E级)
4.落实乡村学校人事编制标准舆情	4a. 84%赞成区县政府城乡学校统一教师编制；舆情反映非常好	A				
	4b. 73%赞成按照师生比和班师比相结合方式来核定编制；舆情反映比较好		B			
	4c. 25%反映实现了学科教师全覆盖、开足开齐国家课程；舆情反映比较差				D	
	4d. 25%反映克服了有编不补、临聘人员、占用乡村学校教师编制的问题；舆情反映比较差				D	

第一，舆情评估：落实乡村学校人事编制政策进度较差。84%赞成农村区县政府城乡学校统一教师编制，统一城乡教师编制得到了大多数乡村教师的赞成；73%赞成按照师生比和班师比相结合方式来核定编制的政策；仅有1/4的人认为乡村学校实现了学科教师全覆盖、开足开齐国家课程；1/4反映克服了乡村学校有编不补、临聘人员、占用乡村学校教师编制问题。这些表明，乡村教师较为赞成上述《支持计划》中的人事编制政策，但相关项目却远远没有落实到位。

第二,后期建议:一方面,全面推进城乡学校统一教师编制,对乡村学校按照师生比、班师比配备编制;同时,严查有编不补、临聘人员、占用乡村学校教师编制的现象。另一方面,采取高等院校定向培养、省市政府本土化培养、招聘社会专业人士兼职等多种有力措施落实学科教师全覆盖、开足开齐国家课程等政策。

5.落实乡村教师职称评聘舆情的评估及建议

为了掌握地方区县政府落实《支持计划》中乡村教师职称评聘的舆情反映,从八个方面进行了调查,统计问卷结果如下(见表2-5)。

表2-5　落实乡村教师职称评聘的舆情反映

序号及任务目标	工作进展及舆情描述	舆情反映的等级评估				
		80%及以上(A级)	60%~79%(B级)	40%~59%(C级)	20%~39%(D级)	20%以下(E级)
5.落实乡村教师职称评聘的舆情	5a. 近70%知道乡村教师职称评定中实施倾斜性办法;舆情反映比较好		B			
	5b. 超过90%认为职称评定中实施对乡村教师倾斜的办法是有必要的、有效的;舆情反映比较好	A				
	5c. 65%知道乡村教师职称评定中不作外语、论文刚性要求;舆情反映比较好		B			
	5d. 90%认为乡村教师职称评定中不作外语、论文刚性要求的政策非常好;舆情反映比较好	A				
	5e. 88%知道乡村教师职称评定中注重师德、业绩的要求;舆情反映非常好	A				
	5f. 97%赞成乡村教师职称评定中注重师德、业绩的要求;舆情反映非常好	A				
	5g. 70%知道对城市教师晋升职称时要有乡村或薄弱学校任教经历要求的政策;舆情反映比较好		B			
	5h. 90%支持城市教师晋升职称时要有乡村或薄弱学校任教经历要求的政策;舆情反映非常好	A				

第一,舆情评估:乡村教师对《支持计划》的乡村教师职称评聘政策的支持处于中间偏上状态,同时对已经落实的该政策效果反映非常好,这表明该项政策获得乡村教师的支持,而且效果很好。近70%知道乡村教师职称评定中实施倾斜性办法的政策,该项政策宣传还没有到位;超过90%认为职称评定中实施对乡村教师倾斜的办法是有必要的、有效的;65%知道乡村教师职称评定中不作外语、论文的刚性要求,该项政策的宣传还没有完全到位;90%认为乡村教师职称评定中不作外语、论文刚性要求的政策的效果非常好,该项政策获得了广大乡村教师的认同;88%知道乡村教师职称评定中注重师德、业绩的要求,该项政策的宣传还没有完全到位;97%赞成乡村教师职称评定中注重师德、业绩的要求;70%知道城市教师晋升职称时要有乡村或薄弱学校任教经历要求的政策,该项政策的宣传还没有到位;90%支持城市教师晋升职称时要有乡村或薄弱学校任教经历要求的政策,该项政策获得了乡村教师的一致认可。可见,后期推进《支持计划》工作中,需要在目前工作的基础上,实施全覆盖地落实乡村教师编制标准的政策。

第二,后期建议:通过自查、督导等手段,督促区县政府尽快全面落实乡村学校教师编制标准政策,把中小学校教师职称评定向乡村教师倾斜、不作外语和论文的要求、注重师德和业绩考核、城市教师要有乡村或薄弱学校任教经历落到实处,并且宣传该项政策效果,提高乡村教师的从教热情和信心。

6.落实乡村教师流动管理的舆情评估及建议

为了掌握地方区县政府落实《支持计划》中乡村教师流动管理政策的实施及效果的舆情,从六个方面进行了调查,统计问卷结果如下(见表2-6)。

表2-6 落实乡村教师流动管理的舆情反映

序号及任务目标	工作进展及舆情描述	舆情反映的等级评估				
		80%及以上(A级)	60%~79%(B级)	40%~59%(C级)	20%~39%(D级)	20%以下(E级)
6.落实乡村教师流动管理	6a. 57.9%反映实施了中小学教师"县管校聘"体制;舆情反映比较好			C		
	6b. 90%赞成区域内教师管理和使用的"县管校聘"制度;舆情反映非常好	A				

续表

序号及任务目标	工作进展及舆情描述	舆情反映的等级评估				
		80%及以上（A级）	60%~79%（B级）	40%~59%（C级）	20%~39%（D级）	20%以下（E级）
6.落实乡村教师流动管理	6c. 64%认为通过定期交流、对口支援等主要途径，以及城市教师支教、城乡学校联盟、学区一体化、跨校聘用等途径开展了教师交流；舆情反映比较好		B			
	6d. 58%反映实施了城市教师到乡村学校任教的政策；舆情反映较一般			C		
	6e. 90.1%反映已经采取诸如职称晋升规定、发放下乡补助、福利待遇配套和理想信念激发等多种途径推动城市教师到乡村学校任教；舆情反映非常好	A				
	6f. 92.5%反映稳定乡村学校优秀中小学教师的主要办法是提高工资补助、职称晋升倾斜，以及发放交通补贴、改善生活待遇、缴纳住房补贴等；舆情反映非常好	A				

第一，舆情评估：落实乡村教师流动管理的制度建设处于中等状态，已经落实地区得到了乡村教师的一致好评。近60%反映所在区县政府实施了中小学教师"县管校聘"体制，该项政策还没有得到完全落实；90%赞成区域内教师管理和使用的"县管校聘"制度，该项政策得到了乡村教师的支持；64%认为区县政府通过定期交流、对口支援等主要途径，以及城市教师支教、城乡学校联盟、学区一体化、跨校聘用等途径开展了教师流动，说明目前区县的教师交流形式多样、较为活跃；58%反映所在区县政府实施了城市教师到乡村学校任教政策，还有40%多区县政府没有将该项政策落实到位；目前区县政府已经采取诸如职称晋升规定、发放下乡补助、福利待遇配套和理想信念激发等多种途径推动城市教师到乡村学校任教，该项政策实施较好；乡村教师普遍认为稳定乡村学校优秀中小学教师的主要办法是提高工资补助、职称晋升倾斜，以及发放交通补贴、改善生活待遇、缴纳住房补贴等。可见，后期推进《支持计划》仍要继续坚持乡村教师职称评定的倾斜性政策。

第二,后期建议:通过地方教育行政自查、国家教育行政巡视等途径,督促各地区县政府尽快全面落实乡村教师职称评定倾斜政策,并且注意提高执行的有效性,同时加大政策普及宣传和宣传政策执行效果,让广大乡村教师切实感受到这一专项政策的实惠。

7.提升乡村学校教师素质舆情的评估及建议

为了掌握区县政府落实《支持计划》中关于提高乡村教师专业素质工作的舆情反映,从十个方面进行了调查,统计问卷结果如下(见表2-7)。

表2-7　提升乡村学校教师素质的舆情反映

序号及任务目标	工作进展及舆情描述	舆情反映的等级评估				
		80%及以上(A级)	60%~79%(B级)	40%~59%(C级)	20%~39%(D级)	20%以下(E级)
7.提升乡村学校教师素质	7a.95%认为实施乡村教师全员培训计划是有必要,57%认为该项工作是有效果的,38%认为实施效果不好;舆情反映较好		B			
	7b.95%认为整合高校、进修校和中心校资源支持乡村教师发展有必要,但45%认为效果偏低;舆情反映较一般		B			
	7c.97%认为乡村教师培训中要求注重师德教育有必要,但34%认为效果不好;舆情反映较一般		B			
	7d.97%认为乡村教师培训中要求注重信息技术教育要求是有必要的,有43%认为实施效果偏低;舆情反映较一般		B			
	7e.96%认为加强音、体、美紧缺学科教师队伍建设是有必要的,但45%认为实施效果偏低;舆情反映较一般		B			
	7f.91%认为加强双语教师队伍建设是有必要的,但52.25%认为此举效果偏低;舆情反映较一般		B			

续表

序号及任务目标	工作进展及舆情描述	舆情反映的等级评估				
		80%及以上（A级）	60%~79%（B级）	40%~59%（C级）	20%~39%（D级）	20%以下（E级）
7.提升乡村学校教师素质	7g.乡村教师培训途径主要是网络研修，其次是校本研修、送教下乡，以及专家指导、教师发展学校、顶岗置换等，形式还是较为单一		B			
	7h.区县教师流动以定期交流为主，次有对口支援、教师走教、教师支教、跨校竞聘、学区一体化、学校联盟等形式，途径还是较为单一		B			
	7i.95%认为校长参加"国培计划"是有必要的，38%认为效果偏低；舆情反映较一般		B			
	7j.区县政府支持教师在职学习、提高学历的措施有报销学费、优先拨用、允许请假；以及生活补贴、减免培训等；舆情反映比较好	A				

第一，舆情评估：《支持计划》所列提升乡村教师素质的政策获得了乡村教师的高度赞同，但总体执行效果偏低。57%认为实施乡村教师全员培训计划是有必要且有效果的，但38%认为效果不好；95%认为区县整合高校、进修校和中心校资源以支持乡村教师发展是有必要的，但45%认为此举效果不好；97%认为乡村教师培训中要求注重师德教育是有必要的，但34%认为效果偏低；97%认为乡村教师培训中要求注重信息技术教育要求是必要的，但43%认为此举效果偏低；96%认为加强音、体、美紧缺学科教师队伍建设是必要的，但45%认为此举效果偏低；91%认为加强双语教师队伍建设是必要的，但52.25%认为此举效果偏低；95%认为乡村学校校长参加"国培计划"是必要的，但38%认为此举效果偏低。目前乡村教师培训的主要途径是网络研修，其次是校本研修、送教下乡等，方式仍然较为单一；推进区县教师流动的途径主要是定期交流，对口支援、教师走教、教师支教、跨校竞聘、学区一体化、学校联盟等途径较少；区县政府支持乡村教师在职学习、提高学历的途径有报销学费、优先拨用、允许请假等，总体上呈现较为支持乡村教师专业发展。

第二,后期建议:后期进一步督促各地落实支持乡村教师专业发展的政策,并且通过指导、评估、交流等多种方式提高其效果。其中,特别是整合各种支持乡村教师专业发展的资源、提高参与专业发展培训教师的补助,提高师德培训、信息技术培训、乡村学校校长参加"国培计划"的效果,在配齐音、体、美学科教师的同时,提高他们的教学效果;加强双语教师队伍建设的同时提高他们的素质,以更加多样化的途径开展乡村教师培训、促进乡村教师交流。

8.落实乡村教师荣誉制度舆情的评估及建议

为了掌握区县政府落实《支持计划》中关于建立和落实乡村教师荣誉制度工作的舆情反映,从六个方面进行了调查,统计问卷结果如下(见表2-8)。

表2-8　落实乡村教师荣誉制度的舆情反映

序号及任务目标	工作进展及舆情描述	舆情反映的等级评估				
		80%及以上(A级)	60%~79%(B级)	40%~59%(C级)	20%~39%(D级)	20%以下(E级)
8.落实乡村教师荣誉制度	8a. 90%赞成国家设置乡村教师荣誉制度;舆情反映非常好	A				
	8b. 95.3%反映对优秀乡村教师奖励的主要期望是职称评定;其次才是解决生活困难、提拔任用、精神激励、金钱和物质的奖励等;舆情反映比较好	A				
	8c. 30%反映已设置乡村教师事业发展专项基金;舆情反映比较差				D	
	8d. 98%认为设置支持乡村教师事业发展专项基金有必要,43%认为效果偏低;舆情反映较一般		B			
	8e. 仅有50%认为当地政府重视宣传乡村教师的工作;舆情反映较一般			C		
	8f. 98%认为有必要宣传乡村教师的工作,但有44%认为宣传效果偏低;舆情反映较一般		B			

第一,舆情评估:对《支持计划》的乡村教师荣誉制度高度赞同,但认为其落实处于中间状态:90%赞成国家设置乡村教师荣誉制度,98%认为设置支持乡村教师事业

发展专项基金是有必要的,98%认为有必要宣传乡村教师的工作;仅有30%反映区县已设置乡村教师事业发展专项基金,43%认为乡村教师事业发展专项基金效果偏低,还有一半区县没有开展宣传乡村教师工作,44%认为宣传乡村教师工作效果偏低;大多数希望对优秀乡村教师的荣誉奖励主要是职称评定优先,其次才是解决生活困难、提拔任用、精神激励、金钱和物质的奖励等。由此可见,后期推进《支持计划》还需要全覆盖地实施乡村教师荣誉制度工作。

第二,后期建议:后期需要大力推进各地落实乡村教师荣誉制度,并且提高效果,既要使乡村教师有较大的获得感,又要使全社会知晓该项国策,形成全社会尊师重教的风气。

(二)对政府组织实施的舆情评估及建议

为了掌握地方政府落实《支持计划》中关于落实区县政府主体责任的舆情反映,从五个方面进行了调查,统计问卷结果如下(见表2-9)。

表2-9　落实《支持计划》主体责任的舆情反映

序号及任务目标	工作进展及舆情描述	舆情反映的等级评估				
		80%及以上(A级)	60%~79%(B级)	40%~59%(C级)	20%~39%(D级)	20%以下(E级)
9.落实《支持计划》的主体责任	9a. 30%肯定当地政府积极动员社会参与且较有效果;1/3认为有所动员,但效果偏低;舆情反映比较差				D	
	9b. 50%认为把落实《支持计划》纳入对区县政府的考核是有效果的;舆情反映较一般			C		
	9c. 70%认为区县政府实施《支持计划》奖惩制度是有效果的;舆情反映较好		B			
	9d. 46%认为当地区县督导执行《支持计划》的效果较好;舆情反映较一般			C		
	9e. 关于截留、克扣、虚报、冒领的问题,30%认为没有,50%表示不清楚;舆情反映比较差				D	

第一,舆情评估:对主体责任者落实《支持计划》的效果反映一般:30%肯定当地

政府积极动员社会参与,而且较有效果,该项国策落实程度较低;50%认为把落实《支持计划》纳入对区县政府的考核是有效果的;70%认为当地区县政府实施《支持计划》奖惩制度是有效果的;46%认为当地区县督导执行《支持计划》的效果较好;约30%认为不存在截留、克扣、虚报、冒领《支持计划》经费问题,但有50%表示不清楚。由此可见,地方区县政府落实《支持计划》主体责任的工作力度、宣传效果等方面还有很大努力空间。

第二,后期建议:后期一方面强化各地进一步全方位地执行落实《支持计划》的主体责任;另一方面,适当宣传区县落实的举措,提高诸如经费使用等工作的透明度,并结合巡视、督察等手段加以落实。

(三)对乡村教师政策落实感受的评估及建议

为了掌握乡村教师对落实《支持计划》感受的情况,从落实的主要收获、落实的主要困难、对《支持计划》文本学习情况三个问题进行了访谈。综合分析访谈内容,得出表2-10。

表2-10　落实《支持计划》政策效果的舆情反映

序号及任务目标	工作进展及舆情描述	舆情反映的等级评估				
		80%及以上(A级)	60%~79%(B级)	40%~59%(C级)	20%~39%(D级)	20%以下(E级)
10.落实《支持计划》政策效果	10a. 85%乡村教师反映,在落实《支持计划》中主要的收获是提升了能力素养、激发了从教热情、提高了补助待遇等,有较好的获得感;舆情反映非常好	A				
	10b. 89.5%反映落实《支持计划》主要困难是财政经费投入、政策宣传落实、师资队伍建设、政府与社会的支持、周转房和教学硬件等;舆情反映比较好		B			
	10c. 50%的乡村教师对《支持计划》政策文本有所了解或做过分析,该政策文件的学习、宣传还很不够;舆情反映较一般			C		

第一,舆情评估:落实《支持计划》的初步效果是较好的,对落实中的困难认识也是极为客观的。乡村教师认为,在落实《支持计划》中主要的收获是提升了能力素养、

激发了从教热情、提高了补助待遇等,整体具有较好的获得感,可见《支持计划》已经取得了初步成效;乡村教师认为,落实《支持计划》中的主要困难是财政经费投入、政策宣传落实、师资队伍建设、政府与社会的支持、周转房和教学硬件等,可见落实《支持计划》的困难还是较多的。另外,只有50%的乡村教师对《支持计划》有所了解或做过分析,《支持计划》政策的文本学习任务还没有全面解决。

第二,后期建议:一方面,后期强力推进《支持计划》的进一步落实,提高乡村教师的获得感;同时,全面组织乡村教师学习《支持计划》政策,形成支持推进落实的合力。另一方面,既要重视宣传《支持计划》政策,又要广泛宣传落实《支持计划》的效果,让全社会分享乡村教师的成就感、自豪感、幸福感。

中篇　关键力量支撑"乡村太阳"

本篇导言

本篇依据《支持计划》建设一支"下得去""留得住""教得好"的乡村教师队伍建设目标,聚焦研究了支持乡村教师队伍建设的关键性因素问题。具体而言,课题组研究认为,支持乡村教师队伍建设的关键力量在职业情怀、职业支持、职业作用以及业余生活、发展路径五个基本的要素。因此,课题组提出乡村教师队伍建设问题的五大关键力量因素,相应地需要进行这五个相关要素的研究工作,以便通过研究,为解决乡村教师队伍建设的"下得去"(具有从事乡村教育的职业情怀)、"留得住"(形成支持从事乡村教育的职业支持力量)、"用得上"(能够发挥新时代乡村教师的职业作用)、"活得好"(让乡村教师过上有内涵的业余生活)、"能发展"(有效实现乡村教师的专业发展)等任务奠定理论基础。

基于上述,一方面,课题组成员依据《支持计划》的精神、要求,研制了相应的调查乡村教师职业情怀、职业支持、职业作用的问卷,并以乡村教师较为集中、具有代表性的西部地区乡村学校或教学点的乡村教师为对象,实施了较大规模的调查,取得系列的调查结果。课题组成员结合访谈,对乡村教师职业情怀、职业支持、职业作用进行了总体评判和人口学层面的差异性分析,在发现问题、进行问题的归因分析后提出相应的对策。另一方面,课题组成员研制了引导性了解、掌握乡村教师业余生活的调查问卷,了解、有效指导乡村教师专业发展路径的调查问卷,并实施了较大规模的调查,取得了对乡村教师业余生活、专业发展路径效能基本状况的重要信息,在总结存在问题、进行归因分析后提出了丰富乡村教师业余生活内涵、有效促进乡村教师专业发展路径的若干对策。从总体上讲,如果我们抓住了乡村教师队伍中的职业情怀、职业支持、职业作用的这几个核心的问题,解决好了乡村教师队伍建设中的业余生活问题,能够有效促进乡村教师的专业发展,那么建成一支有较高质量的乡村教师队伍则指日可待。

专题三　乡村教师的职业情怀之研究①

【摘要】通过编制和运用乡村教师职业情怀问卷,结合访谈,对四川、湖南、贵州、重庆乡村教师进行抽样调查,结果发现乡村教师职业情怀总体处于合格状态,但存在内部差异;乡村教师职业情怀受个人因素和社会因素影响明显。分析发现:普遍偏低的工资待遇成为影响乡村教师职业情怀的主要因素;职称仍然是影响乡村教师职业情怀的重要因素;较为紧张的家校关系严重地影响了乡村教师的职业情怀;部分代课教师在较高的职业情怀与窘迫的生活困顿间纠结;高学历的年轻教师与低学历的老教师职业情怀差异较为明显。基于分析,提出了提振当代乡村教师职业情怀的对策:一是通过提高国家财政性教育经费比例、提高教育经费中人员经费的支出和实行省级统筹,来落实改善乡村教师待遇的要求;二是通过增加专门针对乡村学校的职称比例和改变职称评定条件,来实现职称评定的适度倾斜;三是通过积极促进优秀代课教师转正和给予暂不能转正的代课教师更多权利,来合理解决代课教师的职业情怀问题;四是通过营造乡村社会尊师重教的氛围和加强家校合作,来缓解家校之间的矛盾;五是通过转变招聘标准、实施"传帮带"的年轻教师成长计划和提高乡村教师的精神追求,来破解高学历年轻教师职业情怀低落的问题。

【关键词】乡村教师;职业情怀;总体合格

一、研究缘起与研究意义

虽然"情怀"是一个很常用的词语,但是对其内涵却少有人认真剖析。与教育相关的"情怀",学者们在谈论的有"教育情怀""人文情怀""知识分子情怀"等,与乡村社会有关的有"乡土情怀""桑梓情怀"等。本专题研究所探讨的是与乡村教师这个特定职业相关的情怀,它与人们普遍关注的"情怀"有相似之处,但更多的是它的特殊性。

---

①本专题由谢焕庭(女,教育学硕士,贵州省铜仁学院教师)、王丽娟(女,西南大学博士生)、唐智松(男,教育学博士,西南大学教授、博士生导师)同志完成研究、撰写工作。

(一)研究缘起

中国古人称私塾为学塾、教馆、书房、书屋、乡塾、家塾等,被喻为"舌耕"的教师,被社会公认为清白而崇高的职业。私塾教师通过口碑建立威望,并且在乡村社会中除了教孩子读书识字,促进其成为一个读书人外,还与传统的乡村生活紧密相连,无论是婚丧嫁娶仪式还是年节庆典活动都离不开私塾教师的参与。可见,古时中国乡村私塾教师在乡村地区承担着重要的作用,他们出于对塾师职业的尊重与对乡土教育的情怀,严于律己且对自身德行要求甚高,不因拮据的经济条件而对工作有所懈怠,他们是乡村社会中的引路者、指明灯。随着鸦片战争爆发后近现代化进程的到来,新式学堂出现,乡村小学伴随而生,但乡村小学环境杂乱肮脏,身处其中的乡村教师既要承担日常教学工作,还可能承受乡民的误解、土豪劣绅的压制,许多乡村教师就是在对压迫的无奈与忍受中继续保持对教育的热爱和对学生的同情并坚守乡村教育岗位。及至现代,乡村教师更是被当成了"弱势群体",成了社会的焦点话题之一。

第一,乡村教师职业情怀的现实状况堪忧,值得关注。《支持计划》中提出:"到2017年,力争使乡村学校优质教师来源得到多渠道扩充,乡村教师资源配置得到改善,教育教学能力水平稳步提升,各方面合理待遇依法得到较好保障,职业吸引力明显增强,逐步形成'下得去、留得住、教得好'的局面。到2020年,努力造就一支素质优良、甘于奉献、扎根乡村的教师队伍,为基本实现教育现代化提供坚强有力的师资保障。"对比该《支持计划》乡村教师队伍建设的未来目标,就可知当前乡村教师队伍的状况不佳。《中国农村教育发展报告2013—2014》显示,农村教师队伍中有51.2%的人被初次配置到乡村学校,但在二次配置中有56.9%的教师调进了县城,有36.7%的农村教师"想要离开"现在的岗位。在县域教师流动中,有67.3%为"向上流动",28.2%为"平行流动",只有4.5%为"向下流动",而且流动者多为年轻教师、高职称教师和优秀教师。有77%的城镇教师不愿意交流到边远艰苦农村学校任教;有80.2%的师范生"愿意当教师",但"愿意去农村当教师"的仅有38%。可见,乡村教师这一岗位对于人们的吸引力并不高,真正热爱乡村教育的教师不多,乡村教师职业情怀的现实状况堪忧。

第二,乡村教师职业情怀理论研究的欠缺,值得研究。《国家中长期教育改革和发展规划纲要(2010—2020年)》中指出,要"加强教师职业理想和职业道德教育,增强广大教师教书育人的责任感和使命感。教师要关爱学生,严谨笃学,淡泊名利,自尊自律,以人格魅力和学识魅力教育感染学生,做学生健康成长的指导者和引路人"。马克思主义认为人的意识具有重要的能动性作用,拥有职业情怀的乡村教师在面临物质贫乏等一系列现实问题时,可以发挥出强大的内在动力作用,让他们在从事教育教学的过程中用自身的热情感染学生,促进学生成长;同时,还可以在乡土社会中承担起保存与传递文化、化民成俗等作用,为社会主义新农村建设及实现城乡一体化发展添砖加瓦,可见乡村教师职业情怀之重要。然而,笔者在中国知网以"乡村教师"为主题进行搜索,发现现有的研究成果欠缺从乡村教师职业情怀方面关注乡村教师并提出提振的对策,以留住乡村教师的研究,因而本研究可以填补这一方面的缺失。

第三,乡村教师职业情怀具有特殊作用,值得培育。首先,职业情怀作为重要的精神力量,渗透于乡村教师的一言一行中,支撑着他们的内心世界,拥有职业情怀的乡村教师,可以忽略物质条件的差距、克服各种不利因素,守住心中的理想与信仰,热心教育工作,关注留守儿童、乡村建设,在教书育人、改造乡村社会中找寻自己的价值。其次,乡村教师工作是众多职业的一种,拥有职业情怀的乡村教师,心中充满了对乡村教育事业的热爱以及对心目中理想教育的执着追求,从而从事教育教学,关爱学生,帮助乡村少年们的健康成长。再次,乡村教师职业情怀之于社会表率影响的独特功能,他们"学高为师,身正为范",不仅是乡村少年们人生的导师,而且作为其他公职人员的同伴,又起着模范带头作用,其影响辐射整个乡村社会,是乡村社会的表率。但是,随着现代化水平的提高、城镇化进程的加快,人们越来越重视物质生活的享受,忽视对精神生活的追求。在周国平教授看来,现代人在信仰生活的失落、情感生活的缩减、文化生活的粗鄙等方面的精神平庸化已成为明显事实。同时,这种平庸已经渗透到教师队伍之中。[①]因此,就目前我国乡村教育的情况而言,我们需要培育热爱乡村教育事业,对乡村教育有使命感和责任心,并打心底里接受这份工作愿意扎根乡村,具有奉献乡村教育职业情怀的乡村教师。

(二)文献综述

1.对教师情怀的普通研究

学者们已经从一般的角度对教师的情怀问题做了一些研究。如孟万金在《教师的专业素质及其立体架构:校长的视角》中运用结构—功能论和系统分析法,把教师专业化发展的基本要素概括为:专业理念为灵魂,专业智能为支撑,专业情怀为动力,专业规范为守则[②],其中就涉及教师的专业情怀问题。又如徐廷福的《新课程理念下的教师人文情怀》一文中,论及了教师人文情怀的基本内涵、行为特征、发展过程、影

---

① 周国平.周国平论教育[M].上海:华东师范大学出版社,2009:16.
② 孟万金.教师的专业素质及其立体架构:校长的视角[J].高等教育研究,2004(6):57-62.

响因素。[①]再如魏宏聚在《教育家核心价值：超越世俗的教育情怀》中认为，"真正的教育家应具有一项核心价值品质——超越世俗的教育情怀"，教育情怀具体指"教育家对自己心目中理想教育的追求，是对教育事业的痴爱"。[②]

当然，这些研究中，有一些研究进行了更深的剖析。其一，关于影响教师情怀的因素，如 Nicholas S. K. Pang 的研究结果表明学校文化联系促进了教师情怀、工作满意度、秩序感和纪律感等发展；[③]Rachel J. Andersen 等认为教师的情怀反映在课堂教学，与他们的教学风格、与孩子的关系等都有关系；[④]Patricia H. Phelps 和 Tammy R. Benson 描述了教师职业热忱的共同点，找出了鼓励教师教育工作者保持和塑造热情的方法；[⑤]Ninetta Santoro 等的案例研究表明从上一辈教师中学到的关于教育教学的经验可以激发教学工作热忱。[⑥]其二，对教师情怀重要性的肯定，如张名艾的《一位老年知识分子的情怀——记连云港电大英语教师王光渠》、刘双双的《陈日亮语文教学思想与情怀研究》、张仲孚等人的《知识经济与21世纪中国师范教师的素质培养》、吕红日的《教师"知识分子"角色研究——以基础教育课程改革为背景》、马多秀的《论教育家的情感特质》、王翠等的《教育家精神与教师精神长相的塑造》、魏筠的《多元文化时代背景下的教师专业素养探析》、蒋红斌等的《教师人文情怀与学生心灵伤害的消解》、余宏亮等的《教师作为知识分子：公共性、可能性与实践性》、程斯辉等的《师生关系的异化及其治理——基于"学生欺师"现象的检视》。

2.对乡村教师情怀的研究

乡村教师的问题是近年来教育研究的热点之一，现有研究既有从历史出发回顾乡村教师情怀的，如徐继存、高盼望的《民国乡村教师的社会形象及其时代特征》，郑新蓉的《共和国五代乡村教师代际特征研究》；也有从现实出发展望乡村教师情怀的，如全小霞的《乡村新教师生存困境及出路研究》，李长吉的《农村教师：改造乡村生活

---

① 徐廷福.新课程理念下的教师人文情怀[J].现代中小学教育，2008(3):56-58.

② 魏宏聚.教育家核心价值：超越世俗的教育情怀[J].中国教育学刊，2013(1):8-10.

③ Nicholas S. K. Pang. School Values and Teachers' Feelings: a LISREL Model[J].Journal of Educational Administration，1996,34(2):64-83.

④ Rachel J. Andersen, Ian M. Evans, Shane T. Harvey. Insider Views of the Emotional Climate of the Classroom: What New Zealand Children Tell Us About Their Teachers' Feelings [J].Journal of Research in Childhood Education,2012,26(2):199-220.

⑤ Patricia H. Phelps, Tammy R. Benson. Teachers With a Passion for the Profession[J].Action in Teacher Education, 2012,34(1):65-76.

⑥ Ninetta Santoro, Marilyn Pietsch, Tracey Borg. The Passion of Teaching: Learning From an Older Generation of Teachers[J]. Journal of Education for Teaching,2012,38(5):585-595.

的灵魂——兼论农村教师的知识分子身份》，唐松林的《重新发现乡村教师》，刘敏、石亚兵的《乡村教师流失的动力机制分析与乡土情怀教师的培养——基于80后"特岗教师"生活史的研究》，于海洪、王殿东的《大数据时代地方师范院校培养乡村教师的供给侧改革》等。就目前的文献资料情况看，关于乡村教师职业情怀的研究较少。文献查阅中发现了王凤英一篇与教师职业情怀相关的文献：《中小学教师职业情感研究——基于对黑龙江省中小学教师的调查》。该文中认为，职业情怀"是教师对教育教学工作带有理智型的价值评价的情感体验，是构成教师价值观的重要基础，也是优秀教师个性的重要构成因素，更是教师职业情感走向深度和高度的标志"；"教师职业情感的内涵十分丰富，它不仅指向受教育者，也指向教育者本身；它既反映教育者现有的职业观，也昭示教师未来的职业发展方向"；"教师职业情感包括职业认同、职业理想、职业情怀和自我提升四个方面"。①

3.对已有研究成果的评价

首先，就一般而非特定的教师情怀研究成果可见，学者们从各个方面对教师情怀进行了研究，有对教师情怀影响因素进行探析的，也有对教师情怀含义进行厘定的。虽然已有一定研究成果，但还存在以下几点不足：一是绝大多数研究是从理论上进行的，实证研究比较欠缺。二是研究较为分散，教师情怀所包含的内容极为丰富，既指专业情怀、知识分子情怀、人文情怀等，也指教育情怀。三是关于教师情怀的概念没有一个统一的界定，导致"公说公有理婆说婆有理"现象的出现。

其次，就乡村教师的情怀研究成果可见，学者们是从最近几年开始关注乡村教师情怀问题的，已有研究主要集中在以下两方面：一是说明乡村教师在民国及新中国成立以后的一段时期是有情怀的，然而随着时代的改变，其情怀渐渐地走向失落。二是在面临乡村的一系列现实问题时，呼吁乡村教师情怀的回归，并提出了相应的人才培养模式。然而从中我们可以感知到，学者们对于"情怀"一说，仍然处于"只可意会不可言传"的阶段，欠缺相关实证研究。

总的来说，学术界对教师情怀的研究无论是深度还是广度都有所增加，且积累了一定的学术成果：一是理论研究较多，从不同角度不同时代背景对教师情怀进行了分析；二是对乡村教师情怀有关注，对推动乡村教育的发展起了一定作用。但是，已有研究也存在不足之处：一是实证研究不足。教师情怀是一个比较抽象的概念，已有研究大多泛泛而谈，缺乏对其进行测量的工具，如问卷、访谈提纲等。二是理论研究有

---

① 王凤英.中小学教师职业情感研究——基于对黑龙江省中小学教师的调查[D].长春:东北师范大学,2012:26-27.

缺陷。教师情怀是一个很有中国色彩而且非常抽象的概念,已有研究缺乏对其进行科学的概念界定,众说纷纭。因而显得研究比较分散,缺乏系统性。三是有关注乡村教师情怀和教师职业情怀的研究,但没有关注乡村教师职业情怀的研究,因而这方面研究还有待深入。

(三)研究意义

20世纪二三十年代,人们已经认识到中国教育的重心在乡村地区,一些教育家如陶行知、晏阳初、梁漱溟等开始了一系列的乡村建设运动,以期通过振兴乡村教育来实现民族救亡的目的。在现实与理想之间,仍然有一部分乡村教师针对民族危亡的国情,发出为国家为民族牺牲一些个人利益是值得的呐喊。从而我们看见,民国时期的乡村教师比起古时的塾师无论是社会地位还是经济地位都有一定的下降,其中也不乏对乡村教育灰心丧气的教师,但是仍然有一部分乡村教师充满职业情怀,能够坚定信仰,用顽强的意志克服困难,力图振兴乡村教育事业。新中国成立以来至新世纪以前,出现了1949—1957年速成而多样的乡村教师、1957—1966年身份流动的乡村教师、1966—1976年知识青年和下放教师、20世纪80年代和90年代中师生教师群体四代乡村教师。[①]乡村教师们多来源于乡村,对乡村社会有特殊的感情,而代际流传的乡村教师们由于出身和参加工作的年代不同,每一代都带有不同的时代印记。然而,新中国乡村教育的发展离不开一代代乡村教师的努力,正是凭借着他们对乡村教师职业的高尚情怀,成了城市与乡村的联结者,坚守住了乡村这一阵地。时光流逝,日月如梭,行至当代,随着整个社会大环境的变化以及国家政策的变革,乡村教师们面临的现实情况已发生了翻天覆地的变化。随着城镇化进程的推进和大规模的撤点并校,乡村开始凋敝,乡村学校也由于其与城市学校的巨大差距而难以留住乡村教师。在这样的现实情况下,我们更要注重精神力量在乡村教师身上的作用,呼唤更多拥有职业情怀的乡村教师投入重振乡村教育的洪流之中。

在现代,乡村教师担负着培养人才以实现国家现代化的重要作用。因而研究乡村教师的职业情怀无论在理论上还是在实践上都有着重要的意义。

第一,理论上有利于丰富教师情怀、乡村教师情怀等相关理论。近年来,随着国家持续出台一系列政策关注乡村教师的发展,学术界对于乡村教师的研究也日益增多,学者们从不同的角度研究了乡村教师的生存现状、精神生活等,本研究则从教师的职业情怀层面,丰富了乡村教师的研究,并且通过对乡村教师职业情怀进行概念框

---

① 郑新蓉.共和国五代乡村教师代际特征研究[J].贵州师范大学学报(社会科学版),2016(3):120-127.

架的构建与对其职业情怀进行测量,使研究更具科学性。

第二,实践上具有通过对乡村教师职业情怀的研究,了解其生存现状以及国家政策的落实情况和社会的舆论方向,从而为国家提供有针对性的建议以留住教师,并吸引更多的有情怀的教师前往乡村地区任教的作用。

二、概念界定与研究方法

(一)概念界定

1.乡村与乡村教师

对于"乡村"的界定,以美国学者罗德菲尔德为代表的外国学者认为:乡村是"人口稀少、比较隔绝、以农业生产为主要经济基础、人们生活基本相似,而与社会其他部分,特别是城市有所不同的地方"。[①]农村居民是指居住在农村地区的人口,而不仅仅指从事农业劳动的人口。[②]关于"乡村"和"农村"的概念,一般没有做详细的区分。如《现代汉语大词典》将"乡村"界定为:"村庄。今泛指农村。"[③]将"农村"界定为:"以从事农业生产为主的劳动者聚居的地方。"[④]综合各种词典以及众学者对乡村的解释,可以把"乡村"的概念从以下几个方面进行界定:从区域上来看,指城关镇以外的乡镇和村;从生产方式来看,以从事农业生产为主;从人口集中程度来看,比较分散。

乡村教师,也就是指在乡村学校任教的教师,结合《支持计划》中关于乡村教师的说明,以及本研究的需要,本文中的乡村教师主要指:其一,在中西部的老少边穷等边远贫困地区的乡村学校(乡、镇中心校及以下学校)工作的教师,包括村级完全小学、村级不完全小学和教学点任教的教师。就类别而言,包括正式编制的教师和代课教师、特岗教师等非正式编制的教师。[⑤]其二,主要指九年制义务教育阶段的教师,特别是小学阶段的教师。

2.职业情怀与乡村教师职业情怀

《现代汉语大词典》中对"职业"的定义为:"①个人服务社会并作为主要生活来源

---

①　黄坤明.城乡一体化路径演进研究:民本自发与政府自觉[M].北京:科学出版社,2009:18.

②　徐培成.国际教育百科全书(第七卷)[M].贵阳:贵州教育出版社,1990:660.

③　阮智富,郭忠新.现代汉语大词典(上)[Z].上海:上海辞书出版社,2009:163.

④　阮智富,郭忠新.现代汉语大词典(上)[Z].上海:上海辞书出版社,2009:496.

⑤　姚晓迅,亓昕.边缘化的打工者——中西部地区乡村教师工作和生活状况调查研究报告[M].北京:社会科学文献出版社,2014:3.

的工作。②专业的;非业余的。"①由此可以看出职业具有的两个特点:一是职业是一种谋生的手段,在工作的过程中可以达到服务社会与实现自我的双重目的;二是职业具有专业性。因而学者们常常这样理解职业:所谓职业是指人们在社会中所从事的,可以获取主要生活来源的,具有特定职责的专门业务。

从"情"和"怀"的字义来界定情怀一词的含义,"情"在《说文解字》中的解释是"人之阴气有欲者。从心青声。疾盈切"。"怀"在《说文解字》中的解释是"念思也。从心,褱声。户乖切"《现代汉语大词典》中对"情怀"的定义为:"①心情。郁达夫《过去》:'两旁店家的灯火,照耀得很明亮,反照出了些离人的孤独的情怀。'②胸怀。峻青《海啸》:'为革命事业而献身,就是你毕生的高尚情怀。'"②《汉语大词典》中对"情怀"的定义多了一点,即认为情怀还有"情趣;兴致"之意。③"情怀"还有一种解释是"含有某种感情的心境"。

已有资料没有专门对职业情怀进行界定,因而笔者结合"职业"与"情怀"的定义,对职业情怀进行界定,认为职业情怀指人们出于心灵的满足和对职业的热爱、理想的追求而从事某种工作的情感。

根据上述对职业情怀的界定,我们认为乡村教师职业情怀的内涵指乡村教师出于心灵的满足和对教育职业的热爱、对心目中理想教育的执着追求,从而从事教育教学工作的情感。其外延具体表现为:一是职业热爱感,即乡村教师在工作中所表现出来的热爱之情;二是职业责任感,即乡村教师在工作中认真负责、有责任心;三是职业创新感,即乡村教师在工作过程中用全新的理念执教,有所突破与进展;四是职业自信感,即乡村教师在工作中拥有的乐观、积极的心态;五是职业使命感,即乡村教师在工作中对心目中理想教育的执着追求。本研究中的问卷编制及文章中乡村教师职业情怀理论框架的构建皆基于此。

另外,从总体上讲,乡村教师属于教师行业中较为特殊的一类,因其工作地点在城市相对的乡村而独具了一些特殊性,拥有职业情怀的乡村教师具有如下特点。

其一,以对乡土社会的热爱为基石。乡土社会是一个整体的大环境,它既包括了存在于其中的学生、家长,还包括乡村社会的风俗礼仪、自然环境等。有职业情怀的乡村教师,不易受社会物质化的影响,对乡土社会中的民风民俗有一种自然亲近之感,他们保持着与村民之间相互信任的关系,对乡村社会中潜藏的文化价值进行探寻,对乡村社会的未来充满希望。他们留守乡村并非出于无奈或者强迫,更不是将乡

① 阮智富,郭忠新.现代汉语大词典(下)[Z].上海:上海辞书出版社,2009:2838.

② 阮智富,郭忠新.现代汉语大词典(上)[Z].上海:上海辞书出版社,2009:1622.

③ 罗竹风.汉语大词典[缩印版(中卷)][Z].上海:汉语大词典出版社,1997:4316.

村教师作为一块踏脚石助其更好的职业发展,而是出于对乡土社会的衷心热爱,以期帮助更多的乡村少年走向更为广阔的天地,他们心怀理想却又甘为骆驼,无私奉献且没有怨言。

其二,以对教育理想的追求为目标。苏联著名教育家苏霍姆林斯基自1948年起担任他家乡所在地的一所乡村完全中学——帕夫雷什中学的校长,并在此期间持之以恒、孜孜不倦地探索新的教育理念,出版了40部专著、600多篇论文和约1200篇儿童小故事。如果没有对教育理想的执着追求,他就不会取得如此大的成就。不同的乡村教师心目中对于教育理想的定义一定是千差万别的,虽然现实中有种种条件限制乡村教师们发挥想象实践自己的职业理想,但办法总比困难多,有职业情怀的乡村教师必定不甘心被现实捆绑,竭力追寻心目中理想的教育。

其三,以对日常工作的坚守为支撑。仰望星空与脚踏实地哪个更重要?乡村教师们如果缺乏对理想教育的执着追求,必然会对日复一日的工作心生倦怠,然而若心中空有理想抱负却不付诸实践,最终也会一事无成。因而,乡村教育的发展不能一蹴而就,需要有水滴石穿的耐心与毅力,这就离不开对日常工作的兢兢业业与踏实认真,并且在单调的工作中产生创造的热情,将新的教学理念、管理方法等融入实际工作中,碰撞出新的火花,产生奇妙的化学变化,实现教育教学的新突破、新成长。

(二)理论基础

1.需要层次理论

人本主义心理学认为应该把人作为一个整体来研究,主张关注人的高级心理活动,比如热情、信念、生命、尊严等。人本主义心理学的代表人物马斯洛(Abraham H. Maslow)把人的需要区分为基本需要和特殊需要。基本需要是指人所共有的需要,主要包括生理需要、安全需要、归属和爱的需要、自尊需要和自我实现需要。后来马斯洛又把自我实现层次分为认知、审美和创造,以创造需要的实现作为最高的自我实现。人的高级需要是创造人的价值的动力因素,但并不是人人都重视高级需要。基本需要虽然有不同的层次,但这种层次并不是固定不变的。当一种需要满足后会出现新的需要,大多数人都只能满足一部分基本需要,满足是相对意义上的,而且新需要的出现也是循序渐进的。

过去对马斯洛的需要层次理论常常用金字塔形来表现,但是其存在明显的不足,容易引起人们的误解。一是人们往往认为只有当一种需要得到完全满足后,新的动机才会出现;二是人们动机系统是封闭性的,当达到顶点以后便无法进一步发展。①本研究中的乡村教师职业情怀可看作马斯洛需要层次理论中的高级需要,乡村教师虽然在物质上处于相对贫乏的状态,但是在生理、安全需要得到一定的满足后,就会出现新的动机需求。而我们要研究的就是如何在乡村教师对职业情怀出现彷徨的时候去提振他们的职业情怀,亦即如何刺激他们产生高级需要的动机。

2.意识能动性理论

意识的能动性理论是马克思主义哲学的一部分,马克思主义的辩证唯物主义认为:物质决定意识,意识对于物质具有能动的反作用。人类意识的产生是一个漫长的过程,它是自然历史过程与社会历史过程的结合。意识是丰富多彩的,从内容上来看,主要包括知、情、意三方面。知即知识,"意识的存在方式,以及对意识来说某个东西的存在方式,这就是知识"②;情即情感,也就是人类对客观事物所表现出来的态度、感受等;意即意志,也就是人类在追求某种理想过程中所表现出来的自我克制、坚忍不拔的顽强信念。作为物质世界的主观映像,意识具有自觉能动性。毛泽东同志曾说"一切事情是要人做的","做就必须先有人根据客观事实,引出思想、道理、意见,提出计划、方针、政策、战略、战术,方能做得好。思想等等是主观的东西,做或行动是主观见之于客观的东西,都是人类特殊的能动性。这种能动性,我们名之曰'自觉的能动性',是人之所以区别于物的特点"。③意识的能动性主要体现在以下几个方面:一是意识活动的目的性和计划性;二是意识活动的能动性和创造性。更重要的是,意识可以通过思维操作,实现对客观事物超前的、观念的改造,创造性构想一个理想的世界发展图景,指导并通过实践把理想变成现实,从而改变、创造世界。④因而,正确的意识具有重要的作用,它要求我们在认识和改造世界的过程中,既要充分发挥人的主观能动性又要服从客观规律。

乡村教师应该拥有职业情怀,在日常的工作中,能充分发挥主观能动性的作用,在物质条件等比较艰苦的情况下,也可以充分调动起自己工作的积极性,凭借对教育工作的热爱与对理想教育的执着追求,克服已有困难,改造乡村学校与乡村社会,并最终实现自身价值。

① 林方.心灵的困惑与自救——心理学的价值论[M].沈阳:辽宁人民出版社,1989:138.

② 马克思.1844年经济学哲学手稿[M].中共中央马克思恩格斯列宁斯大林著作编译局编译.北京:人民出版社,2000:108.

③ 毛泽东.毛泽东选集(第二卷)[M].北京:人民出版社,1991:477.

④ 汪信砚.马克思主义哲学概论[M].北京:人民出版社,2011:72.

（三）研究方法

1.调查法

本研究设计出了一份调查乡村教师职业情怀的问卷,问卷主要包括以下方面:其一,基本信息。如年龄、性别、学历水平、职称等。其二,以职业情怀的五个维度(职业热爱感、职业责任感、职业创新感、职业自信感、职业使命感)为基础设计出了乡村教师职业情怀量表。其三,相关的扩展性问题。职业情怀的维度设计,由文献资料和实践调查得出。笔者在参照王凤英的《中小学教师职业情感研究——基于对黑龙江省中小学教师的调查》对职业情怀论述的基础上,以预调查的方式对重庆市北碚区部分乡村教师进行访谈,了解其对乡村教师职业情怀的看法,分析出乡村教师职业情怀的五个维度(见表3-1)。

表 3-1　各影响因素在问卷中的计分方式

原始题项	变量名称	数值范围	水平数值标记
一、基本信息			
1	性别	1~2	1:男 2:女
2	年龄	1~5	1:25岁及以下 2:26~35岁 3:36~45岁 4:46~55岁 5:56岁及以上
3	政治面貌	1~4	1:中共党员 2:民主党派 3:团员 4:群众
4	专业	1~2	1:师范类 2:非师范类
5	学历	1~5	1:高中及以下 2:大专 3:本科 4:研究生及以上 5:其他
6	婚姻状况	1~3	1:已婚 2:未婚 3:其他
7	教龄	1~5	1:5年及以下 2:6~10年 3:11~15年 4:16~20年 5:21年及以上
8	学校类型	1~6	1:九年一贯制学校 2:初中 3:中心小学 4:村小 5:教学点 6:其他
9	住所	1~4	1:学校内 2:学校所在乡镇 3:学校所在县城 4:其他
10	是否本地人	1~2	1:是 2:否
11	教师类型	1~4	1:正式教师 2:特岗教师 3:代课教师 4:其他
12	职称	1~6	1:无职称 2:三级职称 3:二级职称 4:一级职称 5:高级职称 6:正高级职称
13	工资	1~5	1:3000元及以下 2:3001~4500元 3:4501~6000元 4:6001~7500元 5:7501元及以上

续表

原始题项	变量名称	数值范围	水平数值标记
二、职业情怀量表			
A1~A6	职业情怀—职业热爱感	1~5	1:非常不符合 2:比较不符合 3:一般 4:比较符合 5:非常符合
A7~A9	职业情怀—职业使命感	1~5	1:非常不符合 2:比较不符合 3:一般 4:比较符合 5:非常符合
A10~A14	职业情怀—职业责任感	1~5	1:非常不符合 2:比较不符合 3:一般 4:比较符合 5:非常符合
A15~A19	职业情怀—职业自信感	1~5	1:非常不符合 2:比较不符合 3:一般 4:比较符合 5:非常符合
A20~A23	职业情怀—职业创新感	1~5	1:非常不符合 2:比较不符合 3:一般 4:比较符合 5:非常符合
三、扩展性问题			
B1	身边教师的职业情怀	1~5	1:非常高 2:比较高 3:不确定 4:比较低 5:非常低
B2-1~B2-7	影响职业情怀的因素	0~1	0:未勾选 1:已勾选
B3-1~B3-7	提振职业情怀的方法	0~1	0:未勾选 1:已勾选

2.访谈法

本研究根据乡村教师职业情怀的维度设计好访谈提纲,在访谈的时候根据教师回答的问题进行适当的追问,以期更深层次地了解乡村教师的内心世界。访谈主要采取边听边记的方式,为了保险起见,在征得被访谈者同意的前提下,用录音笔录音,在访谈结束后再整理录音资料,并撰写相关的观察和访谈记录。同时,在实地调研中,注重通过录像、拍照等方式收集一手资料。

此外,还使用了文献法,即主要通过以下途径收集文献:其一,网上资料的下载,如中国知网、超星电子图书、微盘等;其二,西南大学图书馆馆藏资源的借阅以及自己购买的相关书籍。

三、调查工具与调查对象

(一)调查工具

为了调查乡村教师的职业情怀情况,笔者通过到重庆市一些乡村小学实地走访的形式,近距离接触乡村教师,与他们座谈,了解他们对乡村教师职业情怀的看法,将他们所提供的内容与文献资料相结合,编制了《乡村教师职业情怀调查问卷》。如本专题"研究方法"所述,问卷共包括三个部分的内容:第一部分为乡村教师的基本信息,包括性别、年龄、政治面貌、所学专业、学历、婚姻状况等个人信息以及教龄、所执教学校类型、职称、工资等工作信息。第二部分为专门测量乡村教师职业情怀的量表,共包括职业热爱感、职业责任感、职业创新感、职业自信感、职业使命感五个维度,共计23道题。采用李克特5点量表法进行正向计分,1分表示"非常不符合",2分表示"比较不符合",3分表示"一般",4分表示"比较符合",5分表示"非常符合",分数越高说明职业情怀越高(此处"高低"实际表示"浓淡"的含义,为方便表述,仍采用"高低"的说法)。第三部分为扩展性问题,主要调查乡村教师对身边教师职业情怀的判断、认为影响乡村教师职业情怀的因素和提振乡村教师职业情怀的方法等。

1.信度分析

在社会科学领域中有关李克特量表的信度估计,一般都采用克隆巴赫α系数,克隆巴赫α系数又称为内部一致性系数。表3-2的分析结果显示,"职业情怀量表"共计23个问题的克隆巴赫α系数数值为0.961,超过内部一致信度标准值0.9,说明23道题的内部一致性佳。且各维度的克隆巴赫α系数数值在0.85~0.91之间,说明问卷整体信度较高。

表3-2 克隆巴赫α系数表

	职业热爱感	职业责任感	职业创新感	职业自信感	职业使命感	总量表
Cronbach's Alpha	0.906	0.908	0.881	0.889	0.851	0.961

2.因子分析

因子分析法是将描述某一事物的多个变量缩减成描述该事物的具有代表性的少数几个潜在变量的统计方法。本论文采用的是KMO测度和Bartlett球形检验作为检验相关矩阵的指标。从表3-3可以看出,23项基本特征的Bartlett球形检验结果的显著性值为0.000,说明变量之间存在共享因子。该因子分析采用的是主成分分析法。KMO值的变化范围从0到1,该值越接近1,表明越适合做因子分析。具体标准为:数值0.9以上为非常好,数值0.8~0.9为好,数值0.7~0.8为一般,数值0.6~0.7为差,数值

0.5~0.6为很差,数值0.5以下不适合做因子分析。表中的KMO取值0.96,说明这23个项目之间具有极强的相关关系,该问卷非常适宜做因子分析。

表3-3 KMO和Bartlett的检验

取样足够度的 Kaiser-Meyer-Olkin 度量		0.960
Bartlett 的球形度检验	近似卡方	8984.105
	df	253
	Sig.	0.000

在公因子方差中,每个项目的提取值表明,因子截取为5个因子时,解释该项目所答数据的变化率,其数值标准为>0.4,从表3-4可以看出该量表中全部23个项目,提取值均大于0.4,说明因子提取效果比较理想。

表 3-4 公因子方差

	初始	提取
1.跟学生在一起时,我感到自己充满了活力	1.000	0.672
2.跟同事一起工作,我感到很开心	1.000	0.700
3.我欣赏学校领导的处事风格	1.000	0.709
4.一走进学校我就有一种熟悉和亲近的感觉	1.000	0.746
5.我会很愉快地告诉人我在现在的学校任教	1.000	0.772
6.我觉得现在的工作就是我理想的工作	1.000	0.718
7.我会努力提升自己以便更好地为教育事业服务	1.000	0.745
8.我认为当老师不仅为了养家糊口,更是为了实现自己的理想	1.000	0.790
9.我愿意为教育事业奉献我毕生的精力	1.000	0.793
10.我会积极承担教学任务,并对教学的每个环节都认真负责	1.000	0.821
11.当学生遇到困难时,我会主动去帮助他	1.000	0.786
12.我会积极跟家长交流学生在学校的情况	1.000	0.702
13.我愿意服从领导的工作安排	1.000	0.748
14.我会积极配合同事的工作	1.000	0.780
15.不需要加班,我也会很好地完成分内的工作	1.000	0.651
16.我相信自己可以处理好工作中遇到的困难	1.000	0.707
17.我对专业持续发展报以乐观态度	1.000	0.758
18.我对所在学校发展前景十分看好	1.000	0.798
19.我对乡村教育的未来充满希望	1.000	0.717

	初始	提取
20.在教学过程中我不会照本宣科,而会把教学内容进行重组	1.000	0.692
21.我会创造性地运用多种方式来评价学生	1.000	0.800
22.在班级管理中,我时常会想些新点子	1.000	0.795
23.我会把自己的经验以科研成果的方式呈现出来	1.000	0.759
提取方法:主成分分析		

表 3-5 表明因子提取经过旋转之后,其累积贡献率达到74.597%,该数值大于50%,说明提取效果良好,这为我们提取主要因素提供了比较可靠的依据,即用五个潜在因子,可以概括说明23个项目的特征。

表 3-5 解释的总方差

成分	初始特征值			提取平方和载入			旋转平方和载入		
	合计	方差的 %	累积 %	合计	方差的 %	累积 %	合计	方差的 %	累积 %
1	12.627	54.902	54.902	12.627	54.902	54.902	4.058	17.644	17.644
2	1.710	7.433	62.336	1.710	7.433	62.336	3.872	16.836	34.480
3	1.159	5.037	67.373	1.159	5.037	67.373	3.428	14.903	49.383
4	0.938	4.077	71.450	0.938	4.077	71.450	3.220	14.002	63.385
5	0.724	3.147	74.597	0.724	3.147	74.597	2.579	11.211	74.597
6	0.563	2.448	77.045						
7	0.556	2.417	79.462						
8	0.504	2.191	81.653						
9	0.432	1.878	83.531						
10	0.420	1.826	85.357						
11	0.380	1.653	87.010						
12	0.344	1.498	88.508						
13	0.315	1.369	89.876						
14	0.303	1.315	91.192						
15	0.289	1.258	92.449						
16	0.273	1.188	93.637						
17	0.253	1.099	94.737						
18	0.240	1.044	95.781						

续表

成分	初始特征值			提取平方和载入			旋转平方和载入		
	合计	方差的 %	累积 %	合计	方差的 %	累积 %	合计	方差的 %	累积 %
19	0.216	0.941	96.722						
20	0.205	0.890	97.612						
21	0.194	0.845	98.457						
22	0.180	0.782	99.239						
23	0.175	0.761	100.000						
提取方法:主成分分析									

该旋转采用的是最大方差法。根据因子载荷矩阵,可以找出每一个因子具有较大载荷的变量,进而根据因子的原始含量为这些因子命名。分析表3-6发现,根据对乡村教师职业情怀量表的统计数据进行因子分析的结果,将23个项目归结为五个因子。其中,题目1、2、3、4、5、6在第一个因素上的负荷较高,主要是调查乡村教师对职业的热爱情况的题目,因此第一个因素可命名为"职业热爱感";题目10、11、12、13、14在第二个因素上的负荷较高,主要是调查乡村教师对职业的责任心情况的题目,因此第二个因素可命名为"职业责任感";题目20、21、22、23在第三个因素上的负荷较高,主要是调查乡村教师对职业的创新情况的题目,因此第三个因素可命名为"职业创新感";题目15、16、17、18、19在第四个因素上的负荷较高,主要是调查乡村教师对职业的自信情况的题目,因此第四个因素可命名为"职业自信感";题目7、8、9在第五个因素上的负荷较高,主要是调查乡村教师对职业的使命情况的题目,因此第五个因素可命名为"职业使命感"。

表 3-6　旋转成分矩阵

	成分				
	1	2	3	4	5
2.跟同事一起工作,我感到很开心	0.741	0.316	0.180	0.046	0.126
4.一走进学校我就有一种熟悉和亲近的感觉	0.726	0.194	0.210	0.278	0.246
3.我欣赏学校领导的处事风格	0.718	0.123	0.170	0.377	0.082
5.我会很愉快地告诉别人我在现在的学校任教	0.702	0.172	0.216	0.355	0.278
1.跟学生在一起时,我感到自己充满了活力	0.699	0.156	0.177	0.071	0.350
6.我觉得现在的工作就是我理想的工作	0.555	0.186	0.191	0.290	0.505
11.当学生遇到困难时,我会主动去帮助他	0.268	0.778	0.250	0.137	0.169

续表

	成分				
	1	2	3	4	5
10.我会积极承担教学任务,并对教学的每个环节都认真负责	0.241	0.756	0.258	0.139	0.324
14.我会积极配合同事的工作	0.131	0.717	0.200	0.447	0.093
12.我会积极跟家长交流学生在学校的情况	0.337	0.594	0.374	0.217	0.219
13.我愿意服从领导的工作安排	0.130	0.576	0.235	0.518	0.275
21.我会创造性地运用多种方式来评价学生	0.213	0.305	0.779	0.205	0.110
22.在班级管理中,我时常会想些新点子	0.198	0.269	0.777	0.239	0.152
23.我会把自己的经验以科研成果的方式呈现出来	0.226	0.089	0.766	0.279	0.190
20.在教学过程中我不会照本宣科,而会把教学内容进行重组	0.185	0.406	0.674	0.137	0.140
18.我对所在学校发展前景十分看好	0.422	0.209	0.268	0.703	0.101
17.我对专业持续发展报以乐观态度	0.269	0.342	0.325	0.644	0.219
19.我对乡村教育的未来充满希望	0.302	0.155	0.342	0.630	0.296
15.不需要加班,我也会很好地完成分内的工作	0.233	0.261	0.156	0.566	0.428
16.我相信自己可以处理好工作中遇到的困难	0.153	0.499	0.386	0.521	0.119
8.我认为当老师不仅为了养家糊口,更是为了实现自己的理想	0.391	0.149	0.154	0.266	0.721
9.我愿意为教育事业奉献我毕生的精力	0.295	0.362	0.205	0.218	0.696
7.我会努力提升自己以便更好地为教育事业服务	0.266	0.512	0.240	0.136	0.580

提取方法:主成分析

旋转法:具有 Kaiser 标准化的正交旋转法

a.旋转在 7 次迭代后收敛

(二)调查对象

本研究的调查对象主要是西南地区老少边穷地区的乡村教师,主要调查对象为四川、湖南、贵州、重庆四个地区的部分乡村教师。在选取调查对象时,力求各个方面均有涉及。乡村教师的工作地点包括乡镇中心校、村小、教学点等;类型包括正式编制、特岗教师、代课教师等;年龄上有年轻教师也有老教师;性别上有男教师也有女教师。本次调查共计发放问卷538份,回收491份有效问卷,问卷回收率为91.3%。其中四川回收132份,湖南回收141份,贵州回收116份,重庆回收102份。

1.教师个人信息

对有关乡村教师个人基本信息统计归纳如下:其一,从样本教师性别情况来看,男教师占37.3%,女教师占62.7%,男女教师结构不平衡,女教师显著多于男教师,这与我们在实地调研过程中了解到的情况基本一致。其二,从样本教师年龄情况来看,56岁及以上的老教师占比很少,不到1%;中青年教师占了绝大多数。25岁及以下的教师占比为18.4%,26~35岁的教师占比为30.0%,36~45岁的教师占比为27.6%,46~55岁的教师占比为23.3%。从数据可以看出,教师年龄结构较为合理。其三,从样本教师政治面貌来看,群众占了一半多一点。中共党员占比为22.0%,团员占比为19.4%,群众占比为58.6%。其四,从样本教师所学专业来看,师范类占据了绝大多数,占比为85.3%;非师范类占比为14.7%。可见乡村教师中的大多数经过较为专业的训练。其五,从样本教师婚姻状况来看,已婚教师占绝大多数,占比为73.5%;未婚教师占比为24.5%;其他占2.0%。其六,从样本教师已取得的学历来看,大专和本科占据了绝对优势。高中及以下学历的教师占比为2.5%,大专占比为43.9%,本科占比为53.1%,其他占0.6%。这表明当前乡村教师的学历水平较为理想。其七,从样本教师户籍所在地来看,大多数都是本地人。学校与户籍所在地一致的教师占比为60.0%,不一致的为40.0%。其八,从样本教师的居住地来看,住在学校内的教师所占比例最高,占比为52.1%;在学校所在乡镇居住的教师占比为33.3%;在学校所在县城居住的教师占比为10.6%;其他占了3.9%。

2.教师工作信息

对所调查的乡村教师工作信息的统计结果为:其一,从样本教师的教龄来看,从教5年及以下的教师和从教21年及以上的教师所占比例比较高,都为30%左右。从教5年及以下的教师占比为32.4%,6~10年的占比为12.8%,11~15年的占比为10.6%,16~20年的占比为14.9%,21年及以上的教师占比为29.3%。其二,从样本教师所在学校来看,中心小学最多。九年一贯制教师占比为23.4%,初中教师占比为12.8%,中心小学教师占比为48.9%,村小教师占比为11.6%,教学点教师占比为1.6%。这一方面与调研过程中取样有关,另一方面与村小和教学点教师人数较少有直接关系。其三,从样本教师类型来看,正式编制教师占了绝大多数,其占比为79.8%;代课教师占比为3.9%;特岗教师占比为14.9%;其他为1.4%。这说明虽然乡村教师大多数为正式编制,但还存在一定数量的代课教师,而且特岗教师是乡村教师的一个重要补充渠道。其四,从样本教师的职称来看,一级职称和二级职称最多,所占比例皆超过了30%,正高级职称教师比例还不到1%。无职称的教师占比为19.1%,三级职称教师占比为2.6%,二级职称教师占比为33.2%,一级职称教师占比为36.9%,高级职称教师占比为7.9%,正高级职称教师占比为0.2%。从数据可以看出,大多数教师集中在一级和二级职称,无职称的教师还有相当一部分,高级和正高级职称的教师比例极少。从这里可以看出乡村教师普遍反映的评职称难的问题。其五,从样本教师的工资(包含基本工资和各项福利待遇)来看,多数教师月工资为3001~4500元。月工资在3000元及以下的教师占比为14.1%,在3001~4500元间的教师占比为62.9%,在4501~6000元间的教师占比为17.4%,在6001~7500元间的教师占比为4.9%,在7501元及以上的教师占比为0.6%。

四、数据统计及结论分析

(一)职业情怀的总体统计

如表3-7所示,其内容为根据乡村教师职业情怀量表测量出来的描述值,可以看出乡村教师职业情怀均值为4.3107,总体偏高。当然,再进一步观察职业情怀的内部维度还会发现,乡村教师的职业情怀在五个维度的均值分别为:职业热爱感4.1073,职业责任感4.5568,职业创新感4.3045,职业自信感4.2664,职业使命感4.3184。乡村教师的总体职业责任感很强,职业热爱感稍弱。职业责任感的标准差最小,为0.58086,这表明被调查的乡村教师对职业责任感的看法差异最小。

表 3-7 乡村教师职业情怀的测量值

	N	极小值	极大值	均值	标准差	方差
a.职业热爱感	491	1.00	5.00	4.1073	0.75242	0.566
b.职业责任感	491	1.00	5.00	4.5568	0.58086	0.337
c.职业创新感	491	1.00	5.00	4.3045	0.65579	0.430
d.职业自信感	491	1.00	5.00	4.2664	0.72466	0.525
e.职业使命感	491	1.00	5.00	4.3184	0.72921	0.532
f.职业情怀	491	1.00	5.00	4.3107	0.59888	0.359
有效的N(列表状态)	491					

表 3-8 对身边乡村教师职业情怀的评价

		频率	百分比	有效百分比	累积百分比
有效	非常高	2	0.4	0.4	0.4
	比较高	39	7.9	7.9	8.4
	不确定	69	14.1	14.1	22.4
	比较低	262	53.4	53.4	75.8
	非常低	119	24.2	24.2	100.0
	合计	491	100.0	100.0	

在问卷的第三部分,笔者问了如下问题:"您觉得身边乡村教师的职业情怀普遍:_____",并提供了"非常高""比较高""不确定""比较低""非常低"五个选项。从表3-8中可以看出,一共有491位教师回答了本题,统计数据可见,认为身边乡村教师职业情怀"比较低"和"非常低"的百分比为77.6%,亦即大多数乡村教师认为身边的同事的职业情怀是比较偏低的。

(二)高相关影响因素的统计

影响乡村教师职业情怀的因素众多,前期的分析表明,一些因素对乡村教师的职业情怀的影响较大,一些因素的影响较小或呈现低相关状态。高相关影响因素的统计结果如下。

1.基于年龄的统计

表3-9 不同年龄的乡村教师职业情怀五维度方差分析表

		平方和	df	均方	F	显著性
a.职业热爱感	组间	7.725	4	1.931	3.474	0.008
	组内	269.630	485	0.556		
	总数	277.355	489			
b.职业责任感	组间	3.064	4	0.766	2.294	0.058
	组内	161.950	485	0.334		
	总数	165.014	489			
c.职业创新感	组间	5.826	4	1.457	3.449	0.009
	组内	204.811	485	0.422		
	总数	210.637	489			
d.职业自信感	组间	5.072	4	1.268	2.439	0.046
	组内	252.173	485	0.520		
	总数	257.244	489			
e.职业使命感	组间	2.970	4	0.742	1.398	0.233
	组内	257.486	485	0.531		
	总数	260.456	489			

从表3-9中可以看出,不同年龄的教师在职业热爱感、职业创新感、职业自信感

上存在显著差异,在职业责任感、职业使命感上不存在显著差异(在0.05水平上,本书后同)。分析发现,乡村教师职业热爱感、职业创新感、职业自信感从25岁及以下到56岁及以上总体呈现上升的趋势。35岁以前的乡村教师职业热爱感、职业创新感、职业自信感均呈现较低水平,随后有所波动,最终在56岁及以上时呈现大幅度上升,并达到最高水平。

2.基于教龄的统计

表 3-10 不同教龄的乡村教师职业情怀五维度方差分析表

		平方和	df	均方	F	显著性
a.职业热爱感	组间	5.949	4	1.487	2.663	0.032
	组内	271.457	486	0.559		
	总数	277.406	490			
b.职业责任感	组间	2.056	4	0.514	1.530	0.192
	组内	163.268	486	0.336		
	总数	165.325	490			
c.职业创新感	组间	6.558	4	1.640	3.903	0.004
	组内	204.172	486	0.420		
	总数	210.730	490			
d.职业自信感	组间	5.789	4	1.447	2.797	0.026
	组内	251.526	486	0.518		
	总数	257.316	490			
e.职业使命感	组间	0.443	4	0.111	0.207	0.935
	组内	260.114	486	0.535		
	总数	260.557	490			

从表3-10中可以看出,不同教龄的乡村教师在职业热爱感、职业创新感、职业自信感上存在显著差异,在职业责任感、职业使命感上不存在显著差异。分析发现,乡村教师的职业热爱感、职业创新感、职业自信感均在教龄为5年及以下时处于最低水平,而后在教龄为6~10年时职业热爱感、职业创新感、职业自信感均呈现大幅度增长,其后职业热爱感在教龄为11~15年、16~20年时趋于稳定,在教龄为21年及以上时再次有较大幅度的增长。

综合表3-9和3-10认为,不同年龄和教龄的乡村教师在职业责任感与职业使命感上不存在显著差异,但是年轻的乡村教师在刚参加工作不久时职业热爱感、职业创新感和职业自信感都处于较低水平,还存在一些不太适应和缺乏激情的情况,随着教龄的增长、心态的成熟,他们在各方面的情况都有所改善,并且逐渐对自己的身份接受并认同,特别是在退休之际,职业热爱感、职业创新感和职业自信感都处于鼎盛状态,其可见乡村教师的职业情怀并不是一成不变的,而是随着年龄和教龄的变化而变化。

3.基于学历的统计

表 3-11　不同学历的乡村教师职业情怀五维度方差分析表

		平方和	df	均方	F	显著性
a.职业热爱感	组间	5.059	3	1.686	3.004	0.030
	组内	271.653	484	0.561		
	总数	276.711	487			
b.职业责任感	组间	5.203	3	1.734	5.255	0.001
	组内	159.739	484	0.330		
	总数	164.942	487			
c.职业创新感	组间	3.520	3	1.173	2.743	0.043
	组内	207.006	484	0.428		
	总数	210.525	487			
d.职业自信感	组间	4.524	3	1.508	2.900	0.035
	组内	251.698	484	0.520		
	总数	256.222	487			
e.职业使命感	组间	7.385	3	2.462	4.717	0.003
	组内	252.584	484	0.522		
	总数	259.969	487			
	总数	175.399	487			

从表3-11中可以看出,不同学历的教师在职业热爱感、职业责任感、职业创新感、职业自信感、职业使命感上均存在显著差异。分析发现学历为本科的教师在五个维度上均低于其他学历的教师;学历为高中及以下的教师在五个维度上得分均处于较高水平;乡村教师的职业热爱感、职业责任感、职业创新感、职业自信感、职业使命感均在学历为高中及以下时达到较高值,在学历为本科时达到最低值。

乡村教师在人们的眼中属于弱势群体,我们总是用默默付出、无私奉献等词来形容他们。选择到乡村学校任教有时候是一种无奈之举,学历为本科的教师选择机会较多,因而在面对这份职业时,会有一些其他的想法,并且很有可能仅仅将其作为一块跳板。而高中及以下学历的乡村教师面临的选择较少,能够更一心一意地专注于本职工作,且中师毕业的教师属于高中及以下学历的教师,在实地调查的过程中,笔者发现很多中师毕业的教师,对于乡村都有一种独特的情怀。与今天师范学院的学生相比,早期的师范生的职业认同和职业规划更加清晰。中师的教育背景赋予了这些乡村教师更强的职业认同感和责任感,让他们对我国的乡村教育事业保持了质朴的、近乎本能的关怀。这也是许多乡村教师安守在乡村小学的重要原因之一。[①]

4.基于职称的统计

表3-12 不同职称的乡村教师职业情怀五维度方差分析表

		平方和	df	均方	F	显著性
a.职业热爱感	组间	11.291	5	2.258	4.115	0.001
	组内	266.116	485	0.549		
	总数	277.406	490			
b.职业责任感	组间	3.138	5	0.628	1.877	0.097
	组内	162.187	485	0.334		
	总数	165.325	490			
c.职业创新感	组间	5.930	5	1.186	2.809	0.016
	组内	204.800	485	0.422		
	总数	210.730	490			
d.职业自信感	组间	6.753	5	1.351	2.614	0.024
	组内	250.562	485	0.517		
	总数	257.316	490			
e.职业使命感	组间	5.651	5	1.130	2.151	0.058
	组内	254.906	485	0.526		
	总数	260.557	490			

从表3-12中可以看出,不同职称的乡村教师在职业热爱感、职业创新感、职业自信感上存在显著差异,在职业责任感、职业使命感上不存在显著差异。分析发现正高级职称乡村教师的职业热爱感、职业创新感、职业自信感显著高于其他职称的教师;二级职称的乡村教师职业热爱感、职业创新感、职业自信感均处于最低水平,随后随着职称的增加不断上升,在正高级职称时达到最高水平。正高级教师正是由于其强烈的职业使命感和创新感,使得他们在工作中不断鞭策自我,不随波逐流、不因循守

①张莉莉,林玲.城市化进程中乡村教师的境遇:倦怠与坚守——对97位村小、教学点骨干教师的调查[J].河北师范大学学报(教育科学版),2014(1):16-20.

旧,取得了一系列成果,最终达到乡村教师的职称高峰——正高。在这个过程中,他们收获了工作的乐趣,也更加热爱本职工作。

5.基于学校类型的统计

表3-13 不同学校类型的乡村教师职业情怀五维度方差分析表

		平方和	df	均方	F	显著性
a.职业热爱感	组间	9.675	5	1.935	3.505	0.004
	组内	267.732	485	0.552		
	总数	277.406	490			
b.职业责任感	组间	2.998	5	0.600	1.792	0.113
	组内	162.326	485	0.335		
	总数	165.325	490			
c.职业创新感	组间	4.218	5	0.844	1.981	0.080
	组内	206.512	485	0.426		
	总数	210.730	490			
d.职业自信感	组间	5.224	5	1.045	2.010	0.076
	组内	252.091	485	0.520		
	总数	257.316	490			
e.职业使命感	组间	4.979	5	0.996	1.890	0.095
	组内	255.578	485	0.527		
	总数	260.557	490			

从表3-13中可以看出,不同学校类型的教师在职业热爱感上存在显著差异,在职业责任感、职业创新感、职业自信感、职业使命感上不存在显著差异。分析发现,九年一贯制学校乡村教师的职业热爱感显著低于其他学校类型的教师,教学点的乡村教师职业热爱感最高。初中乡村教师的职业热爱感比中心小学和村小教师的要相对高一点。教学点教师的职业热爱感显著高于其他几种学校类型的乡村教师,这可能与教学点学生人数少、工作量小有一定关系。

6.基于工资水平的统计

表3-14 不同工资的乡村教师职业情怀五维度方差分析表

		平方和	df	均方	F	显著性
a.职业热爱感	组间	10.077	4	2.519	4.572	0.001
	组内	266.144	483	0.551		
	总数	276.221	487			

		平方和	df	均方	F	显著性
b.职业责任感	组间	1.187	4	0.297	0.881	0.475
	组内	162.777	483	0.337		
	总数	163.965	487			
c.职业创新感	组间	2.193	4	0.548	1.283	0.276
	组内	206.426	483	0.427		
	总数	208.619	487			
d.职业自信感	组间	5.374	4	1.343	2.586	0.036
	组内	250.965	483	0.520		
	总数	256.339	487			
e.职业使命感	组间	2.001	4	0.500	0.940	0.441
	组内	257.155	483	0.532		
	总数	259.156	487			

　　从表3-14中可以看出,不同工资水平的教师在职业热爱感和职业自信感上存在显著差异。分析发现,工资在3000元及以下乡村教师的职业热爱感、职业责任感处于最低值,此后,随着工资的上涨逐渐上升,工资在6001~7500元间的乡村教师职业热爱感达到最高值;工资在7501元及以上的乡村教师职业责任感达到最高值。可以发现,工资处于较低水平的乡村教师,职业热爱感与职业自信感均处于较低水平。除去乡村教师这个身份,老师们也需要养家糊口,较低的工资水平直接影响了他们对职业的热爱,也让他们对自己和乡村教育缺乏信心,在这样的情况下,这些教师极有可能会选择另谋出路,成为乡村教师队伍中的不稳定因素。

　　综上可以发现,年龄、教龄、学历、职称、学校类型和工资水平都会影响乡村教师的职业情怀,但是在职业热爱感、职业责任感、职业创新感、职业自信感、职业使命感上的影响各不一样。首先,乡村教师职业热爱感稍弱,而各因素对乡村教师职业热爱感都有较为显著的影响。职业热爱感受教师年龄、教龄等因素影响甚大说明其是职业情怀中一个不太稳定的因素。其次,乡村教师职业责任感较强,并且各因素对乡村教师职业责任感的影响并不明显,说明乡村教师普遍对责任感认同度较高,且具有很强的责任意识。在谈及对教师这个职业的看法时,他们这样说道:"教书是一个良心活儿,要对得起自己的良心。当老师最重要的就是责任心。"选择教师这个职业可能不是每个人都是出于对教育事业的热爱,但是一旦选择了,就再也不能放弃,就要本着对学生负责的态度继续下去。但不能否认的是,不同学历的乡村教师职业责任感存在一定的差异,本科学历的乡村教师,职业热爱感、职业责任感、职业创新感、职业自信感和职业使命感都显著低于其他学历水平的乡村教师。

(三)低相关影响因素的统计

除上述影响乡村教师职业情怀的因素调查统计外,我们还调查了乡村教师的性别、专业、是否本地人、婚姻状况、政治面貌、住所、所在地区对职业情怀的影响,相应的 p 值如下(见表3-15)。

表3-15　对乡村教师职业情怀无显著影响的因素

	职业热爱感	职业责任感	职业创新感	职业自信感	职业使命感
a.性别	0.796	0.306	0.618	0.985	0.135
b.专业	0.639	0.981	0.474	0.760	0.402
c.是否本地人	0.222	0.169	0.855	0.347	0.643
d.婚姻	0.073	0.218	0.051	0.091	0.462
e.政治面貌	0.700	0.452	0.352	0.477	0.705
f.住所	0.802	0.387	0.731	0.791	0.495
g.所在地区	0.522	0.851	0.262	0.127	0.280

统计结果表明,上述因素的影响 p 值均大于0.05,表明这些因素对乡村教师职业情怀的五个维度没有显著影响。

五、结果评判及问题分析

(一)乡村教师职业情怀评判及问题

第一,乡村教师职业情怀整体合格,但存在内部构成差异。调查研究显示,乡村教师总体职业责任感较强,职业热爱感稍弱。出于了解更真实数据的需要,在问卷的第三部分,笔者设置了一道题请乡村教师评价身边教师的职业情怀,结果出乎意料。认为身边乡村教师职业情怀"比较高"和"非常高"的百分比不到10%,而认为身边乡村教师职业情怀"比较低"和"非常低"的百分比高达77.6%,另有14.1%的乡村教师选择了"不确定"。

这两个完全自相矛盾的结论让笔者进行了一些思考。首先是量表本身的信效度问题。经过信效度检验,发现量表克隆巴赫 α 系数数值为0.961,表明量表信度较好;因子分析的结果显示,五个维度可以累计解释23道题的74.597%,说明五个维度具有一定代表性。其次是抽样与发放问卷的问题。本研究由于时间和精力等原因,采用的是分层抽样与整群抽样相结合的方式,即先根据学校类型、教师人数、距离县城的远近等选取一些学校,再直接跟学校相关负责人联系以发放问卷。在发放问卷的过程中有可能会由于学校领导出面的关系,教师们为维护学校与自身声誉,在填写过程中存在往好的方面填的情况。再次,前一个量表中的职业情怀指的是职业热爱感、职业责任感、职业创新感、职业自信感和职业使命感五个维度,但后面一道题中的职业情怀可能会由于每个老师自身的差异理解不一,因而有两个结论不太一样的情况出现。乡村教师职业情怀是否真有表现的那么高?虽然在剔除无效问卷时把全选择"非常符合"的问卷都舍弃了,但是应该还是存在夸大的嫌疑。因此,问卷结果单纯呈现的整体偏高是需要修正的,亦即考虑上述调查工作的影响因素,修正后乡村教师职业情怀只能是在整体上合格而已。同时,整体合格的内部存在差异,诸如职业热爱感偏低的现象。

第二,个体因素与外界因素都对乡村教师职业情怀有所影响。根据独立样本 t 检验和单因素方差分析,可以发现男教师与女教师、师范类专业与非师范类专业教师、本地教师与非本地教师、未婚与已婚教师、不同政治面貌的教师、不同住所的教师和不同地区的教师在职业情怀五维度上均无显著差异。而不同年龄和教龄的教师在乡村教师职业热爱感、职业创新感和职业自信感上存在显著差异,不同学历的教师在乡村教师职业热爱感、职业责任感、职业创新感、职业自信感、职业使命感上存在显著差异,不同学校类型的教师在乡村教师职业热爱感上存在显著差异,不同职称的教师在乡村教师职业热爱感、职业创新感、职业自信感上存在显著差异,不同工资水平的教师在乡村教师职业热爱感和职业自信感上存在显著差异。这也说明职业情怀作为教师的内部情感之一,很有可能会随着他们自身因素的不同而产生差异。

表3-16 影响乡村教师职业情怀的因素

		响应		个案百分比
		N	百分比	
您认为影响乡村教师职业情怀的因素有___[a]	工资福利	413	22.8	84.1
	社会舆论倾向	281	15.5	57.2
	个人追求	217	12.0	44.2
	领导、同事关系	157	8.7	32.0
	学生与学生家长的配合程度	294	16.2	59.9
	社区民众支持	178	9.8	36.3
	国家政策导向	261	14.4	53.2
	其他	10	0.6	2.0
总　　计		1811	100.0	368.8
a. 值为1时制表的二分组				

同时，为探索更多影响乡村教师职业情怀的因素，问卷第三部分设置了如下问题："您认为影响乡村教师职业情怀的因素有_____"。教师可以根据自身情况进行多项选择，调查结果(见表3-16)显示根据选择次数的多少排列，有84.1%的乡村教师选择了"工资福利"，59.9%的教师选择了"学生与学生家长的配合程度"，57.2%的教师选择了"社会舆论倾向"，53.2%的教师选择了"国家政策导向"，44.2%的教师选择了"个人追求"，36.3%的教师选择了"社区民众支持"，32.0%的教师选择了"领导、同事关系"。可以看出，乡村教师们在考虑影响因素时把物质待遇放在了第一位，同时也与国家政策，社会舆论、社区民众、学生及家长、领导同事关系，个人追求有密不可分的关系。因而，在分析乡村教师职业情怀时，理应考虑多重因素的交叉影响。

第三，较低的工资待遇影响了乡村教师职业情怀。被调查的乡村教师中每月工资为3000元及以下的教师占比为14.1%，3001~4500元的教师占比为62.9%，如调查中查看到的某校2017年7月工资花名册，发现教师工资基本由四部分组成：岗位工资、薪级工资、绩效工资和津贴补贴。这份花名册显示，教师工资处于4000元以下的为70人，占了66%；处于5000元以下的为89人，占了84%。最低工资为2876元，最高工资为6670元。又如调查中观察到2015年上半年某小学送课下村小教师的生活补助花名册。该校是一所中心校，下属两所村小，由于村小英、体、美学科教师缺乏，因而学校规定每个星期要从中心校派教师到村小送课，每个教师每次下乡的生活补助为70元，一学期下来每位教师的额外收入为1100多元，平均每个月不足300元。一位男教师表示目前的工作只是暂时的，没有打算长期做下去，周围从事其他行业的朋友过着较好的物质生活时，他心里出现了不平衡，并且已经考虑先从事其他的副业了。较低工资水平的乡村教师职业热爱感和职业自信感也都处于较低水平，而随着工资的上升，两者都基本呈现上升趋势。可见，物质条件仍然是影响乡村教师职业情怀的一个重要因素，马斯洛的需要层次理论认为，当人的较低层次的需要还没有满足时，很难追求较高层次的需要。就像一个人在极度饥饿的情况下，除了饱腹之外基本想不到其他的事情。现在中国的物质财富已经发展到了一定的水平，乡村教师们生理上的需要，如吃饭、睡觉这些是可以得到正常满足的，但是同时中国又是一个充满竞争的社会，在经济高速发展的背后面临一系列的问题，包括城乡、贫富差距大等，在这种情况下乡村教师如果工资微薄，物质条件难以得到满足，心理上对安全感的需要就难以满足，那么就难以花费更多的精力在更高层次的需要上。我们以前在谈论乡村教师时更多的是从默默付出、无私奉献的角度来说的，但是我们缺乏从"人"这个角度来关怀他们。一个人的经济地位可以在很大程度上影响其社会地位，韩国和日本社会之所以尊师重教的氛围很浓郁，很大程度上是教师工资待遇高、社会福利好的缘故。

第四，职称评定比较困难的问题降低了乡村教师职业情怀。研究发现高级特别是正高级职称的乡村教师职业热爱感、职业创新感和职业自信感都处于较高水平，但是教师评职难似乎已经成了一个老大难问题，对于乡村教师来说尤其如此。虽然国家在出台政策的时候，尽量向乡村倾斜，在《支持计划》中明确规定乡村教师评聘职称（职务）时不作外语成绩（外语教师除外）、发表论文的刚性要求，放宽了乡村教师评职称的条件限制，但是在实际执行的过程中，依然存在着一些问题。现实中还是会有教师抱怨道："我认为目前最大的问题还是评职称问题，我都要退休了，但是还评不上副高。"他认为对于老教师来说评副高有两个难关：一是对学术有要求，学术论文要发表在国家级刊物上，至少网上可以查询；二是要上公开课，还要是全县的，在上课的时候要运用多媒体，这对老教师来说是一个挑战。他认为："国家就不应该按职称算工资，而应该按教龄算工资。有些中层领导即使课上得少，也可以评上职称，这就有点儿不公平了。"职称评定的难题严重影响了他们的教学积极性，也导致乡村教师们在工作中更功利化的倾向。比如学校要求参加培训时，教师们会问参加了之后在评职称时是否可以加分，如果没有加分的话他们就不太愿意参加。

第五，艰辛的生活及艰苦的环境影响了代课教师职业情怀。虽然国家出台了一系列政策清退代课教师，但是还是存在着相当数量的代课教师，并且很多已经任教了几十年。某所村小的五位老师都是代课教师，并且有两位老师已经52岁了，可以说他们为乡村教育奉献了一辈子。李老师是这五位老师中的一员，从与她的交谈中，我发现她真的热爱这里的一切。当谈及学生时，她的脸上总是挂着幸福的笑容，谈到动情处时，又会眼带泪光。李老师2001年毕业于师范院校，考了两次教师编制，由于都是几百个人抢二十几个名额，因而均未成功，后来因为热爱教书就留下来了。她"空间"里的一篇随笔讲述了她当教师的一些心路历程，不难发现其中的艰辛与苦痛，但是李老师和其他几位老师在学校房屋漏雨，吃水自己挑的艰苦条件下还是坚持了过来，可以说，他们是真正有职业情怀的人，然而他们的生活却不尽如人意。

第六，不良的家校关系影响了乡村教师职业情怀。被调查的乡村教师们在选择影响其职业情怀的因素时，有59.9%的教师选择了"学生与学生家长的配合程度"，57.2%的教师选择了"社会舆论倾向"，可见学生、家长及社区环境对他们有深刻的影响。有学者认为乡村教师在"城市—现代"语境中属于低素质者，他们虽然拼尽全力想追上城市教师的步伐，想跟上新的课程改革，然而总是事与愿违。但在"乡土—历史"语境中属于高素质者,是农村地区少见的"文化人"。[①]然而在现实生活中乡村地区的人们对乡村教师的态度已大不如前。他们认为教师只是众多职业中的一种,并没有什么神圣的地方。再加上现代社会人们对物质的推崇,乡村教师的工资较低,所以有些家长甚至对乡村教师存在较为轻视的态度。而在乡村学校教学,处于乡土社会的大环境中,人们怎么看待他们,学生和家长是否配合他们工作,对他们都有很深的影响。有数据显示,农业生产经营人员受教育程度构成从全国范围来看,未上过学的占6.4%,小学占37%,初中占48.4%,高中或中专占7.1%,大专及以上占1.2%。[②]他们往往缺乏辅导学生作业的能力且认为教育是属于学校和教师的事,学生一旦在学校出了问题,家长们便"理直气壮"地跑到学校指责教师,追究责任,这给乡村教师们造成了极大的工作压力。笔者和身边已经成为教师的同学交流时,发现他们对职业热爱与否很大程度上受学生的影响,当付出得到认可与取得成就时,他们就会更有干劲地投入工作,当很长一段时间看不到希望时,他们就会慢慢懈怠。

第七,不同教龄教师存在职业情怀差异,青年教师的职业情怀较低。研究发现年龄在25~35岁之间,教龄在5年及以下的乡村教师,职业热爱感、职业创新感和职业自信感都处于较低水平,本科学历的乡村教师职业热爱感、职业责任感、职业创新感、职业自信感和职业使命感都显著低于其他学历的教师。而年龄在56岁及以上、教龄在21年及以上的乡村教师职业热爱感、职业创新感、职业自信感显著高于其他教师,高中及以下学历的乡村教师职业热爱感、职业责任感、职业创新感、职业自信感和职业使命感均处于较高水平。

虽然近年来城市化已出现了一些问题,甚至渐渐开始出现返乡的热潮,然而大多数年轻人还是愿意到城市生活。在调研时,曾访谈过不少教师,有青年教师也有年长教师,问及对目前工作的看法,可以从他们身上看见两种截然不同的态度。老教师一般比较知足,他们多认可目前的工作和生活状态,觉得在乡村教书压力小、工作轻松,而且乡村学校的条件比起以前来说也有很大的进步,特别是2012年以后,很多校舍都翻修一新,很少有以前存在的教室漏水或者房屋有裂痕的情况。即使是某些贫困地区、山区的学校条件也都比过去好了很多。而且比起刚参加工作的时候,现在乡村教师的工资有了很大提升,被调查教师中多数教师每月可以拿到3000~4500元,每月可以拿到4500元以上的教师超过了20%。但是年轻教师们却不这样想,他们大多具

① 唐松林,邹芳.语境视域与乡村教师:乡村教师素质分析[J].湖南师范大学教育科学学报,2013(5):54-58.

② 中华人民共和国国家统计局.第三次全国农业普查主要数据公报(第五号)[EB/OL].http://www.stats.gov.cn/tjsj/tjgb/nypcgb/qgnypcgb/201712/t20171215_1563599.html[2019-12-16].

有大专或者本科学历,通过公招考试或者"特岗计划"进入到乡村教师队伍,后者占比更高。在与他们交谈的过程中,会发现他们大多对目前的状况感到不满意,很多教师都把目前的工作当成一个临时跳板,一旦有更好的工作就会毫不犹豫地逃离乡村。笔者在调研的过程中,曾多次跟当地的教育局打交道,发现教育局的相关人员很多都是从教师转行而来,且有相当一部分人来自乡村学校。

(二)乡村教师职业情怀问题的归因

1.物质因素:经济待遇低

第一,我国财政性教育经费比例在GDP中占比较低。《教育概览2011:OECD教育指标》显示,2008年,经济合作与发展组织国家用于教育的经费支出占其GDP总和的6.1%,在智利、丹麦、冰岛、以色列、韩国、挪威和美国,这一比例超过7%。在36个数据可得的国家中,只有9个国家的财政性教育经费投入占其GDP的比例为5%或更低。[①]而我国从1993年制定2000年达到4%的目标至2012年首次实现这一目标,花了将近20年的时间,近些年也差不多维持在这个水平。

第二,教育经费支出中人员经费支出占比不高。在中国现行的教育经费统计体系中,教育经费支出分为事业性支出和基本建设支出两部分。教育事业费指用于维持教育经常性活动所必需的费用,其又分为个人和公用两部分。个人部分包括反映学校或单位开支的在职职工和临时聘用人员的各类劳动报酬,以及为上述人员缴纳的各项社会保险费的"工资福利支出",以及反映政府对个人和家庭的补助支出。有研究通过分析2002—2008年我国各地区的地方小学事业费中人员经费占比的降幅与事业经费年增速的关系,发现二者呈现负相关,即事业经费增速越快,人员经费占比降幅越大,并且东西部存在差异。发达地区可能由于经费已经达到某种充足程度,因此人员经费占比并不一定会继续下降,或者变动的幅度不大,但对于西部贫困地区来说,随着经费供给的增加,这一比例的下降空间相对较大。[②]

第三,地方政府缺乏完全的财政自主权。在与教育行政部门领导进行对话时,发现他们也很想提高乡村教师的待遇,解决这一难题。特别是国家提出按照"地方自主实施、中央综合奖补"的原则,对集中连片特困地区乡村教师进行了生活补助,自2013年以来,21个省(区、市)及新疆生产建设兵团的708个连片特困地区县已基本实现全覆盖,8万多所乡村学校的130万名乡村教师从中受益;2016年所有实施县中,人均月

① 鲍成中.后4%时代:我国教育经费的保障和使用[J].中国教育学刊,2012(9):9-12.
② 陈晓宇.我国教育经费结构:回顾与展望[J].教育与经济,2012(1):21-28.

补助标准超过400元的占25%,比2015年提高了11个百分点。[1]在实地调研中,笔者发现此项政策各省市实施情况存在较大差异,并且跟县级财政密切相关,有些地区即使想多补助一些,也会因为拿不出钱而倍感烦恼。

2.晋升因素:职称评定难

第一,中高级职称名额较少,竞争压力太大。被调查乡村教师的职称分布极为不均衡,无职称的教师占比为19.1%,三级职称的教师占比为2.6%,二级职称的教师占比为33.2%,一级职称的教师占比为36.9%,高级职称的教师占比为7.9%,正高级职称的教师占比为0.2%。根据人力资源和社会保障部办公厅发布的2017年度各省(区、市)中小学正高级指标数,全国共3496个名额,且各个地区存在较大差异,竞争的激烈程度可想而知。对于乡村教师来说,评定职称就更为不易。有学者发现全国具有高级职称的乡村教师比例仅为4.2%,比全国平均值低6.6个百分点,比城区教师更低了12.0个百分点。而在初级职称中,乡村教师占比为44.9%,高于城区教师12.2个百分点。[2]

第二,职称评定中论文、科研成果和赛课等要求仍然存在。我们从某校2017年竞聘上岗实施方案中的加分政策可以看出,除了师德表现、教龄、任职年限、出勤、年度考核结论等常规项外,获奖加分占了相当大的比重。虽然国家明确规定乡村教师评职英语和论文不做硬性要求,但是在加分项中,我们可以看见获论文奖、竞赛奖、教学科研成果奖等加分比例仍然很高。一位乡村教师担任班主任满一年计1分,到村小教学工作满一年计0.5分,而论文获得校级一等奖或者在校级刊物上发表就可以计0.5分,论文获奖最高分可以达到8分。想评上高级、副高级职称的乡村教师如果不在最后一项上努力是很难超过其他乡村教师的。职称不仅跟工资福利挂钩,而且也是一位教师荣誉的象征,评职称难势必会分散乡村教师的精力并大大影响他们的教学热情。

3.身份因素:代课教师生活困顿

第一,编制紧张,转正希望渺茫。原本代课教师是指在专任教师因病假、产假、事假等原因不能工作而被请来代课的顶岗教师。[3]但是在中国特殊的历史背景下,我们常说的代课教师主要包括两类:替代缺课教师的代课教师和补充空缺岗位的代课教

① 中华人民共和国教育部.各地全面落实乡村教师生活补助政策[EB/OL].http://www.moe.gov.cn/jyb_sjzl/s3165/20171010_315993.html[2019-10-11].

② 高慧斌.乡村教师职称(职务)评聘制度演变及改革策略[J].当代教育科学,2017(1):17-21,61.

③ 梁忠义,车文博.实用教育辞典[Z].长春:吉林教育出版社,1989:144.

师。并且我国代课教师不同于国外代课教师的一个显著特点就是人们没有把代课教师作为一个临时性的顶替岗位,而是在无形中认为存在一种沿袭民办教师管理制度的长期劳动合同关系,形成了对代课教师的一种错位认识。①这种错位认识导致了代课教师的长期存在。政府出于节省经费开支的考虑默认乡村学校聘请代课教师的做法,再加上乡村学校长期处于"超编"与"缺人"的状况中,很多学校根本没有多余的编制容纳代课教师,即使有多余的编制,教育行政部门也会更倾向于将编制留给外来的年轻教师。

第二,工资待遇低,沦为廉价劳动力。调查中,笔者观察到某校2015年3月至7月代课教师工资,从中可以看出每位代课教师基本月薪为1300元,若同时从事学生管理工作,则每月多1000元。除此之外基本没有额外的福利待遇。代课教师几个月的工资才相当于正式教师一个月的工资,而且他们完全没有保障。一般学校以跟代课教师签约的方式聘用其工作,三五年之后还能否继续现在的工作,他们往往心里没底。乡村教师在乡村地区的地位已然大不如前,代课教师更是受不到大家的尊重。

4.外界因素:紧张的家校关系

第一,乡村教师身份的转变。费孝通先生在20世纪40年代提出了中国乡村社会的基本性质是"乡土性",其包含三个主要维度:一是社会主体的非流动性;二是社会空间的地方性;三是社会关系的熟悉性。而现代学者认为当前我国已经进入后乡土中国,后乡土中国理论将当前乡村社会基本性质概括为:家庭农业、村落和熟悉关系依然在乡村存在和维续,这反映出乡村社会保留着部分"乡土性"特征;当前乡村社会出现的人口"大流动"现象,意味着不流动的乡土已经发生巨大变迁,流动性成为后乡土性的突出特征;伴随着乡村社会流动,乡村社会经济结构也已出现了分化和多样化;此外,随着国家农村建设的推进和深入,乡村社会空间的公共性越来越强。②在这样的情况下,乡村教师作为曾经的"乡民文化代言人",当地社会最广大的知识分子群体,逐渐蜕变为单纯"教书匠"或"孩子王"的角色,缺乏与乡村经济社会更广泛的互动与联系;乡村教师在受到国家体制内的关怀时,却逐渐失去了与乡土社会文化的内在联系,成为乡村社区生活的"边缘人"。③

第二,留守儿童与留守家庭的增多。2016年末全国人口构成中,城镇人口数为

---

① 安雪慧,丁维莉.代课教师:合理存在还是应该清退——兼论代课教师规范管理制度[J].教育研究,2011(7):72-77.

② 陆益龙.后乡土中国[M].北京:商务印书馆,2017:32.

③ 张济洲.乡村教师的文化冲突与乡村教育改革[J].河北师范大学学报(教育科学版),2008(9):121-124.

79298万人,占比57.35%;农村人口数为58973万人,占比为42.65%。城镇化水平已经接近60%,但是全国居民人均可支配收入为23821元,城镇居民人均可支配收入为33616元,农村居民人均可支配收入为12363元,贫困地区农村居民人均可支配收入为8452元。数据表明城乡依然呈现出较大差距,因而有不少农村居民选择了外出务工,在全国28171万人的农民工总量中,外出农民工为16934万人,本地农民工为11237万人。[①]这样的情形导致了大量留守儿童的出现。

5.心理因素:内驱力的不同

第一,生长社会背景的差异。笔者文中所指的老教师属于共和国的第四代乡村教师,而有着高学历的年轻教师则属于共和国的第五代乡村教师。[②]老教师多是20世纪八九十年代参加工作的中师毕业生,他们是乡村中的佼佼者,以脱离"农门"为荣,在乡土社会中兢兢业业。多位老教师向我述说到他们最大的心愿就是建设乡村,帮助更多的农家子弟走出去。而2006年以后入职的年轻教师,多通过公招考试,或者"特岗计划"进入乡村教师行业,他们中的大多数出身农村,但是由于后来在城市求学等又受城市化影响深远,回到乡村教书是出于自愿,但有时候又带着一种无奈。在乡村工作的前几年很容易在"去"与"留"之间徘徊,一旦诱惑力增加,他们就会成为舍弃乡村的一批人。对目前生活感到知足的老教师们多出身、成长和参加工作于20世纪,因而对当前社会的贫富差距感觉没有那么明显。而年轻教师们则不同,他们多出身于20世纪、成长于世纪之交、参加工作于21世纪初,对于新世纪社会出现的新变化更为敏感,因而导致了他们内在心态的差异。

第二,个人价值追求的不同。老教师在乡村教了一辈子书,对乡村、乡村的孩子都有着特殊的感情,他们大多舍不得离开。他们的追求在于实现自己的人生价值,希望让更多的乡村孩子因自身而受益。年轻教师则不一样,他们较早地离开了乡村,在城市中求学拼搏,儿时的记忆渐渐消退,再加上如今乡村的凋敝,他们没有那么热烈的乡土情怀。由于社会的激烈竞争,在有条件的情况下,他们希望可以在更高的平台发展,展现自我。城市学校的生源比乡村学校多,学校规模一般也较大,相对来说平台也就更大,发展的空间更为广阔。即使不做教师,还可以转行到其他政府机构或事业单位。

---

① 中华人民共和国国家统计局.中华人民共和国2016年国民经济和社会发展统计公报[EB/OL].
http://www.stats.gov.cn/tjsj/zxfb/201702/t20170228_1467424.html[2019-02-28].
② 郑新蓉.共和国五代乡村教师代际特征研究[J].贵州师范大学学报(社会科学版),2016(3):120-127.

六、提振乡村教师职业情怀的思考

要提高乡村教师职业情怀必须立足于理想和现实,我们理想的情形是无论乡村条件如何艰苦,乡村教师们本着对教育的热爱与建设乡村的豪情都会坚守在乡村,然而现实的情况是乡村教师流失严重已经成为一个公认的事实。在探讨乡村教师问题时,有些学者会把民国时期轰轰烈烈的乡村建设运动与当前乡村教育的凋敝进行比较。殊不知在经济高速发展的现代社会,物质财富大量增加的基础上,中国社会与20世纪相比已然发生了翻天覆地的变化,贫富差距扩大。对待当前乡村出现的师资匮乏问题,必须从现实出发满足乡村教师亟须解决的问题。但是物质并不是追逐的根本,乡村教师职业情怀的缺乏从另一个方面也反映出社会整体精神世界的失落,作为一名教师,担负着教书育人的责任,教师要把立德树人作为首要任务,在国家和民族需要的时候秉承着"苟利国家生死以,岂因祸福避趋之"的心态,投入到乡村建设洪流之中。

针对如何提振乡村教师的职业情怀的问题,笔者在开放性的访谈中设计了相关问题,参考教师们的回答内容,得出关于提振乡村教师职业情怀的思路(见表3-17)。

表3-17 提振乡村教师职业情怀的方法

		响应		个案百分比
		N	百分比	
我认为提振乡村教师职业情怀的方法有＿＿[a]	提高工资福利待遇	445	19.1	90.6
	增加编制、职称名额	310	13.3	63.1
	减少日常教学工作	217	9.3	44.2
	增加培训机会	284	12.2	57.8
	关注教师身心健康	397	17.1	80.9
	营造良好的社会舆论环境	325	14.0	66.2
	保证政策落实到位	337	14.5	68.6
	其他	12	0.5	2.4
总 计		2327	100.0	473.9
a. 值为1时制表的二分组				

从表3-17中可以看出,关于提振乡村教师职业情怀的方法,教师们认为主要方法有提高工资福利待遇、关注教师身心健康、保证政策落实到位、营造良好的社会舆论环境等。其中,有90.6%的乡村教师选择了"提高工资福利待遇"这一选项,80.9%的教师选择了"关注教师身心健康",68.6%的教师选择了"保证政策落实到位",66.2%的教师选择了"营造良好的社会舆论环境",63.1%的教师选择了"增加编制、职

称名额"，57.8%的教师选择了"增加培训机会"，44.2%的教师选择了"减少日常教学工作"。上述这些信息对于设计提振乡村教师的职业情怀的路径具有重要的方向指导意义。

(一)夯实经济基础:改善乡村教师工作待遇

日本和韩国的教师不仅拥有较高的社会地位,而且还有不低于国家公务员的经济待遇。我国在2018年1月发布的《中共中央 国务院关于全面深化新时代教师队伍建设改革的意见》中明确提出要"让教师成为让人羡慕的职业"。如何才能做到"让人羡慕"？最直接的做法不外乎大力提高教师的经济待遇。经济基础决定上层建筑,我们在讨论乡村教师职业情怀、职业奉献精神的同时也要关注他们的物质需要。提高乡村教师待遇要多措并举,打好组合拳。

第一,提高教育经费总体投入的比例。根据党中央的总体要求,公共财政优先保障教育,国家财政性教育经费占国内生产总值的比例始终保持在4%以上,应到2020年至少达到GDP的4.5%,争取达到GDP的5%的目标;到2025年至少达到5%,争取达到5.5%乃至6%的目标。[①]只有提高了整体教育经费的比重,才能更有底气探讨教育经费分配的问题。

第二,提高经费中人员经费的比例。在调研过程中,笔者发现乡村地区的硬件设施已经大为改观,有些学校甚至花费大量人力、物力从低处填起来一个操场。现在乡村学校存在的问题已不仅仅是校舍、操场等硬件问题,更多的是教师等软件问题。正如吴恒所说:"教育财政投入方面见物不见人的状况要尽快改变","财政教育资金的投入很有必要考虑加大对人员经费的支出,包括教师的工资福利,以及涉及教师发展的相关领域"。又如庞丽娟提到,如果将乡村教师2400元左右的平均月工资提高到接近5000元,就有更多人愿意到乡村教师岗位工作。目前在实际运行中,财政性教育投入更多还是随着工程和项目下拨,要实现从硬件、设备投入到人的投入的转变,需要从国家层面进行统筹协调。[②]

第三,建立统筹机制保障乡村教师待遇。省级统筹的乡村教师工资保障机制,即尽可能通过上收教育事权,将地方基层政府负担乡村学校教师工资待遇的责任逐步

---

① 周洪宇.关于进一步加大教育投入、建立教育投入长效保障机制的建议[EB/OL].http://www.mj.org.cn/mjzt/2012nzt/2012lh/2012lhjyxc/2012lhzlmjy/201203/t20120303_135490.htm[2019-08-01].

② 第十二届全国人大常委会第三十一次会议分组审议国务院关于国家财政教育资金分配和使用情况的报告[EB/OL].http://www.moe.gov.cn/jyb_xwfb/s6052/moe_838/201712/t20171226_322457.html[2019-12-26].

上移至省级人民政府,省级人民政府可以在全省范围内按国家统一规定的编制标准和工资标准,把对教师的工资福利支出采用专款的形式交由银行按月足额发放给教师。①地方基层政府无疑是最了解本地情况的,对于乡村教师的一系列诉求,他们常常感到"有心无力",在财政总收入一定的情况下,"多分一杯羹"给乡村教育、乡村教师,就会引起来自其他方面的不满,而由省级统筹后就可以大大缓解这一情况。

(二)消除职业障碍:职称评定中予以适度倾斜

职称评定有利于激发教师们的竞争意识和内在动力,因而是必要的。但是当前的职称评定政策已经成为众多乡村教师心目中的"鸡肋",食之无味,弃之可惜。他们一方面迫切地期待着自己能够拥有新的职称,在职业生涯里"百尺竿头,更进一步";另一方面,他们又在抱怨着当前政策的种种不公之处,吐槽着名额的稀少与条件的苛刻。合理改善职称评定政策,让乡村教师们不再为此伤神费心,从而实现职业情怀的提振,理应被提上日程。

第一,倾斜性地提高乡村学校的职称比例。《支持计划》中明确规定职称(职务)评定向乡村学校倾斜,同时城市中小学教师晋升高级教师职称(职务),应有在乡村学校或薄弱学校任教一年以上的经历。由于每个省市的名额较少,而城市里的资源更多,导致乡村学校的名额仍处于紧缺状态。有教师认为评职称应该有一个统一的标准,不应该限制人数,比如说达到了一定的标准,就应该评上职称。笔者认为完全不限制人数可行性不大,但是应该增加专门针对乡镇学校评定职称的名额。

第二,针对性地改变乡村学校的职称结构。一位从乡村学校调任到城市学校工作的教师说她是赛课赛上来的。而根据笔者观察其在日常管理中对学生极其严格,不太考虑学生的身心成长规律。像这样的教师是否能成为社会推崇的"特级教师""高级教师"呢?韩愈说"师者,传道授业解惑者也",对于一个教师来说,授业解惑是其基本职责,而传道是其主要职责。但是我们现行的职称评定条例却要求教师过多地关注除学生之外的事,导致教师集体的功利化。师德师风理应放在评职称的第一位,并且不应该成为无关痛痒的规定,而赛课、科研水平等要求不应成为乡村教师评职称的一个关卡。

(三)给予职业身份:解决代课教师的身份尴尬

在正式教师不足时,代课教师是乡村教育发展的重要后备军,但是他们由于学历等原因长期得不到公正的对待。留住真正热爱乡村教育事业并愿意为其奉献一生的

---

① 范先佐.乡村教育发展的根本问题[J].华中师范大学学报(人文社会科学版),2015(5):146-154.

有职业情怀的代课教师,给予他们应有的尊重与权利,是我们早就应该认真对待的问题。有职业情怀的热爱乡村教育事业的教师,无论是正式的还是非正式的,都是乡村学校需要的教师。

第一,按程序给予优秀代课教师以正式身份。一提到代课教师,人们首先想到的就是"素质低",由于其不是正式编制的教师又没有经过国家安排的正式考试,一般是学校找的当地稍有学识的人担任,并且由于迫切性,往往降低了很多要求,再加上对代课教师没有进行规范化的统一管理,致使代课教师素质良莠不齐。但这并不意味着所有的代课教师都素质低下,乡村地区还是存在着相当数量的优秀代课教师,他们在乡村地区默默承担着化民成俗的作用。有些省市通过正规的考试将优秀代课教师引进师资队伍,这既是对他们既往工作的肯定也是对其未来工作的鼓励。在考试时不能完全以笔试科目为主,应该加入一些"软"加分项,如征询学校其他教师、学生、家长的意见等,做到全面细致的考量。而对于那些考试成绩不好,考核成绩也不好的代课教师可以进行清退,对于考试成绩不过关但考核成绩优良的代课教师,可以暂且保留其名额。

第二,按规定给予临时代课教师相应的权利。对于暂时不能通过笔试继续从事代课工作的教师需提高其经济待遇,并给予他们一些正式教师的权利。如某老师在随笔里写的一样,她是多么希望能够像中心校的其他老师一样有出去培训的机会,然而现实却总是给她重创。社会在进步,科技在发展,学校的课程书本也在不断地变化,我们迎来了一次又一次的课改,却忘了课改的主力军是在教育第一线工作的教师们。代课教师虽然不是正式教师,但他们同样担负着"传道授业解惑"的师者职责,让他们多一些机会学习不仅是对乡村有情怀有奉献的代课教师们的回报,更是帮助更多的热切渴望知识的雨露浇灌的乡村孩子们。

(四)改善工作环境:缓解家庭和学校间的矛盾

教育如果得益于学校、社会和家庭之间的合力,必定会取得事半功倍的效果,相反,则事倍功半。在当下的乡村社会,教育似乎成了学校和教师的"专属特权",家长们可以任意指责教师,也可以对孩子不闻不问。长此以往,教师们的积极性必然消退,职业情怀也会受到严重影响,这将不利于乡村教育的长远发展。为此,乡村教师的工作环境亟须改善。

第一,营造乡村社会尊师重教的氛围。以前的乡村教师除了承担日常的教学工作外,作为村落中的知识分子,还会参与村里的红白喜事等,深受乡村社会的尊重与爱戴。由于乡村教师与村民渐行渐远,再加上网络的发展使人们获取知识的渠道越来越多,乡村教师便不再那么有神圣性。人们认为乡村教师也只不过是众多职业中的一种,而且比较清贫,便对乡村教师越发轻视。在调研过程中甚至有老师反映停在学校附近的车曾被村民砸损。乡村教师们辛苦付出却得不到很好的回应,肯定会影响他们工作的积极性,因而引导全社会形成尊师重教的氛围至关重要。首先政府应该起主导作用,加大宣传的力度。像乡村中随处可见的标语等会对大家形成潜移默化的影响。另外,以街道或村为组织单位,定期开展常规课程,宣传教育的作用,让乡民们认识到教育的重要性,由此打心底里感激教师的付出。

第二,在加强家校合作中增进彼此了解。一方面,让乡村社会了解教师工作。如学校采取措施,鼓励家长多参加学校的日常活动,如元旦演出、国旗下的演讲等,让家长们看到自家孩子在学校的教育下所产生的改变。另一方面,让乡村教师了解乡村社会,体谅家长的要求、愿望。由此相互理解、支持,从而提高乡村社会对乡村教师的支持力度。一位村小的年轻教师由于平时跟周边的群众没有联系,没有归属感,导致她抱着"当一天和尚撞一天钟"的心态。而另一位村小教师却展示了完全不同的一面,她在谈及学生及其家长时眉飞色舞地说:"我们对学生做全员家访,也能发现一些问题。比如小孩子们都不吃早饭,因为爷爷奶奶都不做,又没有什么商店可以买。孩子们的卫生习惯也不是很好,但非常有礼貌。每个孩子成长环境不同,有妈妈在身边陪伴的孩子各方面都要表现得好一些,爷爷奶奶带的就表现得没有那么好。"正是通过对学生情况的了解,她才更能设身处地地为学生着想,在工作中她才会更有干劲、更有动力。

(五)激发内驱力:提振高学历教师的职业情怀

老教师比年轻教师有更强的稳定性和更高的职业情怀,年轻教师普遍存在学历较高但心态不稳定的情况。为保障乡村教育的后续推动力,提振年轻教师职业情怀,留住年轻教师就显得十分重要。

第一,招聘标准从重学历转变到兼顾情怀。当下,许多乡村学校在招聘教师的时候,首要考虑的是学历,而且对于以前学历不高的教师,也为他们在职进修提供了如学费代偿政策等优惠条件。虽然随着学历的提高,乡村教师们的知识水平与阅历等也会有相应的提升,对日常的教学工作会有很大的帮助。但是调查结果却显示,学历为本科的乡村教师职业情怀的五个维度都处于最低的水平,这就值得我们深切思考背后的原因了。一位通过特岗考试进入乡村学校教书的男教师跟笔者这样说道:"实话跟你说吧,特岗教师的稳定性很差,很多都是临时找的工作,只要一有合适的机会就会考走的。"一方面是全社会共同追求的高学历,另一方面是结果的不尽如人意。

乡村教育究竟需要的是什么样的教师？是单纯高学历的教师还是真正热爱乡村教育的教师？答案无疑是后者，乡村教育需要的有职业情怀的教师，是打心底里热爱这份工作，全身心投入并且对乡村教育充满希望的教师。

第二，以"传帮带"帮助年轻教师成长。成长是多方面的，既包括教学能力、知识积累的成长，也包括心理上的成长。通过此次调研活动，笔者发现有很多乡村教师数十年如一日地坚守在自己的工作岗位上，他们为乡村教育事业的发展奉献了青春和热血。除了老教师以外还有个别不顾乡村学校艰苦条件执着留下来使学校面貌焕然一新的年轻教师，他们在工作中充满干劲，起着模范带头作用。如果在新教师进入乡村学校之初，学校就为这批年轻教师派一个有能力有情怀的教师带动其发展，一来能加快新教师融入新集体的速度，二来也可通过"老"教师的"言传身教"影响其心理及行为。在选择"传帮带"的教师时不应该仅仅以教学业绩作为考量的第一标准，而应该进行多方面的综合测评，如教师对学校的认同度、对工作的热爱感以及自身的人格魅力等多方面，这样对新手教师的影响才是全面的。通过前辈循循善诱的引导，新手教师在入职之初便比较容易形成一种正确的价值观，从而摆脱消极、负面的价值观的影响，安心留在乡村学校任教。

第三，引导乡村教师提高教育精神追求。教育工作是一份需要灵魂投入的工作。如若留在乡村教书的教师都抱着"当一天和尚撞一天钟"的心态，消极怠慢地对待工作，那么何谈乡村教育的振兴呢？因而，我们呼唤的乡村教师是心存职业情怀的教师，是把心真正留在乡村的教师。在实地调研的过程中，笔者发现了很多充满职业情怀的教师，也看到了一些努力想要挣脱乡村束缚的教师。借鉴"利禄之徒"与"哲学之士"的分界，①若教育为求真，那么就是哲学之士；若教育为求利，那么就是利禄之徒。当下教育界并不少见利禄之徒，但难得的是哲学之士。所以，我们提倡的乡村教师的职业情怀，作为一种褒义的存在，在考虑一定物质基础的条件下，是以精神满足为第一追求的。乡村教师作为乡土社会中的知识分子，保留着自身高洁的知识分子特性尤其珍贵，就算只是一个工作，也要将其当作一份事业来对待。当前，我国正在实施"乡村振兴战略"，其中饱含着党和国家的希望，在未来社会乡村到底是一个怎样的地方？作为"乡土中的国家"的乡村学校又将何去何从？这需要每一位乡村教师认真思考。因此，乡村教师的生活不只有眼前的苟且，还有诗和远方，每个在乡村的教师都应对教育有执着的追求，拥有自己的诗和远方。这才是我们需要的有职业情怀的乡村教师！

---

① 叶隽.作为现代大学精神尺度的"哲学之士"[J].读书,2009(7):90-94.

专题四　乡村教师的职业支持之研究[①]

【摘要】以社会学推拉理论等为基础,通过编制、运用乡村教师职业支持调查问卷,结合访谈,对四川、湖南、贵州、重庆等省市乡村教师进行调查,结果发现,乡村教师职业支持度总体呈中等偏高状态。从不同维度看,男女乡村教师在同事支持、朋友支持、家长支持、社区民众支持、社区机关支持和学生支持上具有显著性差异;不同民族在职业支持总体上具有显著性差异。少数民族乡村教师得到更多支持;学历、省份、执教年级、所属学校类型在职业支持上存在显著差异;乡村教师职业支持与离职意向呈较为明显的负相关关系;学校支持对乡村教师离职意向的影响最大,其次是邻居支持,再次是学生家长支持。分析发现,当前乡村教师职业支持也存在一些问题,如乡村教师职业支持差异性显著,学校支持使不上力,学生家长对教师理解不足,社区民众、机关支持还有待完善,乡村教师自我实践能力有待提升。未来,应从多方面去寻求改善乡村教师职业支持的力量,如突破乡村教师职业支持的障碍,包括松绑乡村学校可支配资源,适当放宽学校的经费使用限制,解决乡村教师生活中亟须解决的问题,减轻乡村教师诸多事务压力,学校改善乡村教师工作环境,乡村教师通过反思以增强自我支持。

【关键词】乡村教师;推拉理论;职业支持;核心支持;强化支持

一、研究缘起与研究意义

作为一种理论范式,社会支持源于"社会病原学",后来用于指称为弱势群体提供精神和物质资源,以帮助其摆脱生存和发展困境的社会行为。[②]乡村教师处于教师队伍中的弱势层次,而且近年来面临人员不断流失、岗位坚守困难等问题,并且这些问题涉及诸多社会性因素,因此,我们认为有必要借用社会学的职业支持理论来分析乡

---

① 本专题由向静(女,教育学硕士,成都市新都区锦门小学教师)、徐爱斌(男,西南大学博士生,成都市礼仪职业中学教师)、唐智松(男,教育学博士,西南大学教授、博士生导师)同志完成研究、撰写工作。

② 林顺利,孟亚男.国内弱势群体社会支持研究述评[J].甘肃社会科学,2010(1):132-135,156.

村教师建设中的"留得住"等关键问题。

(一)研究缘起

第一,乡村教师在多种现实因素的综合作用下不断流失,需要通过研究以探明。乡村教师作为社会的一分子,在系统的排斥中日益成为边缘人,这是在文献内和乡民间均流露出的事实。正如姚晓迅、亓昕等人所言,乡村教师受多方面的排斥。①比如在体制上,乡村教师在目前状态下不光难以获得国家给予的国家干部身份或事业单位专业技术人员一样的编制,而且在资源配置上,他们仍属于体制内的弱势群体,与城市教师相比得到的各方支持有差异。有编制乡村教师与无编制乡村教师得到的各方支持也有差异,无编制乡村教师只能获得最低的保障。又如在市场上,由于乡村教师缺乏经济市场的技能,缺乏社会资本,其所交流的圈子主要是亲戚、学生家长、学校老师和邻居。这些与其所处阶层类似或相似的群体难以为其提供较好的市场资本,因而其职业收入通常低于其他行业。又如在道德上,在以新奇取胜的媒体的引导下,个别乡村教师的不良行为被放大到乡村教师群体身上,使得安全成为学校和老师们紧紧握住的中心工作,教育成为次要,在冷清的乡村,乡村教师像是一个保姆,面面俱到,这种舆论环境对乡村教师产生了严重的心理压力。再如在地域上,乡村学校远离城镇中心,交通、生活、工作等等都存在诸多的不便,以致已有在校乡村教师不断地流失,同时越来越少的人愿意进入乡村学校任教。那么,到底如何才能止住乡村教师流失呢? 我们认为职业支持是一个很重要的着手点。因此从关注和解决乡村教师流失问题来讲,需要从职业支持这个角度进行研究。

第二,尽管已有较多关于乡村教师队伍建设的研究,但还需要寻找更好的对策。查阅已有的相关文献发现,在已有关于乡村教师流失影响因素的研究中,国外主要从工资待遇、工作条件、学校管理因素进行了研究。国内主要从经济原因、学校原因、社会原因、个人原因进行了研究。其中,学校原因集中在乡村教师在职称评定、晋升、学习、进修等方面不如城镇教师;社会原因主要从农村教师的基本权益得不到保障,社会地位不高做了分析;个人原因归结到如教师自我价值的追求。总之,自从乡村教师问题进入学者的研究领域以来,各方学者无一不提及乡村教师的尴尬困境。但是,还没有从整合的、系统的职业支持的角度来探讨乡村教师的流失问题。近年来,国家也高度重视乡村教师问题,如2015年6月,国务院办公厅印发了《支持计划》。《支持计划》明确政府应该对乡村教师予以支持的总体要求、主要举措。2018年1月,中共中

---

① 姚晓迅,亓昕.边缘化的打工者——中西部地区乡村教师工作和生活状况调查研究报告[M].北京:社会科学文献出版社,2014:19.

央、国务院发布了《中共中央 国务院关于实施乡村振兴战略的意见》，同年9月又颁发了《乡村振兴战略规划（2018—2022年）》，提出了建设产业兴旺、生态宜居、乡风文明、治理有效、生活富裕新型农村的总要求。乡村学校作为乡村社区的一部分、乡村教师作为乡村学校的主体，自然在乡村振兴战略中负有不可推卸的责任。从《支持计划》出台以来，各省积极落实此项计划，那么在各省实施支持计划后，社会各界对乡村教师的相关支持有没有使乡村教师更愿意留在岗位上？当前乡村教师职业支持对乡村教师离职意向是否有影响？乡村教师对各种支持的满意程度如何？哪些支持主体提供的支持对乡村教师留在乡村发挥着更大的作用？哪些支持不够，需要加强？等等，这些都是新出现且需要研究的问题。

（二）文献综述

1.关于社会支持与教育的研究

社会支持理论在教育科学领域得到验证以后，发达国家的研究内容主要集中在社会支持与教师职业倦怠、职业压力、幸福感、情绪情感、家庭—工作冲突、指向教师的暴力、心理健康、组织支持等变量间的关系，社会支持网，或社会支持网络中的某类或几类来源上。发展中国家还处于借鉴研究阶段。早期，国外学术界认为社会支持在缓解心理压力、消除心理障碍、增进心理健康方面有重要的作用。许多研究已证实了社会支持与个体心理健康状态之间的关系，研究者普遍认为，社会支持对个体身心健康有良性作用。国外已研究的领域非常广阔，倾向于把社会支持与其他因素关联起来进行研究。但由于教育大环境不同，体制体系不同，教师所得到的支持来源不同，教师流失问题不同，国外还没有把教师社会支持与教师流失结合起来的研究。

国内对于教师社会支持方面的研究，到2018年2月止，文献虽有但还未成系统。通过查阅文献发现，近年来关于教师社会支持的硕士论文主要有以下切入点：一是关注教师社会支持的一般特征，如年龄、婚姻状况等在社会支持上的显著差异；二是教师的社会支持水平对其他变量的影响机制研究，其中社会支持起到直接的预测作用，也起到中介或者调节作用。具体有社会支持与教师心理健康的关系研究，与主观幸福感的关系研究，与教师职业倦怠、压力的关系，与教师效能感、工作绩效的关系研究，与教师职业自豪感的关系研究，与教师生活质量的关系研究，等等。

2.关于乡村教师社会支持的研究

基于把乡村教师职业支持划分为社会支持、组织支持或工作支持的认识，我们进行了相应的文献检索。结果发现，近年来，国内外出现了一些关于乡村教师社会支持的研究成果。在国外方面，如Ann B. Berry研究乡村特教教师工作支持与教师满意度、工作承诺的关系的结果表明：一些关键的支持，如其他特殊教育工作者的支持的可用性是有限的，那些认为自己有更广泛的支持网络的教师、那些支持对于他们对工作表现出更高的满意度和承诺有极大帮助；并提出教师的满意度和工作承诺与几个具体的变量有关：行政人员的支持、一般教育工作者的支持、学校中其他人理解他们的作用和分担、对残疾学生提供服务的责任。[①]又如 Jessica R. Gallo 运用个案法，研究了乡村教师专业发展中的支持与孤立系统，被访者自述在乡村教师专业发展的路上有许多障碍和挑战。尽管如此，其同事与所在区域政策支持系统使得他们在专业上继续学习。同时，这项研究还发现，乡村教师的职业和个人生活以复杂而微妙的方式相交于他们个人所处的农村环境。[②]在国内方面，如刘荣研究发现乡村小学教师的社会支持系统是由政府支持系统、社会支持系统和个体支持系统组成的；[③]张晶慧研究发现乡村学校特岗教师的社会支持总体处于中等稍偏上水平；[④]崔杨研究发现乡村教师的社会支持可以缓冲职业压力带来的消极结果，缓解职业倦怠的程度；[⑤]张雪雅研究发现，乡村教师拥有的社会支持越多，他们在工作中感受到的压力越小，他们越有可能对生活感到满意。[⑥]当然，几乎已有乡村教师社会支持的研究都运用了肖水源编制的社会支持量表，也注重社会支持的主客观来源，但都忽视了支持的程度。

3.关于乡村教师其他支持的研究

已有研究成果表明，国外有关教师组织支持研究主要关注点在组织支持的前因变量和结果变量的研究，具体包括与工作满意度、角色行为、自我效能感、主观幸福感、社会支持、工作绩效、组织承诺、离职意向以及工作压力、员工敬业度、组织公民行为等方面的关系及其在组织环境中的重要影响。关于国内教师组织支持的研究，主

① Berry, Ann B. The Relationship of Perceived Support to Satisfaction and Commitment for Special Education Teachers in Rural Areas[J].Rural Special Education Quarterly, 2012,31(1):3-14.

② Gallo, Jessica R. A Long Trek: Systems of Support and Isolation in Rural Teachers' Professional Development[D].ProQuest Dissertations Publishing,2013.

③ 刘荣.社会支持视角下乡村小学教师的困境研究——以广西省融水县为例[D].北京:首都经济贸易大学,2014:26.

④ 张晶慧.特岗教师的职业倦怠、工作生活质量、社会支持的现状及其关系研究——以云南省为例[D].昆明:云南师范大学,2015:51.

⑤ 崔杨.北京市农村中学教师职业压力、社会支持与职业倦怠关系的个案研究[D].北京:首都师范大学,2005:11.

⑥ 张雪雅.河南省农村特岗教师社会支持、工作压力与生活满意度的关系[D].开封:河南大学,2015:46.

要集中在教师组织支持的现状研究,如中学教师的组织支持感较高①、高校教师组织支持感处于中等偏上水平②。有的研究关注前因变量和结果变量的关系。单纯对教师组织支持感的研究,集中在组织支持感的现状、其与教师自身的关系,以及其作为教育要素的作用上,并没有将组织支持纳入教师职业支持范畴进行研究。

进一步看,关于乡村教师支持的研究成果相对较少。一方面,文献中涉及乡村教师工作支持的研究较少,如刘柳等人以支持主体为维度编制出中学教师工作支持量表,结合社会支持理论,认为工作支持包含于社会支持,其来源分为组织支持、亲友支持和工作对象支持的三个。③另一方面,乡村教师组织支持研究成果甚少,只有赵强的研究结果发现当前农村中小学教师组织支持感为中等程度。④当然,我们分析认为,刘柳等对中学教师工作支持问卷的编制维度,整体考虑到了教师工作环境中学校和生活中部分人为教师提供的支持,从支持提供来源上进行教师支持的研究,具有一定借鉴意义,但不适用于乡村教师。乡村教师所在乡村社区对教师职业的支持对其具有巨大的推力和拉力,直接影响着乡村教师扎根乡土的意愿。此外其还忽视了乡村教师对自身职业提供的支持。

4.对已有研究成果的评价

总的来说,已有研究成果中还没有明确的乡村教师职业支持的研究。当然,也要看到已有研究中与教师职业支持相关的一些重要成绩。首先,现有研究中对教师支持的研究集中在与相关因素的关系研究上,而现状研究较少。其次,教师职业支持现状研究较少,教师整体职业支持现状缺乏整合。再次,对教师社会支持、组织支持感的研究,目前主要集中在社会组织支持感的现状、其与教师自身的关系,以及其作为教育要素的作用上。对教师组织支持感的研究基本是对学校总体层面的研究,并没有涵盖教师同行、学生等。最后,从研究方法来看,现有研究多为微观研究、量的研究,缺乏实证和理论探究。在研究方法上,社会支持的研究主要采用肖水源编制的社会支持问卷,将其分为主观支持、客观支持、支持的利用度,而其问卷只能划分社会支持的水平,无法分析不同支持主体对乡村教师扎根乡土的影响,更不能由贴合乡村教师具体环境的具体支持内容升华总结出乡村教师所缺乏的支持类型。已有的教师支持的研究并没有适合进行乡村教师调查的工具,既没有直接针对地域上、经济上、外

① 谢蕾蕾.中学教师组织支持感的相关因素研究[D].曲阜:曲阜师范大学,2008:38-39.

② 齐晶晶.基于组织支持感的高校教师职业倦怠研究[J].重庆电子工程职业学院学报,2016(4):66-69.

③ 刘柳,张月娟.中学教师工作支持量表的初步编制[J].教师教育研究,2008(1):46-49,45.

④ 赵强.农村中小学教师组织支持感现状研究[J].教学与管理,2017(9):21-24.

界环境上不同于城镇教师的乡村教师的研究,也没有进行专门的乡村教师支持方面的研究。最重要的是现有研究均是将重点放在支持的内容划分上,而忽视了支持提供者即支持主体的研究。

(三)研究意义

历史地看,乡村教师是一个既高又低的称呼。乡村社会里的教师包括传统的私塾先生、农村老师,现代公立或私立学校的教师,以及兼职教师、民办教师、特岗教师等。20世纪中国教育的现代改革实施后,乡村教育问题受到广泛关注,进而带动了乡村教师问题的研究。近年来,乡村教师流失问题一直限制着乡村学校的发展,阻抑着乡村教育质量的提升。因此,研究如何通过增强职业支持以稳定乡村教师队伍,解决乡村教师队伍建设中的"留得住"的问题,具有重要的意义。

第一,整合已有相关研究成果,有助于深化乡村教师职业支持的理论研究。乡村教师职业支持是一个广义的概念,以乡村教师为中心包括乡村教师自身在内的乡村环境系统内个体、群体、团体等所提供的支持都称为乡村教师职业支持。就乡村教师的职业支持的范畴而言,从构成内容的角度看,其包括社会支持、组织支持和工作支持;从构成主体的角度看,其包括主观支持、客观支持。此外,肖水源认为支持既包括客观支持也包括主观支持,更重要的是能利用得到的支持,因而将社会支持分为客观支持、主观支持和对支持的利用度。[①]但是,由于我国对教师支持的研究较晚,对教师职业支持的研究寥寥无几,且研究结果因学科不同而大有"各自为政"与"研究片段"之感,缺乏系统、深入的研究,尤其缺乏从教育学学科角度对教师群体中的弱势群体——乡村教师的关注,所以,不同于以往研究把着力点放在支持的内容分类上而不管乡村教师所接触的最直接的支持来源上,本研究尝试以社会支持理论、组织支持感理论等作为理论基础,以支持主体为区分,明晰各支持主体提供支持的现状,并对不同乡村教师之间的差异性进行探讨分析,发现问题,力图在留住乡村教师对策上有所突破。

第二,细化乡村教师职业支持的构成,有助于深刻认识乡村教师职业支持的内在状况。艾森伯格(Eisenberger)等在1986年提出了组织支持感概念,并将之定义为员工对组织重视其贡献、关心其利益所持有的总体信念。[②]于教师则是对学校对其的重视、关心等的主观感受;于乡村教师而言,能否坚持留在乡村是由其主观感受而决定

---

① 肖水源.《社会支持评定量表》的理论基础与研究应用[J].临床精神医学杂志,1994(2):98-100.

② Eisenberger, R., Huntington, R., Hutchinson, S. et al. Perceived Organizational Support[J].Journal of Applied Psychology,1986(3):500-507.

的。虽然感受到的支持并不是客观现实，但是"被感知到的现实却是心理的现实，而正是心理的现实作为实际的变量影响人的行为和发展"①，所以与乡村教师职业生活有关，并有利于维持乡村教师教育教学工作正常运转和职业发展的支持均属于乡村教师职业支持。依据社会支持理论、组织支持感理论把乡村教师职业支持分为组织支持、社会支持、自我支持三大来源，由此可以更多地了解乡村教师的职业支持，明晰乡村教师职业支持的强弱程度，明晰各方各种支持的显著性差异，以便运用各方力量查漏补缺，支持提供主体，为乡村教师提供更好的帮助。

二、概念界定与研究方法

(一)概念界定

1.支持与社会支持

"支持"之"支"做支撑、支持讲，如王通《文中子·事君》："大厦将颠，非一木所支也。""持"也有支撑、支持之意，如《淮南子·主术》："十围之木，持千钧之屋。"可见，支持是为发展所提供的有利帮助。

社会支持理论目前已相对完善，国外社会学倾向于把社会支持界定在个体社会关系层面，国内社会学倾向于把社会支持看作除政府行为以外的民间汇成的社会救助力量支持。②我们倾向于把社会支持看作一个社会网络，而且从社会主体来理解的社会网络更加有助于区分社会支持的类型和层次。

2.职业与教师职业支持

《辞海》中对职业的解释有二：一是人们所从事，赖以谋生的工作的性质、内容和方式；二是依人们参加社会劳动的性质和形式而划分的社会劳动集团。③有学者认为，职业是指人们从事的相对稳定的、有收入的、专门类别的工作④，表现个人才能，创造物质或精神财富，为社会做贡献和为个人家庭获得生活来源，从事劳动的一种特定岗位。⑤可见，工作包含于职业。

教师职业支持概念缺乏专门的阐述。正如有学者所言，学理的探讨中可以追溯社会支持的多个维度，但应用研究则需要综合考虑社会整合、支持网络和支持感受，

---

① Howard B. Kaplan. Psychological Stress[M]. New York: Academic Press, 1983:33-103.

② 朱力.脆弱群体与社会支持[J].江苏社会科学,1995(6):130-134.

③ 夏征农,陈至立.辞海:第六版彩图本[Z].上海:上海辞书出版社,2009:2942.

④ 姚裕群,元名杰.人力资源开发与管理概论[M].长沙:湖南师范大学出版社,2007:211.

⑤ 王益英.中华法学大辞典·劳动法学卷[Z].北京:中国检察出版社,1997:400.

因应具体的研究问题,限定社会支持的操作化定义,选择适当的社会支持测量工具。①因此,我们认为,职业支持指客体为某种特定职业的个体或群体的发展采取的积极措施、提供的各种帮助。基于上述认识,本研究将乡村教师职业支持界定为:全国县(自治县)或县级市所辖区域内镇中心校以下乡(或自治乡)、村学校内工作的义务教育阶段的教师为自己提供的以及周围环境系统内个体、团体等为其提供的、与自身职业正常运转和职业发展有关的支持与帮助。这些支持或帮助包括学校支持、家人朋友支持、乡村社区支持、自我支持四大类型,具体包括社区机关、社区民众、学生家长、邻居、学校、同事、朋友、学生、家庭、自我支持10大支持来源。

(二)理论基础

1.推拉理论

推拉理论最早是在人口迁移研究中提出来的,人口转移推拉的系统理论则是唐纳德·博格完善的,他从运动学角度来看的人口推拉理论,其主要观点是:人口转移是两个不同方向的力相互作用的结果,一个是促使人口转移的力量,即有利于人口转移的正面积极因素;另一个是阻碍人口转移的力量,即不利于人口转移的负面消极因素。产生"推"力的因素有自然资源殆尽、农业生产成本增加、农村劳动力过剩导致的失业与就业岗位不足、较低的经济收入水平等。产生"拉"力的主要因素是较多的就业机会、较好的工资来源、较好的生活水平、较好的受教育机会、较完善的文化设施和交通条件、较好的气候环境等。迁出地在"推"的同时,也存在"拉"的若干因素,如家人相伴的快乐、熟悉的周边环境、在出生和成长地长期形成的社交网络等。人口转入地也存在不利于人口转入的"推"的因素,如转移可能带来的与亲人分散、陌生的生产生活环境、激烈的竞争、生态环境质量下降等。在迁出地"推"力占主导,在转入地"拉"力占主导。

乡村教师所获得的职业支持是促使教师留在乡村的正面积极因素,即乡村之于教师的拉力。加强乡村教师职业支持的核心目的有两个:一是保证乡村教师工作的正常运转;二是希望在维持正常以外,增强拉力,增加乡村对于教师的吸引力,能够使其更好地留在乡村,而不是成为乡村的过客。乡村之于教师的拉力——职业支持决定了乡村是否能留住乡村教师。

2.社会支持理论

社会支持理论在定义、分类上还是没有统一的范式,派系林立。国外社会学家倾

向于从个体社会关系层面界定社会支持;国内社会学研究者则认为社会支持是除政府行为以外的民间汇成的社会救助力量支持。①也有社会学者总结以往研究并从社会学话语规则出发,认为社会支持的客体只有个体或群体,这是非常容易区分的。应从社会主体角度将社会支持理解为社会网络,因为从国内外的研究来看,"社会网络实质上是一个社会关系体系。在这个社会关系体系中,不仅存在着个体与个体之间的关系、个体与群体之间的关系、个体与国家之间的关系,而且存在着群体与群体之间的关系、群体与国家之间的关系。因此,社会网络涵盖了个体、群体、国家三者之间的关系,内涵十分广泛"②。从社会主体来理解的社会网络更能够帮助人们区分社会支持的类型和层次。乡村教师职业发展过程中得到的有关支持的主体主要是政府主管部门、同事、学生家长、学校、乡村社区、村民及朋友、家人、邻居等。由此,可将乡村教师职业支持主体分为学校支持、学生支持、同事支持、家庭支持、朋友支持、学生家长支持、社区民众支持、社区机关支持、邻居支持、自我支持。这样的支持主体分类几乎涵盖了乡村教师的社会关系网,能够很好地囊括乡村教师职业支持的来源即职业支持的提供主体。

3.激励理论

爱尔德弗重组了马斯洛的需要层次理论,认为人有三种核心需要,即生存、相互关系和成长,所以称之为ERG理论。与需要层次理论不同,ERG理论还证实了多种需要可以同时存在。如果高层次需要不能得到满足,那么满足低层次需要的愿望会更加强烈;认为较低层次需要的满足会带来满足较高层次需要的愿望,但是同时也认为多种需要作为激励因素可以同时存在,并且,满足较高层次需要的努力受挫会导致倒退到较低层次的需要。③

弗雷德里克·赫茨伯格的保健—激励理论又称双因素理论。保健因素是指一个组织的成员所面对的管理政策及管理方式、上下级关系、工作条件和工资等因素。这些因素如果得到满足,可以消除员工的不满意,起到安抚员工的作用,减少冲突,带来管理上的平静,但如果这些因素不能得到满足,则会使员工产生较大的不满。因此称为"保健因素"。激励因素是指组织成员的工作富有挑战性、自主性和成就感,工作成绩能够得到认可,在工作中能够得到个人的发展等方面的因素。激励作为员工在工作过程中得到的一种满足,属于对其心灵有重大影响的内部激励因素。④其会使人

---

① 朱力.脆弱群体与社会支持[J].江苏社会科学,1995(6):130-134.

② 陈成文,潘泽泉.论社会支持的社会学意义[J].湖南师范大学社会科学学报,2000(6):25-31.

③ 斯蒂芬·P.罗宾斯.组织行为学[M].孙健敏,李原译.北京:中国人民大学出版社,2004:177.

④ 马作宽.组织激励[M].北京:中国经济出版社,2009:28.

们工作积极性和工作业绩增加,而且其增加的本身就是工作质量的提高。这种因素如果得到满足会极大地激发员工的工作热情,而且具有持久性和稳定性。

班杜拉的自我效能感理论认为,自我效能感指个体对自己能否在一定水平上完成某一活动所具有的能力判断、信念或自我把握与感受。它与一个人的个人能力水平相关,但并不代表个人真实的能力水平。自我效能感影响人们对行为任务的选择及对该任务的坚持和努力程度,同时也影响人们在执行任务过程中的思维模式以及情感反映模式。

自我效能感的形成受多方面因素的影响,这些影响其发展的因素被称为自我效能信息,班杜拉认为人们对于自己的才智和能力的自我效能信念主要是通过亲历的掌握性经验、替代性经验、言语说服、生理和情绪状态这四种信息源提供的效能信息而建立的。

乡村教师得到的外部因素的职业支持、各种激励所带给乡村教师的满足程度是否影响到乡村教师的去留,需要看不同职业支持主体提供的支持内容。但是乡村教师自身是否能够利用乃至有效利用则是乡村教师自己内部因素决定的。我们将其理解为乡村教师自己对自己的支持。乡村教师如何维持自己的内部动力并将其发挥出来? 乡村教师的自我效能感的提高和增强必不可少。

(三)研究方法

1.文献法

通过查阅相关的文献资料,我们发现,职业支持从支持主体层面分为学校支持、学生家长支持、同事支持、朋友支持、社区机关支持、社区民众支持、邻居支持、学生支持、家庭支持、自我支持;从支持内容层面分为经济上的保障,生活上的关心,舆论的赞誉,情感的激励,发展机会的提供,社会资源的借用,工作要求的满足,教育工作的配合,对家庭和子女成长的支持,学生的求知欲和个体成长,已毕业学生的拜访等。同时,通过归纳,将乡村教师的职业支持划分为组织支持、社会支持、自主支持三大维度,并在此基础上进一步分类细化支持的主体和种类。

2.调查法

首先,依据社会支持理论、组织支持感理论,将乡村教师自我支持纳入乡村教师职业支持,作为乡村教师职业支持的重要来源,并采用五点式量表进行初始问卷的编制设计。运用初始问卷对双凤桥小学下属的村小、育才学校部分教师进行集体访谈和单独深入访谈后,对问卷进行了修正,并开展了预调查。在预调查中发放问卷300份,回收280份,有效问卷246分。对问卷进行项目分析,删除不理想题项。然后进行

临界点 t 检验、信度检验。量表 α 系数为 0.965,表示职业支持量表的内部一致性佳。

其次,进行探索性因素分析,结果如表 4-1 所示:KMO 值为 0.944,大于 0.8,表示题项变量间的关系良好,适合做因素分析。经过因子分析,题项的共同度值均高于 0.5,因而也说明因子可以很好地提取各题项信息。离职意向量表内部一致性 α 系数为 0.529。

表 4-1 KMO 和巴特利特检验

KMO 取样适切性量数		0.944
Bartlett 的球形度检验	上次读取的卡方	6688.205
	自由度	561
	显著性	0.000

最后,经过题项删除与重整得出最终问卷。走访全国部分乡村学校发放问卷之时,在填写问卷之际展开访谈调查。本研究以访谈法为辅助性研究方法,相比于前期的深入探索,正式调查时主要采用开放性问题,在问卷发放填写之后,旨在了解他们在问卷之内或许无法表达的主观感受。

三、调查工具与调查对象

(一)调查工具

本次调查的主要目的在于了解乡村教师得到的职业支持状况,包括来自学校、社会、自我的支持情况及乡村教师离职意向,并对缺乏的支持和帮助、职业支持的成因、提高乡村教师职业支持的建议做开放性回答。因此,我们首先以《支持计划》的基本精神及实施要求为主线,以《支持计划》落实情况、乡村教师职业支持情况为切入点并根据前期预调查所搜集的问题进行问卷设计。问卷经试测后反复修改,增强其信效度。后选定武陵山区、秦巴山区、乌蒙山区以及滇桂黔石漠化区的部分乡村学校进行问卷调查,最后用 SPSS20.0 及 Nvivo11 对收集到的有效问卷进行统计分析。

实地考察时,除了发放调查问卷以外,也根据事先设计好的访谈提纲进行访谈,在访谈时根据教师的回答进行适当追问,以期进一步了解乡村教师的内心世界。访谈主要采取边听边记的方式,在征得同意的前提下,录制音视频。

(二)调查对象

本调查以四川、贵州、湖南、重庆等地的国家级连片贫困地区的部分乡村教师为对象,他们是教育薄弱环节的重中之重。问卷以纸质问卷为主,一共回收问卷 500

份,有效问卷424份,回收率84.8%。问卷第一部分为乡村教师个人基本情况,包括性别、教龄、所教年级、所在学校类型、居住类型等(见表4-2)。

表4-2 问卷调查样本信息

		四川	湖南	贵州	重庆	其他	合计	占比/%
学校类型	九年一贯制学校	17	36	11	14	1	79	18.6
	中心校	118	69	52	54	1	294	69.3
	村小	08	20	11	6	0	45	10.6
	教学点	1	4	1	0	0	6	1.4
教师类型	有编教师	124	108	61	61	1	355	83.7
	特岗教师	12	11	13	11	0	47	11.1
	代课教师	5	5	0	2	1	13	3.1
	其他教师	3	5	1	0	0	9	2.1
居住类型	校内	5	100	35	22	0	207	48.8
	学校附近	53	20	25	24	1	123	29.0
	其他地方	41	9	15	28	1	94	22.2
学历	初中及以下	1	0	0	0	0	1	0.2
	高中	3	2	2	2	0	9	2.1
	大专	61	70	22	40	0	193	45.5
	本科	79	56	51	32	2	220	51.9
	硕士及以上	0	1	0	0	0	1	0.2
任教年级	1~2年级	43	25	5	18	0	91	21.5
	3~4年级	47	24	8	19	0	98	23.1
	5~6年级	41	40	21	26	2	130	30.7
	7~9年级	4	24	39	4	0	71	16.7
	其他年级	9	16	2	7	0	34	8.0
是否有任教学科的资格证书	是	109	97	65	57	2	330	77.8
	否	35	32	10	17	0	94	22.2
教龄	5年及以下	49	49	25	19	2	144	34.0
	6~10年	25	11	11	11	0	58	13.7
	11~15年	11	8	13	9	0	41	9.7
	16~20年	22	20	13	11	0	66	15.6
	21年及以上	37	41	13	24	0	115	27.1

		四川	湖南	贵州	重庆	其他	合计	占比/%
性别	男	59	38	44	24	0	165	38.9
	女	85	91	31	50	2	259	61.1
	总计	144	129	75	74	2	424	

本调查的范围囊括年龄阶段、教龄、收入等基本信息以及教师类型、学校类型等工作信息。对乡村教师基本信息统计归纳如下：

第一，从所在学校类型看，所调查的学校中69.3%为中心校，18.6%为九年一贯制学校，10.6%为村小，教学点占比1.4%。从政治面貌来看，所调查的对象中政治面貌为群众的占62.7%，为党员的占22.6%，为团员的占14.6%。此次调研对象少数民族和汉族教师各为48.6%、51.4%。

第二，在层次结构上，小学教师居多，占75.2%。女教师数量多于男教师，占61.1%，撑起了乡村教育的半边天。48.8%的教师居住在学校，29.0%住在学校附近，22.2%教师住在其他地方。

第三，从学历层次看，45.5%为大专，51.9%为本科，高中学历占2.1%。在调查中，硕士及以上初中及以下各只有一人。

第四，从收入水平看，乡村教师的月收入59.4%在3001~4500元；其次是4501~6000元，占比21.5%；3000元及以下也占一席之地，有12.5%的教师；6001~7500元占5.2%，7500元以上只有1.4%。

四、数据统计及结论分析

(一)职业支持的总体统计

教师的职业支持问卷采取五等级记分，统计相关项目的得分(见表4-3)后发现，乡村教师职业支持平均得分为4.15，在中间偏向较高一侧，超过了中等水平。这说明目前乡村教师的职业支持处于中等偏上的状态。同时，与检测值3进行单样本t检验，差异性显著($p < 0.05$)，该结果(见表4-4)表明，当前乡村教师的职业支持状况总体较好。

表4-3 单样本统计

	个数	均值	标准差	均值的标准误
a.学校支持	424	3.9741	0.90241	0.04382
b.同事支持	424	4.2656	0.68385	0.03321

续表

	个数	均值	标准差	均值的标准误
c.家庭支持	424	4.3830	0.64803	0.03147
d.朋友支持	424	4.2889	0.71848	0.03489
e.学生家长支持	424	4.0018	0.92373	0.04486
f.社区民众支持	424	3.8805	0.88199	0.04283
g.社区机关支持	424	3.8903	0.92544	0.04494
h.邻居支持	424	3.8632	1.05864	0.05141
i.自我支持	424	4.4110	0.60573	0.02942
j.学生支持	424	4.4682	0.69330	0.03367
k.职业支持	424	4.1579	0.61534	0.02988

当然,进一步观察乡村教师职业支持的内部维度差异发现,同事支持最高、社区民众支持最低,学校支持、家庭支持、社区机关支持等居于中间。此外,分析认为,在职业支持中,学生支持和自我支持得分排在前两位,分别为4.4682和4.4110;邻居支持、社区民众支持、社区机关支持、学校支持得分较低,占据后四位,学校支持为3.9741,社区机关支持为3.8903,社区民众支持为3.8805,最低的邻居支持为3.8632。中间依次是家庭支持4.3830、朋友支持4.2889、同事支持4.2656、职业支持4.1579、学生家长支持4.0018。分析数据可知,目前乡村教师职业支持中,学生支持和自我支持最高,而邻居支持、社区民众支持、社区机关支持、学校支持相对较低,比较而言这些支持主体为乡村教师提供的支持相对不足。

表4-4 单样本 t 检验

	检验值 = 3					
	t	自由度	显著性（双尾）	平均差	差值的 95% 置信区间	
					下限	上限
a.学校支持	22.226	423	0.000	0.97406	0.8879	1.0602
b.同事支持	38.107	423	0.000	1.26557	1.2003	1.3308
c.家庭支持	43.945	423	0.000	1.38302	1.3212	1.4449
d.朋友支持	36.940	423	0.000	1.28892	1.2203	1.3575
e.学生家长支持	22.331	423	0.000	1.00177	0.9136	1.0899
f.社区民众支持	20.556	423	0.000	0.88050	0.7963	0.9647
g.社区机关支持	19.810	423	0.000	0.89033	0.8020	0.9787

续表

	检验值 = 3					
	t	自由度	显著性（双尾）	平均差	差值的 95% 置信区间	
					下限	上限
h.邻居支持	16.790	423	0.000	0.86321	0.7622	0.9643
i.自我支持	47.965	423	0.000	1.41097	1.3531	1.4688
j.学生支持	43.605	423	0.000	1.46816	1.4020	1.5343
k.职业支持	38.749	423	0.000	1.15795	1.0992	1.2167

（二）高相关影响因素的统计

影响乡村教师职业支持的因素众多,前期的分析表明,一些因素对乡村教师的职业支持的影响较高,一些因素的影响较低或呈现低相关状态。因此,下面分别从高相关与低相关两个类型进行数据的统计、描述。

1.基于性别的统计

采用独立样本t检验,对不同性别在职业支持及各组成维度上的差异进行分析,结果(见表4-5)表明:不同性别在职业支持总体上t检验的显著性概率值小于0.05,表明不同性别在职业支持总体上具有显著性差异。从分维度看,在同事支持、朋友支持、学生家长支持、社区民众支持、社区机关支持和学生支持上t检验的显著性概率值均小于0.05,表明不同性别乡村教师在同事支持、朋友支持、学生家长支持、社区民众支持、社区机关支持和学生支持上具有显著性差异;在学校支持、家庭支持、邻居支持、自我支持上t检验的显著性概率值均大于0.05,表明不同性别在学校支持、家庭支持、邻居支持、自我支持上不具有显著性差异。

表4-5　基于性别的独立样本t检验

	性别	N	均值	标准差	均值的标准误	方差方程的 Levene 检验		t	p
						F	Sig.		
职业支持	男	165	4.07	0.64	0.05	1.028	0.311	-2.487	0.013
	女	259	4.22	0.59	0.04			-2.444	0.015
学校支持	男	165	3.92	0.94	0.07	1.325	0.250	-0.990	0.323
	女	259	4.01	0.88	0.05			-0.976	0.330
同事支持	男	165	4.17	0.74	0.06	1.766	0.185	-2.405	0.017
	女	259	4.33	0.64	0.04			-2.329	0.020

续表

	性别	N	均值	标准差	均值的标准误	方差方程的 Levene 检验		t	p
						F	Sig.		
家庭支持	男	165	4.34	0.68	0.05	0.539	0.463	−1.076	0.283
	女	259	4.41	0.63	0.04			−1.059	0.291
朋友支持	男	165	4.20	0.72	0.06	1.152	0.284	−2.042	0.042
	女	259	4.35	0.71	0.04			−2.038	0.042
学生家长支持	男	165	3.82	1.00	0.08	3.337	0.068	−3.193	0.002
	女	259	4.11	0.86	0.05			−3.087	0.002
社区民众支持	男	165	3.76	0.94	0.07	1.435	0.232	−2.187	0.029
	女	259	3.95	0.84	0.05			−2.130	0.034
社区机关支持	男	165	3.78	0.98	0.08	2.200	0.139	−2.042	0.042
	女	259	3.96	0.88	0.05			−1.997	0.047
邻居支持	男	165	3.79	1.06	0.08	0.624	0.430	−1.170	0.243
	女	259	3.91	1.06	0.07			−1.170	0.243
自我支持	男	165	4.36	0.66	0.05	5.492	0.020	−1.327	0.185
	女	259	4.44	0.57	0.04			−1.282	0.201
学生支持	男	165	4.34	0.81	0.06	15.842	0.000	−3.009	0.003
	女	259	4.55	0.59	0.04			−2.808	0.005

进一步观察发现:①在同事支持上,女性乡村教师总体水平(4.33)高于男性乡村教师(4.17),男性乡村教师在获得同事的鼓励、建议等支持上无法与女性乡村教师相比。②在朋友支持上,男性乡村教师均分(4.20)低于女性乡村教师(4.35),亦即女教师更多地得到朋友的支持。③在学生家长支持上,男性乡村教师得分(3.82)低于女性乡村教师(4.11),亦即学生家长更倾向于支持女教师的工作。④在社区民众支持上,男性乡村教师得分(3.76)低于女性乡村教师(3.95),亦即社区民众更加倾向于支持女性从事乡村教师职业。⑤在社区机关支持上,男性乡村教师得分(3.78)低于女性乡村教师(3.96),亦即社区机构对男教师从事乡村教育的职业支持乏力。⑥在学生支持上,男性乡村教师得分(4.34)低于女性乡村教师(4.55),即表明男教师较女教师从学生那里获得的职业支持力量更少。因此,从总体来看,女性乡村教师得到更多来自朋友的教育教学建议,学生的求知欲更能给予她们教育教学的信心,女性得到更多学生家长的尊重、配合、参与及工作上的支持与帮助;女性乡村教师得到更多社区民众和社区机关的正确舆论支持。

2.基于学历的统计

调查问卷将样本学历分为初中及以下、高中、大专、本科和硕士及以上。采用单因素方差检验,对学历在职业支持及各组成维度上的差异进行统计,分析统计结果(见表4-6)发现:在职业支持上,F检验对应的显著性概率值小于0.05,表明学历在职业支持上存在显著性差异。从分维度看,学历在学校支持、同事支持、朋友支持、邻居支持、学生支持上的显著性概率值均小于0.05,表明学历在学校支持、同事支持、朋友支持、邻居支持、学生支持上存在显著性差异,在家庭支持、学生家长支持、社区民众支持、社区机关支持、自我支持上的显著性概率值均大于0.05,不存在显著性差异。

表4-6　基于学历的单因素方差分析

学历		a.学校支持	b.同事支持	c.家庭支持	d.朋友支持	e.学生家长支持	f.社区民众支持	g.社区机关支持	h.邻居支持	i.自我支持	j.学生支持	k.职业支持
初中及以下	均值	4.00	4.00	4.00	4.00	4.00	4.00	4.00	4.00	4.00	4.00	4.00
	标准差											
高中	均值	3.69	3.91	4.13	4.28	4.11	3.93	4.14	4.33	4.42	4.06	4.07
	标准差	1.27	0.83	0.66	0.67	0.77	0.57	0.67	0.71	0.66	0.88	0.57
大专	均值	4.11	4.41	4.44	4.36	4.09	3.98	3.95	3.94	4.47	4.59	4.25
	标准差	0.84	0.65	0.65	0.71	0.95	0.87	0.95	1.03	0.61	0.57	0.62
本科	均值	3.87	4.16	4.35	4.23	3.92	3.79	3.83	3.79	4.37	4.39	4.09
	标准差	0.92	0.68	0.64	0.72	0.90	0.90	0.90	1.08	0.60	0.76	0.60
硕士及以上	均值	1.75	2.60	3.40	2.50	3.25	3.33	1.50	1.00	3.50	3.50	2.74
	标准差											
总计	均值	3.97	4.27	4.38	4.29	4.00	3.88	3.89	3.86	4.41	4.47	4.16
	标准差	0.90	0.68	0.65	0.72	0.92	0.88	0.93	1.06	0.61	0.69	0.62
F		3.679	5.690	1.626	2.453	1.072	1.285	2.298	2.821	1.432	3.700	3.341
p		0.006	0.000	0.167	0.045	0.370	0.275	0.058	0.025	0.222	0.006	0.010

注:因调查中学历为初中及以下、硕士及以上的乡村教师各仅一位,遂对应的标准差为空。

进一步观察发现:①不同学历教师得到的职业支持有显著差异,均值从高到低对应的依次是大专、本科、高中、初中及以下、硕士及以上。②学校支持方面,初中及以下学历、大专学历教师得到的支持高于高中学历和本科学历教师得到的支持;本科学历教师得到的支持高于高中学历乡村教师得到的支持;硕士及以上学历得到的支持最低。③同事支持方面,得到的支持从高到低依次是:大专学历教师、本科学历教师、初中及以下学历教师、高中学历教师、硕士及以上学历教师。④家庭支持方面,得到的支持由高到低依次是:大专学历乡村教师、本科学历乡村教师、高中学历乡村教师、初中及以下学历乡村教师、硕士及以上学历乡村教师。⑤朋友支持方面,得到的支持由高到低依次是:大专、高中、本科、初中及以下、硕士及以上。⑥邻居支持方面,得到的支持由高到低依次是:高中学历、初中及以下、大专、本科、硕士及以上。⑦学生支持方面,得到的支持由高到低依次是:大专、本科、高中、初中及以下、硕士及以上。大专、本科学历乡村教师得到的学生支持显著高于其他三者。综上所述可见,学历为专科、本科的乡村教师获得的职业支持最多,这部分人构成了乡村学校教育的中坚力量,而硕士及以上和高中以下学历者获得的乡村教育职业支持较低,亦容易成为乡村教师中流失的主要的部分。

3.基于民族的统计

采用独立样本 t 检验,对民族在职业支持及各组成维度上的差异进行分析。结果(见表4-7)发现,不同民族在职业支持总体上 t 检验的显著性概率值小于0.05,表明不同民族在职业支持总体上具有显著性差异。从分维度看:①在学校支持、朋友支持、社区民众支持、自我支持上 t 检验的显著性概率值均小于0.05,表明不同民族在学校支持、朋友支持、社区民众支持、自我支持上具有显著性差异;在同事支持、家庭支持、学生家长支持、社区机关支持、邻居支持和学生支持上 t 检验的显著性概率值均大于0.05,表明不同民族在同事支持、家庭支持、学生家长支持、社区机关支持、邻居支持和学生支持上不具有显著性差异。②少数民族乡村教师在学校支持、朋友支持、社区民众支持、自我支持上得分高于汉族乡村教师。③学校支持上,汉族和少数民族的平均得分分别为3.85和4.10。④朋友支持上,汉族和少数民族平均得分分别为3.95和4.39。⑤社区民众支持上,汉族和少数民族平均得分分别为3.78和3.99。⑥在自我支持上,汉族和少数民族平均得分分别为4.32和4.51。总体来看,与汉族乡村教师相比,少数民族乡村教师得到学校更多的工作上要求的满足,生活上的关心和培训的机会;少数民族乡村教师得到更多来自朋友的经济支持和工作上的建议;少数民族乡村教师得到更多社区民众工作上的支持、利益上的关心。

表4-7　基于民族的独立样本 t 检验

	民族	N	均值	标准差	均值的标准误	方差方程的 Levene 检验		t	p
						F	Sig.		
a.职业支持	汉族	218	4.09	0.59	0.04	2.688	0.102	−2.489	0.013
	少数民族	206	4.23	0.63	0.04			−2.485	0.013

续表

	民族	N	均值	标准差	均值的标准误	方差方程的 Levene 检验		t	p
						F	Sig.		
b.学校支持	汉族	218	3.85	0.90	0.06	0.499	0.480	−2.916	0.004
	少数民族	206	4.10	0.89	0.06			−2.917	0.004
c.同事支持	汉族	218	4.21	0.66	0.04	1.684	0.195	−1.866	0.063
	少数民族	206	4.33	0.70	0.05			−1.862	0.063
d.家庭支持	汉族	218	4.36	0.60	0.04	1.943	0.164	−0.824	0.410
	少数民族	206	4.41	0.69	0.05			−0.821	0.412
e.朋友支持	汉族	218	4.19	0.71	0.05	0.324	0.570	−2.792	0.005
	少数民族	206	4.39	0.71	0.05			−2.792	0.005
f. 学生家长支持	汉族	218	3.95	0.92	0.06	0.873	0.351	−1.119	0.264
	少数民族	206	4.05	0.93	0.06			−1.119	0.264
g. 社区民众支持	汉族	218	3.78	0.87	0.06	0.030	0.864	−2.470	0.014
	少数民族	206	3.99	0.88	0.06			−2.469	0.014
h. 社区机关支持	汉族	218	3.82	0.89	0.06	1.183	0.277	−1.693	0.091
	少数民族	206	3.97	0.95	0.07			−1.690	0.092
i.邻居支持	汉族	218	3.81	1.04	0.07	0.454	0.501	−1.026	0.305
	少数民族	206	3.92	1.08	0.08			−1.025	0.306
j.自我支持	汉族	218	4.32	0.62	0.04	1.291	0.256	−3.384	0.001
	少数民族	206	4.51	0.57	0.04			−3.393	0.001
k.学生支持	汉族	218	4.42	0.67	0.05	0.115	0.735	−1.623	0.105
	少数民族	206	4.52	0.72	0.05			−1.620	0.106

4.基于学校类型的统计

调查问卷将样本学校类型分为九年一贯制学校、中心校、村小、教学点。采用单因素方差检验,对学校类型在职业支持及各组成维度上的差异进行分析。分析统计结果(见表4-8)可知,学校类型在职业支持上的结果为"$F=7.358, p<0.05$",F检验对应的显著性概率值小于0.05,表明学校类型在职业支持上存在显著性差异。从分维度看:学校类型在除了朋友支持外的各项支持上的显著性概率值均小于0.05,表明学校类型在除朋友支持外的各项支持上均存在显著性差异,在朋友支持上不存在显著性差异。

表4-8　基于学校类型的单因素方差分析

您所在学校类型		a.学校支持	b.同事支持	c.家庭支持	d.朋友支持	e.学生家长支持	f.社区民众支持	g.社区机关支持	h.邻居支持	i.自我支持	j.学生支持	k.职业支持
九年一贯制学校	均值	3.67	4.05	4.15	4.18	3.66	3.62	3.62	3.62	4.24	4.25	3.91
	标准差	1.02	0.72	0.73	0.66	0.97	0.97	1.00	1.12	0.63	0.83	0.65
中心校	均值	4.02	4.29	4.42	4.29	4.06	3.90	3.90	3.88	4.42	4.49	4.18
	标准差	0.85	0.68	0.62	0.73	0.89	0.86	0.90	1.05	0.60	0.67	0.59
村小	均值	4.13	4.44	4.51	4.39	4.17	4.16	4.19	4.09	4.61	4.67	4.35
	标准差	0.92	0.60	0.61	0.75	0.98	0.79	0.84	0.92	0.53	0.54	0.59
教学点	均值	4.75	4.80	4.67	4.83	4.46	4.33	4.58	4.67	4.75	4.75	4.66
	标准差	0.42	0.40	0.41	0.41	0.60	0.82	0.66	0.52	0.42	0.42	0.42
总计	均值	3.97	4.27	4.38	4.29	4.00	3.88	3.89	3.86	4.41	4.47	4.16
	标准差	0.90	0.68	0.65	0.72	0.92	0.88	0.93	1.06	0.61	0.69	0.62
F		5.253	5.215	4.848	2.020	5.161	4.344	5.087	3.291	4.475	4.286	7.358
p		0.001	0.002	0.003	0.110	0.002	0.005	0.002	0.021	0.004	0.005	0.000

对存在显著差异的项进行事后的多重比较可以看出:①在职业支持上,九年一贯制学校的支持度显著小于中心校、村小、教学点。②在学校支持上,九年一贯制学校的支持度显著小于中心校、教学点,教学点的支持度显著大于中心校。③在同事支持上,九年一贯制学校的支持度显著小于中心校、村小、教学点。④在家庭支持上,九年一贯制学校的支持度显著小于中心校、村小。⑤在学生家长支持上,九年一贯制学校的支持度显著小于中心校、村小、教学点。⑥在社区民众支持上,九年一贯制学校的支持度显著小于中心校、村小。此外,进一步分析发现,在社区机关支持上,九年一贯制学校的支持度显著小于中心校、村小、教学点。另外,在邻居支持上,九年一贯制学校的支持度显著小于村小、教学点;在自我支持上,九年一贯制学校的支持度显著小于中心校、村小、教学点,中心校的支持度显著小于村小;在学生支持上,九年一贯制学校的支持度显著小于村小。可以看见一个与以往不同的事实:九年一贯制学校得到的各类支持要显著小于中心校、村小及教学点。

5.基于所教年级的统计

调查问卷将样本所教年级分为1~2年级、3~4年级、5~6年级、7~9年级和其他,采用单因素方差检验,对教龄在职业支持及各维度上的差异进行分析。分析统计结果

（见表4-9）发现：在职业支持上，F检验对应的显著性概率值小于0.05，表明所教年级在职业支持上存在显著性差异。从分维度看：所教年级在各项支持上的显著性概率值均小于0.05，表明所教年级在各项支持上均存在显著性差异。

表4-9　基于所教年级的单因素方差分析

所教年级		a.学校支持	b.同事支持	c.家庭支持	d.朋友支持	e.学生家长支持	f.社区民众支持	g.社区机关支持	h.邻居支持	i.自我支持	j.学生支持	k.职业支持
1~2年级	均值	4.24	4.49	4.50	4.43	4.32	4.18	4.19	4.25	4.50	4.63	4.38
	标准差	0.77	0.57	0.57	0.65	0.77	0.77	0.80	0.75	0.59	0.52	0.56
3~4年级	均值	3.91	4.28	4.46	4.31	4.00	3.86	3.84	3.74	4.46	4.52	4.16
	标准差	0.99	0.69	0.62	0.72	0.95	0.92	0.95	1.12	0.60	0.60	0.61
5~6年级	均值	3.96	4.22	4.33	4.24	4.00	3.86	3.82	3.81	4.47	4.56	4.14
	标准差	0.87	0.68	0.72	0.75	0.92	0.88	0.95	1.14	0.53	0.62	0.61
7~9年级	均值	3.69	3.99	4.15	4.08	3.51	3.53	3.68	3.61	4.11	3.95	3.85
	标准差	0.88	0.65	0.65	0.73	0.90	0.85	0.90	0.99	0.66	0.91	0.59
其他	均值	4.07	4.36	4.55	4.49	4.19	3.94	3.97	3.91	4.41	4.63	4.27
	标准差	0.94	0.82	0.48	0.62	0.88	0.92	0.95	1.14	0.65	0.59	0.60
总计	均值	3.97	4.27	4.38	4.29	4.00	3.88	3.89	3.86	4.41	4.47	4.16
	标准差	0.90	0.68	0.65	0.72	0.92	0.88	0.93	1.06	0.61	0.69	0.62
	F	4.125	5.977	4.193	3.169	8.500	5.798	3.721	4.703	5.534	13.699	8.121
	p	0.003	0.000	0.002	0.014	0.000	0.000	0.005	0.001	0.000	0.000	0.000

对存在显著差异的项进行事后的多重比较，分析统计结果发现：①在职业支持上，1~2年级的支持度显著大于3~4年级、5~6年级，7~9年级的支持度显著小于1~2年级、3~4年级、5~6年级和其他。②在学校支持上，1~2年级的支持度显著大于3~4年级、5~6年级、7~9年级，5~6年级的支持度显著大于7~9年级，7~9年级的支持度显著小于其他。③在同事支持上，1~2年级的支持度显著大于3~4年级、5~6年级，7~9年级的支持度显著小于1~2年级、3~4年级、5~6年级和其他。④在家庭支持上，7~9年级的支持度显著小于1~2年级、3~4年级、5~6年级和其他。⑤在朋友支持上，7~9年级的支持度显著小于1~2年级、3~4年级、5~6年级和其他。⑥在学生家长支持上，1~2年级的支持度显著大于3~4年级、5~6年级，7~9年级的支持度显著小于1~2年级、3~4年级、5~6年级和其他。⑦在社区民众支持上，1~2年级的支持度显著大于3~4年级、5~6年级，7~9年级的支持度显著小于1~2年级、3~4年级、5~6年级和其他。⑧在社区

机关支持上,1~2年级的支持度显著大于3~4年级、5~6年级、7~9年级。⑨在邻居支持上,1~2年级的支持度显著大于3~4年级、5~6年级、7~9年级。⑩在自我支持上,7~9年级的支持度显著小于1~2年级、3~4年级、5~6年级和其他。⑪在学生支持上,7~9年级的支持度显著小于1~2年级、3~4年级、5~6年级和其他。

6. 基于所在省份的统计

调查问卷将样本省份分为四川、湖南、贵州、重庆等省,采用单因素方差检验,对省份在职业支持及各维度上的差异进行分析。解读数据统计结果(见表4-10)发现:在职业支持上,F检验对应的显著性概率值小于0.05,表明不同省份在职业支持上存在显著性差异。从分维度看:省份在学校支持、同事支持、家庭支持、朋友支持、学生家长支持、社区民众支持、自我支持、学生支持上的显著性概率值均小于0.05,表明不同省份的乡村教师在学校支持、同事支持、家庭支持、朋友支持、学生家长支持、社区民众支持、自我支持和学生支持上存在显著性差异。

表4-10 基于省份的单因素方差分析

省		a.学校支持	b.同事支持	c.家庭支持	d.朋友支持	e.学生家长支持	f.社区民众支持	g.社区机关支持	h.邻居支持	i.自我支持	j.学生支持	k.职业支持
四川	均值	3.86	4.12	4.33	4.14	3.94	3.76	3.72	3.80	4.26	4.39	4.04
	标准差	0.89	0.69	0.57	0.68	0.94	0.87	0.95	1.02	0.64	0.66	0.59
湖南	均值	4.24	4.46	4.53	4.45	4.19	4.08	4.03	3.98	4.59	4.63	4.34
	标准差	0.92	0.68	0.66	0.71	0.90	0.93	1.03	1.14	0.54	0.69	0.64
贵州	均值	3.89	4.11	4.19	4.26	3.77	3.79	3.93	3.81	4.34	4.30	4.04
	标准差	0.78	0.64	0.67	0.72	0.92	0.76	0.74	0.91	0.60	0.72	0.56
重庆	均值	3.81	4.37	4.44	4.34	4.01	3.86	3.95	3.85	4.47	4.50	4.18
	标准差	0.93	0.61	0.69	0.75	0.90	0.91	0.81	1.13	0.58	0.68	0.60
其他	均值	4.00	4.20	4.40	4.00	4.25	3.83	3.75	3.00	4.50	5.00	4.16
	标准差	1.41	1.13	0.85	1.41	1.06	0.24	0.00	0.00	0.71	0.00	0.77
总计	均值	3.97	4.27	4.38	4.29	4.00	3.88	3.89	3.86	4.41	4.47	4.16
	标准差	0.90	0.68	0.65	0.72	0.92	0.88	0.93	1.06	0.61	0.69	0.62
F		4.237	5.770	3.746	3.563	2.806	2.623	2.042	0.933	5.954	3.712	4.849
p		0.002	0.000	0.005	0.007	0.025	0.034	0.088	0.445	0.000	0.006	0.001

对存在显著差异的项进行事后的多重比较,由表4-11可以看出:①在职业支持上,四川的支持度显著小于湖南,湖南的支持度显著大于贵州。②在学校支持上,四川的支持度显著小于湖南,湖南的支持度显著大于贵州和重庆。③在同事支持上,四川的支持度显著小于湖南和重庆,湖南的支持度显著大于贵州,贵州的支持度显著小于重庆。④在家庭支持上,四川的支持度显著小于湖南,湖南的支持度显著大于贵州,贵州的支持度显著小于重庆。⑤在朋友支持上,四川的支持度显著小于湖南和重庆。⑥在学生家长支持上,四川的支持度显著小于湖南,湖南的支持度显著大于贵州。⑦在社区民众支持上,四川的支持度显著小于湖南,湖南的支持度显著大于贵州。⑧在自我支持上,四川的支持度显著小于湖南和重庆,湖南的支持度显著大于贵州。⑨在学生支持上,四川的支持度显著小于湖南,湖南的支持度显著大于贵州。

表4-11 对具有显著差异的项事后多重比较

因变量	(I)省	(J)省	均值差(I-J)	标准误	显著性	95%置信区间 下限	95%置信区间 上限
a.学校支持	四川	湖南	-0.37746	0.10776	0.001	-0.5893	-0.1656
a.学校支持	湖南	贵州	0.35364	0.12908	0.006	0.0999	0.6074
a.学校支持	湖南	重庆	0.42612	0.12963	0.001	0.1713	0.6809
b.同事支持	四川	湖南	-0.33220	0.08109	0.000	-0.4916	-0.1728
b.同事支持	四川	重庆	-0.24936	0.09568	0.009	-0.4374	-0.0613
b.同事支持	湖南	贵州	0.34915	0.09713	0.000	0.1582	0.5401
b.同事支持	贵州	重庆	-0.26631	0.10960	0.016	-0.4817	-0.0509
c.家庭支持	四川	湖南	-0.19935	0.07756	0.011	-0.3518	-0.0469
c.家庭支持	湖南	贵州	0.33780	0.09290	0.000	0.1552	0.5204
c.家庭支持	贵州	重庆	-0.24580	0.10483	0.020	-0.4519	-0.0397
d.朋友支持	四川	湖南	-0.31420	0.08606	0.000	-0.4834	-0.1450
d.朋友支持	四川	重庆	-0.20918	0.10154	0.040	-0.4088	-0.0096
e.学生家长支持	四川	湖南	-0.25109	0.11104	0.024	-0.4694	-0.0328
e.学生家长支持	湖南	贵州	0.42380	0.13300	0.002	0.1624	0.6852
f.社区民众支持	四川	湖南	-0.32343	0.10611	0.002	-0.5320	-0.1149
f.社区民众支持	湖南	贵州	0.29158	0.12710	0.022	0.0417	0.5414

续表

因变量	(I)省	(J)省	均值差(I-J)	标准误	显著性	95% 置信区间	
						下限	上限
g.自我支持	四川	湖南	-0.33608	0.07177	0.000	-0.4772	-0.1950
		重庆	-0.20927	0.08468	0.014	-0.3757	-0.0428
	湖南	贵州	0.25636	0.08597	0.003	0.0874	0.4253
h.学生支持	四川	湖南	-0.23902	0.08299	0.004	-0.4021	-0.0759
	湖南	贵州	0.32791	0.09941	0.001	0.1325	0.5233
i职业支持	四川	湖南	-0.29405	0.07328	0.000	-0.4381	-0.1500
	湖南	贵州	0.29544	0.08777	0.001	0.1229	0.4680

(三)低相关影响因素的统计

除根据统计结果对上述职业支持高影响因素进行分析外,下面另外再对职业支持低影响因素的情况进行统计结果的归纳。

第一,男女性别对乡村教师的职业支持影响不显著。调查问卷将样本年龄分为25岁及以下,26~35岁、36~45岁和46岁及以上。采用单因素方差检验,对年龄在职业支持及各维度上的差异进行分析。年龄在职业支持上的结果为"$F=0.984, p > 0.05$",F检验对应的显著性概率值大于0.05,表明年龄在职业支持上不存在显著差异。从分维度看,年龄在各支持上的显著性概率值均大于0.05,表明年龄在各支持上均不存在显著差异。

第二,婚姻状况对乡村教师的职业支持影响不显著。调查问卷将样本婚姻分为未曾婚配、已婚、离婚和丧偶。采用单因素方差检验,对婚姻状况在职业支持及各维度上的差异进行分析。分析结果发现:婚姻状况在职业支持上的结果为"$F=1.209, p > 0.05$",F检验对应的显著性概率值大于0.05,表明婚姻在职业支持上不存在显著差异。从分维度看:婚姻状况只有在同事支持($F=1.209, p < 0.05$)上的显著性概率值小于0.05,在其他各项支持上的显著性概率值均大于0.05,表明婚姻状况只有在同事支持上存在显著性差异。此外,对存在显著差异的项进行事后的多重比较发现:在同事支持上,未曾婚配的支持度显著小于已婚的,即已婚教师得到同事支持更多。

第三,居住情况对乡村教师的职业支持影响不显著。调查问卷将样本居住类型分为校内、学校附近和其他地方。采用单因素方差检验对居住类型在职业支持及各维度上的差异进行分析。居住类型在职业支持上的结果为"$F=0.097, p > 0.05$",F检验对应的显著性概率值大于 0.05，表明居住类型在职业支持上不存在显著差异。从分维度看，居住类型在各支持上的显著性概率值均大于 0.05，表明居住类型在各支持上均不存在显著差异。

第四，教龄对乡村教师的职业支持影响不显著。调查问卷将样本教龄分为 5 年及以下、6~10 年、11~15 年、16~20 年、21 年及以上。采用单因素方差检验对教龄在职业支持及各维度上的差异进行分析。由分析数据得知，教龄在职业支持上的结果为"$F=1.249, p>0.05$"，F 检验对应的显著性概率值大于 0.05，表明教龄在职业支持上不存在显著差异。从分维度看：教龄在各项支持上的显著性概率值均大于 0.05，表明教龄在各项支持上也都不存在显著性差异。

第五，荣誉资格对乡村教师的职业支持影响不显著。采用独立样本 t 检验对资格在职业支持及各维度上的差异进行分析可知，资格在职业支持总体上 t 检验的显著性概率值大于 0.05，表明资格在职业支持总体上不具有显著性差异，但在社区机关支持、邻居支持上存在显著差异，进一步分析发现，资格证与所教科目相符的乡村教师得到社区机关更多的支持，表现在经费划拨、工作帮助、纠纷解决、正确舆论引导四个方面，也得到更多的邻居支持。

第六，收入高低对乡村教师的职业支持影响不显著。调查问卷将样本收入分为3000 元及以下、3001~4500 元、4501~6000 元、6001~7500 元、7500 元以上。采用单因素方差检验对收入在职业支持及各组成维度上的差异进行分析。由分析数据可知，省份在职业支持上的结果为"$F=0.432, p>0.05$"，F 检验对应的显著性概率值大于0.05，表明收入在职业支持上不存在显著差异。从分维度看：收入在各项支持上的显著性概率值均大于 0.05，表明收入在各项支持上也都不存在显著性差异。

第七，教师类型对乡村教师的职业支持影响不显著。调查问卷将样本教师类型分为有编教师、特岗教师、代课教师和其他。采用单因素方差检验对教师类型在职业支持及各维度上的差异进行分析。由分析数据知，教师类型在职业支持上的结果为"$F=1.763, p>0.05$"，F 检验对应的显著性概率值大于 0.05，表明教师类型在职业支持上不存在显著差异。从分维度看：教师类型在各项支持上的显著性概率值均大于0.05，表明教师类型在各项支持上也都不存在显著性差异。

（四）离职意向强度的统计

乡村教师职业支持的强弱、高低直接关系到他们的离职意向。为了进一步理解乡村教师的职业支持情况，我们还需要进一步了解乡村教师的离职意向。在问卷中，我们设计了有关离职意向的三个问题：A. 目前，我得到的关于教师这一职业的支持和帮助足以让我留在乡村学校。B.将来,如果有可能,我会毫不犹豫换个城镇学校工作。C.将来,如果有可能,我会毫不犹豫转行从事其他职业。我们对被调查对象的回答进行了统计描述(见图4-1)。

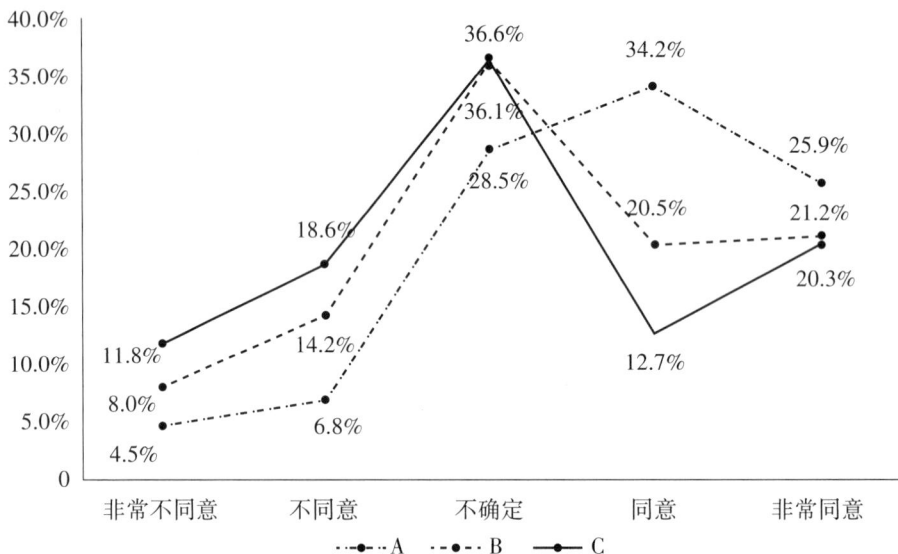

图4-1　离职意向调查结果统计

观察上图发现:①被调查的乡村教师在面对"目前,我得到的关于教师这一职业的支持和帮助足以让我留在乡村学校"这一选项时,34.2%的人选择了同意,25.9%的人选择了非常同意,28.5%选择了不确定。该情况表明,目前大多数乡村教师所获得的职业支持能够让其留守在乡村教师工作岗位,但是还有近1/3的乡村教师所获得的职业支持不足以让其留在乡村教师岗位,具有较高的离职意向。②通过卡方分析发现,不同学校类型、教师类型、教师资格是否匹配学科、婚姻状况、收入、居住类型的教师在"目前,我得到的关于教师这一职业的支持和帮助足以让我留在乡村学校"这一题项上有着相同的态度。这表明这些因素对乡村教师的离职意向的影响不存在差异。相反,不同年龄、性别、学历、政治面貌、民族、子女状况、教龄,执教不同年级的乡村教师,在这一题项上有着不同态度。这表明这些因素对乡村教师离职意向的影响存在内部差异,可以通过做相应的工作而促进乡村教师队伍的稳定。

五、结果评判及问题分析

(一)乡村教师职业支持的评判及问题

第一,乡村教师职业支持趋于稳定,但存在内部差异。综上所述,从总体上看,目前乡村教师的职业支持处于中间偏向较高一侧,超过了中等水平,呈现相对稳定的态势,亦即表明不存在较大规模的乡村教师流失、乡村学校无人任教的情况,但存在一部分乡村教师流失、个别乡村学校无人任教的情况。当然,如上所述,乡村教师的职业支持存在较大的内部维度差异,其中学生支持最高,邻居支持、社区民众支持较低,其他支持居于中间。由此表明:首先,学生的否定、负面情绪对乡村教师的岗位坚守影响较大,亦即未来需要注重在师生间营造正能量的文化、心理氛围。其次,民众对乡村教师的职业支持严重不足,由此看来特别需要在社区居民中间营造尊师重教的风气,需要通过提高乡村教师的地位以提升他们在社区居民中的形象,使乡村教师岗位成为乡村居民羡慕的职业。最后,乡村教师的职业支持中邻居支持、社区机关支持等相对不足,由此,改善乡村学校工作环境、争取乡村教师左邻右舍的理解支持、社区机关落实《支持计划》是当下急需解决的问题。

第二,乡村教师职业支持存在性别差异,女教师获得的职业支持整体高于男教师。概括而言,即男女乡村教师在职业支持及其部分分维度上存在显著性差异,其中女教师的职业支持整体高于男教师。如上所述,男性所获的职业支持显著低于女性,而且在同事支持、朋友支持、家长支持、社区民众支持、社区机关支持和学生支持上也存在显著性差异,即这些群体或个体会因为性别而有意无意地对乡村教师提供有差异的支持与帮助,且偏向于女性教师。女性乡村教师感受到更多来自学生的求知激励,得到更多的同事的工作建议,朋友的经济帮助和工作建议,家长的尊重、工作支持、关乎孩子的教育教学配合,社区民众的利益关心,社区机关的经费支持、良好的舆论引导。男性乡村教师得到的支持不及女性,离职意向较女教师高,是乡村教师队伍流失的主要部分。所以,目前乡村学校教师中女性越来越多。究其原因是多方面的,如目前以经济利益为导向的价值追求泛滥成灾。在乡村社区民众眼中,"乡村教师没能力,有能力早就进城了",这使得乡村教师经济地位加之社会地位不高,导致必须要持家有为的男性避而远之。

第三,乡村教师职业支持存在民族差异,其中少数民族教师高于汉族教师。概括而言,少数民族、汉族教师的职业支持差异较为显著,其中少数民族教师较汉族教师整体偏强。由数据可知,少数民族在学校支持、朋友支持、社区民众支持、自我支持上得分高于汉族乡村教师。目前我国的民族政策毫无疑问是倾斜于少数民族的,这也可能是这一结果的影响因素之一。因此,少数民族乡村教师会获得更多来自学校的工作支持、利益关心、培训机会;得到更多来自朋友的教育教学建议,得到更多社区民众的利益关心。所以,少数民族乡村教师的自我支持在情感、经济、能力培养方面都强于汉族。此外,由于少数民族教师在人数上相对较少,民族凝聚力相对较高,他们在朋友、社区民众得来的支持与帮助也较高。根据支持理论,支持客体对支持的利用度也是评价乡村教师支持高低的一个维度,少数民族乡村教师自我支持上的高得分,体现了少数民族乡村教师良好的自我支持。相反,汉族乡村教师在学校、朋友、社区民众和自我支持上相对不足。

第四,职业支持存在学历差异,专、本科教师高于其他层次教师。概括而言,不同学历、执教年级乡村教师的职业支持存在显著差异,其中,专本科、低学段教师的职业支持偏强。如上所述,学历在职业支持上存在显著差异:总体职业支持中,由高到低学历依次是:大专、本科、高中、初中及以下、研究生及以上。学校对大专及初中及以下学历乡村教师的支持最高;同事对大专、本科学历的乡村教师支持最高;朋友对大专、高中学历的乡村教师支持最高。邻居对高中、初中及以下学历的乡村教师支持最高;学生对大专、本科乡村教师的支持度最高,其次是高中、初中及以下、研究生及以上学历。大专学历的乡村教师得到的职业支持最多,并且相应地在学校、学生、朋友、同事支持中高居榜首,而职业支持在年龄上并不具有显著差异,可能与居住类型有关。此外,从省份来看乡村教师的职业支持,四川的支持度显著小于其余各省。在职业支持上,1~2年级的支持度显著大于3~4年级、5~6年级,7~9年级的支持度显著小于1~2年级、3~4年级、5~6年级和其他;在职业支持上,九年一贯制学校的支持度显著小于中心校、村小、教学点(这与访谈所得相一致);小学低段乡村教师职业支持度最高,越往上执教的乡村教师的职业支持度越低。

第五,乡村学校支持等核心的职业支持相对不足。如上所述,学校支持对乡村教师离职意向的影响最大,而学校支持中的满足合理工作要求支持如"对于我教育教学工作中合理的要求等,学校会支持并满足我"尤为关键。如图4-2所示,学校支持在几类支持层面中处于较低水平。同事、家庭、朋友、学生和自我支持比较高。乡村教师在能自我控制的支持主体及支持内容上,得到的支持与帮助状况良好,在无法掌控的学校支持、社区民众支持、社区机关支持、邻居支持上还需要加强。

均值

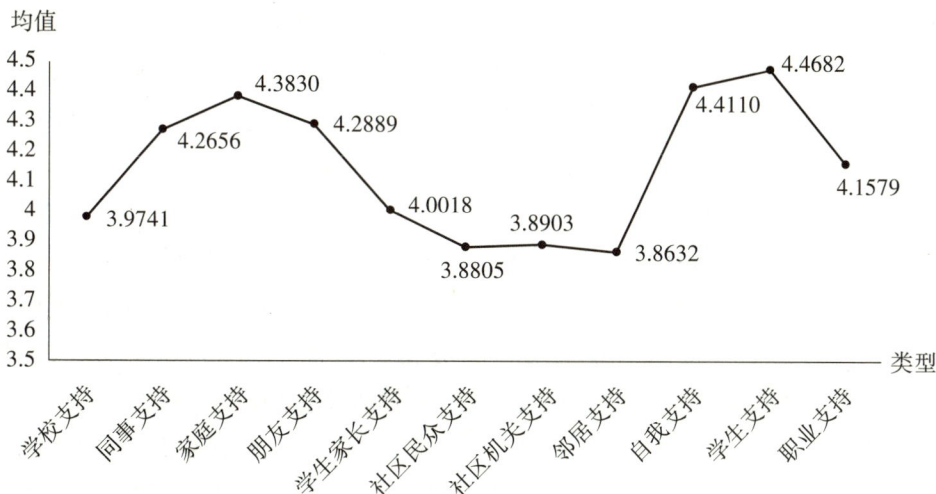

图4-2 不同职业支持源的支持强度

（二）乡村教师职业支持问题的归因

1.核心——学校支持不力

如上所述，学校支持是乡村教师职业支持的核心力量。但是，目前学校在乡村教师职业支持中所处的位置较为尴尬，既直接管理教师又受制于上级部门，在支持乡村教师方面表现出一种"无能为力"的状态。

第一，工资待遇偏低影响了乡村教师的职业支持。我们对开放题目"您对如何让乡村教师得到更多更好的支持有什么建议或对策"的回答内容做词频分析时发现，要得到更多更好的支持，在支持主体上出现最多的是"学生家长、学校"，在支持内容上出现最多的是"待遇（工资）、教学、培训"。可见，对乡村教师来说，工资待遇等项目仍然是他们最希望得到的职业支持内容。这也从一个侧面反映了乡村教师非常希望得到以较高工资待遇为主的职业支持。在重庆市奉节县五马小学调研时，该校校长说："县级政府每年给我们学校的费用就这么点。经费测算下来，我校500多个学生、每个学生300多块钱（远远低于国家规定的600元①，笔者注）；6名代课教师，县财政每年对每位代课教师补贴5000元、学校自己补25000元，现在培训又多，公用经费只能保证教师培训和出差。这样的经费状态，既招不到教师，又留不住教师，像我们这种缺编的乡村学校日子不好过呀！"可见，学校经费拮据成为当前乡村学校教师职业支持的"拦路虎"。分析发现，乡村学校的经费包括用于发放教师工资和用于办学的公用

①国务院关于进一步完善城乡义务教育经费保障机制的通知［EB/OL］. http://www.gov.cn/zhengcontent/2015-11/28/content_10357.htm［2019-11-25］.

经费。其中,关于教师工资部分,正如一位教师反映的:我们乡村老师的基本工资水平本身就不高,教龄津贴还是几十年如一日,每月几块钱,虽然国家(即《支持计划》,笔者注)规定提高补贴,但拿到手的实际也不多,比如我们县要求发放乡村教师的400元生活补贴,只能领到国家中央财政支付的180元,而地方答应支付的220元经常是"空头支票"。家里又是上有老、下有小的,怎个不想跳槽呢!此外,经费的拮据影响了教学条件的改善,如在四川、湖南、重庆的偏远乡村学校,特别是村小和教学点里,由于受后期学校经费的影响,教学场地呈现硬件设备好、文化软件差的尴尬现象。又如教师培训,调研中,乡村学校反映:培训经费基本上只能够让一半的教师参与培训,教师只能够每年或隔两年轮流去参加,导致一些教师难以及时跟上最新的发展情况。

第二,职称评定困难影响了乡村教师的职业支持。有研究发现,2001年乡村学校的教师编制呈现结构性的过剩:总体超编50.5万人,而又编外聘请51.5万代课教师。[①]调研时,一些乡村学校的负责人对我们直言:学校看似整体不缺教师,但村小及教学点却教师不够,教师工作量大;同时,学科配套不合理,音体美等学科没有人教,教师兼课头绪多,很辛苦的。但是,即使这样,我们还是不想让孩子吃亏而努力地完成教学工作。但最后评个职称还是没有希望,你说我们这些乡下教师还有什么想头?我作为校长又怎么去说服教师好好干呢!在贵州几个贫困地区县的乡村学校访谈中,一所教学点的几位教师反映:虽然现在职称评定没有要求发表论文那些要求,但还是有参加县级公开课经历等要求,职称指标不但少、中高级职称名额更少,而且还是先分配好了的,往往是领导和关系户更容易搞到,所以年轻教师都是窝着一肚子的火。我们这些老教师也是一言难尽,我们年轻时被说服让他人先评职称,现在老了,要求的条条框框又多,年龄大了学新的技术跟不上、利用多媒体上县级赛课又不利索,评职称也是年年望而年年失望的事情,所以,每当与年轻教师聊起这个问题时,我既不想说实话,伤害他们的热情,又不想蒙骗、耽误了他们,不好说呀!此外,关于职称名额的限制与影响,一位乡镇教育行政管理人员说:"我们今年只有6个名额(职称),近百个教师都盯着的。其中,给了中心校4个、村小2个。村小只有2个,而村小的20多个教师都是上了年纪的,有的离退休了,他们都要争着要,我们又做不到面面俱到,所以每次开会都像吵架一样。"以上几个方面的信息表明,在职称联系着工资待遇水平的情况下,评职称已经成为乡村教师的"心病",在老年教师、青年教师都觉得评定职称几乎是"可遇不可求"的情形下,乡村教师岗位的吸引力自然大大打折,难以有较高的职业支持力,"留不住"也成为情理之中的事情了。

---

① 唐松林.中国农村教师发展研究[M].杭州:浙江大学出版社,2005:55-56.

第三,培训提升不足影响了乡村教师的职业支持。一方面,需要看到当前包括乡村教师在内的培训工作取得了较好的成绩,如目前已经形成了国家、省市、县三级培训机制,以及东西部地区一对一的帮扶培训等等较为完善的路径,而且对九年一贯制学校、中心校、村小、教学点教师关于"学校提供给我教学技能、心理辅导、理论素养等方面学习、培训的机会"的选择统计结果也显示出比例逐渐升高的好趋势。另一方面,也要看到教师培训操作中还存在一些问题:一是培训还没有实行全覆盖,如在对"学校提供给我教学技能、心理辅导、理论素养等方面学习、培训的机会"的回答中,被调查的乡村教师中有25%的人选择了不好确定及比较不符合和非常不符合的选项。其中,特别是村小或教学点,因为教师人手紧张,外出培训将导致无人上课、住宿及交通花费高,所以只能减少参训人数和参训次数。二是培训的实际效果不甚理想。如访谈中一些乡村教师发现:其一,近两年的培训内容主要是信息技术方面的,不同学科的教师在一个大课堂里听专家讲信息技术与课程教学的整合,虽然专家讲得好但听课老师缺少自己动手的机会而难以真正地掌握,所以,有的反映培训结束时就基本上忘记了。其二,过高地估计了网络等远程培训的效果,虽然远程培训比较方便,但乡村的网络信号不好,手机上网和电脑下载的速度太慢,影响效率。同时,图像上的声音、图像因为缺少文字材料加以巩固而难以被记住和运用。所以,有的乡村教师反映远程教育培训是"雷声大雨点小——没有什么实际的效果"。其三,每次培训都是"短、平、快"式的速成,缺乏一对一的针对性指导,缺乏后续发展需要的跟踪性培训。所以,许多乡村教师感到专业持续发展的无望。由此可见,一部分乡村教师没有通过培训而较为有效地提高自己专业素养,这不利于他们对乡村教师岗位的坚守。

第四,学校工作的复杂影响了乡村教师的职业支持。俗话说"麻雀虽小,五脏俱全",反映到乡村学校教师身上就是方方面面的工作真的很多。一是教学任务较重。在调研一些村小或教学点时发现,村小教师数量本身就少,许多教师是包班上课甚至同时承担几个年级的混合式教学,教授的课程门类多、备课的头绪多。有些教师反馈:有时来不及重新写教案就直接用以前的教案,好在大家对乡村学校的教学质量都不怎么在意,所以蒙混过关! 自己觉得过意不去,但又觉得无可奈何! 二是校内工作任务多。如在重庆市某乡村学校访谈时,一位陈姓老师反映:"现在的老师不好当啊,我们几乎全部精力都放到学校的事情上面去了,如保证学生安全、保持学校纪律秩序、撰写教学资料、校内各种评比、打扫清洁卫生等等。还有学生心理健康教育、批改全班学生作业、走访个别问题学生家庭等等,一天到黑,都在忙活不停。"三是迎接各种检查工作的任务多。正如湖南省某县的一位乡村教师所言:现在是一会儿这样"热"、一会儿那样"热",每个热来了上头就要搞检查,我们下头就要迎接检查,就要去安排场地、通知人员、撰写和传送文字资料、现场拍摄照片制作简报,有时候整整几天的时间都放在检查上去了,上课也是应付应付而已,自己都怀疑自己到底是教书的、还是专门迎接检查的!但是,即使累得不行,有苦只能向同事家人吐槽,上级部门也熟视无睹,憋一肚子火。四是参与扶贫等校外事务多。如在四川巴中一所乡村学校调研时,一些乡村教师反映:"我们几个算倒霉,被派去乡下扶贫,一周要去定点帮扶的对象家里看望他一次,帮助他尽快脱离贫困,其中也少不了买点东西,都是我们自己出钱。"访谈中,一位刘姓教师说:"六月份因为学期结束时比较忙,只去帮扶对象家里三次,缺了一次,结果还遭全县通报批评了,我真的无语!"综上所述,乡村教师的教学任务头绪多、校内事务繁杂、校外任务烦琐,这些因素会毫无疑问地增加乡村教师的离职意向、降低职业支持力度。

2.环境——家社支持乏力

学生家长、社区民众是乡村教师职业支持的重要力量。但是当前因为许多家长外出务工而农村呈现空心化、社区民众经济社会资本及个体素质降低的情况下,乡村教师从学生家长、社区民众那里获得的职业支持也比较乏力。

第一,部分学生家长的误解降低了对乡村教师的职业支持。一方面,我们首先需要看到大部分学生家长对乡村教师具有较高的职业支持。如对有关学生家长对乡村教师的职业支持的调查结果统计(表4-12)表明:当前乡村教师的学生家长支持总体较好,表明大部分学生家长对乡村教师的职业持肯定态度,并给予高度的支持、理解和体谅。另一方面,进一步的观察发现,学生家长在配合教师教育孩子方面明显稍低于其他几类支持。在贵州等地的访谈中也得知,当地尊师重教的风气急剧下降。许多学生家长认为孩子学习好那是孩子聪明,并转到更好的学校去读书;如果孩子成绩不好则认为是老师没有教好,并出现一些刁难教师的言行。如此状况,就让乡村教师感到特别地不爽,没有多少职业成就感。

表4-12 学生家长支持的描述性统计

题项	均值	标准差	均值的标准误
B19.家长非常理解、尊重我。如看见我会主动打招呼、主动完成我针对孩子成长而给予他们的一些工作	4.04	1.005	0.049
B20.家长每次都积极参加我组织的需要家校合作才能完成的	4.05	1.023	0.050
B21.我的教育教学工作需要安排孩子们从家里取一些家庭资源时,家长们都很支持,并帮孩子准备好	4.01	1.064	0.052
B22.家长配合着我教育孩子的步调培养孩子	3.91	1.075	0.052
家长支持	4.0018	0.92373	0.04486

乡村学生家长误解的原因主要有：一是家长对自己孩子天赋、能力、兴趣、旨趣不了解，将孩子的学业成就的成败简单地归于学校教育，进而否定乡村教师的作用，甚至诋毁乡村教师的人格与尊严；二是家长疏于家庭教育，一些外出务工的家长无法进行家庭教育，一些在家务农的家长，在辅导学习、引导发展等方面也是"外行"，还有一些隔代教育的孩子，祖辈更多地关心孩子是否吃好穿好、身体养好，对学业上的事情是基本不懂；三是不理解学校和教师的工作，不知道每位乡村教师手头其实承担着一系列工作，甚至还包括诸如扶贫等校外事务，只能采取班级教学的方式、难以做到个别指导，也不能对每个孩子的学业成就包办代替。

第二，部分家长的"无知"降低了乡村教师的职业支持。在许多贫困地区的乡村学校调研、访谈中我们发现，有一部分学生家长对配合学校做孩子的教育工作几乎处于"无知"的状态。如一些家长不知道、也不过问孩子需要配备哪些重要的学习用具、需要怎么安排上学放学与学校学习和家庭学习的时间、孩子在与一些什么样的同学或者社会上的人交往、孩子在看一些什么样的课外书籍、孩子的手机里收藏了哪些游戏等等，他只关心娃儿生病没有、娃儿吃穿有没有，有的家长在吃的方面乱七八糟的东西都要给娃儿买，但就是不晓得给孩子买学习用品、课外书刊。一位乡村教师对我们说："现在这些年轻的家长，生了娃儿就当家长，他们除了关心孩子的分数，其他就不晓得过问了，如有的学生在平时学习甚至考试连尺子、圆规都没有，有的学生经常写作业到中间就没有墨水了等等，家长也不晓得过问一下，你说这是一些什么家长！我们天天与这样的家长打交道，郁闷得很呀！"

总之，一方面如对开放题目"您认为就与乡村教师职业有关的支持来说，自己还缺乏来自哪些个体或团体哪些方面的支持和帮助？"的回答一样，家长的支持仍被提及最多，乡村教师很大程度上更加需要和在意的是家长的支持和理解。但是，又如上述所见，当前乡村学校学生家长给予乡村教师较低的职业支持。

第三，社区支持的缺陷降低了乡村教师的职业支持。一方面，从总体上看，社区民众支持、社区机关支持得分显著低于学生支持、家庭支持、自我支持，说明社区支持总体上偏低。另一方面，深入分析则发现乡村社区支持存在结构性的缺陷：社区对中心校、村小和教学点的支持较高，而对一般性的乡村学校支持偏低。究其原因：一是乡村中心校因其较高的教育质量、较好的工作条件而得到社区的认可与支持。二是村小和教学点则因为《支持计划》的特殊利好政策而受到特别的关照，显示出以政府为主导的社区支持较好。处于中心校、村小和教学点之间的一般乡村学校就不幸运了，上述两者好处都不沾边，那么在这类乡村学校工作的教师则感到职业支持较低。

当然,在交谈中,一些乡村教师也对社区支持乏力的现象感到无可奈何,如有的乡村教师说:"你看嘛,村干部、乡干部一天忙他们的,我们忙我们的,他们也没有多少资源帮助我们学校;乡上、村上那些党员对我们学校也是无能为力,还有一些村里的恶霸虽然不敢到学校里面来,但惹到他们的利益时就与我们学校作对。因此,我们做教师的也乐得清净,不管他们那么多!"这说明目前除中心校、村小和教学点的社会支持相对较好一点外,其他一般乡村学校的社会支持都是较低的,从总体上呈现职业支持缺陷。

第四,社会环境的偏袒影响了乡村教师的职业支持。在重庆市一所三峡库区的乡村学校中访谈时,一位教学点负责人告诉我们:"现在的法院叫作啥子'无过错责任',一旦学校出了有关学生的事情,不管怎么说,全都是偏向于所谓的受害者——学生和家长一方,不站在公正的立场,更不会偏向于我们。还有更可恶的是各种社会媒体,他们不晓得真实情况就乱说,为吸引眼球,一边倒地说学校的不是,也不认真地去了解学生和家长做错了什么事情。所以,我们做老师的惹不起、躲得起,只求把书教完、看到学生不出事就是,至于学生的不规范言行则是装聋做傻、学生之间纠纷也是尽量让其到校外去解决,不然是自讨麻烦!"可见,部分的社会不公处理结果,给乡村学校及教师带来了极大的冲击,严重地打击了他们的职业责任感,降低了他们的职业支持。

3.主体——自我支持不高

按照内因是事物发展的根本,外因是事物发展的条件的辩证唯物主义理论,乡村教师的自我支持才是最重要的职业支持。但是,分析表明,当前乡村教师的自我支持处于较为尴尬的状态。

第一,自我支持偏向于客体,主体内在支持乏力。一方面,从对乡村教师自我支持度的统计结果(见图4-3)看,其均值达到4.41,至少超过90%的被调查者选择了比较符合及以上。这表明乡村教师的自我支持较高。但一方面,在对开放题"您认为使得作为乡村教师的您得到的支持和帮助成现在这个状况的原因有哪些?"的回答词频分析时发现,乡村教师把自己目前得到职业支持主要归于"家庭"等外部因素。这又表明了乡村教师的职业支持偏向于家庭等客体,而不是自己。对于这种现象,如贵州省某贫困县下的一所村小教师所袒露的:"要不是考虑到不教书又不知道干其他的事情好、家里目前又需要我这份工资来支撑的话,我才不得教这个书!"这里面反映了乡村教师的自我职业支持并不理想,其所拥有的职业支持来自家庭等外部性的因素,也就是说,目前乡村教师能够坚守岗位并非个人意愿,而是迫于家庭经济等因素。所以,当家庭等不再依赖于自己这份乡村教师工作时,就可能是乡村教师流失之时,这也就能够解释了乡村教师流失的"规律性"。

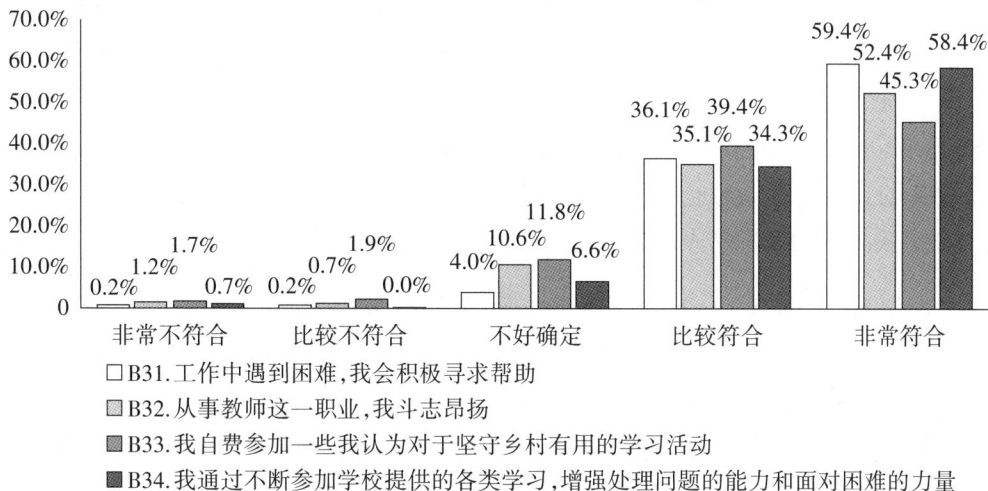

□B31.工作中遇到困难,我会积极寻求帮助
▨B32.从事教师这一职业,我斗志昂扬
▨B33.我自费参加一些我认为对于坚守乡村有用的学习活动
■B34.我通过不断参加学校提供的各类学习,增强处理问题的能力和面对困难的力量

图4-3　乡村教师的自我支持

第二,不同学校支持不均,职业支持存在隐患。如上所述,乡村学校教师的职业支持度呈现如下升序排列:九年一贯制学校 < 中心校 < 村小学 < 教学点。如此排序表明:不同乡村学校教师的职业支持存在不均衡的现象。此现象还可能透露出:九年一贯制学校及中心校教师离职的可能性更高一些、教学点及村小学教师流失的可能性还较低一些。在访谈中,一些条件相对较好的中心校或九年一贯制学校的教师自己也承认:"比起乡下的教师,自己的工作条件还是好一些,比如买个东西、找人办事、外出进城、找个车子呀等等都方便多了,相应地找人帮忙去其他条件更好的学校教书也容易一些!"这恰恰说明了为什么中心校的教师容易流失——较低的职业支持;相反,教学点及村小学的教师则承认条件是差一些,但他们表达出来的却是一种无可奈何的坚守! 如重庆市某乡村学校的一位中年教师所言:"有可能的话,我肯定不会选择当老师。但是,我们现在哪有可能吗,都40多岁的人了,又只会教书,其他啥子都不会,想跳个槽都不得行! 所以,我只有稳起教完书,干到退休就行了噻!"可以想象,部分乡村教师如此的岗位"坚守",对于积极提高自身的专业素养、对于有效转化外部资源为教学资源、对于参与学校教育教学改革、对于切实提高课堂教学质效,以及对于参与社区发展等等,恐怕都难以产生较好的效果!

六、增强乡村教师职业支持的建议

正如《支持计划》中所言:"到2020年全面建成小康社会、基本实现教育现代化,薄弱环节和短板在乡村……发展乡村教育,帮助乡村孩子学习成才,阻止贫困现象代际传递,是功在当代、利在千秋的大事。发展乡村教育,教师是关键,必须把乡村教师队伍建设摆在优先发展的战略地位。"欲要建设一支"留得住"的乡村教师队伍,就必须增强其职业支持。众所周知,乡村教师的问题不单单是教育问题,更是全局性的社会问题,需要社会各方的协同努力。

(一)增加经费投入:夯实职业支持的经济基础

在开放题"你认为自己还缺乏哪些方面的哪些支持和帮助"上,所有回答此问题的被调查者都提到了增加待遇的要求。基于较低层次需要的满足会带来满足较高层次需要的愿望,满足较高层次需要的努力受挫会导致倒退到较低层次的需要的认识,必须以经费为支撑来解决乡村教师们极其关注的待遇问题。

第一,增加国家和地方的教育经费总体投入。虽然目前我国教育经费已经超过了国民生产总值的4%,但与发达国家及地区相比仍然存在较大的差距。正如雅斯贝尔斯指出的:"教育革新的先决条件是提高教育地位,以提高大中小学教师的工资来提高他们的社会地位,并通过教育的伟大性和它在国民生活中所表现出来的重要性来获得声望和影响力。这样就需要一笔超出现今的教育经费数倍的资金。"[1]所以,当下讨论增强乡村教师的职业支持,则需要增加教育资金、教师配置和设施设备等方面的投入,否则是"巧妇难为无米之炊"!当然,在具体操作上,我们认为首先要继续保持国家对乡村教师队伍建设经费的足额、及时下拨,并且在条件允许的情况下不断地增加投入比例。其次要确保地方政府及时、足额地配备用于乡村教师队伍建设的经费,并且接受有关部门的经费下拨和使用监督。

第二,科学设置乡村学校的经费使用权限。目前乡村学校的经费问题较多,首先是管理烦琐。诸如许多村小、教学点负责人反映的:虽然对学校经费使用作了较为严格的规定,有利于经费使用的规范,避免浪费。但是,从另一个方面来看,这些规定却显得复杂烦琐,诸如众多的领导签字环节、正规齐全的票据清理、人数标准的过分严格计算等等,使得许多学校的会计或教师都感到跑路多、手续多、耽误时间多。所以,教学点的负责人说:"遇到这种时候,想报账呢又怕手续麻烦,不报账呢又是自己垫支的,很闹心!"其次是学校经费在人头费和办公费明确划分后,用于对学校教师例外工

---

① 雅斯贝尔斯.什么是教育[M].邹进译.北京:生活·读书·新知三联书店,1991:50-51.

作的补贴就基本上没有了,一旦有诸如各种检查、突击工作需要做时,根本难以运用经济手段调动教师参加。面对这种情况,重庆市某村小负责人说":这个时候全都是靠我们私下的个人感情去请动他们来做事呀! 从内心讲,莫说其他老师们待不住,我这所谓的负责人有时候也在想是否改行去干其他的事情,谈何职业支持不支持的!"

(二)强化核心支持:筑牢职业支持的基石

如上所述,乡村学校对乡村教师的职业支持是所有职业支持中的核心力量。但是,目前学校对于乡村教师的支持相对其他家庭支持、学生支持、乡村教师自我支持等来看处于一个较低位置。所以,要建设一支"留得住"的乡村教师队伍,最为重要的一环就是增强乡村学校的核心支持力量。

第一,不断完善乡村学校工作条件,增强教师的职业支持。当前,正值国家实施《支持计划》的大好时机,需要在已有努力的基础上,继续完善乡村学校的校舍条件、完善学校软件环境,特别是职称评定规范而有希望、信息网络更加畅通、教师专业发展共同体工作更有效、最新教学资源及时共享、名师工作室扩大并向所有教师开放、住宿条件能够基本达标等等,这些工作条件毫无疑问地会极大地增强乡村教师的职业支持感,非常有利于解决乡村教师是否"留得住"的问题。此外,在其他待遇按照国家政策落实外,还需要考虑远离乡镇的村小、教学点及时的特别经费补助问题,这是乡村教师队伍建设的"最后一公里",极大地影响着村小、教学点是否有教师坚守岗位的问题。这样在解决了村小、教学点有教师愿意坚守的情况下,整个乡村教育的整体态势才能呈现较为稳定而有质量的状况。

第二,关注职业支持的人口学因素差异,齐步提高职业支持。如上所述,一些人口学因素对乡村教师的职业支持具有显著影响,其中尤其值得关注的,一是职业支持的性别差异问题,亦即解决男教师的职业支持普遍低于女教师的问题,对此需要在提高工资的基础上,增加男教师在学校管理、社区治理、社区宣传教育等方面的作用,提升男教师在乡村学校的代表性形象、增加男教师的乡村教育事业成就感。二是除专科本科学历层次外的其他学历层次职业支持偏低的问题,亦即一方面采取措施继续清退高中以下学历的代课教师,一方面不应盲目追求研究生下乡从教。当然,也要借用教师节、元旦等各种节日对从事乡村教育的专科及本科学历层次的教师给予荣誉和物质的奖励,以此提高他们的职业支持感。三是职业支持的民族差异问题,亦即解决汉族教师的职业支持感普遍低于少数民族教师的现象。为此需要在外出参加学习培训、享受有关民族政策上尽力在国家政策法规的条件下做到"一视同仁",提振汉族教师的乡村教育志趣。

第三，提供专业素质提升机会，增强乡村教师的职业自信心。目前，已经探索出众多的乡村教师专业发展路径，诸如各种层次的专题培训、各种场合的示范观摩、各种组合的远程教育等等，但还要研究其针对性、有效性，让乡村教师的自身专业素质能够得到不断的提升，综合素质得到不断的加强。此外，有关调查结果表明，目前义务教育阶段教师参加培训最多的是县教师进修学院[①]，这显然不够，对于长期工作在较为偏僻闭塞的乡村学校的教师而言，还需要诸如旅行研修等形式的专业发展机会（笔者建议：这些景点对包括乡村教师在内的所有中小学教师一律免费），让乡村教师感受祖国的大好河山，增强他们的人文的底蕴，以此支撑他们对课程教材中有关大好河山的备课与上课，引导学生打开眼界。只要乡村教师在此诸多的学习培训过程中，能力得到不断的提升，那么应对教育工作、应对生活挑战的自信心就会增强，其职业支持感自然会提高。

（三）改善教师生活：提高乡村教师岗位的吸引力

从广义的角度看，乡村教师的生活包括教育教学的职业生活和教育教学工作之余的业余生活两个方面。由于乡村教师的职业生活与业余生活都相对比较单一、单调，所以，从增强职业支持的角度看需要改善他们的生活品位与质量。

第一，改善职业生活，减轻乡村教师的事务压力。首先，当前非教育教学的事务性工作对乡村教师影响很大，令他们较为反感，增加了他们的离职意向。为此，当下需要真正地落实 2017 年全国教育工作会议上陈宝生部长在报告中特地强调的"三评"清单！减少评审评价，不在"三评"清单的不能开展检查。[②]需要真正地落实 2018 年 2 月中共中央办公厅、国务院办公厅印发的《关于分类推进人才评价机制改革的指导意见》提出的要求：适应中小学素质教育和课程改革新要求，建立充分体现中小学教师岗位特点的评价标准，重点评价其教育教学方法、教书育人工作业绩和一线实践经历。严禁简单用学生升学率和考试成绩评价中小学教师。从而把乡村教师从非教学的事务性工作中解放出来。其次，适当增加乡村学校人事编制，在师生比基础上，增加班师比的参数，以此作为增加乡村学校编制的依据，通过增加学校教师的人数来消除乡村教师包班上课、消除几个年级复式教学的大班额上课等现象，减少教师课程门类、减少上课时间的长度，使其归于合理，让乡村教师有相对充足的时间休息、做教

---

① 陈向明，王志明.义务教育阶段教师培训调查：现状、问题与建议[J].开放教育研究，2013(4)：11-19.

② 杜京虹.保障教师休息权！这些给老师"减负"的呼声，有没有说到你的心坎里？| 中教君带你看两会[N/OL].https://mp.weixin.qq.com/s/EHSuPYl27Xxdp5y9ef0tVQ[2019-03-15].

学准备工作,从而增加他们的职业支持感。

第二,改善业余生活,提高乡村教师的生活质量。乡村教师的业余生活状态是复杂而多样的。首先是一些乡村学校根本就没有教师宿舍,使得教师们不得不在离学校较远的小城镇买房,这样每天就打摩托车或骑摩托车奔跑在乡村学校与住家地之间。其次是一些乡村学校把教室改造为简陋的教师宿舍,但缺乏相应的厕所、用水设备、浴室,采光、透气也较差。有的是虽然有了教师宿舍,但其他诸如燃气灶、网络、电视及洗衣机、冰箱等物件欠缺,教师不买又不方便,自己掏钱买又觉得"冤枉"……如此等等,导致在业余生活上极其不方便。这使人想起了张志勇先生的《乡村教师的十个"梦想"——一位省教育厅副厅长的调研手记》中,"能否有一个洗澡的地方"[①]被他列为第一个梦想! 如此情况下,自然不想坚守下去,离职意向容易上升,又谈何职业支持呢!

(四)增强自我支持:提高乡村教师岗位的吸引力

第一,反思自己,自觉提高职业支持。当下乡村教师应当认真学习《支持计划》,从中感受到有关政策的温度,正确看到国家、社会等对乡村教育、乡村教师所做的政策支持、经济投入、制度保障。特别是在学习《支持计划》时感受到国家在职称评定倾斜、待遇标准提高、落实住房和医疗保障、给予荣誉关照等方面的特殊优惠政策,同时"不忘初心,牢记使命",反思自己是否充分利用已有支持与帮助、是否主动承担责任与义务、是否把心放在教育上。因为"仅凭金钱人们还是无法达到教育革新的目的,人的回归才是教育改革的真正条件"[②]。笔者以为乡村教师的回归才是本真。这需要乡村教师进行自我审视,提高自我认识,摆正心态,稳定自我。

第二,说服家人,争取家庭给予支持。如果自己从事的乡村教育工作连自己的家人都瞧不起,那谈何家庭的职业支持呢? 可见争取家人的职业支持对乡村教师的坚守来说,是一件多么重要的事情。特别是在当下经济主义至上的社会舆论环境下,乡村教师同时也要教育自己的家人,以科学的态度认识当下的教育和社会现实,诸如陶行知批判的中国教育那样:"中国乡村教育走错了路,他教人离开乡下向城里跑,他教人吃饭不种稻,穿衣不种棉,做房子不造林;他教人羡慕奢华,看不起务农;他教人分利不生利。"[③]教育家人对当前乡村教师有理性的认识,站在民族、国家大义的立场看

①张志勇.乡村教师的十个"梦想"——一位省教育厅副厅长的调研手记[N].中国教育报,2015-09-11(005).

②雅斯贝尔斯.什么是教育[M].邹进译.北京:生活·读书·新知三联书店,1991:51.

③胡晓风等.陶行知教育文集[M].成都:四川教育出版社,2007:157.

待"帮助乡村孩子学习成才,阻止贫困现象代际传递"的乡村教育工作。家人的理解、支持,能间接地提升乡村教师的职业支持。

第三,抱团取暖,争取同事间的支持。一方面,乡村政府和学校应当创造条件,促进乡村教师之间的交流。另一方面,乡村学校内部应当创造条件,组织乡村教师之间开展交流活动。通过各种各样的交流,乡村教师之间相互分享专业成长的秘密,分享家庭与生活的有益信息;在困难时相互帮衬,在休闲时相互问候致意,让大家彼此感受到人情温暖、情感支持。诸如张志勇在《乡村教师的十个"梦想"——一位省教育厅副厅长的调研手记》中所列举的能否有一个洗澡的地方、能否有一个体检的机会、能否给一点交通补贴、能否有进城学习的机会、能否让孩子有个好的教育环境、能否有一定的文化生活、能否配齐学科教师、能不能多进些年轻大学生、能否留住乡村优秀教师、能否实施乡村教师聘用本地化等等,都是乡村教师非常关注的话题,一起交流自然会有所得。

(五)改善支持环境:社区民众机构增加支持力度

第一,学生家长角色到位,理解和支持乡村教师的工作。一方面,如上所述,家长对乡村教师的支持既高又低,高主要是大部分家长还是比较支持教师工作的,低是部分家长对学校及教师理解有误,带给乡村教师职业很多身心困扰。笔者认为,解决此方面的问题主要依靠学校、社区机关及媒体的共同努力。另一方面,乡村学校学生家长是乡村教师接触的重要工作对象之一,他们对乡村教师的态度、对乡村教师工作的理解、对教育孩子的配合等等会极大地激发乡村教师的工作热情,发挥挽留乡村教师的巨大作用。当然,这就需要:一是学生家长在孩子就学期间尽量不要外出务工,有助于减少留守儿童现象,克服留守儿童教育中的诸多问题。二是在乡学生家长在社区舆论、活动场地、教育资源等方面满足乡村教师的需求,力所能及地为乡村学校教师提供一定的教育教学资源支持。三是在孩子思想品德教育和学业成绩等方面配合乡村教师,用科学理性的态度看待乡村学校的教育成效。在具体的活动形式上,可以运用以下形式:在学校组织召开学生家长会,在社区组织召开家校联席会,在学生家里进行访谈交流,乡村教师与学生家长个别交流,等等,共同本着为了孩子发展的目的,坦诚交流、相互信任。此外,家长还需要提高修养、尊重教师,社会舆论和法律还需要严惩家长那些伤害教师人格尊严、侵犯教师合法权利的言行,用法律的武器捍卫教师的权益。

第二,社区机关、民众需尽责,协助乡村教师开展工作。社区机构是党和国家政策执行的神经末梢,最能够真切地让乡村教师感受到党和国家的温暖。社区民众如同空气萦绕在乡村教师周围,应在各方支持下努力提升自己的"精神风貌,培育文明乡风、良好家风、淳朴民风"[①],以良好的民众风气影响乡村教师的教育教学工作情绪和质效。所以,乡村社区机关、居民务必履行自己的职责:一是在学校及教师在社区周边涉及扩展学校活动场地、修建教师宿舍等用地上给予支持,社区机构和社区民众要尽量免费或少收取转让使用土地费;二是为乡村学校教师解决好用水、用电、网络联通、交通出行等事宜,努力为乡村教师创造适宜的工作和生活环境;三是社区机构和社区民众共同维护学校周边的治安环境,给予师生出行人身安全保障;四是社区机构和社区民众要配合学校要求,做好学生家长及社区居民的学校教育认同工作;五是社区机构和社区民众共同开展尊师重教的赞誉活动,把诸如教师节、国庆节、元旦节,以及中国传统的元宵节、清明节、端午节、中秋节等等办成与乡村学校加强联系、增进相互理解,促进尊师重教、激发教师热情的节日。此外,社区机构和社区民众还可以为未婚青年教师组织相亲活动、为老年教师组织慰问看望活动,为患病教师送去需要的帮扶支持等等,这些都可以极大地增进乡村教师的乡土情怀,激发乡村教育工作的热情。

---

① 中共中央 国务院关于实施乡村振兴战略的意见[S].2018.

专题五　乡村教师的职业作用之研究①

【摘要】通过设计、运用《乡村教师职业作用调查问卷》，对重庆、四川、湖南、贵州等地区乡村学校教师进行调查、访谈。结合我国教育史上不同时期乡村教师职业作用的对比研究，结果表明，当下乡村教师职业作用的发挥整体处于中等偏上的状态，但存在内部差异，其中促进学生成长、和谐社群关系职业作用发挥较好，推动学校发展、社区文化建设、参与乡村治理、助推经济发展的作用发挥一般。同时，分析也发现调研区域乡村教师职业作用发挥中存在的问题，如乡村教师职业内容繁杂、作用发挥场域窄化，作用发挥支持力弱化，对职业作用发挥的具体项目内容的认知存在偏差，职业作用发挥的意愿强而能力支撑要素不均，男教师、汉族教师作用发挥不足等。同时也发现乡村振兴战略的国家召唤、乡村学校领导的有力支持是影响乡村教师职业作用发挥的重要积极要素，而乡村文化资源的缺乏是主要的消极因素。分析认为，当下乡村教师职业作用发挥的效果一般、范围有限，作用项目维度存在差异等都是国家政策、社区环境和乡村教师自身共同作用的结果。为适应国家"乡村振兴战略"的时代需要，基于现代大教育观视角，在调查分析乡村教师职业作用发挥意愿与能力、影响职业作用发挥的因素的基础上，站在首先办好乡村学校教育、同时做好家校联系，其次有效服务乡村振兴、弘扬乡土文明的角度，我们提出重新审视乡村教师的职业作用，并进行相应的调控，既要适当增加人事编制，使乡村教师的职业作用发挥协调合理，又要进行乡村教师工作分流，对分别偏重学校教育工作与社区服务工作的教师做相应的工作量规定；其中，对偏重学校教育的教师则要减少其非教学性的事务、对偏重社区服务的教师则要增加其服务的技能。此外，还提出了各方提高乡村教师待遇、改善乡村教师培养模式、乡村教师提高自身智能等建议。

【关键词】乡村教师；职业作用；大教育体系；作用单一；调适

---

① 本专题由高娅妮(女，教育学硕士，湖南生物机电职业技术学院教师)、王丽娟(女，西南大学博士生)、唐智松(男，教育学博士，西南大学教授、博士生导师)同志完成研究、撰写工作。

一、研究缘起与研究意义

在乡村社区,乡村学校是乡村文明的灯塔! 乡村教育联系着乡村建设,乡村教师的作用发挥关系着乡村学校的形象、乡村教师的形象。乡村教师的职业作用因时而变,因势而新。而当前乡村教师的作用发挥情况众说纷纭,有的认为他们个体的任务繁重而需要减负,有的认为他们群体的作用发挥不足需要"增负",也有人认为他们的作用发挥不合理而需要矫正,等等。

(一)研究缘起

第一,当前乡村教师作用发挥的尴尬现状亟须改进。任何事物都处在普遍的联系中,伴随着中西部地区较大规模的农村青壮年劳动力的外出务工,留守儿童、随迁就读儿童大规模地出现,同时也引发了乡村学校学生减少、乡村学校教师流失及乡村学校消失的新现象、新问题,再加上后来较大规模的"撤点并校",乡村学校、乡村教师与留守儿童教育问题及乡村学校发展等民生问题凸显,成为人们关注的热点。

乡村学校本是乡村精神文明的高地和文化中心,对乡土社会的教化、乡村文化的传承以及乡村建设人才的培养有着无可替代的作用。然而"撤点并校"政策的推进引发了系列寄宿制学校问题、乡镇中心校的巨型班、校车问题、留守儿童问题、新一轮辍学问题等。撤掉部分乡村学校的同时,也抽离了学校所在乡村的灵魂,打破了传统良风美俗所浸润的有序的社区环境。尽管2012年国务院办公厅下发的《关于规范农村义务教育学校布局调整的意见》,近乎妖魔化的"撤点并校"终于被叫停,但乡村学校的骤减促使乡村人口流向教育条件更佳的城镇,加重城镇教育负担的同时也加剧了乡村的凋敝和乡校的凋零,"马太效应"持续显现。

农村社区及乡村学校发展现状让乡村教师作用的发挥面临重重尴尬。家庭及社区对乡村教育的支撑力逐渐减弱,教化责任重心转移到学校教师身上。频繁的非教学性事务严重挤占老师们的精力,致使预期中的教育效果不尽如人意。同时,他者规训的异化及教师群体的自我迷失影响了教师职业作用的发挥。极少数乡村教师的不良行径被部分媒体渲染后,导致乡村教师群体社会形象被异化。外界评价造成乡村教师群体对自身职业作用定位出现偏差。在市场经济的功利性价值观影响下,乡村少年无法从乡村教师收入差和地位低的现状中看清读书的价值,社区居民也未能对乡村教师提供切实的支持。部分教师想要为改善现状努力,却苦于无条件进行自我提升;有幸能参与各项教师培训活动,又因培训内容多与教学实际脱节而收效甚微。乡村学校从昔日乡村社会文教中心,到如今逐渐沦为乡村社会的"孤岛"。不仅仅是对校园里的几个教师的孤立,更是农村社会在发展致富过程中对传统知识、乡村文明的漠视。①

第二,现代大教育观下乡村教师的职业作用值得探讨。乡村教师是乡村教育的灵魂,乡村学校是乡村文化的中心,乡村教师可以通过乡村学校影响乡村的建设发展。挖掘并有效发挥乡村教师的作用是乡村教育发展的关键。乡村教育脱离乡村社会,便会脱离其本质。在教育现代化推进的今天,没有乡村教师的发力就没有乡村教育的振兴,就没有中国教育的振兴,也就没有民生的根本改善。所以,面对乡村社会凋敝,乡村教育衰败,乡村教师社会地位低微的现状,研究者们试图通过乡村教师作用的发挥来改进乡村社会。但他们的研究更多是将乡村教师作用局限于乡村学校内,或是侧重于乡村教师某一方面的作用,缺乏整体意识。这些研究在切断乡村教育同乡土社会联系的同时,又将乡村教育进行切割,片面定位为乡村义务教育,忽视了乡村教育是一个有序的整体系统,它包括乡村幼儿教育、乡村九年义务教育、乡村中等教育、乡村成人教育、乡村职业教育及各种乡村实用技术培训等教育形式。乡村教育的现代化处于正在进行时,它不仅仅是乡村基础教育的现代化,更是以乡村全体民众为教育对象的乡村大教育的现代化,其目的与结果终将是乡民的现代化。乡村建设者的培养是推动乡村社会发展的关键,乡村建设者不仅应该是应试教育中为数不多的几位分数上的"优等生",更应该是乡村社会中各行各业所需人才。而乡村教师正是培养乡村建设者的关键力量。

也有研究者针对当前乡村教师待遇不高、工作较为繁重、生活有些困窘的现状而呼吁不应扩大教师社会责任。然而扮演乡土社会里为数不多的文化精英角色的"国家教师",于乡土社会发展及国家使命都有着不可推卸的责任。同时,乡村教师尚存有通过发挥自身作用来改造乡村的历史记忆,20世纪二三十年代的乡村教育运动时期,伟大的人民教育家陶行知先生曾说:"好的乡村教师第一有农夫的身手,第二有科学的头脑,第三有改造社会的精神。他足迹所到的地方,一年能使学校气象生动,二年能使社会信仰教育,三年能使科学农业著效,四年能使村自治告成,五年能使活的教育普及,十年能使荒山成林,废人生利。这种教师就是改造乡村生活的灵魂。"②数十年后,陶先生笔下的乡村教师依然是当下乡土社会所稀缺的。只有立足于乡村大教育观,将乡村教育同乡村文化建设、乡村治理、乡村农业生产等各项事业相结合,才能了解到乡土社会对乡村教师作用的真实需求,才能真正诠释乡村教育本质。

---

① 马富春,张鹏.乡村学校为何沦为乡村社会的"孤岛"[N].中国青年报,2014-07-22(03).

② 陶行知,程本海.中国乡村教育之根本改造[J].中华教育界,1927,16(10):1-5.

乡村学校作为乡村社区的一部分、乡村教师作为乡村学校的主体,其职业作用发挥不仅关系到自身价值的彰显,也关系到乡村振兴战略的实现。

(二)文献综述

自从教育产生、教师职业出现,人们就开始了关注教师的职业作用发挥问题。当然,由于教师职业作用的多样性和特殊性,不同时代,人们对教师赋予了不同的作用期望、教师作用发挥的具体内涵也有所差异。

1.关于乡村教师的学校教育作用

在中国,正如《三字经》中说"养不教,父之过;教不严,师之惰";世界最早出现的教育专著《学记》中的主张"君子欲化民成俗,其必由学乎"等等。具体而言,自秦汉魏晋南北朝到隋唐宋辽金元明清,历朝历代,无一不行封建专制,为钳制被统治者的思想,教育也在官学和私学中展开。官学由官办,且服务于王公贵族或有权势的人,皆在城内。而私学,多由民办,广布于国家的各个领地。在改朝换代动荡之时,官学受到较大冲击甚至停滞,而私学却因办学机动灵活,在中华文化的传承中发挥了至关重要的作用,如开启民智、立德树人、化民成俗、维护秩序、绍休圣绪、文化传承等作用。通过文献分析发现,中国乡村教师的作用在历史激荡中不断变换。春秋末期,奴隶制社会崩塌,官学下移民间,士阶层的兴起等因素促成私学的产生,现代意义上的乡村教师也发端于此。在此过程中,由于中国教育自古带有浓厚的政治色彩,教育在受到来自社会政治、经济支持的同时,也通过自身的影响反作用于个人和社会。乡村教师作为乡村教育的实施者,对乡村社会的影响也具有鲜明的时代特性。古代封建社会,教育为统治阶层服务,古代乡村教师在"传道授业解惑",乡土社会教化,协调乡村社会秩序,为统治阶层培养人才,传承优秀乡土文化技艺等方面发挥了重要作用。

封建统治的结束,开启了中国现代国家建设的新篇章。乡村学校及乡村教师的职业作用也开始发生了历史性的变革。20世纪初,中国正值强敌压境、失地未复、农村破产、民生凋敝的年代,建立现代教育体系的探索开始在城市萌芽。彼时,中国的乡村教育依然墨守成法,沿袭旧式私塾教育。乡村教师的工作依然发挥着开启民智、立德树人、益教乡邻、维护一方秩序和传承优秀民族文化的作用。民国时期,即便战火纷飞,乡村教育仍能得到执政当局的支持。外敌入侵的加剧激发了全民族的救国热情,接受过新式教育的乡村教师群体理性地认识到:救亡图存的关键是改造乡村积贫积弱的现状,而乡村的改造需依靠乡村教育,乡村教育发展的责任在乡村教师,办好乡村教育亦是救国途径之一。欲改造乡村,首先须得适应乡村,了解其症结所在,才能"对症下药"。于是,他们本着"教育救国"的原则,走到乡间,同民众打成一片,对乡村以及乡村教育进行了大刀阔斧的改革。时势造英雄,乡村改造以及乡村教育的过程中磨炼出数位蜚声中外的教育家。这一时期的乡村教师在乡村社会改造、革命思想传播以及团结民众进行革命斗争等方面发挥了重要作用。在社会主义新中国,教育在党的领导下为全中国人民服务。新中国成立之初,乡村教师们成为扫盲运动、社会主义教育运动、妇女教育、农业新技术推广、乡村建设规划中的中流砥柱。直至今日,乡村教师们仍坚守在教育现代化的一线,在祖国教育资源稀缺的乡村地区默默坚守着教书育人的使命,任劳任怨地为国家发展培育所需人才。新中国成立后,乡村教师成了扫盲运动中的主力军,同时在革除民众封建思想,宣传人人平等的妇女解放运动中;在拥护新中国政权,传播共产主义和社会主义建设思想;沟通国家与乡村,对农民传递实时信息并解释国家意志,以及进行各类社会动员和生产动员的活动中,都彰显出其独有的价值。改革开放后的乡村教师大多为中师(中等师范学校的简称)毕业,当中不乏民办教师。他们因与乡村有着与生俱来或是自然而然的地缘或血缘关系,自身拥有过硬的教育教学素质,在乡村儿童教育、乡村政治事务、乡村文化活动中有着重要作用,也赢得了乡村民众的高度信任。社会主义市场经济制度确立后,外界的变化亦使得乡村教师的作用随之改变。少有乡村教师将乡村学校命运同乡村社会整体运行相联系,也少有乡村教师关注乡村政治、经济、文化事业发展全局。在浓烈的应试教育氛围中,教师们更愿意关注与自身绩效挂钩的学生考卷上的分数。乡村教师的职业作用内容及范围仅限于乡村学校内。

其他文明古国相应地存在教师的职业作用问题,为城邦或国家培养青年人几乎是世界各地教师的普遍性的职业作用。其中,比较有代表性的如公元前450年古罗马就有了小学,随后在希腊出现斯多葛派学校,罗马设立文法学校,教师在学校里教授王公贵族的孩子。公元381年,古罗马在君士坦丁堡举行帝国宗教会议,要求"在一切城市与乡村设立免费教育儿童的学校",教育的目标是使青年一代具备良好的公民素养,使城邦得以保持永存。中世纪的基督教会在牧师所在的村落里设立堂区学校,学校规模小,设备简陋,教师一般教授读、写、算和基督教的初步知识。①牧师作为现代意义上的乡村教师,对当时乡村社区的教化及贫困子女的智识启蒙有着重要作用,同时也促进了基督教神学的传播。16世纪,在英国的圈地运动后出现了大量贫苦儿童,由此出现了由教会、私人和慈善团体开办的慈善学校,具体形式有乞儿学校、劳动学校、贫民学校、感化学校等,各类人士开始充当教师的角色,通过传授基本读写算

---

① 滕大春,姜文闵.外国教育通史(第2卷)[M].济南:山东教育出版社,1989:12-13.

技能和传播宗教知识,降低了犯罪率,维护了社会稳定。[①]当然,中外乡村教育因事因人而异,虽然外国教育与政治的关联较为疏远,但都是为社会统治阶层服务的。外国乡村教师的作用也因教育服务对象不同而各异。外国教师职业发端于智者学派的教师。外国古代教育为城邦服务,乡村教师的作用是培养出能服务城邦的人才。中世纪的乡村教师在教化民众及传播宗教神学方面发挥了重要作用。关于近现代乡村教师的作用,主要蕴藏在外国教育家的教育活动中,如巴泽多的泛爱学校,裴斯泰洛齐的贫儿学校,列宁和马卡连柯所实践的教育与生产相结合等,这些学校或教育教学方式对整个乡村社会的影响广泛而深远。其中比较有影响的如1768年裴斯泰洛齐购地开办"新庄"示范农场,创办了"新庄孤儿院",从事贫苦儿童的教育,训练他们未来生活不同时期赖以生活的才能。[②]由于该实验意义重大,使得它成为乡村教师职业作用的历史典范。

　　进入现代,以西方为主要代表的国外教育界对乡村教师的职业作用日益重视。例如1909年法国的主要教育杂志刊登了当时法国国民议会教育委员会委员和主席所写的《教育是民主主义的开路先锋》。文中提道:"共和国知道,每个村子里都有一个人,他与人民密切联系,具有公民的信心,享有既端庄又独立的地位,他的职业使他避免卷入当地一些琐碎的纠葛,却能通过儿童对家庭的影响和家庭对地方上的影响来发挥不可估量的作用。共和国在宣传工作上应当使教师成为国家的主要代言人,成为共和国观念的传播者,这是必然的,不可避免的。""在受托宣传团结精神、热爱自由、渴望正义、进步的愿望时,教师应当作为公民教育的官员履行自己的职责……"[③]这段文字的描述正是教师在民族精神的树立与宣传作用的体现。美国教授普里亚斯和杨(Earl V. Pullias,James D. Young)曾出版一本探讨教师及其教育活动的书——《A Teacher is Many Things》,书中用"引路人""教学者""榜样""探索者""使人现代化的人"等22种主要角色来描述教师的社会功能和责任。[④]有学者通过对南非文达共和国乡村地区因艾滋病而成为孤儿的孩子教育现状的研究,突出乡村教师的生活教育对孤儿学习者的影响,并从对教师的调查情况提出需要对指导学习者进行相关培训的建议。根据孤儿学习者独特的情感需求,建立相应的支持结构,以确保学习者在整

---

① 单中惠.西方教育问题史[M].北京:人民教育出版社,2011:78.

② 滕大春.外国教育通史(第三卷)[M].济南:山东教育出版社,1990:175-176.

③ [美]E.P.克伯雷.外国教育史料[M].任宝祥,任钟印主译.武汉:华中师范大学出版社,1991:678,681-682.

④ Earl V. Pullias, James D. Young. A Teacher is Many Things (second edition)[M]. Bloomington: Indiana University Press,1977.

个教育系统和整个社会中的全面成功。①

2.关于乡村教师的校外职业作用

乡村教师的作用还表现在对整个乡村社会的影响,但目前存在发挥乡村教师在乡村建设中的作用与不应扩大教师社会责任与功能的分歧。高慧珠和沈小碚在《陶行知乡村教师社会改造观及启示》中谈到早在20世纪二三十年代的乡村教育运动中,陶行知的乡村教师社会改造观就提出,乡村教师社会改造角色应定位于大众文化的促进者和独立性的民主促进者,乡村教师改造社会应通过宣传农业科技、弘扬先进文化、参与农村治理的途径来实现。②立足于乡村教师知识分子的身份,乡村教师可在改造乡村生活中发挥乡村价值引导、规范的守护、文明的引领、文化的弘扬、生活的帮助等作用。③就乡村教师的社会文化作用而言,学者的研究非常丰富,有学者指出,乡村教师应该重审自身的公共性质与文化责任,追求培养现代公民的教育目标与整合性文化价值取向,关注个体生命潜能与生活技能的教育内容,创新"知识—环境—反思"的教学方法,从而促进农民与农村经济社会和谐发展,最终从根本上体现农村教师之于农村的现代化意义与文化价值。④还有学者基于当前乡村教师与乡村社会脱离、乡村学生与乡村文化相疏离的实际,提出乡村教师要主动与村民互动,为村民服务,彻底改变自己在乡村生活中的原有"边缘人"形象,同时要充分利用自己在知识与文化传播中的影响力,抵制农村社会中的不良风气,引导村民健康的公共文化生活。⑤除了上述之外,乡村教师还在农业生产方面发挥作用,可以参与推广先进科学技术、普及艺体常识等农业生产活动。乡村教师的社会责任决定了乡村教师应与乡村经济社会保持紧密联结。察观现实,我们又不得不承认,和过去相比,现在乡村教育与地方社区的关系就发生了变化,乡村教师社会功能正在弱化,其与乡村的联系也逐渐减少。有学者就指出,农村教师社会责任的扩大将消解农村教师有限的教学精力,阻滞其专业化发展,并产生将负面效应转嫁到学生身上的后果。⑥正如有学者分析的,教师社会责任的"扩展"源于多种社会职能从其他社会角色转向教师,以及社会

---

① M.D.Magano, R.M.Rambado.The Role of Life Orientation Teachers in Addressing the Emotional Needs of Rural HIV/AIDS Orphaned Learners[J].Anthropologist,2012,14(5):401-413.

② 高慧珠,沈小碚.陶行知乡村教师社会改造观及启示[J].职业技术教育,2008,29(10):81-83.

③ 李长吉.农村教师:改造乡村生活的灵魂——兼论农村教师的知识分子身份[J].教师教育研究,2011,23(1):29-32,28.

④ 冯君莲,唐松林.现代农村教师的责任和追求[J].教师教育研究,2011,23(2):32-36,54.

⑤ 吴惠青,郭文杰.新农村建设中农村教师的文化责任[J].浙江社会科学,2016(2):150-154,160.

⑥ 吴虹雨,朱成科.教师不能承受之重——对农村教师社会责任扩大化的思考[J].教育科学研究,2012(8):36-40.

发展所产生的新的社会职能由教师承担。①乡村教师的校外职业作用随着乡村学校与乡村社区关系的亲疏而变化。

3.对已有研究成果的评价

从总体上看,关于乡村教师作用的研究并不多,其中以对民国乡村教育家教育思想、教育活动经验的借鉴与重释占主导,其次是围绕如何进行更好地乡村学校教育而对乡村教师作用进行的剖析,或是通过发挥乡村教师的作用从而促进农村新文化建设的研究。有为数不多的文献将乡村政治、经济、文化、生产等同乡村教师作用相结合,但都缺乏深度。也有人追忆民国乡村教育运动时期的乡村教育的种种奇迹,提倡按照当时的办法办教育。但教育方法可以借鉴,历史背景却是不可复制的,当时的乡村教育能够收获让现代人羡慕的成效,与它所处的时代背景密切相关。当下乡村教师的作用研究也要置于当今社会转型的大背景中,注重乡村教师、乡村教育及乡村社会发展三者间的联系,通过乡村大教育的整体视角进行挖掘。这不仅是乡村教师通过其内生力实现自我价值,改善社会地位现状的有效途径,更是乡村教育发展,乡村社会建设的关键所在。

同时,乡村教师作用研究存在以下不足:一是在乡村教师、乡村学校日渐"悬浮"于乡村社会的当下,将乡村教师作用囿于乡村学校内,缺乏整体和系统的思考,未能看到乡村教师之于整个乡村教育和乡村社会建设的作用;二是在乡村教师作用的研究中构想出乡村教师对于乡村的"应然"作用,但在乡村社会所需的乡村教师"实然"作用方面的研究仍是空白;三是乡村教师作用研究缺乏深度和可行性,乡村教师在乡村社会各项事务中的作用发挥,皆为研究者的理论建构,可行性不强。

(三)研究意义

在经济全球化、科学技术日新月异和文化多元发展的今天,需要有与之相适应的现代大教育观。这种教育观正是当下国家推行的"乡村振兴战略"及本研究中乡村教师职业作用的发挥所亟须的。"教师是国家大厦的基石,也是我们建设中国特色社会主义的关键力量。如果每一块基石都牢固,每一种力量都精彩,我们的国家必然更精彩。"②所以,站在新时代的历史高度,重新审视、研究乡村教师的职业作用,具有理论与实践的多方面意义。

第一,有助于丰富和发展乡村教师职业作用的理论认识。乡村教师在中国教育现代化以及乡村现代化进程中的地位特殊且重要。当下关于乡村教师的研究成果丰

---

① 项贤明.中国西部农村教师社会责任的功能性扩展[J].教育研究,2004(10):9-14.

② 乡村教师的肩上扛着整个国家[N].中国教师报,2015-09-16(01).

硕,但用乡村大教育观去审视乡村教师、乡村教育及乡村社会建设的研究甚是寥寥,却又不可或缺。本研究尝试从系统科学出发,立足于乡村大教育观及乡村建设实际,对当下乡村教师职业作用进行剖析,提供一种新视角、新思路去认识乡村教师这一群体的社会价值。如民国时期周庆浩在记录乡村教师生活时谈到"做乡村教师的岂是按钟点教几个儿童便算完事? 无疑的,在课外要负起教化村民,改造社会的责任,并且潮流也在督促着乡村教师担负着教育的基础、民众的导师的两大责任……除民众的夜班外,我每年是要定期开一次成绩展览会的,这在训育学生上固然能获得很大效果;在接触村民上也是很好的机会,可以趁此向有关的村民作有系统的谈话,使他们明了学校与家庭的关系,使他们渐知亲近学校……"[①]因此,本研究在吸取历史经验的基础上,重新梳理乡村教师的职业作用,希望借此丰富乡村教师职业作用的相关理论。

第二,有助于贡献乡村教师职业作用发挥的实践指导。民国时期的古楳先生曾提出:"为教书者,第一为传授智识,训练儿童。除教育儿童外,对于地方要行改进之事业,亦当负指导之责。乡村社会之风俗制度,鄙陋甚者多,改革民众陋习的任务也非教员莫属。"[②]因此,即使在步入信息化社会的今天,我们认为研究乡村教师的职业作用仍然具有多方面的意义。我们需要在借鉴前人乡村教育运动及乡村建设经验的基础上,深入挖掘当下乡村教师职业作用,激活乡村教师内生力,彰显乡村教师在乡村现代化建设中的价值,推进社会主义新农村建设。通过乡村教师职业作用的有效发挥来获得社会认同,缓解当下乡村教师社会认同较低,职业待遇不佳,教师幸福感不高的现状。增强乡村教师职业吸引力,吸纳更多优秀人才参与到乡村教育和乡村建设事业中。

二、概念界定与研究方法

(一)概念界定

1.职业、作用与职业作用

《马克思主义百科要览(下卷)》中将"职业"解释为"个人在社会中所从事的作为主要生活来源的工作……现代社会的收入、权力、声望、特权等大都植根于职业上,一旦获得某种职业,同时也就取得了相应的社会地位。除了职业所包含的工作技能外,

①周庆浩.乡村教师的生活[J].民众周刊(济南),1934, 6(36):2-9.
②古楳.乡村教师应负之使命及今后农村师范应行注意之点:附表[J].中华教育界,1927,16(10):1-10.

职业的基本要素还包括职业的社会评价(如声望)、职业资源(如收入)、权力、职业特权(如职业身份)和职业关系等等,它们都可以按照多少、大小、高低分为不同的等级"①。所以,人们通常认为,职业是劳动者为获得维持本人及家庭生活需要的费用,通过劳动发挥个人才能并为社会做贡献的连续活动的场所和工作;它一般具有经济性、稳定性和连续性、技术性、伦理性、社会性等特点。②

作用是指人或事物在一定外界环境与条件下,与他人或事物发生联系时,对他人或事物产生的影响。③人或事物要产生作用,须与外界环境的他人或事物发生联系,当然作用也是相互的;同时,人或事物的作用是会在对他人或事物产生影响时显示出来,具有外显性,是可以通过技术加以测量的。④事物作用的表现是多种多样的,如某事物对他事物的作用称为作用,他事物对某事物的作用则称为反作用;有利于事物发展的一事物对他事物的作用称为正作用,反之就称为负作用;一事物直接对他事物进行的作用称为直接作用,一事物通过中介事物对他事物进行的作用称为间接作用。

结合上述职业及作用的定义,所谓职业作用的定义即为劳动者在劳动中发挥个人才能并为社会做出贡献,其贡献与社会经济、政治、文化等诸多方面的事物发生联系时,对这些事物产生的影响与效果。职业作用按作用的方向可分为正职业作用与负职业作用,按作用的方式可分为直接职业作用与间接职业作用。职业在与各事物的联系中产生作用的同时,各事物又反作用于职业,影响着职业作用的发挥。当然,在主观上,人们往往是追求职业的正向作用,本文对职业作用的研究亦即主要探讨乡村教师的正向作用方面。

2.乡村教师职业作用

乡村教育是以乡村人口为教育对象并为乡村社会发展服务的教育。《支持计划》将乡村教师界定为"老少边穷岛等边远贫困地区,包括全国乡中心区、村庄学校的教师。"有学者对农村教师的概念做如下界定:农村教师是以农村人口为教育对象并为农村经济社会发展服务的教育工作者;农村教师生活在广大的县以下的乡镇和村落学校。⑤本研究沿用这一说法。

教师职业是为国家和社会一定的标准和需求服务的,其作用范围并不局限于学校内。结合上述乡村教师和职业作用的定义,本研究中乡村教师职业作用特指在我

---

① 廖盖隆,孙连成,陈有进等.马克思主义百科要览(上、下卷)[Z].北京:人民日报出版社,1993:1631.

② 王益英.中华法学大辞典·劳动法学卷[Z].北京:中国检察出版社,1997:400.

③ 中国社会科学院语言研究所词典编辑室.现代汉语词典(第5版)[Z].北京:商务印书馆,2005:1827.

④ 陶西平.教育评价辞典[Z].北京:北京师范大学出版社,1998:76-77.

⑤ 唐松林.中国农村教师发展研究[M].杭州:浙江大学出版社,2005:5.

国中西部偏远地区(行政区划为乡镇一级及其以下)学校里,按照一定乡村社会建设需求和标准,对乡村人口进行科学文化知识传授及社会建设人才的培养,且具备较强专业性的职业,这种职业与乡村社会的教育、政治、文化、农业生产等事物发生联系时,对这些事物所产生直接或间接的正向作用。其内容包括提高乡村学校教育质量,建设乡村文化,完善乡村治理,提高农业生产力等方面。其按作用对象又可分为教师对学生的作用,对学校的作用,对社区居民的作用。

在乡村教师职业作用的外延上,依据乡村振兴战略上"把乡村振兴作为全党的共同意志、共同行动"①的要求,站在社会教育化、教育社会化的现代大教育观立场,根据乡村教师职业作用发挥的对象,本研究把乡村教师的职业作用划分为:①对乡村学校的作用——包括促进学生成长、促进学校发展;②对乡村社会的作用——包括对乡村文化建设、乡村治理工作、乡村经济发展、社群关系建设。后文调查问卷的结构设计也是对应于此。

(二)理论基础

《支持计划》提出建设一支"下得去""留得住""教得好"的乡村教师队伍的目标。本研究以"教得好"为核心,重新全面思考乡村教师建设的职业作用。因此,我们需要理解有关支撑乡村教师职业作用发挥的理论。

1.教育功能理论

教育功能是教育学中的一个基本理论问题,它主要回答"教育的作用"等问题。教育功能是教育活动、教育系统对个体和社会所产生的各种实际的作用和影响。教育功能从作用的对象看,有个体功能和社会功能。其中,个体功能是教育对个体发展的影响和作用;社会功能是教育对社会发展的影响和作用,它是由教育个体功能所衍生的,属于教育衍生功能或派生功能。教育功能从作用方向看可能是正向的、促进的,也可能是负向的、阻碍的,或者是无效的;从作用的呈现形式上看可能是显性的,也可能是隐性的。②关于教育功能的研究,中国古代以孔子、孟子、荀子、墨子、董仲舒、朱熹等为代表的多数教育家和思想家较为注重研究教育的政治功能、文化功能和促进人发展的功能,而轻视研究教育的经济功能和其他功能。在论及教育促进人发展的功能时,比较强调教育在形成一个人道德伦理观念方面的作用,而忽视教育在促进人的智能发展、身体发展等方面的作用。而古代西方柏拉图、亚里士多德、拉伯雷、莫尔、夸美纽斯等人关于教育功能的论述都侧重于教育的政治功能,忽视教育的经济

---

① 中共中央,国务院.乡村振兴战略规划(2018—2022年)[S].2018.

② 全国十二所重点师范大学联合编写.教育学基础[M].北京:教育科学出版社,2008:30.

功能。强调人的身心和谐发展的自然性。但西方古代的教育功能思想曾发生过大的变换,大体经历了肯定—否定—否定之否定的复杂历程。按照历史唯物主义的观点来看,古希腊、古罗马的思想家关于教育功能的思想是非常丰富且精彩的。但到了中世纪,古希腊、古罗马时代关于教育功能的许多优秀思想被教会的狭隘、愚昧、粗浅的思想所荼毒。近代关于教育功能研究的代表人有洛克、卢梭、第斯多惠、欧文、乌申斯基、斯宾塞等,这一时期教育家们关于教育功能的论述具有十分鲜明的反封建性,从重视教育使人自我完善的功能逐渐转向重视教育的实用功能,一些崭新的教育功能思想虽初见端倪,但也仍然保留着鲜明的阶级性,且普遍夸大教育的社会作用。马克思、恩格斯对教育功能思想作出了重大贡献,他们用历史唯物主义的观点、科学地解释了教育社会功能形成和发展的历史条件及现实可能;同时运用辩证唯物主义的科学方法,科学地解决了人的发展与环境、教育的关系;他们注重教育的社会作用,但又不盲目夸大教育的作用,并且科学地揭示了教育在促进人的全面发展方面的历史作用。永恒主义认为教育最大的价值在于探索和传播真理,学校教育的功能就是发展学生理智,教育的功能不是仿效生活,而是为了生活做准备。要素主义主张教育最主要的功能是向学生传递文化要素。实用主义关于教育功能的思想可以概括为:教育一个重要的作用在于使学生经验得以改造、变化和重组,帮助学生掌握解决问题的方向和方法;教育的真正价值也并非为今后的生活做准备,而在于其本身就是生活;学校的重要职能之一是简化、精炼和平衡文化遗产。进步主义主张教育功能在于适应儿童的成长,重视教育在提供间接经验、引起兴趣和帮助学生掌握实际解决问题技能、儿童创造力、合作精神培养等方面的价值。改造主义宣称教育最主要的功能就是改造社会以解决当代文化危机。①另外,威廉·佩第、亚当·斯密、大卫·李嘉图等经济学家对教育的经济功能做了大量研究。当代社会学家也从和谐理论学派、冲突理论等视角出发对教育功能进行了系列研究。当代教育功能研究经历了粗略描绘到精细深描、从单一功能到多样功能、从对立思维到共生思维、从正向功能到负向功能、从静态分析到动态分析的研究历程,并呈现出多方位、多层次的特征,其研究领域已扩展到政治、经济、文化、人口、环境、种族、社会阶层、社会流动、人的发展等多个领域。②

2.系统科学理论

系统科学是研究系统的基础科学,是与自然科学和社会科学、思维科学等并列的一大科学门类,是包括了系统工程、系统技术科学与系统学三大内容的一个总的名

---

① 傅维利.教育功能论[M].沈阳:辽宁教育出版社,1990:86-93.
② 冯建军.教育基本理论研究20年(1990—2010)[M].福州:福建教育出版社,2012:259-312.

称。钱学森先生指出："系统科学是并列于自然科学和社会科学的,是基础科学。"[①]系统科学把对象作为一个复杂系统来进行专门研究,并揭示复杂系统运动的一般规律,进而研究应用它的原理和方法去解决实际问题的科学。系统论是它的基础理论,处于系统科学的最高层次。系统论是从系统的观点出发,抓住整体与部分、部分与部分、整体与外部环境之间的相互联系、相互制约、相互作用的关系,综合地考察对象,以达到问题最优处理的学说。美籍奥地利生物学家贝塔朗菲(L.V.Bertalanfy)于1947年发表《一般系统论》,以系统与环境之间物质、能量、信息交流程度的不同,把系统分为四类:一是孤立系统,即相对来说没有物质、能量、信息交换的系统,这是一种理想化的状态,现实中几乎不存在;二是闭合系统,即有能量、信息交换的系统,如电力系统;三是开放系统,即有物质、能量和信息交换的系统,如生产系统;四是耗散结构系统,它与外界不断进行物质、能量和信息的交换,使这种开放系统在远离平衡状态的非线性区,因涨落形成有序宏观结构达到自组织状态,如生命系统。[②]

系统论的研究内容主要包括:①系统的基本理论、基本应用范围和发展规律,包括对系统的科学含义、特点、结构、功能、熵、随机性以及如何运用数学语言描述各种不同系统的理论研究;②系统分析技术和方法论,包括系统工程、系统管理、数学模型和运筹学,以及规划论、博弈论、排队论、库存论、决策论、搜索论、可靠性理论与方法等的应用;③系统哲学,主要从认识论和逻辑综合角度,研究世界整体的科学理论形态,包括人和系统的关系,人在系统中的地位、作用等;④系统论和马克思主义认识论、唯物辩证法的关系;⑤系统论在社会和经济发展中的地位和作用等。系统论是现代工业、农业、军事和科学技术迅速发展的结果。随着经济、科技和社会的进步,出现了一系列涉及系统整体的问题,这些问题只有从系统论观点出发,用系统分析方法加以解决。系统论虽然创立不久,但已显示出越来越强的生命力。目前,"系统""系统性""系统方法""系统分析"等已经渗透到各门学科中。系统论的提出对传统的教育观念产生重大的冲突和影响,形成新的教育观念——大教育观。

3.现代大教育观

在经济全球化、科学技术日新月异和文化多元发展的背景下,"终身教育""成人教育"等概念的提出标志着"大教育观"的真正诞生。我国学者查有梁指出大教育应是一个多样的、开放的、综合的大系统。大教育观的特点是坚持教育应当:时间长、空

① 顾吉环,李明,涂元季.钱学森文集(卷2)[M].北京:国防工业出版社,2012:290.

② 廖盖隆,孙连成,陈有进等.马克思主义百科要览(上、下卷)[Z].北京:人民日报出版社,1993:3046.

间广、效率高、质量好、内容多。①时间长强调实行终身教育,并非局限于校园围墙内的教育;空间广强调发展各类教育,而非仅限于学校正规、正式的教育;效率高强调实行智能教育,而非当下以分数为目的和尺度的应试教育;质量好强调实行未来教育,而非学校教育与社会需求脱节、多数毕业生"毕业即失业"的窘迫的教育情况;内容多强调发展博才教育的观点,即培养出社会发展所需要的各种类型的广博人才。查先生通过分析教育与科学技术的关系,得出教育发达与科学兴旺是一致的,且教育发达超前于科学兴旺的结论。发展教育直接影响科学发展,科学发展直接影响生产发展。教育能产生重大的经济效益,且对社会政治、科技、文化的发展有着重要影响。故教育不应当仅仅局限于学校教育。工厂、农村、企业、事业等单位,都应当有计划地把一部分人力物力投入干部教育、职工教育,管理教育、思想教育等,以适应现代社会发展的需要。大生产观、大经济观、大科学观必然要求人们树立大教育观。大教育观并非认为教育大于一切、高于一切。大教育观认为应当正确认识教育在社会大系统中的作用和地位,充分发挥教育的社会功能,促进社会主义物质文明和精神文明的建设与发展。这种教育观正是当下国家推行"乡村振兴战略"及本研究探索乡村教师职业作用的发挥所亟须的。

(三)研究方法

本研究以重庆、四川、湖南、贵州四个省市辖区范围内,地处武陵山区及秦巴山区的部分区县,且行政区划在乡(镇)及其以下地区的乡村教师为研究对象,研究主要问题是:当下中国乡村教师职业作用内容是什么? 如何有效发挥乡村教师职业作用? 研究难点在于将梁漱溟先生的乡村建设理论融入对当代乡村教师职业作用的探讨中,构建合理的分析框架,以系统论的话语去解释和反思乡村教师应有的真实且丰富的职业作用。

1.文献法

本研究利用信息网络、期刊、专门著作等途径,系统地查阅了有关乡村教育、乡村教师、职业作用的文献,通过研读、分析文献,了解了中外各个历史发展阶段的文教政策、乡村教育实施、乡村教育制度的发展演变,以及教育家的乡村教育实践活动等资料,客观分析乡村教育史实中乡村教师职业作用流变特点,及不同历史时期乡村教师职业作用的异同。以此为基础,反观当下乡村教师在乡土社会里所扮演的角色,对其职业作用的潜能进行深入挖掘。

---

① 查有梁.系统科学与教育[M].北京:人民教育出版社,1993:83.

2.调查法

在充分查阅文献的基础上,参考前人所做研究中的相关问卷,认识到教育在政治、经济、文化及个人发展等多方面功能的凸显,我们以乡土社会里的学校教育、社群关系、乡村治理、农业生产、文化建设作维度,进行问卷编制。在调查问卷中,把乡村教师的职业作用划分为两大方面、六个要素:对乡村学校的作用——包括促进学生成长、促进学校发展;对乡村社会的作用——包括对乡村文化建设、乡村治理工作、乡村经济发展、社群关系建设的作用。为了保证问卷的科学性,课题组首先在重庆北碚区周边的乡村学校进行试测,然后对问卷进行了修改,以确保问卷的信效度,然后再在重庆市、四川省、贵州省、湖南省等省市所属辖区的贫困区县进行较大规模的问卷调查。

3.访谈法

为了掌握运用调查问卷中封闭式问项难以了解的具体情况,本研究还采用结构性访谈与非结构性访谈相结合的方式,对调研区域乡村学校的学生、乡村教师、社区普通民众、社区村干部等相关人员进行访谈,访谈围绕乡村学校教育教学工作,乡村学校与社群的关系,乡村教师参与乡村的社区治理、农业生产、文化建设等维度展开。访谈目的是了解乡村教师职业作用的现状及乡村民众、乡村社会对教师职业作用的实际需求。访谈资料将以音频、视频、图片和访谈日记的形式进行整理并保存,通过筛选整理合适信息放入文章中,作为讨论的事实依据。

三、调查工具与调查对象

(一)调查工具

1.问卷的设计

本研究以乡村教师在乡村学校内及乡土社会各项事务中所发挥的作用类别作为维度编制问卷。问卷由四个部分组成。第一部分是乡村教师的个人基本情况,涉及诸如性别、年龄、教龄、民族、学历、职称、婚姻、工资水平、执教地区、教学科目、任教学校类型等变量。第二部分按照乡村教师在学校内和乡土社会中所发挥的作用两个维度分六个指标,涉及校内学生教育和学校发展,以及对乡村社区文化、治理、生产、社群关系的作用。第三部分涉及乡村教师作用发挥的意愿及能力的调查。第四部分涉及影响乡村教师作用发挥的原因。此外还设计了一些开放性的访谈题目,以期通过交流来了解乡村教师们真切的心声。

在数据的录入与整理上,本研究使用SPSS22.0将问卷第一部分个人信息部分的单选题答案选项"1、2、3、4、5……"分别按照"1、2、3、4、5……"进行录入。问卷中的多项选择题答案选项"1、2、3、4、5……"分别按照"1表示选择"和"0表示未选择"的编码进行录入。将问卷第三部分的量表中"完全不同意、比较不同意、不确定、比较同意、完全同意"的选项分别按"1、2、3、4、5"的形式进行编码录入。

2.问卷的信效度

本研究在问卷设计后进行了试测,对所收集到的102份问卷进行信度和效度分析。首先对问卷第三部分进行信度估计。社会科学中有关类似李克特式量表的信度估计多采用克隆巴赫α系数,且一份理想的量表,其α系数至少要在0.800以上。[①]经SPSS22.0操作,我们得出克隆巴赫α系数为0.895,这说明本研究问卷具有较好的信度。本研究通过SPSS22.0对问卷进行因素分析来完成问卷效度估计。KMO是Kaiser-Meyer-Olkin的取样适当性量数,KMO值越大,表明变量间因素越多,越适合进行因素分析,根据学者Kaiser(1974)观点,如果KMO值小于0.5时较不宜进行因素分析。[②]经分析得出本研究问卷KMO值为0.789,表明问卷具有较高结构效度。结合问卷的信度和效度分析结果,我们决定删除量表题中的C15题,再进行信度和效度分析,问卷克隆巴赫α系数为0.900,KMO值上升为0.792。

(二)调查对象

本研究以武陵山区和秦巴山区的部分区县的乡村教师为调查对象,调查内容包括乡村教师基本情况、乡村教师作用现状及影响其作用发挥的因素。在重庆、四川、湖南、贵州四个省市的11个市县进行实地问卷访谈调查,共发放问卷400份,回收379份,回收率为94.75%,其中有效问卷为332份,有效率为87.6%,符合统计处理的有效原则。按照调研方案,课题组先后在四川省平昌县、宣汉县、万源市,湖南省永顺县、凤凰县、贵州省松桃县和印江县,重庆市彭水县、奉节县、城口县等县下的乡村学校进行调研、发放问卷,对调查结果进行统计,得到了调查对象的基本情况(见表5-1)。

---

① 吴明隆.问卷统计分析实务——SPSS操作与运用[M].重庆:重庆大学出版社,2010:185.

② 吴明隆.SPSS统计应用实务[M].北京:中国铁道出版社,2000:36.

表5-1 调查对象样本的基本情况

变量	分类	N	有效百分比	缺失值
省市地区	四川	130	39.16	0
	湖南	60	18.07	
	贵州	85	25.60	
	重庆	57	17.17	
性别	男	127	38.25	0
	女	205	61.75	
民族	汉族	184	55.42	16
	少数民族	132	39.76	
政治面貌	中共党员	64	19.28	0
	共青团员	73	21.99	
	群众	195	58.73	
教龄	5年及以下	128	38.55	5
	6~10年	40	12.05	
	11~15年	34	10.24	
	16~20年	45	13.55	
	21年及以上	80	24.10	
最高学历	初中	2	0.60	0
	高中	1	0.30	
	中专(职高、技校)	10	3.01	
	大专	127	38.25	
	本科	192	57.83	
学校类型	九年一贯制学校	101	30.42	0
	中心校	192	57.83	
	乡村小学	36	10.84	
	教学点	2	0.60	
	其他	1	0.30	
月平均工资(包括五险一金及奖励工资)	3000元及以下	43	12.95	4
	3001~4000元	162	48.80	
	4001~5000元	89	26.81	
	5001~6000元	28	8.43	
	6001元及以上	6	1.81	

　　观察上述统计表格,可以解读出一些重要的信息:其一,从性别角度看,所调查乡村学校里男教师占38.25%、女教师占61.75%。说明乡村学校里女教师多、男教师少,存在男、女教师比例不平衡的问题。其二,从乡村学校教师的民族构成上看,汉族教师占55.42%、少数民族教师占39.76%,说明在相对贫困地区的乡村学校里,少数民族教师发挥了重要作用。其三,从教龄结构上看,工作5年及以下、21年及以上的乡村教师所占比例较多,分别占38.55%、24.10%,其他教龄阶段相对较少,说明目前乡村学校教师队伍的年轻化和老龄化并存,其中值得忧虑的是年轻教师未来可能流失的问题。其四,从学历层次上看,专科和本科分别占38.25%、57.83%,其他学历较低的教师占比较少,这说明当前乡村学校教师的学历层次较高,达到了基本要求。其五,从工资水平看,75%以上乡村教师的工资在3000~5000元之间,高于5000元、低于3000元各占10%左右。

四、数据统计及结论分析

(一)职业作用发挥的总体统计

　　本研究问卷中乡村教师作用现状部分采用李克特式五点量表法,3为中等水平值,介于"比较同意"和"比较不同意"之间。通过对乡村教师在乡村学校内的促进学生成长和学校发展,在校外的参与乡村文化建设、乡村社区治理、乡村经济发展和社群关系建设等六个指标进行得分均值计算,获得结果(见表5-2)。

表5-2　职业作用总体及各维度均值

作用范围	作用对象	N	均值	标准差	均值的标准误
A.乡村学校	A1.学生成长	332	4.6092	0.52283	0.02869
	A2.学校发展	332	3.5648	1.00637	0.05523
B.乡土社会	B1.乡村文化	332	3.6827	0.98686	0.05416
	B2.乡村治理	332	3.4197	1.02105	0.05604
	B3.乡村经济	332	3.2078	1.03998	0.05708
	B4.社群关系	332	4.3524	0.51689	0.02837
总　计			3.8061		

　　观察表5-2发现:乡村教师职业作用发挥的六个维度的均值分别是4.6092、3.5648、3.6827、3.4197、3.2078、4.3524,其总体均值为3.8061。这说明目前乡村教师的职业作用发挥参与中等(3.0)偏上的较好、接近比较好(4.0)的状态,属于较为合格的

水平。

进一步解读还能发现,乡村教师职业作用发挥存在的内部差异:对学生成长所发挥的作用的均值最高,为4.6092;在社群关系中所发挥作用的均值为4.3524,居于其次;对乡村文化建设所发挥作用的均值为3.6827,对乡村经济所发挥作用的均值最低,为3.2078。由此可见,乡村教师主要在乡村学生的教育发展、对和谐乡村社群关系建设两个方面发挥了重要作用。此外,对促进学校发展和完善乡村治理的作用一般、对乡村经济作用较低,这些都可以接受。但是,作为文化传承者的乡村教师对乡村文化建设的作用发挥一般则是值得深思的。

(二)职业作用发挥的内部差异

乡村教师在乡村学校内的促进学生成长和学校发展,在校外的参与乡村文化建设、乡村社区治理、乡村经济发展和社群关系建设等方面职业作用的具体内容又是较为丰富多样的,为了进一步认识乡村教师在这些具体工作层面的职业作用发挥情况,有必要进一步做职业作用发挥的内部分析。

1.校内职业作用的发挥

(1)促进学生成长

我们把乡村教师对学生成长所发挥的作用具体化为"认知能力、道德品质、身心健康、终身发展"四个维度。通过对相关数据的统计分析,得到了乡村教师对学生成长四个维度作用发挥的状况(见表5-3)。

表5-3 促进学生成长的均值分析

	N	均值	标准差	均值的标准误
A1-1.学校教育有助于学生认知能力的提升	332	4.63	0.610	0.033
A1-2.学校教育能塑造学生良好的公民道德	332	4.53	0.722	0.040
A1-3.教师会对学生进行心理辅导,以促进其身心健康发展	332	4.67	0.607	0.033
A1-4.学校教育能让学生受益终身	332	4.61	0.689	0.038
总　计		4.61		

解读表5-3发现:乡村教师促进学生成长的职业作用均值为4.61,处于中等偏上、接近优秀的良好状态。其中,在有助于学生认知能力的提升、塑造学生良好的公民道德、促进其身心健康发展、让学生受益终身上的均值分别为4.63、4.53、4.67、4.61,均处于"完全同意"和"比较同意"之间。这表明乡村教师在学生成长过程中的确发挥了重要作用。后来的访谈中也感受到乡村教师们对乡村孩子来说,不仅是教书育人的教

师,还充当了众多的留守儿童的"父母"。这也印证了乡村教师对学生成长的职业作用。

(2)推动学校发展

我们把乡村教师推动乡村学校发展的作用划分为学校硬件发展和软件发展两个方面。其中,硬件发展即学校各项硬件设施规划建设,软件发展即学校整体规划、校园文化设计以及教育教学资源的开发。通过对相关数据的统计分析,获得了乡村教师对推动乡村学校发展的职业作用结果(见表5-4)。

表5-4　推动学校发展的均值分析

	N	均值	标准差	均值的标准误
A2-1.我曾为优化学校规划、发展和治理提供咨询和建议	332	3.88	1.024	0.056
A2-2.我参与过教材、课程、教法等教育资源的开发	332	3.26	1.333	0.073
A2-3.我参与过学校图书馆、展览厅、实验室等教育服务设施的规划建设	332	3.33	1.366	0.075
A2-4.我曾为打造特色校园文化建言献策	332	3.79	1.264	0.069
总　　计		3.57		

由表5-4可知:乡村教师推动乡村学校发展的均值为3.57,处于中等合格水平。其中,在学校总体规划、参与教育教学资源开发、参与学校硬件设施规划建设、参与校园文化设计中所发挥作用的均值分别为3.88、3.26、3.33、3.79,四个维度均值在"不确定"和"比较同意"之间。其中参与学校硬件设施规划建设和参与教育教学资源这两个维度的均值更接近"不确定"选项分值。这表明所调查区域的乡村教师在校园文化设计和学校总体规划建设中所发挥的作用较为显著,在教育教学资源开发和学校硬件设施规划建设中的作用并不明显。乡村教师们没能在教育教学资源开发中发挥相应的作用。

2.校外职业作用的发挥

(1)建设乡村文化

我们把乡村教师建设乡村文化的职业作用划分为传承、挖掘与保护乡土文化,参与农家书屋、乡村少年宫、流动博物馆等建设,组织或参与社区文化活动三个维度,通过对相关数据的统计分析,获得了乡村教师参与乡村文化建设的职业作用情况(见表5-5)。

表5-5 建设乡村文化的均值分析

	N	均值	标准差	均值的标准误
B1-1.在乡土文化的传承、挖掘与保护中,教师作用显著	332	4.19	0.966	0.053
B1-2.我参与过农家书屋、乡村少年宫、流动博物馆等乡村文化设施的建设与管理	332	3.20	1.405	0.077
B1-3.我组织或参与过执教所在社区的文化活动	332	3.66	1.292	0.071
总　计		3.68		

由表5-5可知,乡村教师在建设乡村文化上职业作用的均值为3.68,处于中等合格状态,表明乡村教师在乡村文化活动和文化设施建设方面的作用发挥不明显。其中,在传承、挖掘与保护乡土文化,参与农家书屋、乡村少年宫、流动博物馆等建设,组织或参与社区文化活动的均值分别为4.19、3.20、3.66,因此,总体而言,调查地区的乡村教师对当地乡土文化的传承与保护方面发挥了重要作用,但其作用范围仍很狭小,在文化活动及文化设施建设中的作用有待激发。访谈中,一些乡村教师也表示:"尽管乡村学校也组织了诸如清明扫墓、社区清洁、六一儿童节联欢会、文明礼仪养成月、交通及卫生常识普及月等活动,但社区居民参与率较低,基本上是我们学校自我娱乐的文化宣传表演,对周围社区民众影响可能不大。"

(2)参与乡村治理

我们把乡村教师参与乡村治理的职业作用划分为参与社区治理、村委会决策中提供咨询或参考、宣传引导社区事务三个方面。通过对相关数据的统计,获得了乡村教师参与乡村治理的职业作用情况(见表5-6)。

表5-6 参与乡村治理的均值分析

	N	均值	标准差	均值的标准误
B2-1.我有参与社区治理(包括社区选举、社区管理、社区纠纷调解等)的经历	332	3.26	1.377	0.076
B2-2.村委会在相关决策过程中会咨询或参考教师意见	332	3.10	1.324	0.073
B2-3.教师在社区事务中能起到宣传引导作用	332	3.90	1.107	0.061
总　计		3.42		

由表5-6可知,乡村教师参与乡村治理的职业作用均值为3.42,处于中等合格状态。其中,参与社区治理、村委会在相关决策中提供咨询或参考、宣传引导社区事务的均值分别为3.26、3.10、3.90,均值都处于"不确定"和"比较同意"之间,除其中的宣

传引导社区事务均值相对较高一点外,其他都偏低。这说明乡村教师的职业作用在乡村社区的治理中没有发挥多少作用。访谈中的大部分老师反映"通过对学生文明礼仪养成及交通卫生常识的普及后,学生把这些影响带回家,间接地影响社区文明,同时教师也会配合村委会的工作,开展诸如禁毒、禁赌、讲究清洁卫生等工作",但认为都是短暂性的,形式化的。

(3)助推乡村经济

我们把乡村教师助推乡村经济发展的职业作用划分为向社区民众推广新的农业生产技术、参与开发新型农业生产经营方式、参与拓展农产品销售市场三个方面。通过对相关数据的统计分析,获得了乡村教师助推乡村社区经济发展的职业作用情况(见表5-7)。

表5-7 助推乡村经济发展的均值分析

	N	均值	标准差	均值的标准误
B3-1.教师能向社区民众推广农业生产种植、养殖新技术	332	3.25	1.174	0.064
B3-2.我能协调并组织社区民众参与电子商务、打造观光农业、开发生态旅游等方面的培训	332	3.18	1.187	0.065
B3-3.我会与社区民众讨论市场行情,为打开农产品销路给出建议	332	3.20	1.217	0.067
总 计		3.21		

由表5-7可知,乡村教师助推乡村经济发展的职业作用均值为3.21,处于中等水平状态,这表明乡村教师参与乡村经济发展的职业作用发挥不甚显著。其中,在向社区民众推广新的农业生产技术、参与开发新型农业生产经营方式、参与拓展农产品销售市场三个方面的均值分别是3.25、3.18、3.20,三个维度均值都接近"不确定"选项的分值3,具体地说明了所调查区域当下乡村教师之于乡村经济发展的作用不明显。在贵州省一个乡村学校访谈时,一位老年教师谈道:"之前我们下课了还会去种地;同时出于自身需要,也会学习一些种植技术,也跟其他有经验的农民讨论,现在这种情况基本上都没有了……"

(4)和谐社群关系

我们把乡村教师在社群关系建设上的职业作用划分为学校同事间的默契、对学校领导的佩服、与学生的关系、密切联系学生家长、社区居民对我们的理解和支持、村干部对我们工作的支持六个方面。通过对相关数据的统计,我们获得乡村教师在社群关系建设上的职业作用情况(见表5-8)。

表5-8 和谐社群关系的均值分析

	N	均值	标准差	均值的标准误
B4-1.学校同事间有较高的默契度	332	4.37	0.724	0.040
B4-2.校领导深受教师们的拥戴	332	4.27	0.851	0.047
B4-3.我与学生们相处融洽	332	4.71	0.527	0.029
B4-4.我每学期都到学生家做家访	332	4.48	0.860	0.047
B4-5.社区居民理解并配合我的工作	332	4.06	0.956	0.052
B4-6.村干部等人员支持我的工作	332	4.22	0.874	0.048
总　计		4.35		

由表5-8可知,乡村教师在社群关系建设的职业作用均值为4.35,处于较高的水平状态,这表明目前乡村教师在社区的社群关系建设发挥了较好的职业作用。其中,学校同事间的默契、对学校领导的佩服、与学生的关系、密切联系学生家长、社区居民对我们的理解和支持、村干部对我们工作的支持的均值分别为4.37、4.27、4.71、4.48、4.06、4.22,均处于较高水平状态,其中特别是与学生的关系上接近非常满意的水平,说明乡村教师在师生关系上的职业作用发挥较为理想。在访谈中,巴中市一所村小的老教师表示:虽然我们老师的活动范围很小,但在乡村这个小范围还是"小有名气的"! 学校里就这几个人,大家彼此熟悉、相互帮衬;虽然与周围居民、乡干部直接接触不多,但彼此还是很了解的,遇有急事还是会出手帮忙的。

(三)职业作用的人口学统计

1.基于性别的统计

为了掌握男、女不同性别乡村教师在职业作用发挥上是否存在差异,以性别为自变量,对男女乡村教师职业作用发挥情况做了差异性的统计(见表5-9)。

表5-9 不同性别的乡村教师职业作用的差异性分析

		平方和	df	均方	F	显著性
C1.促进学生成长	组之间	0.893	1	0.893	3.288	0.071
	组内	89.587	330	0.271		
	总计	90.479	331			
C2.推动学校发展	组之间	13.491	1	13.491	13.837	0.000
	组内	321.742	330	0.975		
	总计	335.233	331			

		平方和	df	均方	F	显著性
C3.乡村文化建设	组之间	9.733	1	9.733	10.274	0.001
	组内	312.626	330	0.947		
	总计	322.359	331			
C4.参与乡村治理	组之间	6.191	1	6.191	6.029	0.015
	组内	338.889	330	1.027		
	总计	345.080	331			
C5.助推乡村经济	组之间	5.241	1	5.241	4.903	0.028
	组内	352.752	330	1.069		
	总计	357.993	331			
C6.和谐社群关系	组之间	0.148	1	0.148	0.554	0.457
	组内	88.286	330	0.268		
	总计	88.435	331			

解读表5-9发现,在性别方面,乡村男女教师对于学生成长上的作用($F=3.288$, $p=0.071 > 0.05$)、对于社群关系的作用($F=0.554$, $p=0.457 > 0.05$)并不存在显著差异;而在对于学校发展的作用($F=13.837$, $p=0 < 0.05$)、对于乡村文化的作用($F=10.274$, $p=0.001 < 0.05$)、对于乡村治理的作用($F=6.029$, $p=0.015 < 0.05$)、对于乡村经济的作用($F=4.903$, $p=0.028 < 0.05$)这四个方面存在显著差异。

为了进一步掌握男女乡村教师职业作用发挥差异的具体表现,我们再做了职业作用发挥各维度的男女性别差异统计(见表5-10)。

表5-10　不同性别乡村教师职业作用发挥的均值分析

		N	均值	标准差
D1.推动学校发展	男	127	3.8209	0.96511
	女	205	3.4061	1.00093
	总计	332	3.5648	1.00637
D2.乡村文化建设	男	127	3.9003	1.03579
	女	205	3.5480	0.93265
	总计	332	3.6827	0.98686
D3.参与乡村治理	男	127	3.5932	1.01481
	女	205	3.3122	1.01250
	总计	332	3.4197	1.02105

续表

		N	均值	标准差
D4.助推乡村经济	男	127	3.3675	1.05813
	女	205	3.1089	1.01864
	总计	332	3.2078	1.03998

如表5-10显示：其一，在推动乡村学校发展上，男、女教师的平均值分别为3.8209、3.4061，这表明乡村男教师在学校发展上所发挥的作用大于乡村女教师，且男教师在数据的一致性方面也高于女教师。其二，在乡村文化建设上，男、女教师的平均值分别为3.9003、3.5480，这表明乡村男教师在乡村文化建设上所发挥的作用大于乡村女教师。其三，在参与乡村治理上，男、女教师的平均值分别为3.5932、3.3122，这表明乡村男教师在参与乡村治理上所发挥的作用大于乡村女教师。其四，在助推乡村经济发展上，男、女教师的平均值分别为3.3675、3.1089，这表明乡村男教师在发展乡村经济上所发挥的作用大于乡村女教师。因此，可以从总体上说，乡村男教师的职业作用在各个方面均大于乡村女教师。

当然，从这种乡村学校男教师职业作用各个方面普遍高于乡村女教师的结果上，我们看到了男教师的特殊作用、做出的贡献；但是男教师既难以招聘，又容易流失。这是乡村学校教师队伍建设存在的重大隐患。

2.基于民族的统计

为了掌握汉族教师、少数民族教师在乡村学校内外的职业作用发挥上是否存在差异，我们以民族为自变量，对乡村教师职业作用发挥情况进行方差分析，分析结果（见表5-11）。

表5-11 不同民族乡村教师职业作用的差异性分析

		平方和	df	均方	F	显著性
E1.促进学生成长	组之间	0.009	1	0.009	0.032	0.857
	组内	84.134	314	0.268		
	总计	84.143	315			
E2.推动学校发展	组之间	6.037	1	6.037	6.062	0.014
	组内	312.728	314	0.996		
	总计	318.765	315			
E3.乡村文化建设	组之间	13.460	1	13.460	14.570	0.000
	组内	290.083	314	0.924		
	总计	303.543	315			

		平方和	df	均方	F	显著性
E4.参与乡村治理	组之间	9.838	1	9.838	10.104	0.002
	组内	305.733	314	0.974		
	总计	315.571	315			
E5.助推乡村经济	组之间	24.545	1	24.545	24.308	0.000
	组内	317.068	314	1.010		
	总计	341.613	315			
E6.和谐社群关系	组之间	0.644	1	0.644	2.431	0.120
	组内	83.177	314	0.265		
	总计	83.821	315			

如表5-11所示:从民族成分来看,所调查区域不同民族的乡村教师各类职业作用发挥情况具有一定差异,乡村教师对于促进学生成长的作用($F=0.032, p=0.857 > 0.05$)、对于和谐社群关系的作用($F=2.431, p=0.120 > 0.05$)不具有显著性。而乡村教师对于推动乡村学校发展的作用($F=6.062, p=0.014 < 0.05$)、对于乡村文化建设的作用($F=14.570, p=0.000 < 0.05$)、对于参与乡村治理的作用($F=10.104, p=0.002 < 0.05$)、对于助推乡村经济发展的作用($F=24.308, p=0.000 < 0.05$)具有显著差异。

为了进一步掌握不同民族乡村教师职业作用发挥差异的具体表现,我们再做了职业作用发挥各维度的民族差异统计(见表5-12)。

表5-12　不同民族成分的乡村教师职业作用的均值分析

		N	均值	标准差
F1.推动学校发展	汉族	184	3.4470	0.99807
	少数民族	132	3.7273	0.99783
	总计	316	3.5641	1.00596
F2.乡村文化建设	汉族	184	3.4982	1.00575
	少数民族	132	3.9167	0.89516
	总计	316	3.6730	0.98165
F3.参与乡村治理	汉族	184	3.2736	1.00245
	少数民族	132	3.6313	0.96438
	总计	316	3.4230	1.00091

续表

		N	均值	标准差
	汉族	184	2.9601	1.05908
F4.助推乡村经济	少数民族	132	3.5253	0.92383
	总计	316	3.1962	1.04139

如表5-12显示:其一,在乡村学校发展方面,汉族乡村教师、少数民族乡村教师作用发挥的平均值分别为3.4470、3.7273,少数民族教师的职业作用发挥较汉族教师好;其二,在乡村文化建设方面,汉族乡村教师、少数民族乡村教师作用平均值分别为3.4982、3.9167,少数民族教师的职业作用发挥较汉族教师好;其三,在乡村治理方面,汉族乡村教师、少数民族乡村教师作用平均值分别为3.2736、3.6313,少数民族教师的职业作用发挥较汉族教师好;其四,在助推乡村经济发展上,汉族乡村教师、少数民族乡村教师作用平均值分别为2.9601、3.5253,少数民族教师的职业作用发挥较汉族教师好。因此,可以从总体上说,虽然不同民族成分的乡村教师作用发挥情况存在差异,但差异不大,但是其中少数民族乡村教师的职业作用均好于汉族乡村教师的现象值得注意。

3.基于工资水平的统计

为了掌握不同工资水平对乡村教师职业作用发挥的影响到底如何,我们以工资水平为自变量,对乡村教师职业作用发挥情况进行方差分析(见表5-13)。

表5-13 不同工资水平的乡村教师职业作用的差异性分析

		平方和	*df*	均方	*F*	显著性
	组之间	1.326	4	0.331	1.205	0.309
G1.促进学生成长	组内	88.832	323	0.275		
	总计	90.158	327			
	组之间	21.441	4	5.360	5.587	0.000
G2.推动学校发展	组内	309.900	323	0.959		
	总计	331.341	327			
	组之间	6.033	4	1.508	1.554	0.186
G3.乡村文化建设	组内	313.489	323	0.971		
	总计	319.522	327			
	组之间	10.387	4	2.597	2.532	0.040
G4.参与乡村治理	组内	331.279	323	1.026		
	总计	341.666	327			

续表

		平方和	df	均方	F	显著性
G5.助推乡村经济	组之间	12.017	4	3.004	2.823	0.025
	组内	343.741	323	1.064		
	总计	355.758	327			
G6.和谐社群关系	组之间	1.367	4	0.342	1.290	0.274
	组内	85.580	323	0.265		
	总计	86.947	327			

从表5-13中可以看出：乡村教师在促进学生成长的作用（$F=1.205$，$p=0.309>$ 0.05）、在乡村文化建设的作用（$F=1.554$，$p=0.184>0.05$）、在和谐社群关系的作用（$F=$ 1.290，$p=0.274>0.05$）三方面的作用不存在显著性。而推动学校发展的作用（$F=$ 5.587，$p=0.000<0.05$）、在参与乡村治理的作用（$F=2.532$，$p=0.04<0.05$）、在助推乡村经济发展的作用（$F=2.823$，$p=0.025<0.05$）三个方面，乡村教师的作用发挥具有显著性。

进一步分析认为，乡村教师的工资水平高低与促进学生成长、乡村文化建设、和谐社群关系的作用不存在显著性，说明了无论工资高低，乡村教师都尽到了教好学生的本责，对乡村文化建设都有热情参与，对社区居民尊重关怀，但在推动学校发展、参与乡村治理、助推乡村经济发展三个方面的作用发挥具有显著差异，为了进一步弄清楚不同工资水平的影响情况，我们做了进一步的统计分析（见表5-14）。

表5-14　不同工资水平下乡村教师职业作用的均值分析

		N	均值	标准差
H1.推动学校发展	3000元及以下	43	3.2907	0.99542
	3001~4000元	162	3.3904	1.07373
	4001~5000元	89	3.8202	0.80304
	5001~6000元	28	3.9732	0.94609
	6001元及以上	6	4.2500	0.59161
	总计	328	3.5595	1.00662
H2.参与乡村治理	3000元及以下	43	3.3953	1.11093
	3001~4000元	162	3.2531	1.07150
	4001~5000元	89	3.6404	0.88794
	5001~6000元	28	3.6071	0.90292
	6001元及以上	6	3.7222	0.80046
	总计	328	3.4157	1.02218

续表

		N	均值	标准差
H3.助推乡村经济	3000元及以下	43	3.0000	1.23013
	3001~4000元	162	3.0947	1.06222
	4001~5000元	89	3.3895	0.93775
	5001~6000元	28	3.6190	0.79460
	6001元及以上	6	2.9444	0.90472
	总计	328	3.2043	1.04305

观察表5-14发现：乡村教师工资水平与乡村教师职业作用发挥状况呈正相关，亦即工资水平越高，乡村教师的职业作用越显著。基于此，我们可以提出，如果要更好发挥乡村教师在推动学校发展、参与乡村治理、助推乡村经济发展上的作用，就需要提高乡村教师的工资水平。

(四)职业作用发挥的意愿与能力

为进一步了解乡村教师职业作用现状，调查问卷中设计了关于乡村教师职业作用发挥意愿及其个人能力素质的选项。

1.发挥职业作用的意愿

关于乡村教师职业作用发挥的意愿情况，通过对"您是否愿意为促进执教所在社区的发展做力所能及之事"回答数据的统计，获得了目前乡村教师是否愿意发挥自己职业作用的结果(见表5-15)。

表5-15 乡村教师职业作用发挥意愿情况

I1.您是否愿意为促进执教所在社区的发展做力所能及之事？

		N	占比(%)	有效占比(%)	占比累计(%)
有效	是	326	98.2	98.2	98.2
	否	5	1.5	1.5	99.7
	9	1	0.3	0.3	100.0
	总计	332	100.0	100.0	

观察表5-15可知：选择愿意为乡村发展做贡献的乡村教师占比98.2%，这基本上说明我国乡村教师非常愿意发挥自己的职业作用，亦即在职业作用发挥上呈现非常好的职业态度，这是可喜的现象。

2.发挥职业作用的能力

既然乡村教师有发挥职业作用的意愿,那么他们是否具备发挥职业作用的相应能力呢? 为此,我们设计了"在支撑职业作用发挥的能力上,您认为以下哪些选项与自身的情况比较符合?"调查项,并将其分解为爱岗敬业和关爱学生、专业教学功底较扎实、通识知识储备比较好、教学组织管理能力强、科研和自修能力较强、社会交往能力比较强、心态和人格比较健康、精力充沛而且习惯良好、社会责任感比较强烈九个方面,对相关数据的统计,得到了乡村教师发挥职业作用的能力支撑情况(见表5-16)。

表5-16　乡村教师能力素养情况的频率分析

		回答		个案百分比
		N	百分比	
I1.在支撑职业作用发挥的能力上,您认为以下哪些选项与自身的情况比较符合?	I1a.爱岗敬业和关爱学生	320	17.2	96.4
	I1b.专业教学功底较扎实	207	11.1	62.3
	I1c.通识知识储备比较好	164	8.8	49.4
	I1d.教学组织管理能力强	176	9.4	53.0
	I1e.科研和自修能力较强	110	5.9	33.1
	I1f.社会交往能力比较强	134	7.2	40.4
	I1g.心态和人格比较健康	275	14.7	82.8
	I1h.精力充沛而且习惯良好	222	11.9	66.9
	I1i.社会责任感比较强烈	257	13.8	77.4
总　计		1865	100.0	561.7

解读表5-16发现:其一,有75%以上乡村教师认为自己爱岗敬业和关爱学生、心态和人格比较健康、社会责任感比较强烈。特别是其中96.4%的乡村教师认为自己是爱岗敬业和关爱学生的,这个是非常值得肯定的。其二,有50%~75%的乡村教师认为自己专业教学功底较扎实、教学组织管理能力强、精力充沛而且习惯良好。这说明一半以上的乡村教师具备胜任乡村教育工作的能力。其三,有50%以下的乡村教师认为自己通识知识储备比较好、科研和自修能力较强、社会交往能力比较强,这说明大多数乡村教师认为自己通识知识储备、科研和自修能力、社会交往能力方面还很不理想。

3.发挥职业作用的内容

基于主观意愿和主体能力,乡村教师自己认为能够参与哪些乡村振兴战略中的活动呢？为了掌握该方面的情况，我们在调查问卷中设计了"在助推乡村振兴战略下，您认为自己在乡村建设中能发挥哪些作用？"项目，并且以提高乡村教育质量、参与乡村文化建设、参与乡村社区治理、助推乡村经济生产为四个分项项目给予落实。对相关数据的统计获得了乡村教师服务乡村振兴战略的职能服务内容（见表5-17）。

表5-17　乡村教师对自身作用项目认知的频率分析

		回答		个案百分比
		N	百分比	
I2.在助推乡村振兴战略下，您认为自己在乡村建设中能发挥哪些作用？	I2a.提高乡村教育质量	308	50.5	93.3
	I2b.参与乡村文化建设	185	30.3	56.1
	I2c.参与乡村社区治理	72	11.8	21.8
	I2d.助推乡村经济生产	45	7.4	13.6
总　计		610	100.0	184.8

解读表5-17发现：其一，接近全体的乡村教师都认为自己参与乡村振兴战略的作用在提高乡村教育的质量。这可以说，乡村教师抓住了自己的工作重心。其二，近一半的乡村教师认为自己可以参与乡村文化建设，这既说明一部分乡村教师已经自觉意识到参与乡村文化建设，但还有近一半的乡村教师没有意识到，乡村教师对自身职业作用的内容尚需明确。其三，认为自己参与乡村社区治理、参与乡村经济生产的乡村教师总体上低于20%，虽说社会进步加剧了社会分工，但地广人稀的美丽乡村社会建设更需要应用复合型人才的助力。在国家深入推进"乡村振兴战略"的当下，乡村教师作为乡土社会里主要的公共知识分子，与乡村建设有着千丝万缕的联系。故乡村教师们应以现代大教育观作为工作生活的重要指导。调查所得数据与促成美丽乡村建设的乡村大教育观相去甚远。这当中的原因的确发人深省。

（五）影响职业作用的因素

为弄清影响乡村教师职业作用有效发挥的缘由，促进乡村教师职业作用充分发挥，我们从积极因素和消极因素两个方面着手调查，来了解乡村教师职业作用的影响因素。

1.积极的影响因素

为了掌握影响乡村教师职业作用发挥的积极因素的情况，调查问卷设计了"你认为影响自己职业作用发挥的积极因素主要有？"题项，并以乡村教育教学中收获的成就感、乡村教师间的相互激励、乡村学校领导的鼓励支持、国家政策的激励和支持、乡村社会巨大的发展潜力、村干部及工作人员的支持、乡村社区民众的积极配合七个具体化选项。对相关回答的数据统计获得了影响乡村教师职业作用发挥的积极因素及重要性序列(见表5-18)。

表5-18 影响乡村教师职业作用发挥的积极因素

		回答		个案百分比
		N	百分比	
J. 你认为影响自己职业作用发挥的积极因素主要有？ª	J1.乡村教育中收获的成就感	204	12.6	61.6
	J2.乡村教师间的相互激励	229	14.2	69.2
	J3.乡村学校领导的鼓励支持	262	16.2	79.2
	J4.国家政策的激励和支持	284	17.6	85.8
	J5.乡村社会巨大的发展潜力	200	12.4	60.4
	J6.村干部及工作人员的支持	230	14.2	69.5
	J7.乡村社区民众的积极配合	209	12.9	63.1
总 计		1618	100.0	488.8
a. 二分法组值为1时进行制表				

观察表5-18可知,以上7个选项对被调查者职业作用的激励程度存在差异。相对于其他因素而言,国家政策的激励和支持对被调查群体的激励程度最高,乡村学校领导的鼓励支持次之,余下五个因素占比较为接近,但乡村教师在教育教学中所获成就感对被调查群体的激励度最低。我们可以发现,随着《支持计划》的贯彻实施,乡村振兴战略的逐步推进,乡村教师群体确实有所受益,这当中的优秀经验可继续推广创新。而余下五项因素恰是留住乡村教师、提升乡村教育质量的短板,当中大有文章可做。具体如何提高它们在乡村教师职业作用有效发挥中的激励程度,值得探究。

2.消极影响因素

为了掌握影响乡村教师职业作用发挥的消极因素的情况,调查问卷设计了"你认为影响自己职业作用发挥的消极因素主要有？"项目,并且以教师教育教学负担较重、乡村学校校领导不支持、乡村学校教育资源匮乏、乡村教师生活待遇偏低、乡村教师队伍稳定性低、乡村公共服务设施不全、村干部等人员缺乏引导、社区居民不理解不支持、社区居民涣散组织不力九个具体化选项。对相关回答的数据统计获得了影响乡村教师职业作用发挥的消极因素及重要性序列(见表5-19)。

表5-19　影响乡村教师职业作用发挥的消极因素

		回答		个案数百分比
		N	百分比	
K. 你认为影响自己职业作用发挥的消极因素主要有？ª	K1.教师教育教学负担较重	193	12.1	58.1
	K2.乡村学校校领导不支持	73	4.6	22.0
	K3.乡村学校教育资源匮乏	277	17.4	83.4
	K4.乡村教师生活待遇偏低	212	13.3	63.9
	K5.乡村教师队伍稳定性低	199	12.5	59.9
	K6.乡村公共服务设施不全	225	14.2	67.8
	K7.村干部等人员缺乏引导	125	7.9	37.7
	K8.社区居民不理解不支持	151	9.5	45.5
	K9.社区居民涣散组织不力	134	8.4	40.4
总计		1589	100.0	478.6
a.二分法组值为1时进行制表				

观察表5-19发现，乡村学校教育资源匮乏、乡村公共服务设施不全、乡村教师生活待遇偏低、乡村教师队伍稳定性低、教师教育教学负担较重五项的认可率都在10%以上，说明这些因素是影响乡村教师职业作用发挥的主要阻抑因素；同时，也有10%以下的乡村教师认为乡村学校校领导不支持、社区居民涣散组织不力、村干部等人员缺乏引导、社区居民不理解不支持是阻抑他们职业作用发挥的重要因素。当然，从差异上，除其中的乡村学校教育资源匮乏偏高外，其他因素的消极影响均偏低，这说明吸纳乡村教师参与乡村振兴战略，在全面注重消除消极因素影响外，特别需要改善乡村学校教育资源匮乏、乡村公共服务设施不全的状况。

五、结果评判及问题分析

（一）乡村教师职业作用的评判及问题

第一，乡村教师职业作用发挥基本合格，但存在内部差异。如上所述可见，乡村教师职业作用处于中等水平。具体而言，调查表5-2中数据显示乡村教师职业作用的总体均值为3.8061，说明乡村教师职业作用发挥情况处于中等水平。当然，职业作用的发挥存在内部维度上的差异，亦即在乡村教师职业作用的六个维度中，乡村教师之于学生成长的作用最为显著，其次是之于社群关系的作用，其后的排名依次为之于乡村文化的作用,之于学校发展的作用,之于乡村治理的作用以及之于乡村经济的作用。总体而言,从作用范围上来说,相较于传统乡村教师的作用范围,当代乡村教师在乡村学校内的作用较其在乡土社会中的作用更为明显。从作用内容上来说,当代乡村教师的职业作用主要体现在促进学生成长方面。而在乡村治理、乡村经济方面所发挥的作用微乎其微。

第二,职业作用发挥存在人口学差异,男教师、汉族教师作用发挥不足。综上所述认为,不同群体乡村教师的职业作用存在一定差异,整体效应不足。调研地乡村教师在对学生成长的作用和对社群关系的作用上差异并不显著。但当自变量发生变化时,其他四个维度的作用体现出一定的差异。主要体现为男性乡村教师的职业作用发挥情况较女性乡村教师显著;少数民族乡村教师作用发挥情况较汉族乡村教师显著;不同工资水平的乡村教师在乡村学校发展、乡村经济发展及乡村治理中所发挥的作用也存在差异性,大体表现为工资水平较高的乡村教师作用更显著。这也与教师的教龄存在一定联系,教龄稍大的乡村教师相对于新晋乡村教师,有更长的时间服务于乡村教育和乡村社会,自然会发挥更多的作用。故乡村工资水平、生活待遇的提升定能实现乡村教师职业作用发挥中质的飞跃。

第三,影响乡村教师职业作用发挥的因素比较复杂,国家的召唤、乡村学校领导的支持是重要的积极要素,乡村文化资源的缺乏是主要的消极因素。综上所述认为,乡村教师职业作用的发挥有着复杂的影响因素。从调研结果反馈可看出,国家政策支持、校领导的鼓励、村干部及政府部门的支持是利于乡村教师职业作用发挥的主要因素。而在消极因素的频率统计中,乡村教育资源缺乏、乡村基础设施不完善、乡村教师生活待遇差以及教育教学负担重是影响乡村教师职业作用发挥的主要消极因素。我们从中可看出,不论是积极因素或是消极因素,都是源于外部对乡村教师职业作用的影响。而乡村教师自身在教育教学中的获得感以及对自身职业作用的认识却不是主要影响因素。

第四,职业作用发挥的具体项目内容的认知存在偏差,校外作用发挥认识不足。如上所述可见,几乎全体乡村教师都认为自己参与乡村振兴战略的作用在于提高乡村教育的质量,但仅仅只有近一半的乡村教师认为自己可以参与乡村文化建设,另外参与乡村社区治理、参与乡村经济生产的比例较低。亦即大部分乡村教师把自己的职业作用还是局限在乡村学校内部。

第五,乡村教师职业作用发挥的意愿强而能力支撑要素不均。综上所述认为,乡村教师服务乡村社会的意愿较强,但缺乏相应的职业作用服务能力。具体而言,从调研地乡村教师对于"您是否愿意为促进执教所在社区的发展做力所能及之事?"的反馈情况来看,98.2%的乡村教师表示愿意为执教所在社区发展做贡献。表明调研地乡村教师有着较强的乡村社会服务意愿。但从他们对自身能力素养的反馈情况来看,调研地乡村教师存在部分素养的欠缺,尤其在自身专业发展、人际交往能力、组织管理能力以及知识储备上需要加强。

(二)乡村教师职业作用问题的归因

1.外部缘由:教育观念及行政力量的规约

第一,以应试教育为指导的教育观念成为主要制约因素。恩格斯指出:"一切观念都来自经验,都是现实的反映——正确的或歪曲的反映。"①观念是人们对事物形成的看法和期望。一般地说,我们在谈到教育观念时,多是以哲学的意义为着眼点的。从这两种含义上,似乎可把教育观念理解为基于对教育的各种现象和各个方面的认识所形成的观念,以及系统化、理论化了的观念形态。②我国教育深受传统教育观念的影响。传统的教育观念认为教育属上层建筑,是一种消费性事业。在教育目的的认识上,盛行"学而优则仕",发展到当下便是"学而优"则意味着"高薪好工作"。在教育对象上,传统教育观念只针对儿童、青年一代人进行一次性的知识教育。在教育内容上,传统教育是围绕"学而优"目的的知识传授。在教育方法和教学过程中,传统教育方法主要是班级授课、课堂教学、满堂灌的封闭式教育活动。在教育效果的检查与科研方面,就依靠考试制度、升学制度。虽然近年来,新教育的呼声高涨,但传统教育观念的烙印在家长、教育从业人员的脑中无法褪去,乡村学校同样难以避免"应试教育"的摧残。乡村学校偏重知识型教育。知识型教育以升学为目标,但乡村学校里能升学的学生又屈指可数。对于升学无望的多数学生,乡村学校教育并未教给他们多少能用于改善实际生活的技能。所学无用,自然也无法引起学生的兴趣。应试教育高压下,县领导想出政绩,校领导想出业绩,便会层层施压,向学校教师要成绩。乡村教师则会对升学有望的少数"尖子生"更为关注。而"尖子生"以外的大多数学生,只要不出大的差错,也放任其得过且过。这不仅与教育本真相距甚远,更让多数非"尖子生"背后的家长对子女读书失去希望,自然也不会对乡村教师工作提供积极支持与配合。

第二,围绕执行上级要求的运转机制束缚了乡村教师的作用发挥。来自国家层

---

① 恩格斯.反杜林论[M].中共中央马克思恩格斯列宁斯大林著作编译局编译.北京:人民出版社,2018:355.

② 郑金洲.教育观念的世纪变革[J].国家教育行政学院学报,2005(9):63-71.

面,让乡村教师职业作用日益繁杂的因素是行政力量的规约。在调研过程中,调研地乡村教师普遍反映本该用于钻研学校教育教学,寻求乡村教育质量提高之法的精力,却被形形色色的检查、调研以及兼职学校工勤人员等工作严重挤占。随着"营养餐计划"、"义务教育质量均衡发展"等教育政策的实施与推进,为了解政策实施效果,即便同一项检查内容,也会有多部门来进行"签到式"的检查。这样的检查工作,对每个县域部门或许仅此一次,但于学校教师而言,却需做多次准备。一旦来人检查,必然需要教师负责引导接待,一旦教师抽身去迎检,便只能放任学生自由活动。在乡村寄宿制学校,由于缺少工勤人员编制,乡村教师不得不身兼数职,负责学生学习生活的方方面面。外部行政力量增加的工作量,以及对校内缺失家庭和社区教育的多数留守学生的教育与关怀,几乎已填满当下乡村教师工作的全部内容。

2.社会逻辑:家庭教育及社会支持的缺失

第一,学生家庭资本的匮乏拖累乡村教师职业作用的显现。人们都说"父母是孩子的第一任教师"。*而在当下广大农村地区,年轻的父母为给孩子创造更佳的物质生活条件,不得不进城务工。这第一任教师的职责往往被祖辈所接替,形成"进城务工潮"下独具特色的"隔代教育"。隔代教育已成为农村家庭教育的新常态。但它之于乡村留守儿童的健康成长有着巨大危害。因为多数祖辈深受传统思想的束缚,不易接受新生事物,仅能做到保障孙辈的温饱。他们教育理念陈旧,更不懂得适当的教育方法,只能以迁就溺爱或严格苛刻的方式去对待孙辈,而这种过度的溺爱或苛刻很容易使留守儿童形成自我中心或过度依赖型人格。在这种教养方式下成长起来的留守儿童进入乡村学校接受教育,对乡村教师是一种挑战。在学生学业成绩方面,家庭监护人无力提供任何支持,只能依靠学校教师来督促。关于学生的心理健康问题,家庭监护人也难以察觉,亦只能依靠学校教师来留心观察,循循善诱。而对于那些连隔代教育都无法拥有,父母双双在外,仅一人留守在家的孩子,其安全问题都无法保障,即便在寄宿制学校里有教师的照管,但留守乡村的以青少年儿童居多,他们三观尚未完全定型,自控力和分辨能力不强,一旦学校放假,回到文化凋敝的乡村社区,很难保证他们不被不良习气或观念所玷污。家庭教育的缺失增加了乡村教师学校教育难度和压力。

第二,周边普遍偏低的社会支持阻抑了乡村教师职业作用的发挥。当下农村给人的深刻印象多是婚丧嫁娶讲排场,攀比之风盛行;孝道堪忧,暴戾之气盛行,"六尺巷"的千古佳话在当下近乎销声匿迹;传统的宗教信仰被人利用成为敛财的工具;黄赌毒现象普遍,乡村娱乐生活低俗化;"读书无用论"盛行,金钱成为衡量一个人是否成功的主要标准。仁义、谦让、礼信的传统道德被隐没，甚至不为年轻一代所知……这都是乡村文化日渐凋敝的表征。乡村社会由玛格丽特·米德所提到的三喻文化中以年长者为主导的前喻文化迅速向以年轻人为主导的后喻文化过渡。①年长者在乡村文化中的地位由主导退变为边缘，通过读书升学之路走出乡村的人也已在城市定居，取而代之的是进城务工或以不当手段获得金钱财富的"成功者"。在这样的风气下成长起来的乡村少年，缺少探求生命本真的原始动力，只在利益化的人际关系中，学到享乐逐利，他们不懂爱故乡、爱亲友，更不懂如何爱自己，便会导致时有发生的青少年犯罪或是自杀的悲剧。正是当下这种功利主义价值观深入乡村社区居民内心，整个乡村社区才对金钱推崇备至，对教育愈发轻视。乡村教师既无法从乡村社区获得必要的支持，当面对功利性乡村社区文化中成长起来的乡村少年时，又不得不费尽心力用优良道德传统及文明礼仪风尚去斧正乡村学子的价值观。

3.内在动因:价值定位及自身资本的窶数

第一，乡村教师自身价值定位遮蔽着其职业作用的发挥。反躬乡村教师自身，其职业作用发挥异化的关键在于乡村教师自身文化及社会资本的不足，正是这些资本的缺乏导致其对教师价值定位的偏差。布迪厄把资本划分成经济资本、社会资本(或社会关系资本)和文化资本三种形式。经济资本以金钱为符号，以产权为制度化形式。社会资本(社会关系资本)以社会声望、社会头衔为符号，以社会规约为制度化形式。而"文化资本"则以作品、文凭、学衔为符号，以学位为制度化形态。②文化资本又分为身体化形态、制度形态和客观形态三种基本形式。其中身体化形态即个人通过家庭环境、学校及社会教育活动而获得并成为精神与身体一部分的知识、教养、技能、趣味、情感等文化产物。制度形态就是将行动者掌握的知识与技能以某种形式(通常以考试的形式)正式予以承认并通过授予合格者文凭和资格认定证书等社会公认的方式将其制度化。③客观形态即文化资本的物化状态，如字画、古董类的文化性物质财富。在高校扩招和教师专业化发展的当下，就调研地乡村教师群体而言，仍有近半数的乡村教师学历为本科及以下，在访谈调查中，发现不少村小还存在代课教师，代课教师不享有政府设置的事业编制待遇，与共同工作的在编教师相比，自会生出些许落差。有的代课教师甚至未取得教师资格证书，这样的代课教师在一方乡村社会里

---

① 钱理群,刘铁芳.乡土中国与乡村教育[M].福州:福建教育出版社,2008:98.

② 朱伟珏."资本"的一种非经济学解读——布迪厄"文化资本"概念[J].社会科学,2005(6):117-123.

③ 朱伟珏."资本"的一种非经济学解读——布迪厄"文化资本"概念[J].社会科学,2005(6):117-123.

便不存在制度性的文化资本。而其他正式编制的乡村教师虽拥有不同于乡土社会居民的国家干部身份,但他们的文化资本多用于培养乡村适龄青少年,践行政府、社会、家庭的众多期望与责任。国家对教师专业化的追求使得乡村教师们拥有较之从前更过硬的专业素养,这些专业素养作为乡村教师的身体性文化资本,主要是一种生存性资本,具有低增值性。但他们很少有外出培训和参加学术交流的机会。这便从客观上限制了他们丰富自身文化资本的能力,随着时代的发展,其所掌握的文化资本也会因科学技术的日新月异而贬值。乡村教师文化资本的制度形态,除教师资格证书外,如评选市县级优秀教师以及在各类竞赛中取得荣誉,都需要发挥乡村教师身体性文化资本的作用。乡村教师文化资本的多寡影响着乡村学校教育质量的高低,拥有丰富文化资本的乡村教师更能受到学生的拥戴和乡土社会居民的信赖。在乡土社会里也享有更多的话语权,也能深切体会到乡土社会发展对自身作用发挥的需求,便更能促使其职业作用的发挥。而当下乡村教师职业作用发挥异化的症结就在于多数乡村教师文化资本的不足。

　　第二,乡村教师自身资本的羸弱限制了其职业作用的发挥。传统乡村教师职业作用转变为今日模样,与当代社会政治、经济、文化等多方面的发展变化有着千丝万缕的联系。我们将这些转变归因为国家教育观念和行政力量的规约;乡村文化凋敝导致乡村社区教育的缺失,"务工潮"的推进导致家庭教育缺失,乡村教师无法获取来自家庭和社区两方面的支持;乡村教师自身文化资本、社会资本的欠缺导致自身价值定位的偏差。乡村学校处于孤立无助的状态,乡村教师的职业作用自然仅限于乡村学校内。即便能获得来自国家的关注与支持,但国家的这份支持始终是宏观层面,未必能关照各个乡村学校发展的实际状况。且部分地区的行政力量不断为乡村教师带来非教学性工作,使乡村教师职业作用内容变得繁杂。最为关键的是乡村教育的价值取向及乡村教师对自身作用定位的异化,在"乡村振兴战略"不断推进的今天,乡村教师需要用系统的观点去看待自身作用发展之于乡村教育、乡村学校、乡村社区发展间的关系。

六、调适乡村教师职业作用的思考

　　当前,我国发展不充分不平衡不但在城乡之间,也在乡村内部,亦即包括乡村教师和乡村学校及乡村社区发展之间的不平衡。基于实施乡村振兴战略的国家需要、落实《支持计划》的要求,乡村教师的职业作用发挥需要站在现代大教育观的角度进行重新的审视与调整,亦即运用系统科学的视域,把乡村教师与乡村学校教育、乡村社区教育和乡村文化建设、经济社会治理、经济发展综合起来考虑。所以,我们从国家宏观层面、城乡社会的中观层面以及乡村学校的微观层面探讨能促进乡村教师有效发挥其职业作用的对策和建议。

(一)政府:提供有力的政策支撑

第一,转变乡村教育观念,树立乡村大教育观。一定意义上说,目前的乡村学校教育处于"内忧外患"的状态,其"内忧"在乡村教师及乡村学校教育因为儿童减少和流失、教师流失而陷入不断地式微状态;"外患"在于因为乡村教师职业作用发挥的有限而不被乡村社区看好。具体而言,近年来,随着外出务工、部分农民经济条件的转好,稍有条件的家庭纷纷举家迁移,为子女选择了拥有优质教育资源的城镇学校,出现了较大规模的学生(即所谓的"流动儿童"或"随迁就读子女")流失。同时,前几年的"撤点并校"举措又加剧了这种学生流失,在无生可教、城市新增学校的高薪召唤下,乡村教师也随之而出现了较大规模的流失,乡村学校因此陷入不断式微的"劫难"!那些即使勉强留下来的学生(即所谓的"留守儿童")也是期望能够早些毕业以便外出务工,有的甚至未完成义务教育便辍学进城务工。乡村学校教育为何不被乡土社会居民所看好?须从乡村教育本身找寻原因,借助伯恩斯坦的语言编码理论看,乡村学校的教材、教育目标、评价指标都是极具城市取向的精密语言编码。许多客观条件的限制导致乡村学子在编码转换中遇到的重重障碍,让乡村教师也无力解决。学生升学无望,在校所学又不能用于指导实际生活,便只能在潦草应付完义务教育后随乡村社会进城务工谋生存。乡村社会居民并非不需要教育,他们只是需要适合乡土社会的教育。故乡村教育现存的办学方向、教育思想、教育体制、教育结构、教育管理、教学内容等方面亟须得到根本改善。这更是当下"乡村振兴战略"推进、社会主义新农村建设中培养新型农民的需求。因此,当下乡村教育的当务之急是转变教育观念。

乡村振兴战略下的乡村教育改革,必须以现代大教育观为指导,跳出乡村学校教育的狭隘视野,树立乡村大教育观,具体由区县政府统筹、教育行政部门主导,把面向孩子的乡村学校教育及职业教育和面向社区居民的成人教育、社会教育结合起来,涉及乡村及整个社会方方面面的教育。其中,乡村学校教育也不能以升学为唯一目的,确立向高等学校、向城市建设以及乡村建设输送人才的办学目标,在这样的目标下,对学校的管理、课程及教材、教法、评价等做相应的调整。考虑到多数乡村学子在完成九年义务教育后就要步入社会,故在初中阶段,学校可增设实用技术性及初级的生涯发展课程。乡村的教育改革是一种综合性改革,需要系统的方法为指导。只有乡村普通教育、职业教育、成人教育都有起色才能激起乡村教育的活力,才能让乡村教师的职业作用熠熠生辉。

第二,完善乡村教师政策,增强其职业吸引力。乡村教师是乡村学校的主体、"灵魂",有乡村教师在就有乡村学校在,就有乡村文明传承的可能,助推乡村振兴战略也就有希望。因此,当下的核心举措自然是首先要"留住"乡村教师! 根据马斯洛需求层次理论,人的需求由低层次向高层次排列分别为:生理需求、安全需求、情感和归属需求、尊重需求和自我实现需求。只有当最基本的生理需求满足后,才可能出现更高级的、社会化程度更高的需要。虽然近年来国家对乡村教育的投入不断增加,乡村教师的收入较之从前也日益提高,但乡村地区的消费水平也有所上升,正常情况下男教师的工资收入用来支撑家庭日常开销便所剩无几,若是再有些人情世故往来,便需节俭度日。乡村教师在现有的工资水平下,仍处在安全需求的边缘。近年来,随着《支持计划》的实施,一些针对乡村教师群体的福利政策实施成效虽已初显,但各级行政部门在执行各类政策的过程中也遭遇了系列问题。因此,政府需从乡村教师政策的制定、执行以及评估等方面加以完善,特别是在落实《支持计划》上,全方位、多渠道地了解乡村教师群体的真实需要,整合区域内能满足乡村教师群体性需求的各类资源,提高《支持计划》落实的针对性、有效性。

当前,在落实《支持计划》的过程中,各级行政管理部门加大支持乡村教师相关政策的宣传力度,根据区域发展实况细化政策实施细则,尽可能提高乡村教师工资水平,发放交通、生活培训等多方面的补贴,完善乡村教师医疗救治体系,让城乡教师在工资待遇上做到同工同酬,缓解乡村教师的心理落差。在教师招聘方面,严格按照国家"免费师范生"政策规定,建立教师诚信档案,严格对待"免师生"的毁约行为。同时建立乡村教师进入和退出机制,让乡村教师职业生涯得到合理规划。增加乡村学校工勤类人员编制,减少乡村教师工作负担。建立并完善乡村教师荣誉制度,增设乡村服务贡献类奖项,引导乡村教师将自身工作同乡村社区发展建立联系。细化乡村教师培训工作,增强培训内容的针对性和适用性,为村小和教学点等乡村学校教师提供更多的培训机会。即便是村小或教学点也做到网络全覆盖,便于乡村教师获取更多优质教育资源。解决全体乡村教师的住房问题,在学校附近设置乡村教师休闲中心,丰富教师课余生活。这也是落实《支持计划》,让乡村教师"下得来,留得住,教得好"的要求。

第三,落实校长负责制,培育优秀乡村学校校长。乡村学校的校长是乡村学校教育的"发动机"、"主心骨",在目前的中小学校长负责制下,培育优秀的乡村学校校长、赋权于乡村学校校长,是乡村教育振兴的要领!具体而言,在我国,中小学校长负责制的核心是校长全面负责,其优点为权力集中、责任明确、行动迅速、指挥统一、冲突较少,效率较高,易于考核优劣,同时可以有效防止推诿扯皮,消除或减少没有个人意志,不负责任的现象。①在调研途中我们也发现了若干校长的优秀事迹,如在贵州印江县一所村小陈姓校长,是"马云乡村教师奖"的获得者,他善于捕捉时机,利用各类场合为村小谋求资源,通过他和老师们的努力,学校硬件设施已得到极大改善,他所领导的村小,管理民主、人际和谐、充满生气。又如重庆城口县一村小的陈姓校长,中师毕业生,践行"生本"教育,提倡培养学生的演讲和阅读能力,同时尊重教师、鼓励培训提升,学校将当地农耕文化开发成校本课程,并在县域各类活动中获奖,该校近年来教师队伍稳定、学生人数逐年增加。这些都是校长负责制带来的良好效果。

如上所述调查结果所示,乡村学校领导的支持是对乡村教师职业作用发挥的重要影响因素。因此,重视发挥乡村学校校长的作用,重视培育优秀的乡村学校校长,是激发乡村教师发挥重要作用,参与乡村振兴战略下的乡村学校发展的重要环节。在具体技术上,不妨逐步探索校长负责制的有效模式,如在校长选拔之初,可通过层层指标选出一个具有办好学校的责任感、事业心,懂得教育规律、熟悉业务,有管理知识和才能,思想品质作风好的校长。继而,教育行政部门适当放权,让校长带领教师谋求学校发展,教师才有更大空间发挥其作用,无须瞻前顾后、缩手缩脚,任何事情都得层层上报请示。让熟悉乡村教师的校长对教师负责,而非做教育行政部门和乡村教师间的中间人。

(二)社会:创造良好的环境氛围

第一,改革师范教育以培养合格乡村教师。合格的乡村教师首先不能存在"先天不足"的遗传病问题!为了向乡村学校输送合格的乡村教师,那么就需要改革当前的师范教育。当下乡村学校教师招聘的主要渠道是"定向生"培养计划,以及乡村学校"特岗计划"、部分乡村教育志愿者等。调查中发现,目前各县域教育行政部门的公招中省属"定向生"在乡镇学校新进教师中占的比例最大。但在调查中也发现许多乡村教师身在农村社区但对诸如"三农"问题缺乏基本的了解、认识,如乡村教师在回答"为落实《支持计划》,更好促进乡村教师发挥职业作用,师范院校应当提供哪些支持"的问题时,多数教师表示不甚了解"三农"问题是什么。在经解释后,仍只有21.3%的乡村教师认为"课程计划中增设涉及'三农'的课程"、39.7%的乡村教师认为"大力宣传乡村社会建设对教师的职业要求"、38.9%的乡村教师认为"需要创新乡村教师的

---

① 王乐夫.领导学:理论、实践与方法[M].广州:中山大学出版社,1998:98.

专业发展培训模式"(见表5-20)。由此可见,当前师范院校所培养的未来教师存在一定"先天不足"的问题,难以胜任乡村学校教育工作、难以满足乡村振兴战略下乡村教师职业作用发挥的要求。

表5-20　师范院校对乡村教师作用发挥的支持

		响应		个案数的百分比
		N	百分比	
L. 为落实《支持计划》,更好促进乡村教师发挥职业作用,师范院校应当提供哪些支持ª	L1.课程计划中增设涉及"三农"的课程	152	21.3	45.9
	L2.大力宣传乡村社会建设对教师的职业要求	283	39.7	85.5
	L3.需要创新乡村教师的专业发展培训模式	277	38.9	83.7
总　计		712	100.0	215.1
a. 二分法组值为1时进行制表				

师范类院校为乡村培养教师,首先要明确乡村到底需要什么样的教师。从调研中老师们的反馈情况来看,乡村学校更需要能担任综合课程教学的教师。所以师范类院校要创新乡村教师培养模式,而非机械性地沿用传统培养教师的一套培养机制。创新培养模式即在教育思想、教育观念以及由此而带来的课程、教学方法与评价方法等一系列创新。可采用陶行知的教育思想,在课程中加入"三农"元素,结合"教学做合一"的教学方法,注重通识教育,培养实践能力。当然,具体的培养模式需要研究者不断打磨,更需要各师范院校在实践中不断完善。这才是从源头上为乡村教师职业作用的充分发挥创造可能。

第二,社区干部和居民大力支持乡村教师。调研途中,谈及村干部与乡村教师间的联系时,四川省万源市一位拥有三十一年教龄的乡村教师告诉我们:"前十来年吧,那时候的村干部确实可以。平时学校有什么需要,只要我们讲了,他(村干部)马上就给我们解决了的。并且每年教师节,村主任都会喊我们老师去吃饭,有时候还会发些帕子(毛巾)、肥皂之类的东西。这些虽然都是些小意思,但确实让人很感动。这也是我能一直在这里教下去的原因……"可见,乡村干部与居民的支持对于解决乡村教师是否"留得住"的问题具有重要的意义。但是,当前"随着城镇化进程的不断推进,在教师之间、师生之间、教师与亲属以及社区成员之间开始出现由于交往频率不高、交往深度不够而引起的情感冲突,彼此之间的情感关系发生了很大变化,这在一定程度上困扰着农村教师的教育教学实践以及日常生活"①。乡村教育是服务于乡村社会的教育,乡村教师也是乡村社会的一员。乡村教师职业作用的有效发挥只为更好地服务于乡村教育,更多地贡献于乡村建设发展,应得到来自乡村社会的支持。

乡村教师的生活不但在乡村学校内,也存在于乡村学校之外,诸如买菜购物、休闲交往、交通出行等等,因而日常都可能与乡村干部及工作人员、社区居民打交道。乡村社区干部及工作人员、社区居民如同"空气"一样存在于乡村教师周围,他们的一言一行都可能影响乡村教师的心情、影响乡村教师的工作态度。因此,一方面,村干部应带头重视乡村教师,看到乡村教师的职业作用之于乡村教育,之于乡村发展的重要性。定期慰问乡村教师,不断完善乡村学校条件,为乡村教师创造良好的工作环境。另一方面,作为乡土社会居民,要尊重乡村教师的人格和职业,不以收入高低的功利标准去评判乡村教师,应当基于乡村教师对孩子的教育、对乡村文明的贡献去感激他们。同时,乡村社区居民还要密切与教师的联系沟通、学习合理的家庭教育方法、积极配合乡村教师的校内外教育工作、为乡村教师提供力所能及的生活条件支持,共同托起乡村教师这颗"乡村太阳"!

第三,社会各界应支持鼓励乡村教师。社会教育化是现代大教育观的又一要领。因此,社会各界人士都要重视、支持教育,特别是在当代社会里,乡村教师职业作用的发挥离不开诸如城市企业家及 NGO 工作者等社会各界人士的鼎力支持。这个方面有许多历史经验可鉴。如搞重工业的张之洞、搞纺织工业的张謇、搞交通运输业的卢作孚都在社会不同领域承担着社会责任,支持所办乡村学校教师的工作。其中如卢作孚的乡村教育实验,其子在《我的父亲卢作孚》对其在北碚的贡献有着这样的记录:从1927年到1949年新中国成立后,卢作孚凭借20年的努力,将原本交通闭塞、匪患猖獗、文教停顿的北碚乡村建设成被誉为"中国现代化缩影"的美丽城市。他所取得的成就不仅赢得了黄炎培、陶行知、晏阳初和梁漱溟等众多同时期教育家们的高度赞誉,有位美国学者更认为"北碚是迄今为止中国城市规划最杰出的例子"。这些社会人士支持乡村教育的举措今天仍然具有重要的借鉴意义。

在今天城乡一体化的背景下,乡村为城市的发展输送了不少劳动力,而乡村教育质量的高低对劳动力素质有着至关重要的作用,乡村文化和教育的重建,对整个社会的文化、教育重建,以至于整个社会的健全发展都有着重要意义。因此,一些社会有识之士非常重视乡村教师。如阿里巴巴的创始人马云就牵挂着乡村教师,他通过创立"马云乡村教师奖"、"乡村校长计划"来赞颂、弘扬乡村教师无私奉献的高尚德行和

---

① 唐开福.城镇化进程中农村教师精神生活的田野考察[D].上海:华东师范大学,2014:167.

业绩。同时也有像乐施会、中国滋根、西部阳光、未来公益等非政府组织也在关注乡村教育事业。从他们的事迹中，我们看到了城市企业家及 NGO 的社会责任感，也期望城市企业家们能设立多样的乡村教师基金来惠及乡村教师群体，为乡村教师提供公益性培训项目。这不仅是《支持计划》中的规定，也是当下推进"乡村振兴战略"的要求。

此外，乡村社区的乡贤对乡村教师的职业作用发挥也具有重要意义。乡贤原指品德、才学为乡人所敬重的人，而今新乡贤多指通过高考走出乡村，未必回来工作的人，他们具有较高文化水平，也是乡民所推崇信赖的人，他们大多有着殷切的桑梓情怀，也会有"落叶归根"的意愿。所以那些曾在教育岗位，现已退休的健康者能回当地的乡村学校任教，为乡村教师队伍注入新血液，与学校教师共同构筑乡村教育发展蓝图。

（三）学校：积极开展职能调节

第一，乡村教师自觉地转变职业作用的定位。在主观能动性理论的视野下，乡村教师职业作用发挥的关键在于乡村教师自身。因此，按照系统科学的观点，乡村教师、乡村学校、乡土社会本就是相互联系、相互制约的"乡土共同体"，在这三者关系中，乡村教师作为最关键最灵活的要素，应充分发挥其自觉性、能动性，助推乡村学校和乡土社会的共同发展。乡村教师要转变自身职业作用的定位，在"乡村振兴战略"的政策背景下，作为国家的教师，应承担知识分子的责任。要敏锐察觉自身、乡村教育及乡村社会的联系。明确乡村教师的使命是为乡村教育服务，乡村教育的使命是以服务乡村社会为主的。应转变教育观念，淡化教育的功利色彩，转变以往"唯分数是求"的应试教育观念，践行陶行知生活教育理念。明确我们对乡村教育的预设应该在更基本的层面去关照乡村学子生活境遇之中的生存方式的改善和生活幸福的实现，使他们既可能享受有进入更高级教育的机会，又使那些没有此机会的孩子能在他们的人生中享受一段对于他们来说良好的教育。在应对当今信息社会知识爆炸的挑战时，乡村教师既要传承以往乡村教师们坚韧不拔、甘于奉献的宝贵精神，更应结合自身实际，关注专业发展，提升自身文化资本。掌握教育信息技术，坚持教学做合一，创新教育方法。提倡赏识教育，提高内敛的乡村学子的自信力。因材施教，根据每位学生的学习进度与水平进行针对性教学。特别关注留守儿童，给他们以亲情关怀。同时拓展自身知识面，突破狭义教书匠的角色，参与到乡土社区活动中，用自身知识造福社区民众。

第二，乡村学校参与传统文化的发掘和传承。如上所述，乡村教师的职业作用发挥最好的表现之一就是建设乡村文化,而且也是乡村教师的千古使命且最能做好的一件事。所以,乡村文化的发掘、传承的重任非乡村教师莫属!关于传统文化的价值,屠呦呦团队的事迹可以为证。屠呦呦通过对传统中医药学的研究,发现能治疗疟疾的青蒿素而荣获诺贝尔生理学或医学奖。乡土知识之于乡村少年则意味着"文化之根"的归属认同。在乡土文化的挖掘与传承中,学校应鼓励乡村教师借助学生社团的力量,组织学生及乡民们编纂族谱家谱,或是编写民族志,收录富于乡土特色的文化资源。创办以乡民为主要阅读群体的乡村报刊社,鼓励乡村少年动笔记下家乡之美,歌颂乡民的淳朴善良。师生乡民共同编制乡土教材,探寻乡村的来源,全方位了解乡村历史及地方资源,提升乡民的乡土认同感。同时,搭建城乡文化的桥梁,在与城市文化交流的基础上,开阔学生视野,突显乡土文化特色。当然,必须看到,现今农村社会里的村民虽打破了古代"鸡犬之声相闻,民至老死不相往"的交往模式,但大多却被电视或者手机网络困于家中,若非搭台唱戏,一般无法让乡民齐聚。由此可见文化艺术活动之于乡村生活的重要性。而这些文化艺术活动正是乡村文化建设的突破口。所以可由乡村教师牵头,创建一些社团协会。如以关爱空巢老人为主的老年协会;用于商讨提高农作物产量的农业生产协会;带动乡土经济发展的旅游发展协会;以及丰富乡民精神生活的读书协会等。时下已有不少地区的老年协会创办成效显著,如河南兰考闫楼大李西村老年协会、云南箐口哈尼民俗村老年协会等。让乡土文化精粹在文化活动中得以传承。

第三,积极倡导和引领乡村社会文明新风尚。如果说乡村学校是乡村社区的文明灯塔,那么乡村教师就是那个"点灯人"!因此,乡村教师对乡村社会文明的职业作用是不可忽视的!物质文明是精神文明的基础,精神文明建设为物质文明建设提供了精神动力、智力支持和思想保证。新农村建设中,必须坚持物质文明和精神文明并举,践行社会主义核心价值观教育,培养有理想、有道德、有文化、有纪律的新型农民。在具体做法上,陶行知的"小先生制"可以借用,该方法是依据"即知即传人"的原则,采取小孩教小孩、小孩教大人的方法推广实施的一种教育组织形式,在当时农村社会的移风易俗、平民识字教育中发挥了重要作用。今天,它对于乡村社区文明风尚的养成依旧有着高度的适用性。课题组在四川省凉山州一些彝族自治县的村小发现,这些村小对学生进行不乱丢弃垃圾、保护生态环境的教育,并要求小学生将所学带回家中,并以身作则规范家人行为,制止乱丢乱扔、破坏环境的行为;学校通过展板或视频等方式对学生进行的"拒绝黄赌毒"教育,并组织学生在乡村社区进行"禁毒禁赌"宣传,不仅能增进学校与社区居民的交流,获得社区居民的全力支持,更让整个乡村社区的涉毒现象显著下降、社区的犯罪率也有所降低,同时整个乡村社会的秩序也得到了较好的改善。可见,乡村学校和教师可以学生教育为纽带,把学生教育和社区居民教育结合起来,通过组织学生的社区实践活动,对乡土社会居民进行耳濡目染的学习新知识、倡导新风尚的熏陶,促进学生及其生活社区居民崇尚遵纪守法、勤奋劳动、科学生产、文明礼貌、讲究卫生的生活。如是,那么社会主义新农村建设的"产业兴旺、生态宜居、乡风文明、治理有效、生活富裕的总要求"①就落地开花了。

---

① 中共中央 国务院关于实施乡村振兴战略的意见[S].2018.

专题六　乡村教师的业余生活之研究①

【摘要】基于闲暇理论、人力资本理论,通过对乡村教师业余生活的抽样调查发现,乡村教师业余生活处于自由自在、闲散无事、单调乏味状态。在具体内容方面,大多数乡村教师每天享有3小时以上闲暇、2小时左右家务的相对充裕的业余生活时间;乡村教师的业余生活除履行基本的社会职责外,主要用于消遣型闲暇活动,用于自我发展的休闲相对较少;乡村教师业余生活中的交往同伴主要是其亲人,业余生活社交圈不大,人际关系较为简单;乡村教师的业余偏好比较单一,挣钱养家及增进幸福、健康身心占主要价值;乡村教师业余生活的体验倾向于消极,存在时间充裕与品质偏低的矛盾。分析其原因,主要有:一是经济方面,收入不高且开支较大,抑制了业余生活;二是学校方面,休闲设施欠缺且意识淡漠,忽视了业余生活;三是社区方面,所处之地偏远且遭鄙夷轻视,放弃了业余生活;四是教师自身,左顾右盼与随波逐流,轻视了业余生活。乡村教师理性、科学的业余生活有助于支持教师的专业工作、丰富教师的生命内涵、引领社区走向文明。因此,面对乡村教师业余生活存在的问题,需要探讨提升其品质的对策。为此,其对策主要有:一是在社会支持层面,遵照法律规定,摒弃传统观念,肯定业余生活的价值和地位;二是在政策政府层面,给予政策、经济和设备的支持,让乡村教师的业余生活有政策底气、有物质底气、有活动生气;三是在乡村学校层面,开展休闲教育,创设休闲基础,从业余生活的理论与实践方面支持乡村教师的业余生活;四是在乡村教师层面,不但要管理好自己的业余生活,协助他人过好业余生活,而且还要在反思中提升业余生活的品质。

【关键词】乡村教师;业余生活;多态;窘迫;引导

---

① 本专题由任洁(女,教育学硕士,四川省双流区棠湖中学实验学校教师)、徐爱斌(男,西南大学博士生,成都市礼仪职业中学教师)、唐智松(男,教育学博士,西南大学教授、博士生导师)同志完成研究、撰写工作。

一、研究缘起与研究意义

顾名思义，乡村教师的业余生活就是乡村教师在专业工作之余的生活。在众口一词地褒扬教师专业的今天，为什么还要探讨乡村教师的业余生活呢？因为只有解决好这个问题，才能使乡村教师更好地从事专业活动。从人情感性的角度看，亦即站在人文关怀理论的角度，业余生活是整个生命的一部分，因而值得建设。正是出于这样的思考，有必要关注、研究、建设当下乡村教师的业余生活。

(一)研究缘起

第一，乡村教师业余生活质量对乡村教师具有重要意义，值得关注。从总体上讲，我国已经进入社会主义建设的新时代，已经从过去的站起来前进到如今的强起来，处于中华民族伟大复兴的重要时刻。当然，我们也要看到，我国仍然是个农业大国，农村人口占全国总人口的一半。其中，乡村构成了农村社区的主体，乡村人口占据了农村人口的重要比例。在如此情形下，乡村学校的规模仍然十分庞大，乡村学校的就读学生数量在适龄就读儿童中占据较大的比例。

支撑乡村教育的就是一群长期坚守岗位的乡村教师。作为战斗在艰苦乡村社区环境中的人民教师，今天我们必须深刻看到他们的不容易：近年来，由于大量乡村青壮年劳动力进城务工，由此出现了大量的留守儿童。这些留守儿童的教育面临着艰巨的挑战，例如，因为父母的外出务工而让亲子教育沦为空白；因为祖辈抚养带来的隔代教育问题，闭塞涣散的信息环境，让乡村孩子的发展处在极其危险的境地。而给予他们专业教育、有效安抚他们的心灵、指引他们健康发展的重任，就落在了广大的乡村教师身上！所以，正如《支持计划》中指出的："发展乡村教育，帮助乡村孩子学习成才，阻止贫困现象代际传递，是功在当代，利在千秋的大事。"学生向老师取经，不但是从他们那里获得科学文化知识，还要受到人格品德的熏陶；学生向教师学习，不仅是在传授知识的课堂上，还有校内和校外的日常生活中。其中，乡村教师的业余生活也是影响乡村孩子学习、发展的重要因素。如果一位乡村教师自身的业余生活不健康且没有质量，那么不仅会影响乡村教师自身的身心健康与人生质量，也会影响乡村儿童的成长。所以，乡村教师的业余生活不是"小事"！

总之，一方面，就目前大多数乡村教师而言，他们具有合格的专业知识和专业技能、良好的文化修养和人格力量。他们战斗在艰苦的乡村教育岗位上，是乡村教育事业建设的生力军，为乡村教育奉献了自己的青春与热血，是可歌可泣的。另一方面，他们需要高品质的业余生活充实生活、提升自我、消除工作疲倦、缓解工作压力，从而使业余生活更好地服务于业内生活——教育、教学专业工作，因此需关注他们的业余生活。

第二，当前乡村教师的业余生活状况不太理想、关注力度不够，值得研究。一方面，正如在《边缘化的打工者——中西部地区乡村教师工作和生活状况调查研究报告》中描述的中西部地区乡村教师生活状况：生活空间的排挤，体制的排斥，收入不高，社会资源缺乏，将乡村教师推入了边缘地带，成为"边缘化的打工者"。①因为从户籍而言，有80.7%的乡村教师来自城镇，他们在村里任教，教的是农村的孩子。在农村人眼里，他们是城里的人；在城里人眼里，他们是在乡下工作的。他们在农村和城镇人中都没有位置，是游离于不同生活地点、不同文明层次的边缘人。从体制而言，乡村教师永远处于被动的局面。他们在诸如紧缺的乡村教师编制下面临着超编带来的职业危机，承受着实质性缺编下的超负荷劳动，在泰勒制和绩效工资制下领着"斤斤计较"的薪水。同时，他们所交往的对象就是学生家长及亲戚、学校同事。这些对象与自己趋同，且也多处于教师群体的底层，社会资本较为缺乏，难以支撑更换工作或者晋升的需要。生活在如此状况下的乡村教师，首先是归属感较低，他们在乡村被排斥，在城里被排斥，他们这样的群体业余生活的玩伴大部分是同事和家人，他们犹如生活在孤岛一般，交际圈子狭窄。其次是业余生活质量不高。这不但受较低的经济待遇及社会地位的影响，同时也因为缺编所带来的超负荷工作挤占了业余时间。其他研究如《城镇化进程中乡村小学教师精神生活现状调查研究——基于四川省C市的实证分析》中也有所揭示：乡村教师的精神生活比较匮乏，其中教师精神生活和休闲生活水平低。②另一方面，当前对乡村教师的业余生活关注也极其不够。如《支持计划》中提出了要加强乡村教师队伍建设，并且提出了一些重要举措：一是全面落实集中连片特困地区乡村教师生活补助政策，并依据学校艰苦边远程度实行差别化的补助标准，逐步形成"越往基层、越是艰苦，待遇越高"的激励机制。二是要求各地方依规落实乡村教师工资待遇政策，依法为教师缴纳住房公积金和各项社会保险费。三是做好乡村教师重大疾病救助工作。四是加快实施边远艰苦地区乡村学校教师周转宿舍建设，各地要按规定将符合条件的乡村教师住房纳入当地住房保障范围。分析这四项举措就会感受到，这些乡村教师队伍的建设措施主要局限在物质层面，这些方面固然十分重要，但是还不够，还需要搞清楚诸如乡村教师的业余生活等方面的精

---

① 姚晓迅，亓昕.边缘化的打工者——中西部地区乡村教师工作和生活状况调查研究报告[M].北京：社会科学文献出版社，2014：19.

② 郑岚，邓成飞，李森.城镇化进程中乡村小学教师精神生活现状调查研究——基于四川省C市的实证分析[J].海南师范大学学报(社会科学版)，2017，30(1)：110-118.

神需求,如乡村教师的精神生活质量到底怎么样? 他们快乐吗? 他们在村落里教书育人幸福吗? 等等。由此可见,乡村教师的业余生活的现状非常值得关注和研究。

(二)文献综述

1.关于乡村教师业余生活的研究

总体上看,研究乡村教师业余生活的文献颇少。已有研究成果中有一些采取叙事性研究方法的成果。例如,来自《黔江日报》的一篇叙事研究的文章《有这样一群人——乡村中小学业余生活扫描》中讲述了一位来自城市的岑老师在乡村任教的故事,其中岑老师讲述了他在任教之余悠闲自得的业余生活。《乡村教师遇知音》中讲述的那位乡村教师的业余生活之前只是在酗酒、打牌、看武侠小说中度过的,偶尔看到一本《新闻通讯》就如同遇到知音一样改变了他的业余生活,他开始在业余时间撰写新闻稿子,新闻稿子发得多了就受到了领导的重视与提拔,工作也是顺风顺水。[①]有学者关注到了农村幼儿教师精神生活状况,"认为较为充足的闲暇是农村幼儿教师幸福与自由的源泉,农村幼儿教师也正是在闲暇中感知到了教育的使命;而传统的农耕文化与儒学思想孕育了农村幼儿教师重义轻利的道德信仰与安贫乐道的人生境界"[②]。一项对农村教师在校业余生活的考察表明,教师在学校内的业余时间主要用在处理班级事务和辅导学生上,偶尔或者不参加体育活动,基本没有参加文娱活动、怡情活动,看电视和影碟录像成为大部分教师的选择,打牌打麻将偶有参与。[③]基于相关文献的分析,乡村教师业余生活状况的研究较少,少有触及他们的校外生活。从整体意义上来看,包揽内容较广、研究实效性较强的文献不多。但是乡村教师的生活情况又是建设乡村教师队伍时必须关注的,由此从多方面重新审视乡村教师的业余生活也就显得重要而迫切了。

2.关于乡村教师生活质量的研究

从总体上看,有关乡村教师生活质量的研究中涉及物质生活质量、精神生活质量、心理健康生活质量等。相关文献都在写乡村教师生活补助,如教育部办公厅每年下发的关于报送乡村教师生活补助实施情况的通知,以及相应的新闻报道,如《连片特困地区实施乡村教师生活补助八问》[④]。围绕乡村教师生活质量处于何种状态,有

---

① 汪继兴.乡村教师遇知音[J].新闻通讯,1995(6):55.

② 张云亮.国家扶贫县农村幼儿教师精神生活状况考察[D].上海:华东师范大学,2012:44-53.

③ 胡先云,龙小林.农村教师在校业余生活状况及思考:来自湖南一所农村初中的考察[J].教学与管理,2008(31):36-38.

④ 连片特困地区实施乡村教师生活补助八问[J].基础教育改革动态,2013(23):16-18.

学者从生活收支、工作期待、身心状况、职业烦恼、人际关系等方面进行研究,并建议把乡村教师放在特定的乡村环境中去了解与认识,而不是用一刀切的眼光和标准审视乡村教师,对他们的学历、素养、教学技能提出批评,对他们的待遇、负担报以同情;并以发展的眼光看待乡村教师,改善乡村学校的组织管理,为乡村教师的发展创造条件。①民国时期乡村教师的生活与大变革时代,他们对社会巨变的理解和应对,依然可以对研究当代乡村教师的心理行为有所助益。②《又见炊烟升起——记忆上个世纪80年代我的乡村教师生活》中记述了一位乡村教师从大学毕业分配到乡村学校任教的生活,展示了乡村教师平凡而又平淡的生活。③《从秧畈到圻(土居)山:我的乡村生活》也是一篇以叙事研究为主的文章,记述了作者学生时代在乡村读书时乡村教师的生活情况和后来作者作为乡村教师在乡村任教时的生活情况。无论是作为学生所看到的乡村教师,还是自己作为乡村教师,他们所过的生活都十分艰苦,但对学生都是没少一分的关爱。④这些研究成果对不同学校层次、教师生活的侧面做了有益的探索。

3.关于提高教师生活质量的研究

近年来,一些研究关注教师的生活质量建设问题。乡村教师的生活质量体现在方方面面,收入提高、幸福感增加、身心健康有保障等皆影响生活质量的提升。有学者提出,"基本的生活条件、工作条件是幸福生活的基本因素"⑤,教师要争取社会、争取学校的支持,或者通过自己的不断努力进一步改善生活条件和工作条件,创造幸福生活。有学者通过对教师职业倦怠原因的分析,提出教师成为研究者能够使教师回归生活世界、走向自我实现并且是追寻幸福的必由之路。⑥教师的工作可以看成是一种精神性劳动。物质的丰富可以增加幸福,但是精神性的享受是更重要的。教师生活质量体现在物质条件、身心健康和工作发展三个方面。⑦有学者以高中骨干教师为对象,对其生活质量及心理健康状况进行测查,结果显示,高中骨干教师的心理健康状况不佳,在性别、婚姻状况、来自城市还是农村等方面,生活质量及心理健康状况的

---

① 王义娜.生存与发展:农村教师生活质量研究[D].武汉:华中师范大学,2010.

② 高盼望.民国时期乡村教师的生活研究[D].济南:山东师范大学,2015.

③ 孔陶.又见炊烟升起——记忆上个世纪80年代我的乡村教师生活[J].江苏教育,2010(Z2):30-34.

④ 徐淑红.从秧畈到圻(土居)山:我的乡村生活[J].创作评谭,2010(4):32-36.

⑤ 陈大伟.有效观课议课[M].天津:天津教育出版社,2010:237.

⑥ 白亮.教师生活:从职业倦怠走向幸福[D].兰州:西北师范大学,2007.

⑦ 张冬梅.枣庄地区两所高职院校教师职业紧张与生活质量的研究[D].济南:山东大学,2014.

一些因子存在着明显的差异,生活质量与心理健康状况在总体上高度相关。[①]另有研究发现,高职男性教师的压力较女教师要小,幸福感要高。与此相对,有学者对北京民办学校30名外来女教师的生活状况进行研究却发现,这些教师的压力感、挫败感、"家"的缺失感比男教师更为强烈。[②]由此可见,不同教育阶段、不同性别等的教师的生活幸福感不同。同时,还有一些研究关注教师的身心健康问题。高校教师的生活方式与健康也存在隐忧,有些教师因酗酒、通宵麻将等导致处在亚健康或患病的状态。[③]一项对150位教师的调研发现,高血脂患者有45人,其中合并高血压、高血脂患者有28人。[④]该研究亦提出,这些疾病的发生率与生活方式有关。防患于未然,通过情志干预、运动干预、饮食干预等可提高亚健康教师的生活质量。教师从事教书育人或科学研究工作,回到家又要勤于家务,为生活着想。在如今这种竞争激烈、各方面压力都很大的社会,如果长期处于这种较高强度的压力之下,而不劳逸结合的话,就会患上各种疾病,尤其是许多慢性病会一点点的积累,日积月累就会产生焦虑情绪等心理疾病,长此以往就会出现失眠多梦、烦躁易怒等状况。有学者强调了健康体检对预防疾病的发生、审核生理和心理疾病具有重要意义。早期发现,及时治疗,可对病情恶化起到显著的抑制作用,还可督促教师改善生活方式。[⑤]此外,《教师生活保健必读金典》一书主要从教师要有一个良好的身体的原因和意义出发,讲述了日常饮食保健、生活细节保健、心理自我保健、平时运动保健的常识,防治职业病和常见疾病的方法,最后还给出了一些养生建议。[⑥]从上述的研究中,我们不难发现教师的生活质量与健康有很大的关系,因此教师要注意学习生活保健常识,积极克服和防止疾病的出现,为生活质量提升做准备。

4.对已有研究的评价

首先,对教师生活的研究逐步受到重视,取得了一些重要的成就。上述情况表明,学术界的研究虽然涉及一般意义上的教师生活等问题,但对乡村教师生活的研究却较为欠缺。已有的这些关于教师生活的研究成果,在研究的具体对象上有所差异,在研究方法上兼有大量的定性研究与少量的定量研究。从已有的研究成果来看,对

① 刘亚丽,王瑶.高中骨干教师生活质量与心理健康状况调查[J].心理科学,2008(3):729-731,728.

② 于光君.性别视角下北京民办学校外来女教师的生活状况研究[J].中华女子学院学报,2015,27(4):53-58.

③ 刘梦.济南市部分高校教师生活方式与健康现状关联性调查研究[D].武汉:华中师范大学,2011.

④ 赵静.中学在职教师生活方式对血压血脂影响的研究[J].中国全科医学,2012,15(15):1708-1710.

⑤ 鲁永梅.健康体检对青年教师生活方式的影响[J].中外医疗,2013,32(34):141,143.

⑥ 李玥.教师生活保健必读金典[M].武汉:湖北科学技术出版社,2014:117.

教师生活及健康的研究在逐步深化和拓展,反映了教师生活研究方面的重要成就:一是对乡村教师业余生活有一定认识,有助于加深对教师群体的了解;二是对教师生活的理论思考,有助于丰富教师以及教师教育的理论;三是在实践层面对乡村教师业余生活品质的提升建议,有助于促进乡村教师群体的发展,丰富其生命内涵。

其次,已有关于乡村教师生活的研究也存在一些不足。具体而言,有关乡村教师生活的研究存在如下一些值得反思的地方:一是对乡村教师研究的广度还有待拓展,对诸如乡村教师业余生活的需要关注、研究,以及诸如对不同性别、年龄、学历、职称、学段的教师的业余生活需要进行系统性的研究;二是在研究方法上还有待进一步改善,其中定性研究的比较多,定量的实证性研究较为欠缺,因而研究成果的说服力不够,解决实际问题的力度不行;三是研究的理论概括水平还有待提高。综观这些已有的研究,大多是从教育的角度看问题,对教师的生活过分理想化,而缺乏站在乡村社区特殊环境等更为广泛的视野来看待乡村教师生活问题。

乡村学校是乡村社会文明的"灯塔",乡村教师是乡村文明的"播火者"。在今天实施乡村振兴战略的背景下,建设高质量的乡村教师队伍、提高乡村学校教育质量对阻断贫困的代际传递、建设全面小康社会、实现共同富裕具有历史性的重要意义。因此,需要从性别、年龄、学历、职称、学段、所教科目及职务等社会人口学的角度对不同乡村教师的业余生活进行系统化的研究,对乡村教师业余生活在行为方式、时间与空间分布、心理感受与社会评判等等方面进行全面性的研究,这些都是乡村教师研究的应有之义。

(三)研究意义

促进乡村教师的专业发展、关心乡村教师的业余生活,是加强乡村教师队伍建设的重要内涵。从理论上讲,建立在人力资本理论和需要层次理论上的乡村教师业余生活及其研究具有多方面的价值。从微观上来讲,业余生活对乡村教师个人的专业发展有一定的支持作用,业余生活本身对人的生命也是有一定积极意义的。从宏观上来讲,业余生活对社区和人群具有一定的正面作用,对社会的稳定和发展也具有一定的意义。

第一,业余生活有助于支持教师的专业工作。业余生活除满足基本的生理需求的生活外,还包括履行社会责任的生活和闲暇生活等方面。业余生活中的闲暇生活是生产力发展的产物、社会文明进步的重要标志。因为在机器化大生产以前的奴隶社会,闲暇只是上层阶级的人所特有的,奴隶阶层的人整天忙于下苦力,根本没有闲暇生活。而到了工业时代,由于生产力水平的提高、对劳动者生产素质要求的提高、对劳动者精力与体力恢复的要求等,过去不受重视的普通人的闲暇生活获得了应有的地位。今天,人们越来越重视闲暇生活等业余生活,其重要意义在于:一是闲暇生活对于劳动者来说具有补充性和恢复性的特点,劳动者在闲暇时间通过休息,补充了体力,恢复了精力,有更多的精力投入自身的专业实践中来。在专业实践中人们需要有饱满的精力和充足的体力去学习和发展专业。闲暇生活也使脑力劳动者放松心情,通过聊天、看电视等活动得到放松,消除专业实践的紧张。所以业余生活对专业的发展具有支持作用。二是专业学习的时间可以在业余时间上得到弥补。因为人们在特定的时间学习专业知识,或者从事专业上的工作的时候,由于没有结束,还可以在业余时间进行。这样业余时间支持了专业的发展,专业的学习和工作延续到了业余时间。三是业余生活提供了专业学习和专业实践的时间。除了可以把专业学习和专业实践延续到业余生活中,人们还可以在工作之余,阅读书刊杂志,浏览跟专业相关的网页,吸收与专业相关的信息。如果从事体育相关的工作,可以在工作之余练练跟体育相关的技能;从事艺术相关的专业,可以在工作之余弹弹琴、吹吹笛子。这些与专业工作相关的业余生活,既丰富了个人的业余生活,促进了个人的健康,也有助于支持专业工作和专业发展。

第二,业余生活有助于丰富教师的生命内涵。业余生活对于个人的意义有很多,它可以让人感到有成就感,让人感到自信和幸福,从而丰富教师的生命内涵。其一,业余生活的社会义务活动能够带来成就感。丰富的业余生活涉及个人的闲暇放松和履行社会义务等方面,它们不但能够放松人的体力和精力,而且也能给人带来成就感。如陪伴孩子,当看到小孩在陪伴中身体逐步成长、语言思维能力逐步增强、逐步掌握重要的生活技能、学会了与父母及他人交流时,会有重大的成就感。又如照顾老人,当在业余生活中陪伴老人时,跟老人聊聊家长里短、共同回忆过去、提供一些简单的帮助等,会在看到老人快乐时而感到快乐。在陪伴孩子、照顾老人的业余生活中既履行了社会义务,也感受了业余生活的成就感。其二,业余生活中的消遣娱乐能够带来快乐。业余生活中适度的消遣、娱乐活动,可以转移我们的注意力,放松工作中的紧张心理,甚至有助于暂时远离工作和生活中的一些烦恼或压力,放松心情、享受愉悦。比如,利用业余时间外出旅游、观光,可以受到历史文化圣地的熏陶、洗礼,可以感受到大自然的奇妙、美丽。其三,业余生活有助于促进人的全面发展。众多的日常生活经验表明,业余生活能够提供人全面发展的条件,如工作之余的各种体育活动、健身运动、业余时间的读书思考、参观访问,饭后茶余的琴棋书画活动等,对提高闲暇者的身体素质、文化素养甚至专业能力、工作技能等都是大有裨益的,从而促进人的全面发展。

第三,业余生活有助于引领社区生活前进。将教师的业余生活放到整个乡村社区的格局中来看,它对社区以及整个人群都有多方面的作用。首先,各种闲暇体育是社区文明建设的重要内容。社区设置健身器材,社区里的老人每天清晨去锻炼锻炼身体、活动活动筋骨,对身体有益处。小区里设置长条凳、休息长廊,小区里的业主们聚在一起,交流信息、开阔见识,也是一种美好。人们根据交流的信息改善自己的生活习惯,也是一种示范作用,对公共道德和社会责任也有着一种培养作用。所以,业余生活有文化和道德传播作用。其次,业余生活也是社会经济建设的需要。按照人力资本理论的观点,休闲也是一种生产力,而且已经成为发达国家的主要产业之一,它的经济投资和消费带来了巨大的经济和社会效益。如一些城市的旅游经济、大型节庆活动、体育产业、娱乐栖憩等,不仅创造了就业机会,也带来较高的经济收入。因此,一些发展中国家也将休闲产业作为主打产业,如中国一些靠旅游拉动消费的城市的旅游经济。最后,业余生活也有助于自然环境的改善。如为了提高人们业余生活的质量,人们开始较大规模地植树造林,建设了众多生态园林,垦殖大量的绿色草坪等。这些使人徜徉在绿色的自然生态环境之中。当然,如果进一步站在教师的研修旅行角度看,著名的文化圣地、独特的自然风景也是他们教育专业工作的重要源泉、课程开发的重要资源,这些资源丰富了乡村教师的业余生活。

二、概念界定与研究方法

(一)概念界定

1.生活与业余生活

"生活"在《辞海》中解释为:①人的各种活动。如:政治生活;文化生活。②生存;活着。③犹生涯、生计。④指工作、手艺或成品。根据上述对"生活"的解释,结合乡村教师这个特定的对象,我们认为:乡村教师的"生活"就是与其工作相对应的乡村教师的"各种活动"。

"业余"在《现代汉语词典》中的解释是:①工作时间以外的;②非专业的。为了进一步明确乡村教师业余生活的概念,结合上述对"业余"的解释,我们认为:乡村教师的业余生活中的"业余"就是乡村教师"本业之外,工作之余"的总和。

基于上述对"生活"和"业余"的理解,乡村教师业余生活就是乡村教师"本业之外,工作之余"的"各种活动";其内容包括:一是满足个人生存需要的基本活动,如吃饭、睡觉等;二是个人必须履行的社会义务性的活动,如抚养小孩、赡养老人及家务活动等;三是一些可自由支配、不受他人安排限制的活动,如兴趣活动、放松消遣、专业提升等。

2.乡村教师与乡村教师业余生活

根据前述,乡村教师是指在乡村学校任教的教师。结合《支持计划》中关于乡村教师的说明,他们主要工作在西部及部分中部地区的老少边穷岛等连片贫困区的教学点、村小学及中心校,身份类别上有正式编制教师、特岗教师、代课教师等。[①]他们是否坚守与胜任关系着乡村孩子的教育发展、乡村社区的文明传播、乡村社会的整体进步。

结合上述对"业余""生活""业余生活"等概念的理解,我们将"乡村教师业余生活"界定为:在西部等连片贫困区乡村学校从事教育工作的教师在工作之余的各种活动。如上所述,由于业余生活涉及的范畴比较广泛,所以可依据不同角度将其划分成为不同类型:①从时间分布角度,乡村教师业余生活包括:满足自己正常生理需要的各种活动,如吃饭、睡觉、打理个人卫生;履行社会义务的各种活动,如抚养子女、赡养老人、打理家务;按照个人意愿安排的各种活动,如各种文艺兴趣活动、户外健身和旅游、自主学习与研修等。②从活动内容角度,乡村教师的业余生活包括放松消遣类活动,如看电视、听广播、看电影、玩游戏、钓鱼、养花等;健身健体类活动,如各种业余体育活动,打球、游泳、跑步及学习养生智能等。③从空间场地分布角度,乡村教师的业余生活包括登山爬梯、打球跑步、钓鱼漂流、驾车旅行、体验探险等各种户外活动,以及陪伴子女、照顾老人、打理家务、自主学习、化妆美容、养花种草、打盹发呆、抽烟喝酒、吃零食等各种户内活动。④从活动效益角度,乡村教师业余生活包括消除疲倦、恢复体力、补充供给等维持性的活动,如增强体质、发展兴趣、提升专业、发展人际关系等提高性的活动。

(二)理论基础

1.闲暇与休闲理论

在马克思主义理论看来,闲暇是摆脱各种社会责任之后所剩余的时间,而且这种时间主要用于娱乐、休息和满足个人精神文化需要而不被直接生产劳动所吸收,一个有意义的闲暇生活取决于个人在闲暇生活中自由程度的提高,闲暇的本质是自由。[②]有学者指出,"闲暇是一个时间概念,广义的闲暇又称为8小时工作之外的自由时间,

---

① 姚晓迅,亓昕.边缘化的打工者——中西部地区乡村教师工作和生活状况调查研究报告[M].北京:社会科学文献出版社,2014:3.

② 罗艳菊,申琳琳.休闲学概论[M].哈尔滨:哈尔滨工程大学出版社,2012:29.

是指个人可自由支配的时间"。由于在闲暇里拥有相对多的个人时间与空间及活动的自由,可以做自己想要做的事情而不受外界压力的影响,因此闲暇又经常被称为自由时间或剩余时间、余暇时间。①同时,闲暇不仅是一个时间概念,也是一个心理概念,它是个人完全凭个人意愿所渡过的时间,人们更多接受主观意愿的引导,自由地支配自己的生活。

"休闲"是与"闲暇"密切相关的一个概念。正如李仲广先生指出的,学术界主要是从时间、活动、存在状态、心态等角度来定义休闲的,一般认为,休闲是自由的,包括一段自由时间以及自由的行为和状态;休闲的过程是快乐的,休闲主体能够在各种休闲的时间与活动过程中获得身心积极的愉悦性感受。李仲广先生还提出了评判"真正"休闲的标准原则:活动自由原则。活动应遵循个人自愿任意选择的原则、过程快乐原则、活动结果利益原则。②

比较而言,闲暇提供休闲发生的机会——可自由支配的时间及其活动,因此可以说闲暇是休闲的必要条件,是一个比休闲更为广泛的概念。③值得注意的是,休闲作为具有较高主体性内涵的概念,较闲暇更有自觉能动性、自主积极性,更加着重于一种较为积极的精神态度、一种较为丰富的心灵体验,它更带有建设性。对于乡村教师队伍建设问题而言,我们认为乡村教师的业余生活应当具有支持其专业发展、职业工作的意义。因此,我们主张乡村教师的业余生活对乡村教师的"个人身体、社交活动方面,必须无害,而且还会帮助发展为更为完整的人,使得个人身体强壮、理智清醒、道德正直"④。

李仲广先生在《休闲学》中总结了休闲的众多益处。参考李仲广先生的观点,休闲具有多方面的价值:其一,对于个人而言,从生理角度看,休闲可以满足个人生理以及心理的需求,促进个人身体及心理的健康;从心理的角度看,休闲可以使人获得自由感、独立感、自治感,有助于提升自我能力、自我价值感。其二,对于社会而言,从个体社会化角度看,休闲是发展社会关系的机会,让人在打破孤独、封闭的日常生活中获得人际支持,促进友谊的发展,提高生活质量;从文明传播来看,休闲及其相关活动和设施是社区或国家自豪感和满足感的重要来源,有助于维持社区的中心道德和正面形象,可以维持和提高社区积极的伦理道德;从继续教育角度看,休闲有助于人自由自主地接受继续教育,其中与专业有关的学习有助于直接提高专业知识与技能,非

---

① 李仲广.休闲学[M].北京:中国旅游出版社,2011:55.

② 李仲广.休闲学[M].北京:中国旅游出版社,2011:14-16.

③ 李仲广.休闲学[M].北京:中国旅游出版社,2011:57.

④ 李仲广.休闲学[M].北京:中国旅游出版社,2011:16.

专业的学习也有助于开阔视野、训练思维、熏陶情感,从而有助于支持专业工作。

当然,必须注意的是,休闲也可能带来消极的影响,如休闲中的赌博押彩、酗酒滋事、低俗表演、涉毒涉黄等,以及因个人休闲而导致的交通堵塞、交通事故、体育事故和环境污染等。因此,有必要对休闲做出一定的规范。所谓休闲规范,就是对休闲进行约束的风俗、习惯、伦理、道德,以及政策、法规、法律等。休闲规范应具有"改进、快乐、社会化、发现自我及显示身份、创造性、娱憩、精神、自我实现、体验、有效利用闲暇时间"的价值。一言以蔽之,休闲应当具有积极的意义、正面的价值。同时,人们可以根据休闲规范评判自我休闲的优劣,从而使休闲有利于个体和社会的进步。这正如李仲广先生提出的休闲"体验—利益"评价模型之要求:休闲活动既要追求过程的快乐,也要追求结果的益处。只有这样的休闲才是真正的、实质的休闲,才是最理想的休闲。上述这些有关休闲的理论,在探讨乡村教师的业余生活、指导乡村教师过一种健康的业余生活方面具有重要意义。

2.人力资本理论

一般而言,国民财富的增长与土地、资本等要素的耗费应该是同时进行的,但统计资料显示,二战以后,国民财富增长速度远远大于那些要素的耗费速度。这是一个难解之谜。经济领域中这些难以解释的特殊现象的出现,引起了西方经济理论界的高度重视,经济学家们纷纷提出自己的观点。人力资本理论就是在这样的背景下产生的。西奥多·W.舒尔茨(Theodore W. Schults)是人力资本理论的构建者,他在美国经济协会上发表的《人力资本投资》的演讲被认为是人力资本理论的开端。他在该演讲中明确提出,当代社会,在影响经济发展诸因素中,人的因素是最为关键的,国民经济发展主要取决于人的质量的提高,而不是自然资源或资本,亦即人力资本是当代促进国民经济增长的主要原因,并且预测"人口质量和知识投资在很大程度上决定了人类未来的前景"。[①]运用人力资本理论能够解释许多无法用传统经济理论解释的经济增长问题,如二战以后,德国和日本仅用15年左右的时间就恢复到原有的水平,出现了经济奇迹般快速复苏的现象。

在人力资本理论看来,物质资本指物质产品上的资本,包括厂房、机器、设备、原材料、土地、货币和其他有价证券等;而人力资本则是体现在人身上的资本,即对生产者进行教育、职业培训等支出及其在接受教育时的机会成本等的总和,表现为蕴含于人身上的各种生产知识、劳动与管理技能以及健康素质的存量总和。舒尔茨认为,人力资本是体现在劳动者身上的一种资本类型,它以劳动者的数量和质量,即劳动者的

---

① 教育部教育规划与战略研究理事会秘书处.建设中国特色、世界水平的现代职业教育体系[M].北京:教育科学出版社,2014:14.

知识程度、技术水平、工作能力以及健康状况来表示,是这些方面价值的总和。人力资本是通过投资而形成的,像土地、资本等实体性要素一样,在社会生产中具有重要的作用。他还指出,虽然区分消费支出和人力资本投资支出比较困难,但包括营养及医疗保健费用、学校教育费用、在职人员培训费用、个人和家庭为适应就业机会的变化而进行的迁移活动等投资都可以划分为人力资本的投入,都会形成或提高劳动者的素质,并且将在很长时期内有助于经济的增长。①

在日益走向人本主义的今天,无论是政治、经济,还是文化、科学的发展,最终目的都要落实到促进人本身的发展上来。因此,今天结合人力资本理论探讨乡村教师的业余生活,就是要确立健康良好的乡村教师业余生活有助于乡村教师的职业工作的基本观点,亦即乡村教师在业余生活中看电视、看电影、钓鱼、养花、打球、游泳、登山、散步,自学、培训等都是一种人力资本的投入,只要这些活动保持在合理的范围,都有助于恢复体力、精力,从而有助于乡村教师更好地投入教育、教学工作中去,也有利于教师群体的身心发展,促进教师队伍建设。

(三)研究方法

1.文献法

本研究首先利用文献法进行了系统的资料收集,包括利用所在单位的图书馆、资料室进行了有关著作、期刊论文的收集和阅读工作;其次是利用网络工具如中国知网、西南大学数字化图书馆、万方数据库、超星图书等途径,收集到了大量的有关乡村教师专业发展和生活的专题研究、新闻报道、民间人士呼吁等资料、信息。同时,通过对这些资料的分析、鉴别、整理、归类,一方面对有关乡村教师、休闲与闲暇、人力资本理论等基本概念和理论有了较为科学的认识;另一方面也明晰了对教师、乡村教师问题研究的基本脉络,发现了有关乡村教师业余生活研究成果的欠缺。

2.调查法

为了掌握以国家连片贫困区为代表的乡村教师的业余生活状况,本研究设计了相应的调查问卷。问卷项目主要包括乡村教师的基本信息,如乡村教师的性别、年龄、所教学科、婚否、业余爱好;乡村教师的业余生活,如有业余生活的时间分配、活动内容、价值倾向等方面。然后对调查问卷的数据进行SPSS高级统计,再基于数据统计进行乡村教师业余生活的分析、讨论及评判。

此外,为了更加真实地了解乡村教师的业余生活的细节情况,本研究还使用了观察、访谈等方法。

---

① 大众财经图书中心.新编常用管理词典:超级实用版[M].北京:中国法制出版社,2013:301.

三、调查工具与调查对象

（一）调查工具

为了掌握乡村教师业余生活的情况，课题组在学习、参考王雅林先生的《城市居民生活时间分配调查表》①基础上编制了《乡村教师业余生活调查问卷》。问卷为半开放式问卷，总共设计了四个部分：第一部分是乡村教师的基本情况，包括性别、年龄、教龄、学历、婚姻状况、所带年级、职称等，以便了解所调查对象的基本信息；第二部分是乡村教师业余生活的态度倾向，以便通过调查从总体上了解教师业余生活的态度倾向，进而了解教师们关于业余生活的价值观和个人对业余生活的自我体验；第三部分是乡村教师业余生活的时间分配，以便通过调查了解乡村教师在工作日和业余日的业余生活时间分配情况；第四部分是乡村教师业余的活动内容，以便通过调查掌握乡村教师业余生活的具体活动内容。通过上述调查，对乡村教师业余生活的好坏做出总体评判，并通过对目前业余生活的诊断，为促进未来业余生活的健康发展提出建议。

（二）调查对象

当前，连片贫困区的乡村教师队伍中工作在条件最为艰苦的乡里甚至村中的教学点、村小学校里的教师是真正"战斗在第一线"的乡村教师。因此，本研究对四川省凉山州的雷波县和普格县、广安市的岳池县、巴中市的平昌县、重庆市城口县的40所较小规模的乡村学校、300多名乡村教师进行了调查，其中有效参与问卷调查活动的乡村教师250余人。

1.教师基本信息

从有关调查样本中乡村教师个人信息的统计（见表6-1）可以看出：其一，从样本教师性别情况来看，男教师占40.48%、女教师占59.52%，女教师多于男教师，可见乡村教师队伍中存在性别比例不平衡问题；其二，从样本教师年龄情况来看，大多处于31~50岁之间，占71.83%，其中31~40岁的教师占40.08%，表明目前乡村教师队伍的年龄还趋于年轻化；其三，从样本教师教龄情况来看，大多数教师的教龄都在11~30年，占63.49%，其中11~20年的乡村教师占36.11%，说明目前乡村教师队伍的工作经验还是比较丰富的；其四，从样本教师婚姻情况来看，已婚教师占90%以上，绝大多数乡村教师不存在结婚难的问题；其五，从样本教师学历情况来看，大专学历教师占

---

① 王雅林.城市休闲——上海、天津、哈尔滨城市居民时间分配的考察[M].北京：社会科学文献出版社，2003.

67.86%,其次是本科学历教师占21.03%,说明乡村教师的学历基本达标;其六,从样本教师工资情况来看,月薪在3001元及以上者占86.51%,其中有近38.49%的教师月薪在4001元及以上,较之周边社区居民,乡村教师的月薪处于中等偏上水平;其七,从样本教师居所情况来看,73.81%的乡村教师居住在学校内,可见乡村学校基本能够满足大多数乡村教师的基本居住要求。

表6-1　教师个人信息表

项目		人数	比例(%)
性别	男	102	40.48
	女	150	59.52
年龄	20~30岁	43	17.06
	31~40岁	101	40.08
	41~50岁	80	31.75
	51~60岁	28	11.11
教龄	0~10年	62	24.60
	11~20年	91	36.11
	21~30年	69	27.38
	31~40年	29	11.51
	41年及以上	1	0.40
婚姻状况	已婚	231	91.67
	未婚	19	7.54
	其他	2	0.79
学历	中专	28	11.11
	大专	171	67.86
	本科	53	21.03
月薪	2000元及以下	1	0.40
	2001~3000元	33	13.10
	3001~4000元	121	48.02
	4001元及以上	97	38.49
是否住在学校	是	186	73.81
	否	66	26.19

2.教师职称情况

从调查样本中乡村教师职称情况的统计(见表6-2)可以看出:其一,小学二级职称的样本数占20.63%,小学一级职称的样本数40.48%,小学高级职称的样本数占5.56%,小学特级职称的样本数占0.40%;其二,中学二级职称的样本数为18.65%,中学一级职称的样本数占12.30%,中学高级职称的样本数占1.98%。可见,调查样本中以小学一、二级职称为主,占60%左右,另外有30%左右的中学一、二级职称。因此,从总体上看,乡村学校教师的职称以一、二级为主。

表6-2　教师职称情况表

类型	人数	占比(%)
小学二级	52	20.63
小学一级	102	40.48
小学高级	14	5.56
小学特级	1	0.40
中学二级	47	18.65
中学一级	31	12.30
中学高级	5	1.98
总计	252	100.00

3.所教年级分布

从调查样本中乡村教师所教年级情况的统计(见表6-3)可以看出:其一,调查样本中任教小学一年级的教师占12.70%,任教小学二年级的教师占11.11%,任教小学三年级的教师占7.14%,任教小学四年级的教师占9.13%,任教小学五年级的教师占13.10%,任教小学六年级的教师占10.71%;其二,任教初中一年级的教师占12.70%,任教初中二年级的教师占10.32%,任教初中三年级的教师占11.90%。其他类占1.20%。如果考虑参加调查活动的乡村教师上课情况等一些因素的影响,可以认为担任各个年级的乡村教师比例还是相对平衡的。这也反映了目前乡村学校对各个年级教育、教学工作安排的理性、科学。

表6-3　教师所教年级信息表

类型	人数	占比(%)
小学一年级	32	12.70
小学二年级	28	11.11
小学三年级	18	7.14

续表

类型	人数	占比(%)
小学四年级	23	9.13
小学五年级	33	13.10
小学六年级	27	10.71
初中一年级	32	12.70
初中二年级	26	10.32
初中三年级	30	11.90
高中一年级	3	1.20
总计	252	100.00

四、数据统计及结论分析

(一)业余生活的总体统计

1.对自我业余生活的评价

为了掌握乡村教师对自我业余生活的总体评价,本研究借鉴有关业余生活调查问卷及其方法[1],在本调查问卷中设计了八个有关乡村教师对自我业余生活的主观感受的测评题目。每道题的选项划分为1~10个依次递增的等级,其中1是最消极的感受、5是中位数、10是最积极的感受。对有关题项回答的结果进行统计,获得了相应的业余生活自我评价的信息(见表6-4)。

表6-4　乡村教师对自己业余生活的评价(单一样本统计资料)

统计项目　题干选项	N	均值	标准差	均值的标准误
(1)空虚—充实	252	4.84	1.241	0.078
(2)乏味—有趣	252	3.17	0.983	0.062
(3)烦恼—愉快	252	5.50	1.192	0.075
(4)失调—和谐	252	5.73	1.186	0.075
(5)紧张—放松	252	5.83	1.077	0.068
(6)单调—丰富	252	3.74	0.970	0.061
(7)受束缚—自由	252	5.52	1.162	0.073
(8)无意义—有意义	252	4.39	0.789	0.050

---

[1] 胡珊珊.幼儿园教师闲暇生活调查研究[D].上海:华东师范大学,2010.

第一，乡村教师的自我体验是：业余生活有和谐、放松、自由的一面。通过将有关题项的统计结果与数值5.5进行对比，发现平均值不等于5.5，证明样本的主观感受并非中立，有明显的偏向。首先，在乡村教师对自我业余生活的主观评价中，除了"（3）烦恼—愉快"之外，"（4）失调—和谐""（5）紧张—放松""（7）受束缚—自由"四个维度的平均值都高于5.5。可见，教师们主观评价自我的业余生活是比较和谐的、比较放松的、比较自由的。这在一定程度上表明，乡村教师的业余生活既不愉快也不烦恼，处于人们一般所谓的"过得去"的状态。

第二，乡村教师的自我体验是：业余生活也有空虚、乏味、单调的一面。再对其他有关题项的统计发现，"（1）空虚—充实""（2）乏味—有趣""（6）单调—丰富""（8）无意义—有意义"四个维度的平均值都低于5.5。可见，乡村教师对自我业余生活消极的主观评价是比较空虚的、很乏味的、很单调的、比较没有意义的。

2.对同事业余生活的评价

乡村教师对身边同事业余生活品质的评价在一定程度上能够折射出乡村教师自己业余生活的品质，及其对业余生活的态度，有助于认识乡村教师业余生活的品质。因此，本研究的调查问卷中设计了让乡村教师对自己身边教师业余生活做出评价的项目。调查问卷中涉及乡村教师评价身边同行业余生活的题项共计八个，每个题项也分为1~10个等级。其中，1同样代表的是消极的评价、5是中位数、10代表的是积极的评价。对有关题项回答的结果进行统计，获得了对身边教师业余生活评价的信息（见表6-5）。

表6-5　对他人业余生活的评价（单一样本统计资料）

统计项目 题干选项	N	均值	标准差	均值的标准误
（1）空虚—充实	252	4.88	1.156	0.073
（2）乏味—有趣	252	4.09	0.775	0.049
（3）烦恼—愉快	252	5.50	1.067	0.067
（4）失调—和谐	252	5.70	1.193	0.075
（5）紧张—放松	252	5.89	1.030	0.065
（6）单调—丰富	252	3.85	0.944	0.059
（7）受束缚—自由	252	5.62	0.988	0.062
（8）无意义—有意义	252	4.61	0.838	0.053

第一,乡村教师认为身边同事的业余生活是:和谐、放松、自由的。在"(4)失调—和谐""(5)紧张—放松""(7)受束缚—自由的"三个题项上的平均值高于5.5。由此可见,乡村教师认为身边同事的业余生活是比较和谐的、比较放松的、比较自由的。

第二,乡村教师认为身边同事的业余生活是:空虚、乏味、单调的。在"(1)空虚—充实""(2)乏味—有趣","(6)单调—丰富""(8)无意义—有意义"四个题项上的平均值低于5.5。可见,乡村教师认为身边同事的业余生活既不愉快也不烦恼,处于居中位置,是一种空虚的、乏味的、很单调的无意义状态。

(二)业余生活时间的统计

1.基于工作日的统计

第一,统计结果表明:60%以上的乡村教师的日工作时间为3~8小时,其中3~6小时的占近一半,显性工作量较为轻松。具体而言,通过对乡村教师每日工作量信息的统计,获得了乡村教师每日工作量的基本情况(见图6-1)。

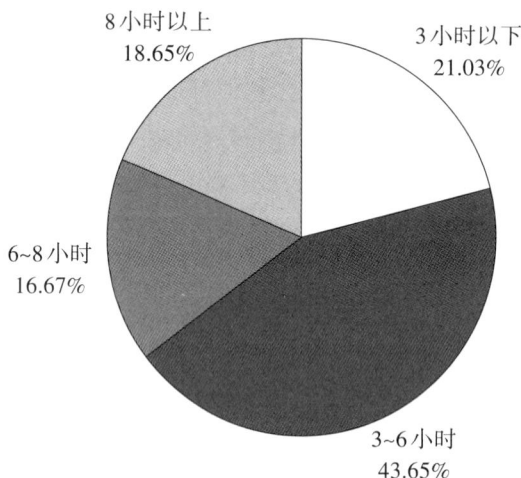

图6-1 工作日内工作时间长度(N=252)

图6-1表明:工作日工作时间在3小时以下的教师占21.03%,工作时间在3~6小时的教师占43.65%,工作时间在6~8小时的教师占16.67%,工作时间超过8小时的教师占18.65%。可见,80%以上的乡村教师的工作时间都在政府规定的8小时以内,其中有近一半教师的工作时间在3~6小时,尚有2个小时左右时间属于自主安排,所以说乡村教师的显性工作量相对较为轻松。这里定性为"显性"工作量,即指乡村教师出现在乡村学校教育、教学岗位上的时间。但是,由于教师工作偏向于脑力劳动,乡村教师其他2小时,虽然不一定在工作岗位上,但未必就没有思考、准备教育工作的事情,所以这里的统计数据只表明了乡村教师显性的在岗时间和乡村教师的工作量

相对轻松。

第二，统计结果表明：70%以上的乡村教师的闲暇时间在3小时以上，其中近一半乡村教师的闲暇时间在3~5小时，大多数乡村教师拥有相对充裕的闲暇时间。具体而言，通过对乡村教师工作日内闲暇时间的统计，获得了乡村教师工作日内闲暇时间的基本情况（见表6-6）。

表6-6 工作日内闲暇时间的长度

统计项目 时间长度	人数	百分比	累计百分比
(1)3小时以下	67	26.59	26.59
(2)3~5小时	137	54.37	80.95
(3)5~8小时	42	16.67	97.62
(4)8小时以上	6	2.38	100.00
总 计	252	100.00	

表6-6表明，乡村教师工作日内闲暇时间的长短存在差异，其中3小时以下的占26.59%、3~5小时的占54.37%、5~8小时的占16.67%、8小时以上的占2.38%。由此可见，一半以上的乡村教师工作日内的闲暇时间在3~5小时。如果按照每天标准工作时间8小时、睡眠时间6~8小时、吃饭等个人事务2小时的标准计算，那么就剩余了6~8小时的闲暇时间。所以，一半以上的乡村教师有3~5小时闲暇时间情况表明，乡村教师在工作日内还是拥有相对充足的闲暇时间。这种状况为想利用闲暇时间来开展专业学习、提升专业素质的乡村教师创造了时间条件。

第三，统计结果表明：有一半的乡村教师每天有0.5~1小时的时间用于处理家务，有近40%的乡村教师每天有2小时以上用于家务劳动，乡村教师的家务劳动时间相对较为充裕。具体而言，通过对乡村教师工作日内利用闲暇时间处理家务活动时间的统计，获得了乡村教师工作日内利用闲暇时间处理家务的基本情况（见表6-7）。

表6-7 工作日内处理家务的时间

统计项目 时间长度	人数	百分比	累计百分比
(1)0.5小时以下	23	9.13	9.13
(2)0.5~1小时	84	33.33	42.46
(3)1~2小时	51	20.24	62.70
(4)2小时以上	94	37.30	100.00
总 计	252	100.00	

观察表6-7发现,具体而言,工作日内利用闲暇时间处理家务的时间不到半小时的教师占9.13%,在0.5~1小时的教师占33.33%,在1~2小时的教师占20.24%,超过2小时的教师占总37.30%。由此可见,一半以上的乡村教师在工作日内需用2小时内的时间处理家务,但也有近40%的乡村教师用于家务的时间在2小时以上。这种情况表明,乡村教师的家务活动时间相对较为充裕。这种相对较为充裕的家务活动时间对于部分乡村教师想利用业余生活增加经济收入、提高生活水准提供了必要的时间条件。

第四,统计结果表明:超过80%的乡村教师每天需要1小时的附加消耗时间用于上班和下班的路途之中,客观存在上下班交通距离相对较远的现实。具体而言,通过对乡村教师工作日内附加消耗时间的统计,获得了乡村教师工作日内附加消耗时间的基本情况(见表6-8)。

表6-8 工作日内附加消耗时间

统计项目 时间长度	人数	百分比	累计百分比
(1)0.5小时以下	103	40.87	40.87
(2)0.5~1小时	108	42.86	83.73
(3)1~2小时	29	11.51	95.24
(4)2小时以上	12	4.76	100.00
总 计	252	100.00	

观察表6-8发现,在工作日里,乡村教师在上班和下班路途上所消耗的附加时间,在0.5小时以下的占40.87%,在0.5~1小时的占42.86%,在1~2小时的占11.51%,在2小时以上的占4.76%。由此可见,超过80%的乡村教师每天需要近1个小时用于上下班的路途之中。相比交通拥挤的城市教师用于上下班的附加时间消耗,乡村教师虽然在上下班上消耗的附加时间差不多,但由乡村并不拥挤的交通条件可知,他们实际上存在较远的交通距离。这也解释了我们在访谈、考察中发现的许多乡村男、女教师都拥有一辆轻便摩托车,自己乘骑摩托车到学校上下班的现象。

2.基于休息日的统计

第一,统计结果表明:大多数乡村教师在休息日里能够休息4个小时以上,有1/3以上的教师能够休息6个小时以上,乡村教师在整体上具有相对充裕的休息时间。具体而言,通过对乡村教师休息日内的闲暇时间的统计,获得了乡村教师休息日内的闲暇时间的基本情况(见表6-9)。

表6-9 休息日内闲暇时间长度

统计项目 时间长度	人数	百分比	累计百分比
(1)4小时以下	52	20.64	20.64
(2)4~6小时	107	42.46	63.10
(3)6~10小时	71	28.17	91.27
(4)10小时以上	22	8.73	100.00
总计	252	100.00	

观察表6-9发现,教师在休息日里的每日平均闲暇时间在4小时以下的占20.64%,4~6小时的占42.46%,6~10小时的占28.17%,超过10小时以上的占8.73%。由此可见,近2/3的乡村教师在休息日里的闲暇时间在4~6小时以下。还有近超过1/3的教师在休息日里的闲暇时间为6小时以上。这表明,大多数乡村教师在休息日里能够休息4小时以上,有1/3的教师能够休息6小时以上,乡村教师在整体上具有相对充裕的休息时间。

第二,统计结果表明:有近1/3的乡村教师在休息日里也在加班,加上近一半教师偶尔也安排涉工时间,说明许多乡村教师在休息日里也在加班做职业工作。具体而言,通过对乡村教师休息日内的涉工时间的统计,获得了乡村教师休息日内的涉工时间的基本情况(见表6-10)。

表6-10 休息日内涉及工作的时间

统计项目 时间长度		人数	百分比	累计百分比
有效性	(1)没有	39	15.48	15.48
	(2)偶尔	139	55.16	70.63
	(3)经常	74	29.37	100.00
总计		252	100.00	

观察表6-10发现,15.48%的乡村教师在休息日里没有安排涉及工作的时间,有55.16%的乡村教师在休息日偶尔安排涉及工作的时间,29.37%的乡村教师经常在休息日里安排涉及工作的时间。同时,在访谈中也了解到乡村教师在休息日里从事职业工作的时间里主要涉及专业进修、学习培训、备课、写教案、批改作业等事情。由此可见,近1/3的乡村教师在休息日里也安排了从事职业工作的时间,另外还有一半以上的乡村教师偶尔也安排了涉及职业工作的事情,说明许多乡村教师在休息日内并

没有全部在休息,仍然在完成与工作相关的事情。

第三,统计结果表明:绝大多数乡村教师在休息日里要干2个小时以上的家务,在休息日里并未全部休息。具体而言,通过对乡村教师休息日内处理家务时间的统计,获得了乡村教师休息日内处理家务时间的基本情况(见表6-11)。

表6-11　休息日内处理家务的时间

统计项目 时间长度		人数	百分比	累计百分比
有效性	(1)1小时以下	10	3.97	3.97
	(2)1~2小时	43	17.06	21.03
	(3)2~3小时	81	32.14	53.17
	(4)3小时以上	118	46.83	100.00
总　计		252	100.00	

观察表6-11发现,在休息日里安排做家务(包括部分教师做农活)的时间,平均每日1小时以下的教师占3.97%,1~2小时的教师占17.06%,2~3小时的教师占32.14%,3小时以上的教师占46.83%。由此可见,近80%的乡村教师在休息日里要用2个小时以上的时间处理家务,其中甚至还有近一半的乡村教师要用3小时以上的时间处理家务。联系前面一半以上的乡村教师在工作日里要用2小时内的时间处理家务的结果,表明大多数乡村教师在休息日里用于处理家务的时间比工作日多1小时,亦即存在乡村教师在休息日里较为集中地处理家务的现象,或也可说明乡村教师的家务活动主要是放在休息日里处理的。当然,这也表明乡村教师的休息日里尚有大半天的时间可用于其他,诸如陪伴家人、从事其他劳动或参与休闲娱乐活动等。

(三)业余生活活动的统计

1.基于活动内容的统计

人们的业余生活包括自由支配的业余活动、不自由的业余活动等许多方面,就其具体活动内容而言,则是非常丰富多彩的。为了了解乡村教师业余生活里所涉及的具体活动项目,根据对调查问卷中相关题项的统计、分析,获得了有关乡村教师业余生活的活动内容的信息(见图6-2)。

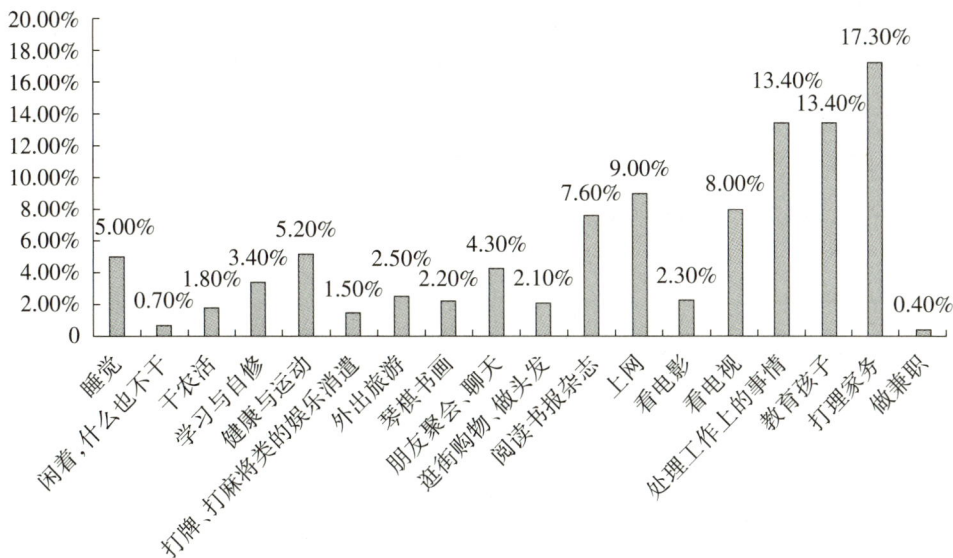

图6-2　乡村教师业余生活的活动内容

观察图6-2发现,乡村教师在业余生活的活动内容中,首先最多的是占17.3%的打理家务,其次是各自均为13.4%的教育孩子和处理工作上的事情,再次是占7%~9%的上网、看电视、阅读书刊杂志等活动,最后是单项在5%以下但累计接近30%的健身运动、睡觉、朋友聚会和聊天、学习与自修等活动。这也表明:一是乡村教师的业余生活接近1/5是在不自由地履行社会义务,反映出较好的社会责任感;二是教育孩子和工作准备也是乡村教师业余生活的重要内容;三是乡村教师的业余生活时间有近1/3花在上网、看电视、阅读书刊杂志等学习型的活动上面,体现了教师身份的职业特性;四是乡村教师在健身旅游、业余研修等方面不是很积极。此外,很少但仍然有一部分乡村教师在业余生活里去干农活或者挣钱,这种现象可能与乡村教师的家庭、生活环境在农村,家属中还有从事农业生产的情形,以及自我认为工资收入偏低等因素有关。

同时,为了掌握乡村教师在业余生活里学习型活动的具体情况,我们对相关的问题进行的调查、统计。

其一,关于上网,如图6-3所示,乡村教师上网活动的内容主要有炒股、兼职、查阅与教学相关的资料、浏览休闲娱乐类的网页、浏览新闻、收发邮件、下载或收看收听电影或音乐、聊天、玩游戏等。其中,查阅与教学相关的资料是教师上网做的最多的事项(占30.9%),可见乡村教师上网的主要目的是专业工作;其次是浏览新闻(占23.7%);最后是下载或收看收听电影、音乐以及浏览休闲娱乐类的网页和聊天、玩游戏等(累计占比在50%左右)。可见,乡村教师上网的主要目的是做有关专业工作的准备和闲暇的娱乐消遣,乡村教师的业余上网活动处于一种相对较为健康的状态。比如,我们在广安市岳池县调查时,一位乡村教师说:"我们上网也并不是没有作用的,有时候在网络上看到的一些东西也可以用到教学中去作为例子,还是对本职工作有些作用的。同时,话又说回来,我们这里没有图书馆,想看专业书刊也没有,也就只有上网了。"

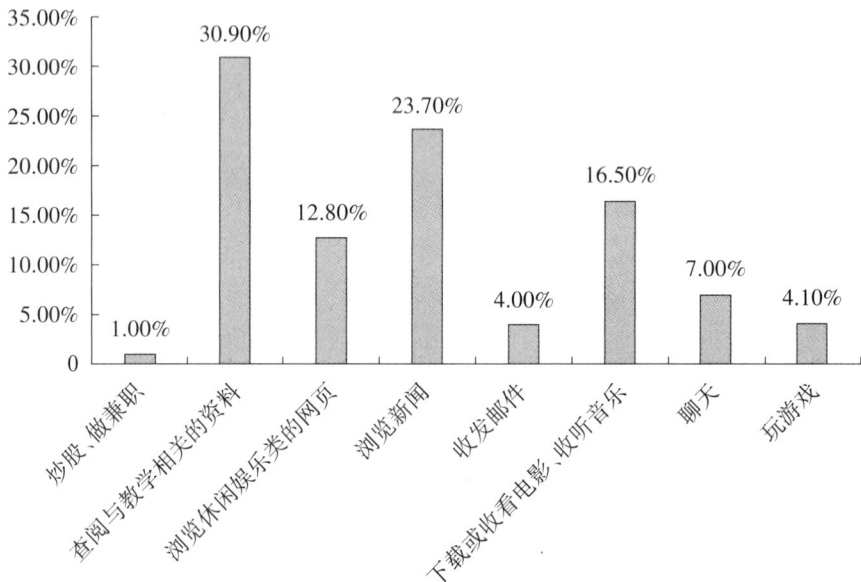

图6-3 乡村教师上网所做事情

其二,关于看电视,如图6-4所示,乡村教师收看电视节目的主要目的是自我放松(占23.1%);其次是学习文化知识(占22.2%),满足自己的兴趣爱好(占22.2%);再次是了解时事政策(占13.8%)、了解专业信息(占10.2%)、打发时间(占8.6%)等。可见,乡村教师收看电视节目的主要目的呈现多样性、较为丰富的状态。这也正如调查中,一位重庆市城口县的乡村教师所言:"我们这地方,周围也没啥,下班后就是看看电视、玩玩手机上网浏览一下,或者再就是去找几个人打一下麻将,反正也没有啥事情可做。"

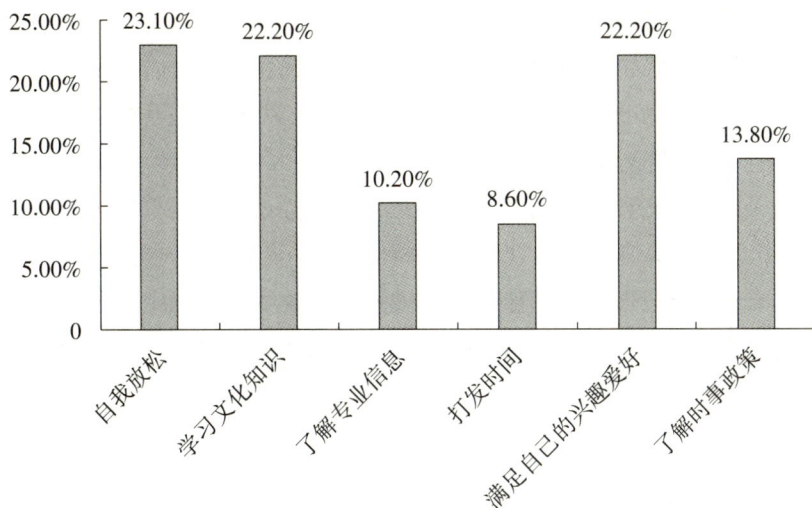

图6-4　乡村教师收看电视的目的

　　其三,关于阅读书刊杂志,如图6-5所示,乡村教师阅读书报杂志的主要目的是增加文化知识(占22.3%);其次是享受阅读过程(占18.8%)、满足自己的兴趣爱好(占15.2%)、自我放松(占14.4%)、了解时事政策(占13.1%)。其他诸如了解专业信息(占9.7%)、打发时间(占6.5%)等都在10%以下。可见,增加文化知识是乡村教师阅读书报杂志的主要目的,也说明乡村教师阅读书刊杂志目的的多样性和乡村教师精神的丰富性。同时,这也表明乡村教师的业余阅读符合其职业身份和工作特性的要求,处于较为健康的状态。

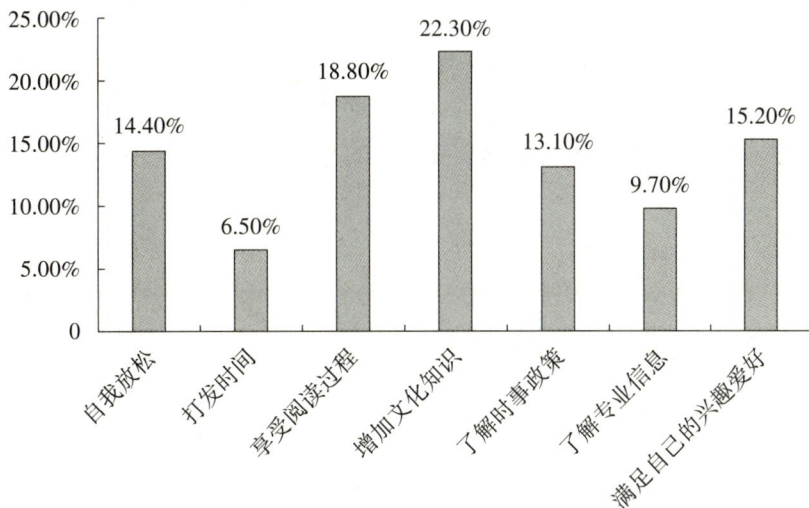

图6-5　乡村教师阅读书报杂志的目的

有学者将闲暇活动分为消遣型、社交型、学习型和闲呆型[①]，还有学者将业余活动分为社交型、纯耗时型和成就型[②]。综合二者，我们把乡村教师的业余生活划分为消遣型、提高型、社交型和闲呆型四种。依据这种划分，我们发现：乡村教师在业余生活中除打理家务、教育孩子和工作准备等不自由地履行社会义务的业余活动外，既有诸如阅读书刊杂志、健身运动、学习与自修等提高型活动，还有上网、看电视、看电影、自娱自乐、逛街购物等消遣型活动；既有朋友聚会、聊天、外出旅游等社交型活动，也有睡觉、闲着、什么也不做等闲呆型活动。可见，乡村教师的业余生活内容在活动类型上较为丰富，其中也兼顾着社会义务和个人需要，闲暇生活处于较为丰富、健康的状态。

2.基于活动主体的统计

业余生活中与谁在一起，是乡村教师业余生活活动主体的问题。我们把与乡村教师一起参与业余生活的人称为同伴。直观而言，乡村教师的业余活动同伴既有自己的父母、配偶或恋人及孩子等家人，还有联系密切的朋友与同事、志趣相投的友人。他们参与乡村教师的业余生活中来，既带来了家庭、生活的温暖，又增加了倾吐、述说的对象，还增添了交往、合作的伙伴，具有多方面积极作用。

那么，乡村教师业余活动中的同伴有哪些呢？通过对乡村教师业余生活中同伴的统计发现（见图6-6），乡村教师业余活动中的同伴：家人占26.6%，同事占20.8%，同学和朋友占19.4%，兴趣相投的人占15.4%，配偶或恋人占12.2%，独自一人占5.5%。如果把同伴是家人和配偶或恋人的比例相加，可见乡村教师业余生活的同伴有近40%是自己的亲人，说明陪伴家人是他们业余生活的主要活动，表现出他们较强的家庭责任感。另外，同事、同学、朋友、兴趣相投的人占近60%，说明乡村教师业余生活的社交圈并不大，社交对象主要是家人、同事，交往对象较为固定、健康。这既符合乡村教师的职业身份，也反映乡村教师具有较强的自律性。

---

① 田翠琴，齐心.农民闲暇[M].北京：社会科学文献出版社，2005：59.

② 许玲丽，周亚虹，徐琳玲等.休闲方式你选对了吗？——基于主观幸福感的研究[J].上海财经大学学报，2017，19（6）：46-59.

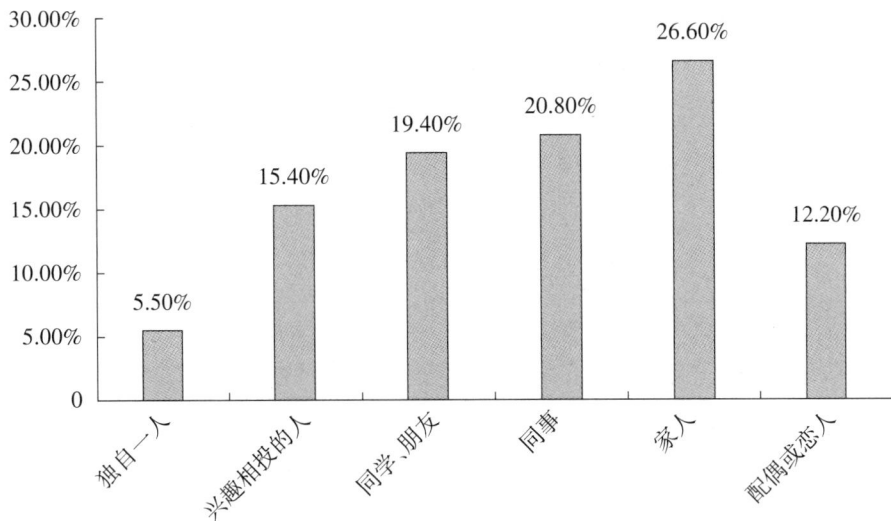

图6-6　乡村教师业余活动的同伴

3.基于活动偏好的统计

有研究认为,个人业余的兴趣爱好对健康个性和良好心理素质的形成有一定影响。[1]有研究发现,教师认为业余爱好能使自己在繁忙工作中保持一片净土,有利于增加愉快的生活体验,使身心处于平衡状态。[2]可见,需要从业余生活中的兴趣爱好的角度来了解乡村教师对业余活动的偏好(见图6-7)。

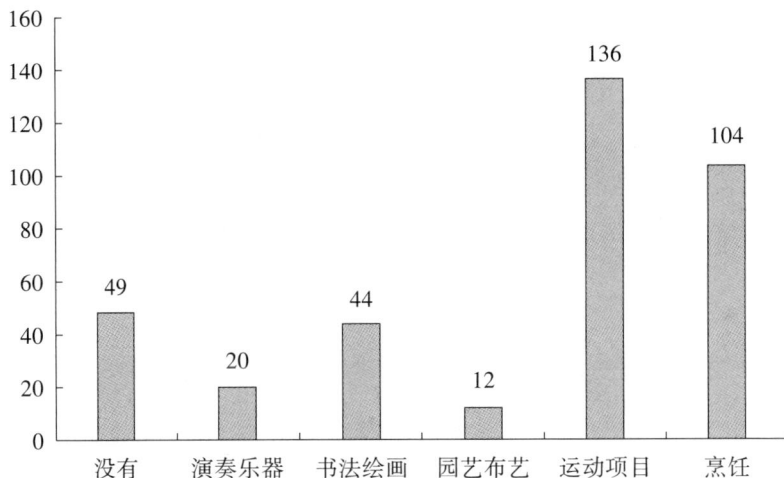

图6-7　乡村教师业余活动偏好

---

① 秦静,沈澄,楚燕萍等.某驻地海勤官兵业余爱好状况的问卷调查及分析[J].中国疗养医学,2011,20(10):947-948.

② 李丹.培养业余爱好有利于心理平衡[J].上海成人教育,1994(Z2):74.

观察图6-7发现,关于乡村教师的业余活动,在接受调查的252人中,没有业余偏好的教师有49人,占19.4%。业余活动偏好的具体内容和比例主要是:运动项目占53.97%,烹饪占41.27%,书法绘画占17.46%,演奏乐器占7.94%,园艺布艺占4.76%,等等。可见,从总体上看,乡村教师的业余活动偏好比较单一,主要是运动项目和烹饪,生活兴趣并不广泛。究其原因,与乡村教师的生活环境、社区资源设备等条件较为单一有关,同时也与乡村教师人际交往对象单一有关。

(四)业余生活取向的统计

1.基于价值取向的统计

通过统计乡村教师对业余生活价值的不同认知,获得了乡村教师业余生活价值取向的信息(见图6-8、图6-9、图6-10)。

第一,业余生活中最有价值的事情是:挣钱养家。乡村教师对"根据自己的工资收入情况,你在业余生活时最希望干什么有价值的事情"的回答结果(见图6-8)表明:多干活、多加班、多拿钱占40.87%,维持现状占34.52%,少干活、多放假、少拿钱占13.49%,无所谓占11.11%。超过40%的人选择多干活、多加班、多拿钱,表明乡村教师认为业余生活中最有价值的事情是挣钱养家。

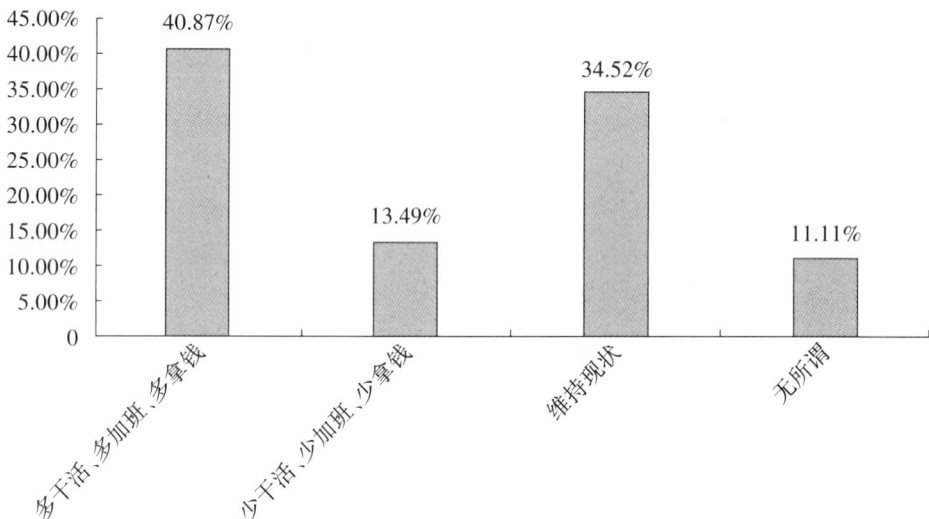

图6-8 乡村教师业余生活的价值选择(1)

第二,是否赞同利用业余生活增进幸福:较为赞同。乡村教师对"有乡村教师认为应当利用业余生活增进生活幸福,你对此的态度是_____"的回答结果(见图6-9)表明:完全赞同的占20.1%,基本赞同的占46.5%,说不清楚的占9.1%,不太赞成的占22.4%,很不赞同的占2%。如果把非常赞同和基本赞同二者相加则可见,有近70%的乡村教师赞同利用业余生活来增进生活幸福。

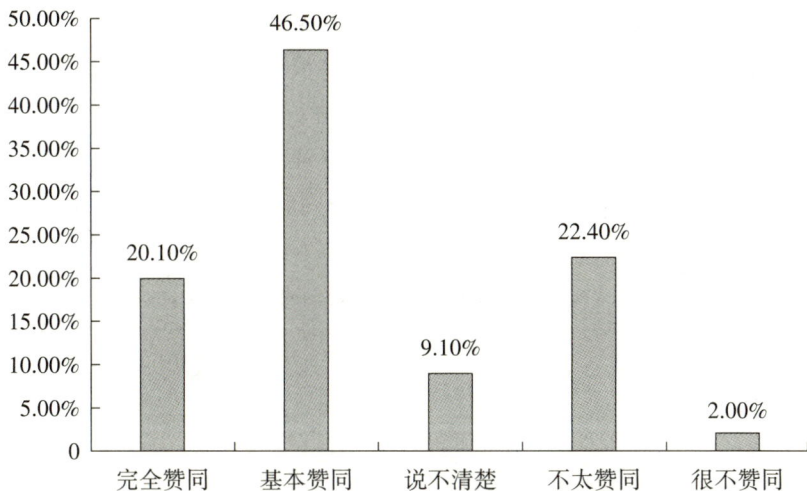

图6-9　乡村教师业余生活的价值选择(2)

第三,希望业余生活用来干什么:促进身心健康。乡村教师对"你希望利用业余生活时间来干哪些有价值的事情"的回答结果(见图6-10)表明:愉悦身心的占21.6%,做家务、照顾家人的占16.4%,保持健康的占14.3%,社会交往的占13.6%,恢复精力的占13.4%,挣钱养家的占6%,打发时间的占3%,干农活的占1.3%。把愉悦身心、保持健康、恢复精力等项相加可见,近50%的乡村教师希望利用业余生活来增进身心健康。同时,照顾家人、做家务、挣钱养家、干农活等不自由的义务性业余活动仅占1/3,表明乡村教师的业余生活还是比较自由幸福的。

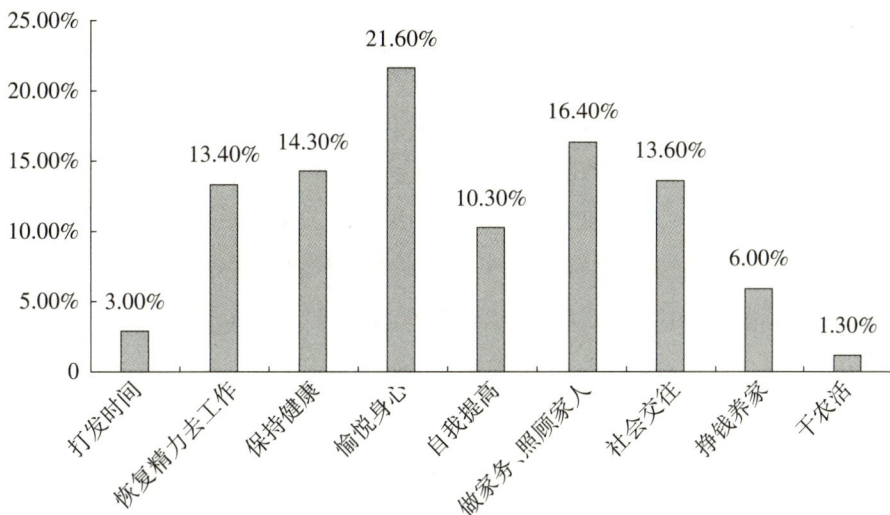

图6-10　乡村教师业余生活的价值选择(3)

2.基于体验取向的统计

为了了解乡村教师对自己业余生活的主观体验,调查问卷中设计了10个相应的题项,回答选择项采取五级量表法进行统计,即从很不符合、不太符合、一般、基本符合到完全符合依次赋值为1分、2分、3分、4分、5分;分值3代表中立,也是平均值;如果回答得分平均值明显不等于3,就说明样本态度并非中立,存在态度偏好。通过对乡村教师在这些题项上回答的统计,获得了乡村教师关于业余生活的体验情况(见表6-12)。

表6-12 乡村教师业余生活的主观体验(单一样本统计资料)

项目　　　　　　　　　　统计	N	均值	标准差	均值的标准误
(1)我在业余生活时常常是独自一个人,不感到孤独	252	3.08	0.797	0.050
(2)我在业余生活时进行身体锻炼,比较愉快	252	2.24	0.851	0.054
(3)我所在学校工作氛围较好,对业余生活影响很大	252	2.91	0.835	0.053
(4)我在业余生活时享受闲暇,感到较为轻松自然	252	2.83	0.988	0.062
(5)业余生活增进了我与同事和领导的关系	252	2.43	0.856	0.054
(6)业余生活提高了我的一些素质,增加了我的自信	252	2.34	0.825	0.052
(7)我在工作中的许多创意和想法大多来自业余生活	252	2.70	0.886	0.056
(8)我的业余生活比较丰富,我能够合理安排各种活动	252	2.48	0.816	0.051
(9)在业余生活时间里,我总觉得无聊,不知做什么	252	3.41	0.908	0.057
(10)我感觉每天都在忙个不停,需要业余时间来放松	252	2.52	0.872	0.055

观察表6-12发现:消极性倾向表述的题项(1)、(9)的得分均值高于3,积极性倾向表述的题项(2)、(3)、(4)、(5)、(6)、(7)、(8)、(10)的得分均值都低于3。分析发现,题项得分均值高于3的(1)、(9)都是消极倾向的,题项得分均值低于3的(2)、(3)、(4)、(5)、(6)、(7)、(8)、(10)都是积极倾向的。这个统计结果说明:乡村教师对业余生活的体验倾向于消极,或者业余生活并没有给乡村教师带来较为积极的体验、积极的作用。这也可以解释为什么课题组在跟许多乡村教师谈到业余生活的价值时他们都表示:自己的业余生活谈不上什么价值,反正就是消磨时间、放松而已。

五、结果评判及问题分析

(一)乡村教师业余生活的评判及问题

第一,乡村教师的业余生活总体处于自由自在、闲散无事、单独乏味的"无所事事"状态。具体而言,调查问卷中关于业余生活评价题项的选择"空虚—充实"、"乏味—有趣"、"烦恼—愉快"、"失调—和谐"、"紧张—放松"、"单调—丰富"、"受束缚—自由"、"无意义—有意义"八个从1到10程度递进变化的评判,包含着乡村教师对自己、对同事业余生活品质的评价。一方面是乡村教师自己对自我业余生活的评价,在八个题项回答中,四个的平均值都高于或等于5.5,三个平均值都低于5.5,这说明乡村教师的业余生活处于一种自在、闲散、乏味状态。另一方面是乡村教师对自己身边同事业余生活的评价,在八个题项回答中,三个的平均值都高于5.5,四个的平均值都低于5.5,结合"(3)烦恼—愉快"题项的平均值等于5.5的情况,说明乡村教师评价身边同事的业余生活倾向于消极状态,即有点儿乏味、单调、无意义。因此,综合乡村教师对自己、对同事业余生活的评价则可认为,目前乡村教师的业余生活是在既没有什么压力,也没有什么动力下自由自在、闲散无事、单调乏味的"无所事事"状态。

第二,大多数乡村教师每天享有3小时以上闲暇、2小时左右家务的相对充裕的业余生活。具体而言,一方面,在工作日内,除去花在工作上的3~8小时外,还有3小时以上的闲暇时间、2小时以上的家务活动时间、1小时左右的上下班附加消耗时间。另一方面,在休息日里,除去每天2小时的家务活动时间、偶尔为工作做准备的时间外,大多数乡村教师都能够在休息日里休息半天以上,在整体上具有相对充裕的休息时间。可见,乡村教师的业余生活兼顾着社会义务和个人需要,业余生活处于相对健康的状态。同时,乡村教师的业余生活中社会义务性的活动完成情况较好,乡村教师是具有较好家庭责任感的群体。当然,在至少半天以上的休息时间里,乡村教师能够做些什么,则是一个比较复杂而需要探讨的话题。

第三,乡村教师的业余生活除履行社会职责外,主要用于消遣型闲暇活动,用于发展自我的休闲相对较少。如前所述,乡村教师在业余生活主要从事从事通过手机或电脑上网浏览、看电视、阅读书刊等消遣型闲暇活动。基于"休闲是完成工作、家庭、社会及其他义务后,可以按照自己的意愿所进行的活动,休闲是提供休息、恢复、娱乐、自我实现、精神上的重生、提高知识、开发技术、参与社交的机会"[①]的认识,结合上述乡村教师的业余时间用于发展自我的那一部分时间几乎没有的情况,可以认为,

---

① Anthony Wylson. Design for Leisure Entertainment[M].Boston: Butter Worth Inc.,1980:1.

乡村教师的业余生活品质并不高,除对其社会生命有所裨益外,对其个体的自然生命、专业的精神生命促进价值不高。由此也可以认为,既需要对乡村教师进行业余生活时间安排、活动内容的引导,也需要乡村教师加强业余生活时间安排、活动内容的自我规划。

第四,乡村教师业余生活中的交往同伴主要是亲人,业余生活社交圈不大,人际关系简单。由于乡村教师的业余生活同伴主要是亲人,所以能够解释为什么业余生活时间花在烹饪、清洁卫生等家务活动上,花在上网浏览、看电视等闲暇上的现象。同时,乡村教师业余生活同伴主要是亲人的现象也表明,乡村教师具有较强的家庭义务感、家庭责任感。乡村教师业余生活同伴还有同事、同学、朋友等人,说明乡村教师业余生活的社会交往圈子不太大,这既符合乡村教师的职业身份,也反映了乡村教师较强的自律,符合人们对包括乡村教师在内的教师的"刻板印象",具有维护乡村教师形象的意义。

第五,乡村教师对业余生活的偏好比较单一,以挣钱养家及增进幸福、健康身心为主。进一步分析认为,为什么乡村教师对业余生活的偏好比较单一,可能原因主要与乡村教师所在生活社区的人际交往、资源设备等条件较为单一有关。其次与乡村教师认为业余生活应用于增进幸福、健康身心的态度有关,这表明乡村教师业余生活增进了生活幸福。正如有研究指出,依据古希腊人对幸福的思考,影响幸福的因素是智慧、美德与休闲。对幸福的决定作用,休闲排在智慧与美德之前,对人的幸福具有根本性决定作用。[1]此外,需要注意的是,乡村教师认为业余生活里最有价值的事情是挣钱养家,与前面统计他们花在挣钱上的时间并不多进行比较后的"矛盾"现象,表明乡村教师实际上在业余生活中用于挣钱养家的实际行动并不多。当然,值得注意的还有,近1/3的乡村教师不认为应该利用业余生活来增进生活幸福。

第六,乡村教师对业余生活的体验倾向于消极,存在时间充裕与品质偏低的矛盾。一方面,乡村教师的业余生活在时间上较为充裕,在活动内容上较为丰富多彩,在参与主体上主要是家人、同事和朋友;另一方面,乡村教师却对业余生活的体验持较为消极的认识。如何解释这种不太和谐的现象呢?这正如习近平总书记在中国共产党第十九次全国代表大会报告中指出的:"中国特色社会主义进入新时代,我国社会主要矛盾已经转化为人民日益增长的美好生活需要和不平衡不充分的发展之间的矛盾。"所以,我们认为,上述这种情形与我国当前社会基本矛盾及其影响是一致的。

---

[1] 许玲丽,周亚虹,徐琳玲等.休闲方式你选对了吗?——基于主观幸福感的研究[J].上海财经大学学报,2017,19(6):46-59.

一方面,正如一些学者指出的:"休闲生活是个人补偿工作疏离、重获生活自由、追求更有意义的体验等以达到自我实现的一种方式。"[①]另一方面,却如统计结果所表明的,大多数乡村教师对业余生活的体验持消极倾向。由此表明,乡村教师的业余生活对乡村教师的身心未起到积极的作用。

(二)乡村教师业余生活问题的归因

为了科学认识乡村教师业余生活问题的原因,我们在调查问卷中事先设置了影响乡村教师业余生活因素的题项。通过对乡村教师对有关题项回答信息的统计获得了乡村教师认为影响他们业余生活因素的结果(见图6-11)。

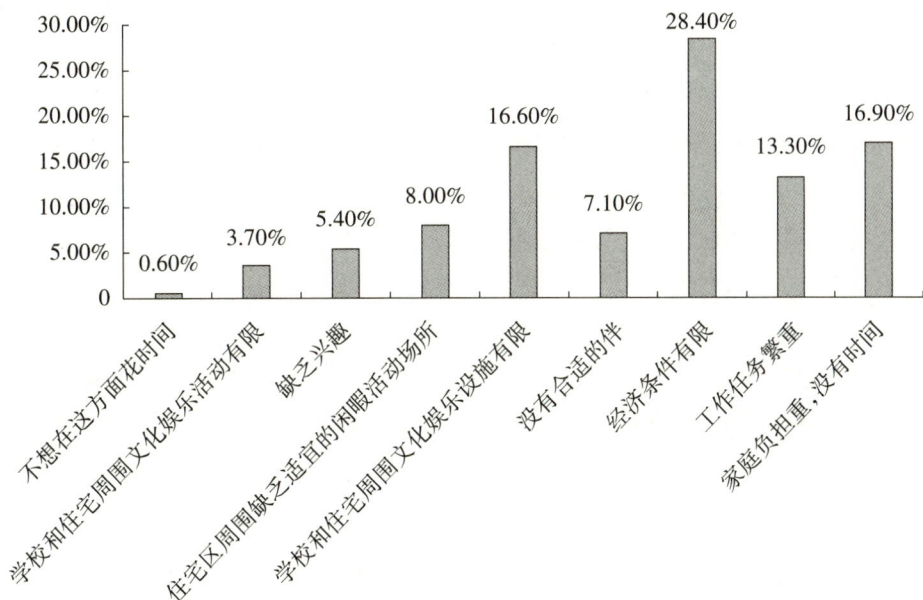

图6-11　影响乡村教师业余生活的因素

解读图6-11,结合课题组在考察过程中的观察可知,影响乡村教师业余生活质量的因素是:有限的经济条件(占28.4%)、繁重的家庭负担(占16.9%)、周边有限的文化娱乐健身设施(占16.6%)、繁忙的职业工作(占13.3%)、周边缺乏闲暇场所(占8%)、缺乏合适的同伴(占7.1%)、缺乏兴趣(占5.4%)、周边缺乏文化娱乐活动(占3.7%)、不想在业余生活上花时间(占0.6%)。

---

① 李仲广.休闲学[M].北京:中国旅游出版社,2011:17.

1.经济因素:收入不高且开支较大抑制了业余生活

正如有学者研究指出的:"中国人惯常的生活方式导致闲暇观念偏差,大多数人具有单极情怀:一切为工作让路,为收入让路。"[①]究其原因,与乡村教师的收入有极大的关系。从上述关于影响乡村教师业余生活的因素统计结果看,有限的经济条件是首要的因素。确实,正如课题组调查过程所了解的:许多乡村教师都承认自己家庭的主要收入还是自己的工资,虽然工资收入在当地处于较高的水平,而且乡村教师多是单职工家庭,爱人多是在当地做点小买卖,因此整个家庭的收入不高。在面临去镇上或小县城买房、送子女去城里读书,以及家庭基本的日常生活开支的情况下,现有的工资收入是非常"紧张"的。因此,自己的业余生活时间就用来做一些家务,而不请保姆了,这样会节省一大笔开支;同时,利用业余生活时间在附近园地种点时节蔬菜,有亲戚在农村再种点粮食作物或水果自用,这样又可以节省一大笔开支。在如此情形下,业余生活时间难以全部用来闲暇娱乐,同时也没有相应的经济实力来支撑。课题组在广安市华蓥山区一个村小调查时,一位乡村教师所描述的景象是:"我就在本村小学教书,月薪近3000元,老婆在学校门口开个小店,每月能挣几百元;孩子去广安市读小学了,家里还有老母亲,一家几口人每月的生活开支需要近1000元吧;我在广安市边买了一套100平方米的房子,每月缴纳按揭1500元。反正日子就这样一天天地过。我每天课间有空或下班、周末一有时间就帮助她打点门市生意,有时候赶场的那天我也用摩托车去拉人赚点零用钱。"

此外,从前面关于调查对象的年龄统计可知,31~50岁的乡村教师累计比例达71.83%。这个年龄段处于已婚育养的阶段,处于上有老人要供养、下有小孩要抚养的情形之中,支撑业余生活的经济条件有限是可以想象的。所以,这也就不难理解在业余活动价值取向的统计中,有超过40%的乡村教师认为最有价值的事情是多干活、多加班、多拿钱的现象。在如此双重压力的情形下,自然难有心思去考虑业余生活。

2.学校因素:闲暇设施欠缺且意识淡漠忽视了业余生活

为了了解乡村学校条件可能对乡村教师业余生活的影响,调查问卷中设计了相关的题项。通过对乡村学校设备条件信息题项的统计,我们获得了有关乡村学校设备条件与乡村教师业余生活的信息(见表6-13)。

---

① 魏翔.闲暇红利[M].北京:中国经济出版社,2015:16.

表6-13 乡村学校的业余活动设施

		回应		个案百分比
		N	百分比	
您所在的学校为教师提供的业余生活福利或设施[a]	(1)供教师使用的阅览室、读书室	71	13.0	28.17
	(2)供教师阅览、研究的书报杂志	67	12.2	26.59
	(3)组织唱歌、朗诵、晚会等活动	13	2.4	5.16
	(4)组织教师看电影、看演出	13	2.4	5.16
	(5)配有教师使用的体育活动室	95	17.4	37.70
	(6)配有教师使用的茶歇交流室	14	2.6	5.56
	(7)供教师使用的棋牌活动室	35	6.4	13.89
	(8)供教师免费上网的电脑、网络	120	21.9	47.62
	(9)什么设备、设施都没有提供	119	21.8	47.22
总 计		547	100.0	217.06

观察表6-13发现:其一,教师赞同题项"(8)供教师免费上网的电脑、网络"和赞同题项"(9)什么设备、设施都没有提供"的比例都高于20%,其中题项(8)基本上是基础性的设备,不需要学校特别提供。其二,其他题项的赞同比例都低于20%,亦即乡村学校很少为乡村教师提供业余活动的设备条件,其中能够提供的也是诸如"(1)供教师使用的阅览室、读书室"、"(2)供教师阅览、研究的书报杂志"、"(5)配有教师使用的体育活动室"等比较传统的业余活动设备,较少有诸如"(3)组织唱歌、朗诵、晚会等活动"、"(4)组织教师看电影、看演出"、"(6)配有教师使用的茶歇,交流室"等有些新意、能吸引教师参与的设备条件。

进一步分析认为,近年来在国家办学条件标准化的要求下,虽然乡村学校在房舍、桌椅、运动场等硬件上已经建设好了,但在诸如教师阅览室、供教师使用的业余活动器材等方面还是比较欠缺的。课题组在调查、访谈时,一位平昌县的村小教师告诉我们的:"我们这两栋校舍看起来比周围山坡上老百姓的房屋好得多、光鲜得多,但里面除了学生的桌子、板凳、黑板和墙上几条激励学生的语录外,也就没有什么了。教室外面的操场也是空荡荡的,除了两个用了很久的篮球架外,其他如单杠、双杠、乒乓球台、足球场,以及其他一些城市社区都有的设备场地,学校都没有。"同时,该教师还告诉我们:"我们也曾经在非正式场合给中心小学、乡镇上的领导反映过这个问题,想增加一点儿体育器材。但领导回答说:钱呢,钱呢,谁出?再说学校是学生活动的地方,你们教师就回家去锻炼吧。所以我说,在乡村学校中添置供教师能够使用的业余活动设备是很难实现的。"

3. 社区因素：所处之地空旷且遭鄙夷轻视，放弃了业余生活

众所周知，出于兼顾几个村庄学生上学路途相对公平的要求、联系村办公室人员的方便、出入交通路线的合理等因素的考虑，西部等连片贫困区的乡村学校大多建立在半腰山坡、几个村子之间。因此，乡村学校的周围都是农民的田土、庄稼，远一点就是农民稀疏的房舍，校外的农村社区根本就没有什么业余活动设备、场地。同时，就地理、地势条件而言，学校建立在一个拥有几百平方米的平地的山坡上，场地主要用于布局校内几间教室和操场，难有更多供教师业余生活使用的场地。这种乡村学校犹如一座"孤岛"，四周都是田野。用一位雷波县的乡村教师的话来说就是："你过来站在学校里我站的位置上，你转身向四周看看，就会真实感受到我们就是工作在'希望的田野上'！所以说呀，我们在这里当教师就必须忍得住清贫、耐得住寂寞、受得了白眼！"

另一方面，乡村教师的业余生活问题在社区居民那里没有什么位置。其一，近十年里，在乡村儿童出生率降低、部分乡村儿童外流就读的情况下，新生生源日益萎缩，学生规模不断减小；同时，前几年的"撤点并校"虽然达到了集中资源、提高规模效益的效果，却增加了孩子上学路途遥远以及由此而来的交通、生命安全等问题，进而引发了孩子要么辍学、要么干脆到县城读书的现象，加剧了乡村学校生源的萎缩与规模的减小。随着学生毕业离去、新生日益减少，许多乡村学校将要陷入"关门"的境地！如此情形下，当地村乡政府、社区居民对乡村学校和乡村教师不够重视，谈何支持乡村教师的业余生活！村、乡镇、社区居民等社会群体不重视乡村教师的业余生活品质的提高问题。当然，进一步分析认为，周围的社区居民大多数也没有较为清晰的休闲认识，更没有对符合基本品质要求的业余生活建设的想法与行动。所以，观察乡村学校周围社区的文化、娱乐、体育等用于闲暇的设备、场地就会发现，除了几个麻将室、茶馆、网吧外，几乎就没有业余活动的条件了。所以，在这样的情况下，乡村教师也只好自我主动放弃提高业余生活品质的想法，不再好意思提出提高业余生活品质的诉求。

4. 主观因素：左顾右盼与随波逐流下轻视业余生活

上述有限的经济条件支持、学校有限的活动场地、社区政府和居民不重视的态度等因素综合起来，导致了乡村教师在追求业余生活及其品质提升上是"左顾右盼"，因而也就压抑着自己对科学、健康、有品质的业余生活的追求。其中，业余生活中用于休闲的开支统计也能够在一定程度上反映乡村教师在业余生活上"左顾右盼"的尴尬

境地。为此,我们对乡村教师在业余生活中的个人休闲开支情况进行了调查,通过对相关题项回答的统计获得了乡村教师用于个人休闲的开支的信息(见表6-14)。

表6-14　乡村教师用于个人休闲的开支

		回应		累计百分比
		N	百分比	
您每月业余生活在个人休闲上的支出ᵃ	(1)没有	13	5.16	5.16
	(2)50元以下	71	28.17	33.33
	(3)51~100元	107	42.46	75.79
	(4)101~200元	53	21.03	96.82
	(5)201~500元	5	1.98	98.80
	(6)500元以上	3	1.20	100.00
总计		252	100.00	

　　观察表6-14发现,75.79%的乡村教师每月用于个人休闲的开支在100元以下。这个开支对于男教师而言,就是每周抽两包10元左右的烟而已;提高到200元以内就包括96.82%的乡村教师了,这个开支数据对于女教师而言就是买几个私人小件而已。所以,我们不能忽视乡村教师这种业余生活中左顾右盼、前后顾忌的忐忑心态!

　　另一方面,在乡村学校业余活动设备缺乏、乡村社区无法提供、自己又不具备购买能力的综合因素下,乡村教师对业余活动的安排也只能"随波逐流"了:要么在做完必须的社会义务性业余活动外,就直接放弃个人的休闲生活;要么就去同事或朋友家里的棋牌或麻将室聚会、娱乐一下;要么就去社区的公共麻将馆、棋牌室与其他社区居民一块儿消遣、打发时间。所以,课题组在城口县调查时提到要找××教师时,另一位乡村教师说:"你要找××教师呀?今天这个时间他没有上课,应该不在学校,如果家里也没有的话,那他肯定就在街上的××麻将馆里。"乡村教师毕竟被认为是乡村社区最有文化的人,毕竟被认为是乡村最能够代表文明的人、能教育好乡村孩子的人,但如果乡村教师反复出现在甚至沉陷在社区的棋牌室、麻将馆,不但辱没了教师的职业形象,而且也会降低教育、教学的水平。所以,乡村教师这种随波逐流地混迹在社区娱乐活动场所的现象是值得关注、引导、解决的。

　　此外,乡村教师对业余生活中的义务、闲暇等现象缺乏基本的理论认识也是重要原因之一。通过对乡村教师在业余生活价值评判、业余生活的时间安排、业余生活的活动内容、业余生活的同伴、业余生活的体验等方面统计结果及其分析,可以看出:一是大多数乡村教师对工作与业余边界及其要求缺乏明确的认识,以至于8小时工作时里却有2小时左右的闲暇时间,在业余生活中却有3小时左右为工作做准备的时间的现象,亦即存在上班与下班在时间边界上混淆的问题;二是许多乡村教师对业余生活中的社会义务与个人闲暇缺乏明确的认识,以至于业余生活中在完成照顾老人、教育孩子等义务性的活动后就处于"无所事事"的闲散状态,甚至觉得无聊、单调、无意义、空虚,而不是将剩余的时间划在个人闲暇范围,用于放松身心、提升自身素质。[①]

六、提高乡村教师业余生活品质的思考

列宁曾经说过:谁不会休息,谁就不会工作。[②]乡村教师如同其他人一样,都是自然人,而不是机械往复运转的机器,既有消耗身体能量用于工作的时候,也有需要补充能量以支持持续工作的时候。因此,他们既需要有高质量的教育劳动,也需要有高品质的业余生活。同时,按照人力资本理论,乡村教师的业余生活也是一种人力投资,有助于教育工作的维持和质量的提升。因此,各个方面应当一起支持提高乡村教师的业余生活的品质。

(一)社会支持:遵从法律,肯定价值

第一,赋予人权,肯定业余生活的地位。《中华人民共和国宪法》的第四十三条规定:"中华人民共和国劳动者有休息的权利。国家发展劳动者休息和休养的设施,规定职工的工作时间和休假制度。"乡村教师的闲暇、闲暇中的休闲都是公民休息权中的重要内容,因此,可以说乡村教师享有的闲暇、享有的休闲都是在宪法规定的范围之内,也是宪法所赋予的、受宪法所保护的。正如有研究指出的:"作为一种法定权利,概括地说,休息权是居民和劳动者享有的使自己的体力和脑力得到恢复,以及得到闲暇以享受生活和获得充实与发展的不受非法干涉和骚扰的权利。承认休息权是一项人格权利,必须基于以下法律的和观念的前提:第一,享有休息权的主体是具有民事权利能力的自然人;第二,承认自然人首先是一种生物或者生命体,其能力(体能、体力和智能、智力)总是有限的;第三,社会普遍树立或者至少是接受了尊重人权的思想观念。"[③]可见,无论是站在自然生命体的角度,还是站在人格权利的角度,抑或是站在现代人权尊严的角度看,乡村教师在宪法范围内享受闲暇、享受休闲的业余生活都是成立的。

第二,摒弃传统观念,肯定业余生活的价值。中华民族有勤劳、勤作的传统美德,

---

① 魏翔.闲暇红利[M].北京:中国经济出版社,2015:16.

② 余清楚.让休假成为惯例[N].人民日报,2016-08-24(004).

③ 程思良.休息权初探[J].云梦学刊,2007(2):78-81.

对那些夜以继日、不辞辛劳的劳作行为给予高度的赞赏,对那些无所事事、不劳而获的行为给以鄙弃。但是分析认为,这种过分强调勤奋、忽视业余生活的闲暇与休闲的态度日益产生两大恶果:一是一些人过分称赞勤奋而忽视休息,患上了种种职业病,甚至猝死在岗位上,这类事件在近年来不少;二是对法律赋予的、符合正当要求的个人休闲产生消极看法,认为这些强调业余生活的人都是找借口、在逃避劳动,进而投之以鄙夷的目光。因此,在这里讨论乡村教师的业余生活问题,就是要摒弃这种不科学的传统态度,肯定业余生活的价值:一是社会义务性的闲暇,如在陪伴老人、抚养孩子中传承中华民族尊老爱幼的品德,体味社会中的人情温暖,让社会老有所养、幼有所育;二是个人自由性的休闲,如运动锻炼、才艺表演、阅读朗诵、睡眠养神等活动,有助于增强身体健康、消除疲惫、更好地开展工作等。正如有学者指出的,长期以来我们对"休闲"充满偏见,一说到"闲",就是"闲生是非"、"玩物丧志"等等。①休息权既是劳动以及享有休息权的程度,又与其人身自由在一定程度上存在相当的关联;休息权具有人身自由的特性。休息权可以使人们在休息时间里,不断充实自己的知识,提高技能,发展身心。这就意味着休息权不仅是实现劳动权的手段。所以,闲暇与休闲并不是"闲",而是一种"以退为进"的、为了更好工作和生活的积极性的状态,可见,业余生活是一种具有价值的存在。

(二)政府政策:政策支持,经济落实

第一,给予政策支持,让业余生活有政策底气。提高乡村教师业余生活的品质是需要各级政府、主管部门共同努力的工作。为此,其一,在国家层面需要对乡村学校的编制政策进行重新调研、制定,亦即乡村学校的人事编制不但要考虑师生比,还要进一步考虑班师比,即一个乡村学校班应当配备一位教师,哪怕是只有几个学生的班级。这样才能够使乡村教师的工作量趋于合理,才能够保证基本的业余生活时间。因此,在落实《支持计划》的当下,正好是解决乡村学校人事编制的时机。其二,区县、乡镇政府落实好国家关于乡村学校人事编制的政策,纠正挪用人事编制、故意空缺人事编制等使国家政策"失真"的现象。同时,结合当下许多地方对乡村学校及其教师安排各种各样的、重复性的检查、评比的现象,上级纪检部门、乡村教师等要多方面建立联系网络,共同抵制、防御这些增加乡村教师额外工作负担、严重打扰乡村教师业余生活的行为。其三,乡村学校在遵照国家政策、督促乡镇政府执行有关政策的同时,必须站在"以人为本"、"以师为本"的立场,利用法律武器维护乡村教师的合法权利,切忌成为增加乡村教师额外工作负担、干扰乡村教师业余生活的帮凶。

---

① 马惠娣.休闲:人类美丽的精神家园[M].北京:中国经济出版社,2004:233.

第二，给予经济支撑，让业余生活有物质底气。有了上述国家政策的支持、区县乡镇的落实、乡村学校的监督，真正提高乡村教师业余生活的品质还需要有力的经济条件做支撑。正如众多学者呼吁的那样：想要稳定教师队伍，完善教师工资待遇，提高农村教师的生活质量，是最直接的激励方法。因此，可以考虑的方式有：一是用好《支持计划》中的国家专款支持政策，让专项经费落实到乡村教师身上，绝对避免《支持计划》中预估可能存在的各种截留、克扣、虚报、冒领的现象。二是用好《支持计划》中提高待遇的政策，切实落实为乡村教师缴纳住房公积金、缴纳社保费、实施重大疾病补助、将乡村教师住房纳入住房保障范围、为乡村教师修建周转宿舍等政策，这样就能有力地减轻乡村教师的经济负担，从而为他们的业余生活提供一定的经济基础。课题组在与许多乡村教师交流是否能够、需要利用寒假、暑假出去走走看看时，许多乡村教师表示非常希望。在四川省普格县一所彝族乡村学校访谈时，一位马姓小学教师说："我做梦都想走出大凉山去看看，比如说我讲课中讲到有关北京天安门、高科技中关村、万里长城、大运河、葛洲坝工程、上海东方明珠等时，我只能够在网络上去找一些图片，因为没有亲自去感受过，讲起来总是轻飘飘的，自己都难以说服自己。但是，出去看这些需要一大笔钱，而且我还要利用假期挣点钱补贴家用。"

第三，给予设备支持，让业余生活有生气活力。如前所述，乡村教师的业余生活除履行必须的社会性义务外，还有诸如曲艺演奏、唱歌跳舞、养花种草、钓鱼养性、跑步健身、登山探险、旅游观光、漂流驾车、自主研修，乃至化妆美容、打盹发呆、抽烟喝酒、吃零食等个人的休闲，享受这些业余生活都是需要条件的。因此，建议乡村学校周边的乡镇社区抓住乡村振兴战略的时代机遇，联合攻坚脱贫中的扶贫、扶智、扶志行动，加强对乡镇社区运动、文艺、阅读等方面的支持，丰富社区居民业余生活设施的建设，这既有利于丰富社区居民的生活、促进社区文明进步，也能为乡村教师的业余生活提供有力的设备设施支持。具体包括：一是政府出面因地制宜地建设一些群众性的体育运动场地、健身场馆，购买必需的运动和健身器材，并规定对包括乡村教师在内的所有社区群众开放；二是居委会组织和联合社区群众共同开展曲艺表演、唱歌跳舞、吟诗诵读等文艺活动，动员乡村教师业余时间参与，并发挥他们在文艺活动中的指导作用；三是引导乡村教师自发地组织养花种草、钓鱼养性、跑步健身、登山探险、旅游观光、漂流驾车、化妆美容等爱好协会，让他们有组织、有载体地参与业余活动；四是组织区县及乡镇与有关高校、研究机构、科技开发公司等单位与乡村学校建立支持帮扶关系，开展专业发展指导、提供专业发展条件，让乡村教师利用业余生活的机会落实自主研修，促进专业发展。

(三)乡村学校:理论启发,实践支持

第一,开展休闲教育,阐明休闲理论。科学、健康的业余生活需要科学的业余生活理论做支撑。为了克服上述乡村教师在业余生活中或长时间地无聊发呆,或不分上下班昼夜打牌,或无节制地喝酒抽烟等不健康的业余生活状态,需要进行科学的业余生活教育。正如《休闲宪章》第六条指出的:"政府应当确保训练专业人员来帮助个人获得休闲技能,开发和提高其素质,拓宽其休闲与娱乐机会的范围。"为此,乡村学校可以利用工会活动、业余活动等机会开展如下活动:其一,共同设计业余生活教育体系,包括业余生活教育的目标、业余生活教育的价值、业余生活教育的内容、业余生活教育的路径、业余生活教育的方式、业余生活教育的评估等涉及业余生活教育的各个方面;其二,共同协商落实业余生活教育的各个方面。其中,在业余生活教育的基本理论方面,涉及工作与业余的概念及其关系,业余与闲暇及休闲概念的内涵及其相互关系,国内外有关闲暇学、休闲学的理论认识或学术流派,以及《休闲宪章》中关于"教育机构必须尽最大的努力,促使人们了解休闲的本质及其重要性,以及如何将休闲知识融入个人的生活之中"等。在业余生活教育的意义或价值方面,让学习者明白"闲暇时间的特殊价值在于让在劳动时间内耗掉的生理、心理和文化能量得到补偿和提高。闲暇时间还可能通过学习活动改善劳动者的知识结构,提高劳动者的素质"[①]等道理。在业余生活教育路径方式上,介绍各种业余活动的重要途径、基本方式,特别是讲清楚各种业余活动的益处、可能的弊端、活动时需要注意的问题。在业余生活教育的评估方面,涉及乡村教师在内的业余活动者对自我业余生活的评估方法和技术、对他人业余生活的评估,以及通过业余生活评估结果提出对乡镇及区县、国家层面的建议等。

第二,创设休闲基础,组织休闲生活。乡村学校校内基本缺乏业余生活设备、设施,乡村教师在乡村学校内难以开展休闲活动。基于对乡村教师休闲等业余生活价值的认识,乡村学校应当支持、组织相应的业余活动:其一,利用落实《支持计划》的机会建设一批必需的乡村教师周转房、乡村教师宿舍,以此解决众多乡村教师住在校外较远地方而每天花2小时左右时间在上下班的路上的问题,从而将节约出来的时间用于个人休闲;其二,利用《支持计划》中提高乡村教师待遇的政策机遇,督促地方政府落实为乡村教师缴纳住房公积金、缴纳社保费、实施重大疾病补助、将乡村教师住房纳入住房保障范围等政策,降低乡村教师的恩格尔系数,让乡村教师有限的工资收入能够较多地用在提高生活质量上面,以此解决乡村教师开展业余生活的后顾之忧;

---

① 王雅琳,董鸿扬.闲暇社会学[M].哈尔滨:黑龙江人民出版社,1992:317.

其三,添置必要的业余生活休闲硬件、软件设备、设施,可以采取企业和社会募捐、乡村教师与乡村学校共同集资、乡村教师自愿捐赠,以及乡村教师间共享业余生活设施等方式;其四,乡村学校内或者乡村学校之间自发组织开展业余生活休闲的联谊活动,既可以增进乡村学校之间的交流,又可以增进乡村教师之间的交流,还可以丰富乡村教师的业余生活而有助于提升乡村教师的生命品质;其五,把乡村教师的业余活动与乡村社区文化建设结合起来,组织乡村教师把业余生活中的乐器演奏、诗歌朗诵、舞蹈健身、武术表演、家庭教育咨询与指导、新农村建设理论宣讲、新型农业经济模式展览等活动带进社区,这既丰富了乡村教师的业余生活,也丰富了乡村社区居民的业余生活,更促进了社会主义新农村建设,助推乡村振兴战略的落实。

(四)乡村教师:自助助人,不断超越

第一,管理好自己的业余生活品质。有了国家、学校等各级组织在政策、经济、场地等方面的支持,有了业余活动路径、方式的支撑,接下来对乡村教师而言,就是管理好自己的业余活动了。为此建议:其一,首先是系统反思自己的业余生活品质,对有关自己业余生活的各个方面进行系统的分析,总结其中值得肯定的方面、存在不足的地方,以便对自己的业余生活有清晰的认识。其二,在反思自己业余生活品质的基础上,分析可能实现的业余活动内容及其时间安排等条件,并经过与家庭协商而重新整理和设计自己的业余生活,使之有科学的理论支持、必要的统计支撑、家庭和单位的支持,以便使个人业余生活方案具有可操作性。其三,在执行业余活动方案时,应分清必要与需要、活动的主与次,其中特别要确保完成照顾家人等社会义务性的业余生活、满足个人基本生存需要的业余生活,然后再安排个人的休闲活动。其四,根据需要保持或者调整个人业余生活的内容,比如有的乡村教师喜欢保持并不断地提升某项业余生活的技能技巧,有的教师则喜欢不断地尝试新的业余活动。每位乡村教师还可以尝试发现个人业余生活的特性,如不同性别的男女教师可能存在兴趣爱好的差异,不同年龄的教师可能存在发展需求的差异,不同职称的教师可能存在专业充实的差别等,自己"量体裁衣",制订符合自己个性的业余生活模式。其五,处理好业余生活与本职工作之间的联系,切忌因为不当的个人业余生活而妨碍、耽误本职工作,相反还需要思考如何让业余生活有利于提高本职工作的质效。

第二,协助他人提升业余生活品质。根据马克思主义人是社会关系的总和之原理,乡村教师的业余生活天然地包含着帮助他人提高业余生活品质的活动。为此建议:其一,业余生活中与他人建立良好的人际关系。因为我们在业余生活活动中,一方面,自己就是自己业余生活的资源,也是他人业余生活的资源;同时他人既是他自

己业余生活的资源,也是我们其他人业余生活的资源。建立良好的人际关系有助于寻找合适的业余生活同伴,实现业余生活资源的共享,促进人际交流中情感情绪的健康。其二,在共同的业余生活中力所能及地帮助他人。现实生活中,各家自有各家的有利资源,也有各自的困难与不足。因此,业余生活中在秉持个人业余休闲自由的原则的同时,在征得他人同意的条件下,力所能及地为他人提供一些帮助,如帮助邻居送孩子上学或短时间内照顾小孩,帮助他人代购医药或护送病人,为他人提供业余活动的场所信息,提醒他人业余活动的安全健康等。其三,在分享业余生活经验中促进他人业余生活品质的改善。基于休闲自由的原则,不可简单地言说他人业余生活品质的高低,需要劝说的技巧,比如对他人业余生活中的消极现象,可以利用在与他人分享诸如烹饪美食、品茶养生、养花种草、养鱼钓鱼、跑步登山、文化参观、旅游观光等业余生活的喜悦与经验中,委婉地指出其业余生活缺乏科学性与健康性。

第三,在反思中提升业余生活品质。正如有学者指出的:"尽管,闲暇时间的一个最重要的属性是'自由支配',但是这'自由'中蕴藏着责任与义务、知识与创造、文化与品德、艺术与欣赏、团结与友善、美好与真诚、自助与他助、健身与修心等等极其丰富的内涵。当然志愿者、乐施好善、简单生活、生态保护、动物保护、环境保护亦属闲暇时间之中的内容。"①联系上述个别乡村教师的业余生活就是沉溺在社区棋牌室、麻将馆等带有赌博性质的活动场所情况,乡村教师有必要反思自己业余生活的品质,在反思中不断地提升自己业余生活的品质。为此需要:其一,注重业余生活与建设和谐家庭的关系。如上所述,业余生活中既有必须尽义务的社会性业余生活,如赡养老人、抚育小孩等,也有属于个人的休闲活动,但需要注意的是,要处理、平衡好二者之间的关系,不可在顾此失彼中影响了对家庭的义务,或者严重地降低了个人业余生活的质量。其二,注重业余生活与促进专业发展的关系。也就是说,个人的业余生活应当具有包容性,亦即它不但应有个人在本职工作之外的身心放松活动,也应当有为本职工作做准备的活动。切忌偏废于一端而出现诸如因为在业余休闲时还在为工作做准备的过度劳累现象,或者在无关本职工作外的业余休闲中过度消耗而严重干扰本职工作的现象,其三,注重个人业余生活与促进社区文明进步的关系。乡村学校是乡村社区的一个重要组成部分,乡村教师是社区居民的代表。所以,应当注重乡村教师业余活动对社区产生的积极影响。乡村教师不要出现在社区具有赌博性质的活动场所,更不要参与各种赌博活动。乡村教师应当带头组织开展积极健康的业余活动,由此带动整个乡村社区的文明进步。

---

① 马惠娣.休闲:人类美丽的精神家园[M].北京:中国经济出版社,2004:64.

　　总之,一方面,从生命科学的角度看,休闲是生命物质运动中不可缺少的一种形态:人类为了生产与再生产、为了发展体力和智力,必然要求更高质量、更高品位、更加有效的休闲。①另一方面,休闲也涉及社会问题,关涉科学、经济、文化等方面,是一个社会文明的问题。乡村教师的业余休闲生活不仅是个人的事情,更关系到乡村教育的发展。当前,正值落实《支持计划》的关键时期,也是探讨、提升乡村教师业余生活品质的时机。所以,开展乡村教师业余生活的研究,提出引导和改善乡村教师业余生活品质的建议,正是当下教育研究的重要课题。

---

① 韩德乾.科技进步与休闲产业[J].自然辩证法研究,2003(2):71-73.

专题七　乡村教师专业发展模式之研究[①]

【摘要】基于对当前乡村教师专业发展诸多问题、乡村教师专业发展众多影响因素的忧虑，本研究以乡村教师专业发展模式的实践及其效能问题为对象，运用文献资料分析、观察访谈的方法，对云南省近年来采用的具有代表性的送教下乡培训模式、置换脱产研修模式、网络整合研修模式、名校访问交流模式进行了考察。结果发现，这些乡村教师专业发展模式获得了广大乡村教师的好评，如送教下乡培训被喻为"及时雨"，置换脱产研修是"多方共赢"，网络整合研修让教师成了"千里眼、顺风耳"，名校访问交流让部分教师进入了"大观园"。这些模式让乡村教师不但增长了专业知识、技能，而且开阔了眼界、提升了境界。当然，分析也表明，这些乡村教师专业发展模式还存在一些问题，如参与培训的机会偏少、培训专家工作不便、培训时间冲突、培训针对性偏低、学生家长的支持态度不佳、顶岗实习教师的水平参差不齐、培训内容城市化倾向等。分析这些问题，其原因涉及制度与管理层面、实施与资源层面等方面的因素。从有效运用教师专业发展模式的角度出发，需要在借鉴专业发展模式有益经验的基础上，一是要做好专业发展模式的顶层设计，包括确立乡村教师专业发展工作关键节点的达成目标的核心任务；二是勾画专业发展路径的实施方案，包括完善专业发展路径的目标设计、优化专业发展路径的内容设计、完善专业发展的制度支持、完善专业发展的要素组合、健全专业发展效果的测评、夯实专业发展路径的基础等。

【关键词】乡村教师；专业发展模式；实践观察；措施完善

一、研究缘起与研究意义

自古以来，我国就重视乡村教育，注重发挥乡村教育在儿童启蒙、社会教化等方面的作用。古代民间乡村私塾先生、现代乡村学校教师，他们担负着乡村教育的重

---

① 本专题由王光雄(男，博士，云南省楚雄师范学院教师)、杨婕(女，西南大学硕士研究生)同志完成研究、撰写工作。

任,因此,自古以来他们就受到政府、社会等各个方面的尊崇。今天,随着时代的进步,教师职业进入专业化的历史新阶段,特别是在《支持计划》的推动下,面对诸如送教下乡培训、置换脱产研修、网络整合研修、名校访问交流等支持乡村教师专业发展模式,在实践的同时反思这些模式的效能到底如何、存在哪些需要完善的问题等,则是值得研究的课题。

(一)研究缘起

乡村学校是乡村文化的中心,乡村教师是乡村社会、乡村学校灵魂的依托,小小的乡村学校讲台,关系着广大乡村学生未来的发展以及命运,更关系着中华民族的未来发展。

第一,当前乡村教师专业发展存在诸多问题,值得研究探讨。近年来,为促进乡村教师专业发展,各地开展了较大规模的教师培训活动,从中涌现出了诸如送教下乡培训、置换脱产研修、网络整合研修、名校访问交流等培训模式。有研究指出,乡村教师接受培训的层次、内容、方式和时间,往往会对乡村教师专业能力的发展以及水平的提升,产生直接、关键的影响,所以必须立足于培训,展开整体规划,这才是提升乡村教师专业发展的关键。[①]但综合有关研究成果认为,目前乡村教师专业培训的内容、形式等直接支持乡村教师专业发展的因素还存在诸多问题。[②]首先,在培训内容上,综合一些调研结果看,主要是以新课程的实施为主,同时结合履职晋级等方面,却忽视了教学工作常规、班主任以及班级管理、学生心理健康教育、教学研究能力等方面的内容,对培训的专业性关照不足。其次,在培训方式上,乡村学校外出集中培训的机会相对较少,更多依赖于远程网络学习以及校本研修;乡村教师校(园)长较为认可脱产集中培训,更希望参与影子培训以及送教下乡;还有绝大多数乡村教师认为网络研修缺少针对性以及实效性。再次,从培训层次看,目前乡村教师培训主要是依托于本县教师研修机构组织的、在乡镇开展的脱产研修或者短期集中培训,能够参加诸如"国培计划"等高层次培训的非常少,还有近1/3的教师从未参加过系统培训,所以,促进乡村教师专业发展的培训层次相对偏低。最后,从培训时间看,对于村小或教学点的乡村教师而言,由于教师一般采用"包班"教学或复式教学等方式,难以在教学期间抽出时间离岗学习;对于中心小学乡村教师而言,由于工作负担繁重,也难以脱产集中培训。所以,在工学矛盾比较突出的情况下,乡村教师们都希望利用假期进行集

① 张长剑.《乡村教师支持计划(2015—2020年)》的认同度研究[D].重庆:西南大学,2017.

② 王光雄.乡村教师专业发展支持路径研究——基于云南省乡村教师支持计划的实施情况分析[D].重庆:西南大学,2018.

中培训。然而高层次的培训都安排在学期中进行,从时间上让希望参加培训的乡村教师只能忍痛割爱! 上述乡村教师专业发展模式的运用及包括乡村教师在内的教师专业发展培训中的问题,值得关注探讨。

第二,乡村教师专业发展影响因素众多,值得系统分析。如上所述,虽然开展了送教下乡培训、置换脱产研修、网络整合研修、名校访问交流等旨在促进乡村教师专业发展的培训模式,但由于一些支持因素乏力,乡村教师专业发展路径存在效能偏低的问题。首先,目前乡村教师培训活动的培训者多数是来自高等院校或者研究机构的相关专家,但大多数专家没有基础教育的经历、经验,他们往往凭借自己的理解和有限的调研来研制培训方案,导致在培训中侧重于理论传授,对乡村教学中实际性问题解决的普适性较低。其次,乡村教师专业发展培训的城市化倾向。由于乡村教师专业发展培训的设计者多是来自城市的专家,他们设计的培训方案虽然有"高、大、上"的气象,但对乡村学校寂寞的周边环境、乡村教师艰难的生活工作境况、乡村孩子怯生的眼光、乡村课堂的单调等考虑较少,难以满足乡村教学实践的需要,无法针对乡村教学中的问题做出解答。再次,乡村教师专业发展培训缺乏个体针对性。对乡村教师的培训几乎与城市教师专业发展培训雷同,忽视乡村教师专业发展的特殊性,无法做到根据不同教师个体的年龄以及职称实现有针对性的培训,未形成对教师教学素质的有效指导,因而引起部分乡村教师的抵触。这种不接地气的"培训",造成了乡村教师主动参与程度较低,只是应付性参与,甚至反感这种培训。最后,虽然各级政府及教育行政、业务指导部门对乡村教师培训给予了充分重视,但仍然存在很多需要改进以及完善之处,如资金短缺、机会较少,再加上受限于培训单位的工作基础与活动组织能力,难以获得显著的教学实效,甚至还有部分区域出现了培训内容与实际教学脱节等问题。此外,由于培训专家难以对乡村教师教学活动中的教学难题进行有效解答,对专业发展的困境难以给出有效的建议,导致许多参加培训的教师怀疑培训专家的水平及其培训活动的价值。这些支持性问题严重地制约了乡村教师专业发展培训效果,自然需要重视和解决。

(二)文献综述

1.对教师专业发展概念的研究

对教师专业发展的概念,学者们立足于不同视角做了界定。有学者认为教师专业发展是教师的专业成长,包括内在结构的更新与丰富。[①]也有学者认为乡村教师专

---

① 叶澜,白益民,王枬等.教师角色与教师发展新探[M].北京:教育科学出版社,2001.

业发展始于入职前的师资培育,直至离开教职岗位,在教师的整个教学职业生涯中,必须坚持学习、坚持研究,才能有助于发展专业内涵,才能逐步迈向纯熟的专业发展境界。①有学者针对教师专业素养提出了相应的结构模型,如叶澜先生的专业理念以及知识和能力结构等。在早期研究中,相关研究者会更多地偏向知、情、意等维度而展开分析,大都认为教师专业发展主要涵盖个体专业知识的提升、专业技能的纯熟以及专业情意的健全三个范畴。伴随着研究的深入,还有部分学者提出了更新的观点,比如申继亮先生就对教师的专业知识做出了细化分类,其中既包括本体性知识和条件性知识,同时还包括一般文化知识以及实践性知识。②

当前,国内针对教师专业的性质以及内涵暂时还未能创建一套能够得到学界公认的科学体系,针对专业标准的主要构成要素以及相关特征的表述存在不同见解。近年来,人们越来越关注教师专业发展的自主意识问题,探讨"专业自主"的重要性以及必要性,以及针对当前教师专业权力缺乏这一现象而展开成因分析,并且取得了一些共性认识,如不受外界压力的影响,能够结合自身专业发展制订目标和规划;有意愿、有能力将自己所制订的计划和目标付诸实践;选择满足自身需求的学习内容以及学习方式;能够自觉完成自我的发展和管理;能够有效反思自我,基于批判的态度审视自我、审视现实;能够不断超越自我、主动提升和完善自我等方面。

2.对教师专业发展阶段的研究

学界针对教师专业发展的阶段划分,将教师作为社会人,以此视角充分考量其逐步成长并成为专业教师的发展历程。如台湾学者王秋绒先生将教师专业发展划分为师范生、实习教师以及合格教师三个阶段。其中每一个阶段又细化分为不同时期,以师范生为例,其中包括探索适应期、稳定成长期以及成熟发展期。③综观近年来的研究成果,这些研究深受社会化研究框架的影响,针对教师职业成长过程的分析更侧重于这一框架。如傅道春先生将教师职业成熟划分为角色转变期、适应期以及成长期;④张向东先生将高中教师发展划分为角色适应期、主动发展期、最佳创造期、缓慢下降期和后期衰退五个阶段。⑤有学者提出,在考察教师专业阶段发展的过程中,可将教师的自我专业发展意识作为综合考量标准。这一意识的存在与发展,会对教师

---

① 全国高等教育自学考试指导委员会.教师职业道德与专业发展自学辅导书[M].长春:东北师范大学出版社,2010.

② 申继亮.新世纪教师角色重塑——教师发展之本[M].北京:北京师范大学出版社,2006.

③ 王秋绒.教师专业社会化理论在教育实习设计上的意义[M].台北:师大书苑有限公司,1991:1.

④ 傅道春.谈教师人格的职业表现[J].高等师范教育研究,1991(3):39-43.

⑤ 张向东.高中教师成长规律与结构优化的探索[J].浙江教育科学,1995(5):18-22.

的专业发展产生极为深远的影响,如果意识较强,教师必然会更多地关注自我专业的发展,并对自身专业发展负责。由此,有学者立足于自我更新取向,对教师专业发展过程同样做出了明确的阶段划分,其中既包括非关注以及虚拟关注,同时也包括生存关注以及任务关注和自我更新关注。①这一模式依托于教师的自我专业发展意识,其考察的关键核心不仅包括教师内在专业结构更新,还包括改进的规律,并充分展现出意识从无到有以及由弱变强的发展过程。就教师专业发展理论研究而言,这一理论还揭示了针对教师教育必须要紧抓关键期,要能够及时提出相关要求,还要能够有效激活教师的内在发展需求。同时,教师的专业发展还要经历一个循序渐进的过程。可见,对教师专业成长的关注,须注重每一阶段的专业意识培养。

3.对教师专业发展方式的研究

究竟采用何种方式才能真正有效推动教师的专业成长?其中不仅涉及如何看待教育专业的问题,还包括教师专业性质的问题。长期以来,大部分研究者往往更关注针对教师专业范式的研究,不同的专业化范式往往会体现出完全不同的教师专业发展要求。而如何有效促进教师的专业成长,可以借鉴西方学界的三种范式将其划分为相应类型。一是熟练型实践者范式。亦即认为,对于教师职业而言,它和医生以及工程师等职业完全相同,专业属性既包括这一实践领域中相关知识和技能的娴熟程度,也包括具体的实证效果。同时这一范式还强调教学实践,这是学科内容以及教育学、心理学相关理论技术的有机融合以及合理运用,正是它们共同构成了教师专业熟练程度的有效保障。二是研究型实践者范式。亦即认为,作为教师,不仅仅是教育的实践者,更应该是研究者。研究型教师的培养,已经成为当前教育界关注的热点话题,研究内容已不再过多关注教师参与研究的重要性以及必要性等方面,而更多地探讨研究型教师的特质以及具体的培养策略,其中不但包括理论层面,也包括实践层面。三是反思型实践者范式。亦即认为,反思就是行为主体抛弃自我,以批判的方式对自我行为进行审查。教师应能够完全实现对自己教学实践的回顾和诊断,从而改进当前的教学策略以及教学方法,使其更能够贴合教学实际所需。这种立足于实践反思取向的教师专业发展,其目的并不是立足于外在知识能力的获得,而是依托于各种形式的内在反思,使教师能够对自身以及相关专业活动等层面产生更深入、更透彻的理解。

4.对教师专业发展路径的研究

关于教师专业发展的理论研究,大多都是围绕教育体系、个人和社会展开论述,

---

① 叶澜,白益民,王枬等.教师角色与教师发展新探[M].北京:教育科学出版社,2001.

并提供如何促进其发展的方法。具体而言,在社会层面,要加强对教育者客观物质上的满足,构建更为和谐稳定的教育环境,关注物质生活的同时更要关注精神生活。在学校层面,完善教学制度,提升教学品质,强化教师培训,构建教师评价机制,促进从知识教育到文化教育的转型,调动教学积极性。在主体层面,教育者应进行个人反思,提高教学水平和能力,并对职业发展进行详细规划,从实践中不断完善自我。[①]可见,客观环境是教师专业发展的外部拥护者,而内心诉求则是教师专业发展的主要推动力。因此,保障其认识自我、发展自我,成为所有行动的前提。

当前针对教师专业发展的理论研究,有不少研究者认为,要实现教育模式的变革,教育者作为教育活动的主体,应首先进行自我变革,即教育者要改变传统课堂理论授课的形式,在强化自身专业性的同时,加强个人在教育实践活动中的参与;同时通过个人反思活动,发现教育活动中的不足,不断完善自身,提高教育水平和能力。[②]还有研究者认为,需要关注教师所属学校的发展,完善教学制度建立,为新的教育者提供优秀的实践环境,坚定其教育职业的发展目标,学校这一平台不可或缺。[③]与此同时,有学者针对如何更好地促进教师教学模式的转型提出要全方位地透彻分析。

5.对已有研究成果的评价

首先,就当前教师专业发展的相关研究来看,更多是模仿国外的研究方法,当然,在部分研究内容中也集中体现了我国的国情和现实问题。需要特别关注的是,以林崇德先生为代表的研究者,针对教师素质结构理论的研究主要基于认知心理学的视角;叶澜的相关研究则依托于专业化理论框架,分别基于教育制度以及伦理学的视角,是具有典型创新性的研究成果。虽然很多研究者针对教师专业发展阶段的概括具有典型的创新性,不管是对实践性知识,还是对反思的重视,都是极好的研究突破口,但从总体上来看,当前国内对相关问题的研究仍然停留于对经验的总结以及对概念的明确界定阶段,实证研究和定量研究相对较少,这一领域仍然具有深度发掘的空间和价值。

其次,在对当前关于教师生涯发展的理论研究中,多数是对不同区域教师的发展进行分析,针对乡村教师的研究较少。同时,上述研究通常落脚于教师生涯发展成就,对于乡村文化变化为教师生涯所带来的困境方面的研究则有所不足。

最后,当前教师职业发展研究大多聚焦于所取得的成果及存在的问题上,并主要从教师生涯角度进行分析,以窥探当前教师事业发展的程度,实现对当前教师行业发

① 李丽娟.偏远地区小学教师专业发展问题及对策研究[D].长春:东北师范大学,2009.
② 刘芳.教师专业发展之策略[J].教育探索,2003(9):102-104.
③ 吴永军.促进教师专业发展:范式、途径、方法[J].当代教育科学,2007(12):19-21.

展的方向修正,切实解决当前教育行业的新型问题。但是,对诸如送教下乡培训、置换脱产研修、网络整合研修、名校访问交流等近年来支持教师专业发展路径的研究却相对欠缺。如此较大规模、多地实施的乡村教师专业发展路径效果如何,则缺乏一个科学的回答。

总之,目前还没有站在模式理论的角度来思考乡村教师专业发展的模式问题的研究,还没有把乡村教师的专业发展培训提升概括到系统的模式的高度来进行反思的研究。因此,本研究从模式的角度把乡村教师专业发展的路径概括为送教下乡培训模式、置换脱产研修模式、网络整合研修模式、名校访问交流模式,并从效能的角度、系统科学的角度进行反思性的探讨。

(三)研究意义

正如有研究指出的,由于历史和现实各种原因的综合作用,当前在连片贫困区制约乡村教师专业发展的问题仍较为突出,支持乡村教师专业发展的条件面临诸多问题。[①]一是工作条件艰苦,乡村教师流失普遍较为严重,导致乡村教师队伍很不稳定。二是教师数量不足,工作量偏大,导致工学矛盾突出;同时结构也不甚合理,男女教师比例失衡,音、体、美等学科教师极其欠缺。三是乡村学校多处于贫困地区,交通不便,通信设施覆盖不完全,导致乡村教师培训机会少,培训成本较大。四是农村校点分散,学校规模较小,不便于组织研讨交流,教师专业发展较为困难。五是新补充教师中有大量非师范类毕业生,未接受过系统的师范教育,且所学专业与任教学科不配套。由此可见,乡村教师队伍建设到了紧迫的时刻。因此,研究乡村教师专业发展的支持问题,具有多方面的现实意义。

第一,研究乡村教师专业发展模式问题,具有丰富乡村教师专业发展理论的意义。一是能够丰富乡村教师支持计划行动研究的理论。笔者在研究过程中,对现阶段乡村教师专业成长所使用的送教下乡培训、置换脱产研修、网络整合研修、名校访问交流等模式的效能和影响因素进行分析,既可以丰富乡村教师专业发展理论的内涵,又能拓宽乡村教师专业发展理论研究的外延,让与这一群体专业成长相关的理论得到充实,明晰送教下乡培训、置换脱产研修、网络整合研修、名校访问交流等路径对乡村教师专业发展的效能。二是为乡村教育及乡村教师专业发展政策提供理论支持。对支持乡村教师专业发展的送教下乡培训、置换脱产研修、网络整合研修、名校访问交流等模式的历史反思、实践探索和效能分析,可以加快推进落实乡村教师专业

---

① 王光雄.乡村教师专业发展支持路径研究——基于云南省乡村教师支持计划的实施情况分析[D].重庆:西南大学,2018.

化发展进程,推动乡村教师支持计划工作的落实,为当地政府制定促进乡村教师专业能力提升的相关政策、制度、法律提供决策服务。三是引领乡村教师专业发展研究。目前,在乡村教育发展中,乡村教师专业发展的应有之义是什么?面对送教下乡培训、置换脱产研修、网络整合研修、名校访问交流等路径的使用,乡村教师本人和教育行政部门应该如何做才能更好地促进乡村教师能力素质的全面提升?等等。这些问题正困扰着各级教育行政部门和乡村学校的管理者。本研究在探讨乡村教师专业发展模式和方法基础上,分析近年来的送教下乡培训、置换脱产研修、网络整合研修、名校访问交流路径,希望对乡村教师的专业发展理论有所丰富。

第二,研究乡村教师专业发展的影响因素,具有指导乡村教师专业发展的实践意义。从实践意义来讲,运用送教下乡培训、置换脱产研修、网络整合研修、名校访问交流等支持乡村教师专业发展的模式,是落实《支持计划》的行动路向,有利于促进乡村教师队伍的建设,提升乡村教师的专业水平,解决老、少、边、岛等基础教育的"洼地"问题,提高乡村教育质量,阻断贫困的代际传递,是一件功在当代、利在千秋的大事!所以说,研究乡村教师专业发展模式问题,具有多方面的实践价值:一是提高送教下乡培训、置换脱产研修、网络整合研修、名校访问交流等支持路径的作用,促进乡村教师的发展,提高乡村教师的专业教学技能水平。二是提升乡村教师的领导力和组织影响力。教师领导力是指教师在引导和协调组织成员完成组织目标的过程中所体现出来的"领导作用",是一种非强制的领导力,会对教育组织中的其他成员产生潜移默化的影响,最终从整体上提高整支队伍的教学水平。毫无疑问,管理和组织是影响送教下乡培训、置换脱产研修、网络整合研修、名校访问交流等支持路径效能的重要因素。三是促进乡村学生的发展。对于学生来说,教师无疑是影响其发展的关键因素。无论是教师专业技能的提升,还是教师领导力的培养等,其本质都是通过促进教师的发展进而促进学生的发展。因此,送教下乡培训、置换脱产研修、网络整合研修、名校访问交流等支持路径虽然直接作用于教师,但最终会作用于学生,乡村孩子是最终的主要受益者。

二、概念界定与研究方法

(一)概念界定

1.教师专业化

教师专业化是教师专业发展问题的基础。所谓专业化,对于一个普通群体而言,在经过一段时间的发展之后,能够符合专业标准的要求,由此成为专门职业并同时获得相应的地位的过程。正是通过这个过程,某个行业或职业才能转变为具有高度完整性和竞争力的专业,才能为社会提供更高质量、更深内涵的服务。近年来,随着我国对教师培训投入的不断加大,人们对教师培训的产出寄予了更高的期待,而"专业化"也就成为从事教师培训的工作者们回应社会期待的努力方向。对"教师专业化"的含义有不同的认识。一是立足于教师个体以及教师群体,认为教师专业化就是指教师提升个体专业水平的过程,同时也包括教师群体为了获取职业的专业地位而做出努力以及具体过程。前者是指个体水平的专业化,而后者则是指职业的专业化,二者的结合就形成了教师专业化。教师个体专业化的具体内容既包括专业理想的树立,也包括专业知识的拓展以及专业能力的发展,除此之外,还包括专业自我的形成。二是基于动态以及静态的维度进行界定。基于动态维度,教师专业化是依托于严格的专业训练以及个体努力,成长为专业人员的过程;在这一过程中,不可缺少的是教师的自主学习和努力,同时也不能缺少良好的外部环境。基于静态维度,教师专业化就是教师职业真正成为具有相应专业标准、专业工作地位得到社会承认的过程。

2. 教师专业发展

对于教师专业发展的概念,因研究取向的不同而存在显著差异。如美国学者霍伊尔(Hoyle,E.)提出,具体的发展过程覆盖了教学职业生涯中的每一个发展阶段。[①]教师的专业发展覆盖个体专业生活的成长全过程,既包括信心的增强,也包括技能的提升,甚至还包括所教学科知识的拓展与深化。我国著名教育学家叶澜先生指出,教师的专业发展更多地集中于教师的专业成长,同时也包括内在结构的更新与丰富。[②]另外,于泽元教授则偏重强调教师个体知识以及技能的获得,他提出更应关注教师生命质量的成长,认为对于教师的专业发展而言,其所涉及的不仅是一个过程,同时也包括具体的专业学习结果。[③]饶见维教授指出,教师专业化这一过程开始于任职前的师资培育,直至离开教职岗位,在这整个教职生涯中,必须坚持学习、坚持研究,才能有助于发展专业内涵,才能逐步迈向纯熟的专业发展境界。其突出强调的是这一过程所特有的连续性以及动态性。[④]综合上述有关学者的说法可见,教师专业发展涉及教师专业发展的本质是什么、外延是什么或者包括哪些阶段或步骤,甚至包括哪些项

① Hoyle, E. Professionalization and Deprofessionalization in Education [A]. in E. Hoyle & J. Megarry. World Yearbook of Education 1980: Professional Development of Teachers [C].London: Kogan Page, 1980: 43-53.

② 叶澜,白益民,王枬等.教师角色与教师发展新探[M].北京:教育科学出版社,2001.

③ 杨超,于泽元.教师专业化发展的自我统整模式[J].教育学术月刊,2009(5):80-82.

④ 饶见维.教师专业发展——理论与实务[M].台北:五南图书出版股份有限公司,2003.

目或内容等。当然,各自的回答在完整性、系统性、科学性方面存在较大的差异。

3.模式与教师专业发展模式

"模式"一词源自英文"model",原义是模型、典型、范型等,它表示用实物或符号将原物、活动、理论等仿制、再现出来。由于"模式"既包含内在的理论依据,又提供了具体的操作讲述,是理论与实践的中介和桥梁。所以,在理解模式概念时必须注意:首先,它以一定的理论作为依据;其次,模式包含系列的活动要素;再次,模式包括具体的可操作技术;最后,模式呈现出来的是一个整体性的结构范型。

根据上述对模式概念的理解,依据乔伊斯(Joyce,B.)和韦尔(Weil,M.)等国外、国内学者对教学模式的认识[1],我们认为,乡村教师专业发展模式就是以教师专业化理论为基础,为实现乡村教师专业发展目标而采取的一系列模式化的教学形式和策略的活动结构。从内涵角度看,乡村教师专业发展模式首先以教师专业化与终身教育、人力资本等理论为支持,其次它包含参与和服务教师专业发展的相关人员等要素,再次它包括具体用于乡村教师专业发展的路径选择、活动方式、组织调控、评价反馈等操作技术,最后它以一些整体性的结构呈现出来,如送教下乡培训模式、置换脱产研修模式、网络整合研修模式、名校访问交流模式等。当然,认识乡村教师专业发展模式问题,离不开对乡村教师专业发展的内涵、外延、模式设计、路径选择等理论的认识,也离不开涉及乡村教师专业发展的经费保障、资源供给、时间安排、组织管理等制度保障。同时,实践表明,这些因素综合起来会形成一个促进乡村教师专业发展的支持体系。因此,本研究站在支持系统的角度,全面地考察乡村教师专业发展及其支持体系问题。

查阅有关文献资料发现,近年来学者们探索、总结了众多的教师培训模式,如偏向于国家层面的面授教育培训、网络远程教育、教师专业发展学校、专家讲座论坛等,学校层面的校本教学培训、校本教研活动、教师专业共同体、课题指导研究等,个体层面的名师工作室、专业引领、同伴互助、自主研修等。本研究以云南省的乡村教师为研究对象,从实际活动情况看,送教下乡培训、置换脱产研修、网络整合研修、名校访问交流四种培训的规模、影响较大,因此我们将其提升到模式的高度进行研究。

(二)理论基础

1.教师培训理论

各种类型、各种层次的教师培训是促进教师专业发展的基本路径。在国外,教师

---

① 乔玉香.我国当代教学模式刍议[J]. 教学与管理,2002(19):3-5.

培训就是针对所有学校在职教师所展开的有助于教师专业发展的相关活动。关于培训的目标定位,为创造最优学生学习品质而努力是开展教师培训的终极目标,为在职教师的持续发展提供服务是核心目的。关于培训内容方面,各国中小学教师培训内容集中在通识教育、教学技能、专业伦理、社会发展变革中必备的知识技能学习等。关于培训形式,美国学者亚格尔、豪伊和乔伊斯等在系统调研的基础上概括出工作嵌入式、工作相交式、专业化式、职业证书式、个性化式等模式。

我国教师的专业化培训虽然起步较晚,但近年来发展较快。首先,认为提升教育质量的关键在于高素质的师资团队,其保障和基础就是对教师的在职培训,这是培养高素质教师最直接、最有效的方法,也是打造高品质教师团队的基石,更是推动教师专业发展、全面提升教学实效的重要路径。其次,目前探索出了多种教师培训模式,如顶岗置换、送教下乡、网络研修、短期集中、专家指导、校本研修等。当前,要建设一支"有理想信念、有道德情操、有扎实学识、有仁爱之心"的新时代"四有好教师",教师培训不但要提升教师的专业理念,保障师德素养,同时也要开展以"有针对性地完善其专业知识结构,全面提升其专业能力及班级管理水平"为主要内容的,有组织的非学历专业提升活动。目前,需要推进教师培训模式的改革与创新,与时俱进地对培训内容进行革新改进,使其更能够贴近、切合一线乡村教师的学习需求。

2.教师学习理论

自20世纪60年代终身教育理论奠基者保罗·朗格让(Lengrand,P.)的《终身教育导论》问世以来,终身教育的理论与实践开始风靡全球。在终身教育思想的影响下,人们逐渐意识到学习不再是一个短暂的、被迫强加式的过程,而是一个主动地、积极进取地、无止境地自我探求的过程。在终身学习理论的影响下,人们逐渐加大了对教师学习及其对教师专业发展的关注,教师学习逐渐成为一个正式的研究领域。1990年,美国教育部设立在密西根州立大学、之后正式更名为美国教师学习研究中心的机构的成立,标志着教师学习研究领域的兴起。[1]在我国,自2001年启动新一轮课程改革后,教师学习及其理论问题日益成为研究的热点。

关于教师学习的概念,有不同说法。伯曼(Lieberman)、梅斯(Mace)等人认为,教师学习是通过实践、意义、共同体和自我身份认同的学习。[2]刘学惠等人认为,教师学习是指基于个人努力或者外部干预,提升个体专业知识,促进能力成长的变化过

---

① 陈秀娟.关于教师学习的文献综述[J].西北成人教育学院学报,2014(5):53-58.

② Lieberman, A., Mace, D. Teacher Learning: The Key to Educational Reform [J].Journal of Teacher Education,2008,59(3):226-234.

程。①通过文献梳理,我们将教师学习的特征归结为:强调教师知识的多元化;注重教师反思和情境化,集中指向教师实践;是自主性以及专业学习的有机融合;更加重视质的研究方法。基于上述认识,我们认为,教师学习是指教师自身或者处于共同体中,通过自己的不断实践、反思以及与环境等的互动,获得专业知识、提升能力以保障专业发展的过程。所以,教师学习应该是一个动态的、螺旋式前进的可持续发展的过程。

教师学习的理论主要有建构主义学习理论、自我导向学习理论和情境学习理论。建构主义学习理论脱胎于建构主义范式和思想,认为教师学习是教师处于某种环境中,并与环境中的人和物产生作用,面对具体情境教师自我能够根据以往经验建构出新的知识。学者们依托建构主义,对教师学习进行了如下界定:通过教师的主动发现以及探究过程,立足于原有知识和经验基础,获得更丰富的教育思想、教育理论,以有助于提升专业理解以及专业技能,这是对自我的不断更新,更是对创造性生命力的培育和发展。②自我导向学习理论由美国艾伦·塔夫(Allen Tough)于1966年提出,注重学习者自身的学习能动性和自主性,强调学习是自主完成的过程,可以在渐进过程中来实现:学习者应该在学习过程中树立自身的学习目标,并为自身学习目标制订相应的学习方案。同时,在学习目标和学习方案的引导下,寻找有利于自身发展的相关学习资源和学习技术,并对所学的内容进行实践检验。③情境学习理论是由美国学者让·莱夫(Jean Lave)和爱丁纳·温格(Etienne Wenger)于1990年前后提出的一种学习方式。该理论在相关研究基础上,提出了关于学习的新隐喻:学习是合法的参与实践共同体,学习是一个社会协商的过程。其核心概念以及典型特征主要集中于:依托于情境的行动和实践共同体,除此之外,还包括认知学徒制以及合法的边缘性参与。④

(三)研究方法

1.文献法

文献法是对已有研究成果进行汇总分析,进而从文献层面掌握已有研究成果的研究方法。该方法的技术有两种:一是文献计量方法,这种方法是对现有的文献进行数量、质量等方面的统计,继而通过定性和定量的方式实现对该问题的研究现状的把

① 刘学惠,申继亮.教师学习的分析维度与研究现状[J].全球教育展望,2006(8):54-59.

② 赵明仁,黄显华.建构主义视野中教师学习解析[J].教育研究,2011(2):83-86,109.

③ 沈遥.论自我导向学习理论在成人学习中的运用[J].中国成人教育,2017(23):29-32.

④ 崔允漷,王中男.学习如何发生:情境学习理论的诠释[J].教育科学研究,2012(7):28-32.

握；二是文献内容分析方法，该方法是通过对文献内容进行梳理，发现研究问题的思路和内容构成。本文首先通过图书资料查阅、网络资源检索等途径，对现阶段乡村教育的形式、需求以及乡村教师教学能力有效性进行系统的探索，然后再对文献中的内容进行深层次分析，明确教师培训环节中的发展特点，继而获得提高教师素质能力的道路。其中，重点是系统地分析诸如讲座、跟岗、教研、远程教育等各种乡村教师专业发展方式的有效性问题。

2. 行动研究法

《支持计划》行动路向研究中的实践研究层次需要从教师培训需求、培训组织结构以及培训资源建设三个维度，以"需求、组织、资源"为主，探求乡村教师专业发展支持系统促进乡村教师素质提高的可行措施。因此，本研究使用了行动研究法。该方法要求研究者以行动者的身份深入问题场景，直接参与教师专业发展支持系统的运作之中。在综合考量不同区域乡村教师的特殊性的基础上，总结不同培训模式和混合式培训对促进乡村教师专业发展的实效性，这也是验证本研究理论的重要过程。其中，重点是本人集研究者、观察者、参与者、组织者的多种身份于一体，深入到乡村教师的教学、生活之中，体验、感受、观察乡村教师专业发展支持体系的效能，并积极获取影响乡村教师专业发展路径效能的相关因素。

三、乡村教师专业发展模式实施的现状

云南省地处西南边陲地区，民族众多，居住较为分散，乡村学校布点稀疏，教育发展水平处于相对滞后状态。统计表明，云南省乡村学校集中在全省85个集中连片特困县，在26.1万名专任教师中，其中乡村教师有16.9万人，占专任教师总量的65%。如果按照地域类型进行划分，云南省的乡村学校则包括五大类：第一类是迪庆藏区的乡村学校。迪庆藏区是全国深度贫困地区之一、国务院重点关注的"三区三州"之一。第二类是滇西片区的乡村学校。滇西片区共有10个州市，分别是楚雄彝族自治州、大理白族自治州、丽江市、德宏傣族景颇族自治州、西双版纳傣族自治州、普洱市、怒江傈僳族自治州、临沧市、保山市、红河哈尼族彝族自治州等地。第三类是乌蒙山区的乡村学校。乌蒙山区即昭通市。第四类是石漠化地区的乡村学校。石漠化地区即曲靖市、文山州。第五类是昆玉城区的乡村学校。昆玉城区如昆明市、玉溪市。比较而言，前四类，尤其是前一、二类区州市的乡村学校和乡村教师的发展基础极其薄弱，发展水平严重偏低。各市区开展"国培计划""省培计划""市培计划"等促进乡村教师专业发展，对象涉及上述五类不同市区县的教师，在使用模式上一般涉及送教下乡培

训、置换脱产研修、网络整合研修、名校访问交流四大类。因此,下面以此四大类乡村教师培训模式为对象,进行相应的调研、分析。

(一)专业发展模式的实践探索

近年来,为了促进乡村教师专业发展、提高其教学水平,在全国范围内开展了较大规模的培训活动。云南省如同其他省市一样,开展了多方面的探索,呈现出了较为丰富的促进乡村教师专业发展的实践探索。在层次上有"国培计划""省培计划""市培计划""县培计划""校培计划",在形式上有高校研修、影子研修、学习共同体、送培下乡、教师发展学校,在内容上有通识培训、学科培训、班主任培训、教研主任培训等。为了便于研究、认识,本研究根据云南省对乡村教师培训采取的形式、培训规模的大小等因素,把这些多种多样的培训概括为送教下乡培训、置换脱产研修、网络整合研修、名校访问交流四大模式。

1.送教下乡培训

云南省开展送教下乡的教师教育活动,主要做法是加强统筹,整合各界专家资源并以任务驱动等方式下乡为教师提供培训的机会;同时,推动学校内的校本研修活动,使乡村教师的培训模式得到创新,最终增强实效性。围绕开展送教下乡的教师教育活动,各地明确了开展这一工作的主要任务。乡村教师的培训计划与送教下乡培训活动需要得到完美的融合,并且每一周和每一年都需要设立相对应的计划。其主要流程包括:第一步,诊断示范。专家团队以问卷调查、师生访谈等方式进行诊断,寻找乡村教师在教学过程中存在的实际问题,提出具有时效性的解决方式,通过上课说课等模式来为教师进行示范教学。第二步,研课磨课。立足于研修主题为教师分配研修任务,立足于研修实践帮助教师上课与磨课,同时,专家团队对教师的表现提出有效建议。第三步,成果展示。开展阶段性成果展示活动,以上课、说课、评课等方式帮助广大教师改进教学效果,以案例故事等方式来展示教师在研修过程中所获得的学习成果。第四步,总结提升。总结专家团队在送课下乡的过程中所进行的优秀工作,通过经验总结和问题反思来确立教师的发展方向,制订日后校本研修的发展计划。

为保障送教下乡培训的质量,首先要明确专家团队、乡村学校以及参训教师的工作职责。实践结果表明,通过"诊断示范、研课磨课、成果展示、总结提升"的四环节培训,云南省各项目县(区)均建立了送教下乡培训的项目实施办法、项目实施管理办法等相关制度。县级教师培训机构会同高校、片区研修中心、乡村学校,制订本县送教下乡培训计划和实施方案,大多数县区的培训管理制度体现出规范性的特点,且多数县区初步分学科组建了结构较为合理的、相对本地区平均水平而言具有较高水平的送培团队,率先加强学习,自身素质得到一定程度的提升。

2.置换脱产研修

置换脱产研修的教师教育支持模式主要采取高师院校师范生实习支教、置换骨干教师进行脱产研修的方式。近年来,云南省以较大力度整合资源,开展培训工作,其中,2016年共有10所高校、10家网络培训机构承担了县级培训团队置换脱产研修项目。来自30个项目县的2350名县级教师发展中心、中小学、幼儿园的骨干教师参加了培训。

在具体做法上,通过与大学的合作,组织高层级的教师送教下乡,进行顶岗支教活动,对中小学和幼儿园的骨干教师进行置换,整个研修过程控制在4~6个月之间。承担转换研修的培训单位严格按照项目要求分学科、分类别、分层次、分年度递进式设计课程,将理论课程和实践课程、必修课和选修课相结合,同时对实践类课程的比例、专家的资质等做出了要求。在安排培训模块的过程中,学校和教师主要立足于跟岗实践、集中研修等层次,在此阶段开展整体性的系统培训工作,重点提升学员所具有的能力,使其能够在送教下乡活动中发挥自己的专长,将网络研修以及校本研修等方式结合起来,全面提升教师教学素质,为乡村教师提供更多的能力保障。

为了规范置换脱产研修,云南省对此做了相应的流程规范要求。根据国家教育部门的相关要求,培训机构应保证培训内容的实践性和集中性,然后通过总结提升的方式定制培训方案。主要流程及规范如下:(1)集中研修,要求通过诊断课堂中存在的问题,确定研修任务和重点,并且以此来制订学习计划。在集中研修过程中,可以采用技能训练、专家诊断、研究案例等方式。(2)跟岗实践,要求根据参培教师的原先岗位,将其分配到实践能力较为优秀的中小学以及幼儿园进行实践,随着优秀教师的指导,开展观摩学习、对照反思、实践体验等活动。(3)返岗实践,要求在跟岗学习的基础上,本着"学以致用"的原则,参培人员对照本人本校实际,进行系统反思,明晰问题,研究解决方法,形成个人的返岗实践方案,通过"做中学"使教学能力获得提升、发展。(4)总结提升,通过展示学习成果的方式进行总结反思,专家通过其反思调整其发展规划,使其能够明确未来发展方向。

3.网络研修整合

网络研修主要是由教师网络研修培训机构牵头组织并作为乡村教师专业发展支持资源供给保障的研修模式。近年来,云南省各县(区)严格按照"培训计划、培训实施、培训管理、培训绩效、培训特色与创新"的思路开展教师网络研修工作,具体由培训机构负责组织对所在县区学员培训需求进行调研,整理出需求目录,在此基础上组织开发培训课程,建立培训需求"菜单";依据需求调查,修改完善培训方案。在云南省乡村教师专业发展支持项目中,西南大学、华东师范大学、全国中小学教师继续教育网等分别承担了网络研修整合的教师培训任务。

为了提升乡村教师网络研修的远期效益,云南省教育厅要求,承担网络研修整合的乡村教师专业发展各支持机构应收集、整理、开发一批本地化课程资源,探索建设县域网络研修工作坊、网络名师工作坊、示范校,以促进乡村教师借助网络平台,实现专业可持续发展。具体形式包括开发改进学习和辅导平台、开设一定比例的MOOC课程资源、建立网络支持的"必修+选修"的课程学习模式、建设网络支持的教师工作坊等。

为了保障网络研修整合的质量,提高网络研修整合的乡村教师专业发展模式的实效性,云南省强调在其运行机制上加强创新实践。具体包括:一是强化"任务驱动"的项目运行机制。实行"213"举措:"2"即搞好"实践反思"与"诊断测评",夯实任务选择的实践基础;"1"即确定1项研修任务,聚焦研修活动的指向;"3"即安排专门阶段、专题活动、专项生成予以落实,保证项目的良好开端。二是构建"层次递进"的能力发展模式。实行"先进理念引领、基础能力支撑、专项应用整合"的系统化、递进式能力提升过程,确保应用能力提升循序渐进、水到渠成。三是彰显"智慧众筹"的融智创新优势。项目设计注重激活教师实践智慧,借助网络平台实现有效集散,把网络课程作为以往智慧众筹的成果集成与融入新智慧的良好载体,努力实现地方、机构、专家、骨干培训者、广大教师的智慧叠加。四是安排"示范导引"性实践引领活动。以"专家到一线,技术进课堂"为活动主题,通过传统与信息技术应用课堂"同课异构"的教学展示与评析,揭示信息技术与学科教学融合的基本规律,获得信息技术优化传统课堂教学的有效方法,探索时下突破信息技术应用瓶颈的有效途径。

4.名校访问交流

围绕乡村教师访名校项目的实施,云南省近年来投入巨资,努力挖掘名校的优质教育资源,使之在乡村教师专业发展支持方面发挥更积极、主动的作用,提供更周到、优质的服务。乡村教师所访问的名校主要有西南大学、苏州大学、云南师范大学、昆明学院等23所高校。各培训机构按照"国培"文件要求,规范拟制项目方案、规范实施项目培训、规范培训管理、规范落实项目任务,较好地完成了乡村教师访名校培训工作。在生成性资源方面,乡村教师访名校培训,组织课例展示、案例分析、问题研讨,汇集了解决教学问题的案例资源。组织现场诊断、评课、议课、同课异构等研讨,增强了乡村教师教学行为观察、自我反思、感悟体验、教学设计的专业能力。

访名校跟岗实践环节的引入是乡村教师访名校培训项目的亮点之一。培训课程的一半都属于实践课程。参加实践课程可以让参训教师对优秀教师的示范课进行观摩，思考示范课的成功之处，结合自身状况进行深入思考，进而融会贯通，不断提升自己。为了提升实践课程的教学培训效果，实践指导教师全部由一线名师来担任，对参训教师的实践活动进行全方位的跟踪指导。在参加实践课程的过程中，主要通过以下方式来引导参训教师：跟岗实践，不仅包括示范课观摩、同课异构、研讨课现场诊断、名校课程介绍等，同时还包括同课二次异构、课例研究以及名校文化考察等。在这个过程中，指导教师应该引导参训教师积极参与到实际问题的解决过程中来，引导他们用所学的知识以及自身的经验来解决问题，进而不断提升乡村教师队伍整体的水平和教学能力。

为了进一步放大乡村教师访名校培训项目的优势，云南省各县区还组织项目专家团队、参训教师充分利用网络平台交流互动，解决教学疑惑，分享教师成长经验，提高教师网络教研的能力。部分县（区）还利用大学网络平台、县区教育资源网组织学员开展网络研修。建立学科QQ群，方便为学员答疑解惑，有助于培训者与学员、学员与学员之间互动交流研讨，共享学科教学资源。

（二）专业发展模式的实践成效

对于云南省这样一个地处西南边陲、地理交通不便、经济社会发展相对滞后、文化科学水平偏低、先进文化和思想资源较为薄弱的省份，运用送教下乡培训、置换脱产研修、网络整合研修、名校访问交流等培训模式，具有多方面的意义，总结上述实践也发现取得了较大的成效。

第一，送教下乡培训：一场"及时雨"。与其他乡村教师专业发展培训模式相比，送教下乡培训模式有其独特的作用：一是规模效益较高。送教下乡培训模式，几乎能够让接受培训学校的所有教师都参加培训活动，是所有乡村教师专业发展培训中规模效益最高的一种。二是时间效益较好。送教下乡采取专家们下乡、教师在乡里接受培训的模式，大大节约了教师们交通上的时间成本，充分整合了时间资源。

此外，对于地理位置高度分散的乡村教师、相对不便的交通条件，这种辛苦培训专家一个人、幸福乡村学校一校教师的培训模式，让乡村教师备受感动。在调研中，许多乡村教师对这些能够克服交通等困难前来授课、培训的专家表示高度赞可、钦佩！纷纷称赞这些克服困难来到边陲学校传经送宝的专家就是乡村教师的"及时雨"！

第二，置换脱产研修："多方共赢"。置换脱产研修既给了部分乡村教师得以外出参加培训的机会，也给了师范院校学生实践的机会，是一种涉及多方互动的综合性培训模式，具有综合性的多方面效果。一是为部分教师提供了外出高级研修的机会。在该模式的实践中，一部分乡村教师前往高等院校进行深度学习，身处学术氛围浓郁的高校之中，乡村教师能够潜心钻研教学问题，与高校教授探讨教育真谛，学习过程中，能将理论和实践相结合进行反思。一些乡村教师把参加置换脱产研修后的效果比喻为"脱胎换骨"。二是综合效果较好。如在玉溪地区调研置换脱产研修模式的效果时发现，参加玉溪师范学院置换脱产研修的乡村教师认为，培训不仅有效地提升了乡村教师的教育理论素养和实践水平，还提高了顶岗学生的教学能力、锻炼了学院的培训教师队伍，取得了多方共赢的效果。此外，为了确保乡村教师置换脱产研修的效果，在实践中逐步探索出了乡村教师和乡村学校、区县政府和高等院校、乡村教师学员和指导教师之间多重的沟通、协同、合作机制。

第三，网络研修整合：让教师成了"千里眼、顺风耳"。近年来，在云南省政府和企业、社会的大力支持下，信息网络得以快速普及，有线网络和无线网络纷纷进入乡村学校校园，为乡村教师插上了信息化的翅膀，使乡村教师人人都成了"千里眼、顺风耳"，发挥了显著的网络整合研修功能：一是提升了部分教师的学历。调研访问中得知，许多以前是专科学历的、中师转正的乡村教师正是通过网络研修完成了学历的提升。他们对这种费用较低、时间经济、形式灵活的网络研修表示高度称赞。二是开阔了教师的眼界。对于地处偏僻、交通不便、信息不畅的边陲乡村学校的教师而言，网络为他们打开了一扇观看外界丰富多彩世界的窗口，给他们提供了提取所需教育信息资源的重要渠道，让他们在足不出户的情况下就能获得丰富的外部教育信息。此外，在调研访问中，许多乡村教师反映，他们可以通过网络研修实现模仿学习、调整加工而逐步缩小与城市教师的业务水平，有力地增强了自己的职业工作自信。

第四，名校访问交流：让部分乡村教师进入"大观园"。对于广大的云南省乡村教师而言，所谓的"985"高校、"211"高校、"双一流"大学对他们来说都是"可望不可即"的神圣殿堂！乡村教师培训中的名校访问交流则为他们提供了一个走进这些重点高等学府"大观园"的机会，他们对这一特殊的乡村教师培训模式有着自己的感受：一是实现了到重点大学学习的梦想。由于这些乡村教师基本上都是地方师范院校毕业的，对重点大学一直怀着浓厚的好奇心，而进名校访问交流则提供了一个难得的机会，使得他们有机会在中国著名的高等学府里与名师、大家零距离接触，感受一流学者的学术水平、人格魅力。在调研访问时，许多参加这种模式培训的乡村教师纷纷拿出他们与名师的合影照而"洋洋自得"！二是获得了培训以外的众多附加值。在调研访谈中许多乡村教师反映:到昆明、重庆、北京当地的名校访问交流收获实在太多、太意外了,如终于去天安门观看了升旗和降旗仪式,不由自主地唱起了国歌;去爬了长城,感受了万里长城的雄伟;去毛主席纪念堂瞻仰了毛主席遗容,终于看了伟大领袖毛主席一眼;还有北京的天坛、地坛、中关村,重庆的重庆谈判会址、渣滓洞、朝天门码头,昆明的滇池,云南大学里面的考棚、讲武堂……今后在给学生讲课遇到这些资料、信息时,我可以自豪地告诉学生"我去过",并且我相信这也非常有助于我的课堂教学。所以,从众多乡村教师对名校访问交流的附加值来看,该模式获得了乡村教师的高度赞许。

(三)专业发展模式实践中的问题

尽管云南省在运用上述四种乡村教师专业发展培训模式促进乡村教师专业发展方面取得了一定的效果,但也存在一些值得思考的问题。

1.送教下乡模式的问题

虽然近年来一些高等院校较为支持校内增加开展对乡村学校的对口支持工作,积极委派专家前往乡村学校送教下乡,但是通过总结调研、访谈资料发现,送教下乡培训模式在实施中存在如下问题:一是专家团队自身在原单位承担着较繁重的教育教学、科学研究等工作,长期往返城乡之间,感到非常辛劳,首尾难以两顾,虽然支持了乡村教师培训事业,但容易对自身及原单位工作造成一定的耽误;二是送教下乡受项目周期及送教工作时间安排的影响,每次送教任务集中、时间紧张,专家难以静下心来认真调研所指导乡村学校的办学实际、乡村教师在课堂实践和课程建设方面的具体情况,因此,有时候送教下乡培训显得"风风火火、来去一阵风";三是送教下乡项目受项目周期及送教任务繁杂的影响,难以持续跟踪乡村学校的实际情况及乡村教师的教学实际,进行有深度的教学指导与改进实践,"培训"与"持续深入的教学改进"尚未完全建立有机的联系,导致该项目实施对基层学校及教师改进的作用无法完全发挥。

2.置换脱产研修模式的问题

虽然近年来一些高等院校积极寻求与乡村学校合作,为置换脱产培训工作提供了条件。但是置换脱产研修模式在实施中也出现了一些问题:一是学生及学生家长持不完全赞成的态度。不少家长对此有想法,认为从师范专业在校大学生中筛选人员顶岗,这些"准教师"的教学肯定会影响教育质量,虽然乡村教师是为了提升自己的业务水平,但对孩子当下的学习造成了影响。二是乡村教师参训结束后有大量教学工作。参加置换培训的教师在结束学习、回到原学校后,还需要对顶岗实习大学生的教学工作进行重新梳理,有时甚至需要全部重新教授一遍,这让许多乡村教师感到不甚高兴。三是顶岗学生难以承担毕业教学工作。如果参训教师的教学岗位是毕业年级,顶岗实习的大学生往往难以胜任而不易实现有效的置换脱产培训。

3.网络研修整合模式的问题

当前,国内近80所高等院校的网络教育机构在学历教育之外,积极开展了支持包括乡村教师在内的网络研修活动,赢得了社会的赞誉。但网络研修整合在实际操作中也存在一些问题:一是目前网络课程资源大多为城乡教师共通一体的研修资源,适合乡村教师需求的教学资源还不够丰富;二是网络研修整合项目的主持单位在线上资源的建设提供与线下的培训交流方面缺少高层次、高质量的整合,"两张皮、两相脱节"的情况还广为存在;三是负责网络研修整合项目的单位缺少对教师网络学习的即时互动与响应,所谓网络研修大多呈现为静态的教师培训课程资源供给,而缺少真正的即时互动,这在一定程度上削弱了乡村教师利用网络平台加强研修学习的积极性;四是负责网络研修整合项目的单位局限于本实体内部的网络资源建设,而网络研修需要提供海量的线上学习资源,任何一个实体所建设的网络资源都是极其有限的,低水平的建设则造成了相关资源的重复与浪费现象。

4.名校访问交流模式的问题

近年来,一些著名的高等学府向乡村教师敞开了学习的大门,让一些非重点大学毕业的教师有了进入重点大学研修的机会。但是,总结调研、访谈资料发现,名校访问交流模式在实施中的问题也暴露了出来:一是访名校项目依托名校而进行,因而需要名校的校长及其工作团队投放较多的精力,这在一定程度牵制、影响了他们在本学校教学管理中的精力;二是参加访名校学习的乡村教师在到名校访学、跟岗学习后,给承担访学任务的相关学校(名校)的生活服务等带来了较大的压力,部分名校在资源调用方面存在困难;三是对于如何将名校的办学模式、经验进一步辐射迁移应用到乡村学校和乡村教师的发展上缺少关注。较多名校重视展示本学校的办学特色与经验,却缺少"看人兑汤"——充分联系乡村学校和乡村教师的问题实际,帮助他们制订改进其日常教学问题的方案,并进一步进行个性化的跟进指导。

总的说来,目前几种乡村教师的培训方式各有利弊。上述几种乡村教师培训模式在实施中存在的问题,使得受惠的教师仍然有限。另外,由于乡村教师面广量大,现有的项目难以让全体乡村教师都受惠,即骨干教师在一定程度上获得了出外学习的机会,但大多数乡村教师仍然处于个人专业发展的观望区。所以,如果没有真正建立起校本研修文化,全体乡村教师的学习环境、学习条件、学习动力没有得到完善和加强,那么,乡村教师的专业发展仍然会受到掣肘。

四、乡村教师专业发展模式问题的归因

(一)制度与管理层面的影响

第一,乡村教师专业发展制度还不够健全。在调查中发现,虽然大多数中小学已经实行了绩效工资模式,而且教育部门已经把相关人员的职称晋升、绩效工资等和教师的专业发展联系起来,旨在激励更多的教师(包括乡村教师)获得更大的专业发展动力。但应看到,教师资格与职称的终身制、绩效工资差距较小等不能充分激发广大乡村中小学教师专业发展的积极性。同时,乡村教师在专业岗位职称晋升中,依旧存在着一些指标限制的做法,由此增加了教师队伍自身所具有的职业倦怠感。可见,在教师人事管理制度系统中,人才资源的缺乏已经成为一种普遍现象,激励机制的缺少以及督促作用不足就成为其中较为重要的原因。除此之外,还有部分教师自身职业认同感较低,较为关注个人发展前途,未能认识到团队的重要作用。

第二,乡村教师教育管理关系还没有理顺。当前为学校提供专业支持的单位最普遍的是教育行政部门领导下的业务部门,即各地的教研室、教科所和教师进修学校之类的机构。这些机构最大的优势是行政执行力度大。业务部门提供的专业服务,普遍带有强制性,大部分情况下,是教育行政部门推行行政指令时的"具体操办"。外在强制性"服务"的专业支持,是外延式发展时代的产物,对内涵式发展来说,这种支持在格局上、动机上与当下教师教育及需要的支持不相适应。因此,各地教研室、教科所和教师进修学校之类的机构需要任务转型:从行政附属性的专业支持机构,转向非行政附属性的专业支持机构。目前,中小学教师专业发展迫切需要新型专业支持系统。为避免此类服务具有行政化特征,首先需要意识到的是此类形式较为新颖的专业支持系统通常与学校之间并不具有较为直接的从属关系;同时须注意,这种支持系统最为重要的一点就是"临床服务",即立足于中小学课堂的现场特征来提供个性化的解决方案,也就是说,具有专业化程度,能够点对点地解决中小学课堂中所出现的问题和需求。

第三,乡村教师专业发展经费支持力度不够。在笔者参加的乡村教师专业发展支持情况的专项调查中,对于"您的学校是否能够为您报销外出培训所产生的费用"这一问题,半数以上的教师表示学校会为其报销全部或一半的费用,但是少部分教师反映学校不会报销此类费用。在走访过后能够得知,乡村学校的教师培训费用都来自公费,然而,没有为此建立专项的经费制度,因为农村的生源部分向城里转移,所以乡村学校的公用经费一直处于减少态势,培训经费也因此而受到了影响。通过以上情况的分析能够看出,部分乡村学校并没有依据国家的要求建立可以适用的经费标

准,也没有确定好培训经费的保障形式,所以并不是所有乡村教师的研修需求都能够得到经费上的满足。

第四,人事制度不利于支持乡村教师专业发展。在进行"您认为当前农村教师在参与培训学习的过程中会遭遇哪些困难"的调查中,大多数教师都认为学校安排了过于困难和难以达成的教学任务,自己很少有时间去参加培训或提升自己的学历层次。通过走访调研,大多数教师和校长都提出目前学校中的教师编制数量明显不足,而处于"哑铃型"结构,大多数教师都十分年老或十分年轻,有经验、有活力的中青年骨干教师相对缺乏。在教师退休人数增加后,岗位编制缺失状况十分严重,使用非正式编制的情况非常普遍。因为教师课业任务较为繁重,有力的培训项目虽已设置,但大多数教师都抽不出时间参与。

第五,乡村教师专业发展培训指导不力。就目前情况来看,负责各地乡村教师培训的部门在工作效能与质量方面存在一定程度的指导不力问题,尤其是对一些问题的指导管理不够。一是课程设计的针对性问题。一直以来,以高等院校为主体的培训承担者、组织者,他们在课程设置的过程中遵循较为自我的设计理念,可能由于培训的调研不够,或者专业发展培训的价值取向与乡村学校的实际需求不甚吻合,导致参加培训的乡村教师普遍反映课程的针对性不强。二是培训方式的问题。大多数培训都以讲述为主,各类培训模式都稍显单调。三是培训存在专题性的问题。在一般的培训大多数都是讲座知识的结合,点到为止的方式使教师们缺乏特定专题的实践和培训机会,让参加培训的乡村教师感到好像一个"插曲"一样突兀。

(二)实施与资源层面的影响

第一,落实《支持计划》的进度和力度不平衡。云南地域辽阔、民族众多、社会和经济发展基础薄弱,各地工作开展程度不均衡,主要表现在以下方面:一是还有个别州市尚未出台乡村教师支持计划实施办法和集中连片特困地区乡村教师生活补助实施细则;二是有的地方理解、把握乡村教师支持计划各项政策不全面,结合地方实际综合运用政策杠杆盘活乡村教师队伍资源的办法不多、不灵活,相关部门整合政策合力支持乡村教师队伍建设的局面没有形成;三是对乡村教师支持计划的宣传力度不够,部分乡村教师对相关政策尚不了解;四是部分县级人民政府筹措资金乏力。

第二,乡村教师队伍建设面临着结构性的矛盾。当前云南省乡村教师队伍建设仍然存在一些结构性的矛盾:一是乡村教师队伍严重缺员,且补充困难。如红河州每年需要招聘补充近千名教师,而在编制严控下,不得不缩减县市教师招聘计划。全州2017年"特岗教师"招聘数缩减近50%。教师匮乏意味着无法配齐学科教师,大班额、包班教学现象严重,教师日常工作量大,挤兑了学习时间。二是一些地方反映不能根据乡村教师岗位实际需求对编制进行动态调整。如区县根据教师岗位需求提出教师招聘计划,但招聘工作需由市级"统招",结果造成"人岗不适"问题。有的县反映,尽管乡村学校急需教师,但县里基于编制总量、财政供养能力的考虑,还存在有编不补情形。三是乡村教师队伍区域性、结构性矛盾仍然比较突出。如各地反映,在村小及以下校点,音乐、体育、美术、英语、信息技术教师紧缺,其他学科教师兼任普遍;有的县多所学校反映,学校已经多年未进过新教师,教师队伍平均年龄都在40岁以上,呈现严重老龄化现象。

第三,支持专业发展的资源平台建设水平不高。在乡村教师进行专业发展的过程中,各级教师要注重主动提升学习能力。不过在这个阶段,乡村教师若要获得学习资源也并非易事。因为对于大多数乡村教师而言,他们所能够获得专业发展机会的途径都非常狭窄,若要得到较为丰富的教育资源,那就要依赖某种特定的平台来获取。但是目前各级教师教育资源网的主要功能依旧处于初级发展阶段,并且培训课程大多数集中于小学,不具有较大的覆盖面。对于培训资源的使用情况而言,整合度不足的情况较为明显,而且各级优秀的培训资源并没有相互融合,教师之间的沟通不够,使资源建设出现了较为严重的浪费。

第四,学校校本研修的能力水平比较有限。校本研修的基础就是学校自身需要立足于实际来补充乡村教师所能够接受的专题培训机会。不过在调查乡村教师认为"哪一种培训效果较好"中,大部分教师都选择了省级和区级培训。与自主研修相比,校本研修所占比例以及受欢迎程度明显更高,由此提出校本研修的薄弱点究竟在何处。调研中得知,校本研修的内容一般更新较慢,而且名师的严谨程度也并不足够,教师们在缺少优秀同伴以及研修培训情况下,难以有效提高自身的教学水平。同时,当前在乡村地区的大多数学校中还存在着校本研修系统性较差、计划性不足的不规范现象,校本研修的能力以及水平都处于尴尬的状态。

五、有效运用教师专业发展模式的思考

乡村教师是乡村社区文明的象征者、乡村社区建设的重要智力资源,更是乡村孩子接受教育、学习知识的主要来源。因此,基于上述当前运用乡村教师专业发展模式中的问题和影响因素分析,从继续发挥这些模式的积极作用、提高这些模式的效能的角度进行系统的思考,不但有助于提升乡村教师专业水平,提高乡村教育质量,而且具有提高乡村教师职业成就感、丰富乡村教师职业生命内涵的价值。

(一)借鉴教师培训工作的有益经验

《云南省乡村教师支持计划(2015—2020年)》具有很强的地方性特点,从云南乡村教育及乡村教师专业发展的实际出发,操作性强。但同时,其他省市、自治区乡村教师计划中的政策制定亮点对云南省相关工作的推进同样具有重要的借鉴意义。在贯彻云南省文件、推进云南省乡村教师专业发展支持工作时,应特别重视以下工作。

第一,强化政府支持责任。亦即采取自上而下、横向监督等多种措施强化各级地方政府在支持乡村教师专业发展中的责任,借鉴河北省等地经验,强调地方政府对乡村教师专业发展的领导责任,落实政府责任,保障地方配套经费,突出乡村教师教育的全员性,使乡村教师专业发展支持工作在各级政府的重视、领导下有序、有效开展。

第二,确保教师培训时间。亦即采取各自措施以保证乡村教师参加专业发展培训的时间安排和学时完成。一些省市的文件强调了乡村教师专业发展的特殊性,在乡村教师的培训学时安排上给予充分倾斜,在条件成熟时,云南省可参照天津市的做法,在培训课时上规定乡村教师必须学习480学时,确保乡村教师能够最大限度得到学习。

第三,建构发展支持网络。亦即综合运用有关资源,构建有效协同、全面合作的乡村教师专业发展支持网络。学习山西等省乡村教师支持工作的做法,构建立体化的乡村教师培训体系,即一方面,有效加强高校、师训机构、基础教育学校等各部门间的联系,构建起有机协同、立体化培训体系;另一方面,结合对乡村教师的现代教育技术专题培训,提高乡村教师的信息技术应用能力,增强信息技术应用意识,实行网络线下研修与线下集体研修、个人自学的有机结合。

第四,突出培训重点内容。亦即在开展乡村教师专业发展培训时,需要加强乡村教师的师德、法制、心理健康等有较高针对性的专题教育,使教师更好地扎根和奉献乡村教育。借鉴四川省、西藏自治区等地经验,重视乡村教师的师德、法制、心理健康等专题教育,使乡村教师既热爱乡村教育岗位,乐于奉献,也遵纪守法,为乡村学生的健康成长创造环境。

第五,补齐紧缺学科教师。亦即针对目前乡村学校各门课程教师的匮乏问题,需要加大力度培养乡村紧缺学科、薄弱学科的教师。借鉴吉林省等省市经验,从乡村教育实际出发,加大力度培养本土型教师、双语教师及其音体美等紧缺学科教师。

第六,突出教师主体地位。亦即在运用上述乡村教师专业发展模式时,增加乡村教师在相关培训活动中的主动权、选择权,把乡村教师置于主体地位。坚持乡村教师通识知识培训与个性需要培训的有机统一,借鉴浙江省等省市经验,增加乡村教师对培训内容、培训时间、培训地点的选择权,使其学习的主动性得以保护和发挥。

第七,重视教师入职教育。亦即针对新入职的教师,需从一开始就设置高起点的专业发展要求,把近期与远期发展目标结合起来,促进他们可持续的专业发展。在新入职的乡村教师培训工作中,探索优化新入职教师的培训模式,借鉴浙江省等省市做法,在传统的入职培训基础上,实行新教师在重点学校挂职锻炼1年再正式上岗的制度,有效提升新手教师的专业素质的同时形成专业持续发展的良好导向。

第八,利用帮扶助推发展。亦即在推进乡村教师专业发展时,要重视本地优质学校与乡村学校的结对共建,利用帮扶资源实现乡村学校和教师的快速发展。借鉴山东省等省市的做法,推行城乡联谊、城乡结对。城乡联合教研作为乡村教师培训的重要模式之一,充分挖掘城区学校资源,挖掘优质中小学校资源,真正体现"差异也是一种资源",实行城乡结对、专家到校,进一步完善立体培训乡村教师的科学体系。

第九,利用以老带新办法。亦即整体设计乡村学校教师专业发展队伍,认识处于不同发展阶段教师的优势、资源,培养优秀乡村教师的梯次队伍,发挥教师素质差异的正向效应。借鉴贵州、内蒙古等地做法,乡村教师培训与打造乡村骨干教师队伍工作相结合,评选、表彰优秀乡村教师作为优秀楷模,遴选乡村教育家作为培养对象进行重点培养,辐射引领全体乡村教师进行榜样学习。

第十,利用本地培训资源。亦即在助推乡村教师专业发展过程中,需要重视校本研修和教师专业发展学校的建设,发挥这些本地培训资源的作用。借鉴上海市等地做法,将乡村教师的培训与市或区县级"教师专业发展学校"的建设紧密结合,加强校本研修,重在形成乡村教师队伍建设的长效机制。

总之,在乡村教师专业发展工作过程中,以开放的心态、拓展的思维,积极借鉴兄弟省、自治区、直辖市的工作经验,既要注意学习与本省经济和社会发展相近省、自治区、直辖市在乡村教师教育工作中的宝贵经验,又要注意学习基础教育发达和先进地区的教师教育特别是乡村教师教育的成功经验,立足实际,扎实、有效地推进云南省的乡村教师教育工作,积极探索,创造积累经验,开创云南省乡村教师专业发展支持工作的新局面。

(二)做好专业发展模式的顶层设计

针对上述乡村教师专业发展支持系统的问题,云南省在《支持计划》的支持下,于2015年12月发布《关于印发云南省乡村教师支持计划(2015—2020年)的通知》,聚焦乡村教师专业发展支持这一核心主题,提出了乡村教师培养及乡村教师队伍建设的具体措施,从而为云南省乡村教师专业发展的实施奠定了顶层设计的基础。

第一，提出乡村教师专业发展工作关键节点的工作目标。该文件针对工作目标指出："十三五"期间，云南省要实现国家中长期教育改革发展纲要确定的目标任务，教师队伍肩负重要使命。加强和改进中小学（含幼儿园、特殊教育学校、民办学校）教师培训工作，建设一支适教、乐教、善教、优教的高素质教师队伍，促进教育公平，阻止贫困代际传递，深化教育体制以及新课程改革，提升教育质量，使义务教育能够在全方位的推动下和谐发展，彰显出基础性和决定性意义。到2020年，全员培训体系健全、高效，教师培训需求得到基本满足，培训模式和内容实用，培训能力、培训质量持续提升，服务于教师专业发展的机制、平台和资源专业化、多元化、优质化，教师自主学习、终身学习的意识和能力增强，师德修养、教育理念、专业素养不断升华，职前培养与职后培训有机衔接，教师专业发展得到有力支持和保障。

第二，提出达成乡村教师专业发展工作目标的核心任务。具体内容包括：一是改革管理体制。建立"省级统筹，分级实施，以县为主"的全员培训管理体制，明确各级教育行政部门和学校的主体责任，启用中小学教师全员培训信息管理系统，对教师培训进行规范管理、信息化管理。二是开展全员培训。按照教育部要求和教师专业标准，制定《云南省中小学教师全员培训管理规定（试行）》，建立完善全员培训体系，以5年为一周期，对全体中小学教师开展每人不少于360学时的全员培训。三是推动教师自主选学。各级教育行政部门设置必修课程和选学课程，逐步为教师自主选学提供菜单式选学课程，其中，选学课程学时不少于必修课程学时。四是培养优秀校长和骨干教师。依托教育部中小学卓越校长领航工程"名校长工作室"和省"未来教育家成长计划"优秀成员，建立国家级和省级名校长工作室，重点培养一批优秀中青年校长。鼓励各地创新机制，建立一批名校长、名师、名班主任工作室。以共建、共享的理念，推进工作室网络化建设，充分发挥各级工作室优秀人才聚集优势，为各地校长和教师队伍专业发展服务。五是加强管理者和培训者培训。以提升新形势下开展教师培训的理念、能力和管理水平为重点，持续加强教师培训工作管理者和培训者培训，提高培训教师队伍素质。到2020年，将省、州（市）、县（市、区）三级管理者和培训者轮训一遍，建设专兼职结合的三级培训专家库和优秀管理者队伍。

第三，赋予和融合乡村学校和教师的主体地位。近年来，我国各地教育行政部门、中小学校普遍重视学校特色文化建设，云南省部分地区也在开展盟校模式、分校模式、并校模式、建新校模式的实践探索。事实上，从学校特色发展与教师专业发展的关系来看，任何一所名校和特色学校建设都离不开教师的共同奋斗。如果没有乡村学校和乡村教师作为主体的参与、没有主体地位的确立，那么来自外部推动的、比较被动的教师专业发展是不可持续的。当前云南省乡村学校和教师发展的实际情况,为教师专业发展升级拓展了新的思路:一方面,立足于本校特色来积极开展教师专业培训,不断提升学校的内生发展动力;另一方面,应该借助于学校特色来开展教师专业发展事业,这样可以更快地积累专题实践经验,创造专业教学品牌。另外,教师专业发展以学校教师专业发展团队的共同研修为支撑,即依靠校本研修实践,聚焦学校教育教学改革热点问题的教学反思、同伴互助、专业引领,能够更好地帮助每一位教师迅速走上专业发展的快车道,让每一位教师个体和同伴在追求专业发展的旅程中,都能充分实现彼此借鉴,互为砥砺、相得益彰。

第四,重新设计和完善乡村教师专业培训的目标。具体内容包括:一是基于综合能力达成的教师专业发展:追求整体多维。亦即基于教育部颁布的《幼儿园教师专业标准(试行)》、《小学教师专业标准(试行)》、《中学教师专业标准(试行)》,在追求整体多维的目标下,从"专业理念与师德"、"专业知识"和"专业能力"三个方面落实乡村教师专业发展的培训内容,提升乡村教师的综合能力。二是基于时事变革的教师专业发展:突出与时俱进。不但要在应对信息时代挑战下,通过培训变革教师的知识观,促进教师不断学习,变"一桶水"为"长流水",而且还要注重课程观的变革,掌握诸如STEAM课程(Science、Technology、Engineering、Art、Mathematics)等新的课程理论与实践。三是基于积极行动研究的教师专业发展:投身项目实践。亦即基于中小学日常教学改进、课程建设而生成教学研究项目,开展校本研修专题实践、开发校本课程等边学习、边实践、边研究的教师专业发展实践模式。四是基于学生成长需求的教师专业发展:关照教育对象。当代教师专业发展必须从培育核心素养的高度,在充分了解学生利于终身发展所需要的认知能力、合作能力、创新能力、职业能力的基础上,进一步思考并提升教师专业发展所需的课程开发与实践能力、学生生涯规划与综合素质发展评价指导能力,在紧密贴近学生发展的轨道上,寻找教师专业发展的新定位、新路径、新策略,提升教师优化教育教学实践的综合能力、综合素养。

(三)科学设计教师专业发展的内容

根据上述已有乡村教师专业发展培训中存在的问题,特别是针对内容的城市化倾向、单向式的专家说教、部分学科教师紧缺、追求流行潮流的热闹而忽视教学基本功与校本课程开发等种种消极现象,在关照新时代的挑战和教育变革的要求的同时,云南省不发达地区的乡村教师专业发展内容需要在反思的基础上进行科学的重新设计。

第一,认识教师差异:提升专业发展培训的针对性。在设计支持系统内容之前,首先需要考虑教师群体与个体专业发展差异及其需要的问题。具体包括:一是认识区域教育发展水平差异,制订针对性方案;二是关注城乡教师专业发展标准的差异性;三是认识教师个体发展差异,研制个性化方案。就乡村教师而言,由于各自的文化经历、个人生活、家庭背景不一样,虽然教育行政部门在其身份统计上均是将其列为"乡村教师"一类,而究其实,其中的区别也是非常明显的,尤其是乡土化教师、候鸟式教师、逃离型教师的生活、心理特点和发展诉求,需要教育行政部门在提供教师发展支持时,给予更适切的内容。

第二,激励敬业奉献:重视乡村教师师德水平建设。加强乡村教师的师德教育,既要通过相关教师教育课程设计,也要组织教师学习先进乡村教师的事迹。江西省宜春市奉新县澡下镇白洋教学点女教师支月英老师被评选为"感动中国2016年度人物"。组委会对支月英的评价是:"在那个改革开放的新时代,选择坚守不仅需要毅力,更需要勇气和信念。她让我们真正看到了什么是教师的良知和操守。"组委会授予她的颁奖词是:"你跋涉了许多路,总是围绕着大山。吃了很多苦,但给孩子们的都是甜。坚守才有希望,这是你的信念,三十六年,绚烂了两代人的童年,花白了你的麻花辫。"在乡村教师教育课程中,利用乡村教师中的典型进行榜样教育和激励,将会更好地激励乡村教师自觉加强政治修养,遵守职业道德规范,扎根乡村,以自己良好的思想和道德风范去影响和培养学生。

第三,回归能力原点:从练"三字一画"等基础开始。在把好乡村教师入门关的同时,要加强乡村教师的教学基本功训练工作。"三字一画"是从事中小学教育教学工作的基本功,更是乡村教师必须下苦功夫练就的教学基本功。乡村学校(尤其是边远乡村学校)的教师在从事教育教学工作过程中,由于办学条件的限制,教学设备的匮乏,教师教学活动的开展更多地需要教师凭借扎实的基本功来支撑。同时,乡村小学是乡村文化场所,乡村小学教师也是乡村自然村落中老百姓眼中水平最高的"读书人"、"知识人",乡村教师只有掌握了过硬的基本功,才能在偏远乡村更好地承担起以文化人的重任,以身示范,用文化的力量影响更多的乡村人重视教育、重视文化,传承文明薪火。此外,应该把《小学教师专业标准(试行)》、《中学教师专业标准(试行)》加入必修课程当中,对乡村中小学教师开展全方位的培训,让他们接受先进的教育教学理念,不断提升中小学教师的整体素质和德育水平。

第四,立足乡村课堂:落实乡村教师专业发展重心。乡村课堂教学具有一定的特殊性,从乡村学校的课堂出发,乡村教师要掌握相关的课堂教学实践技能,如复式教学、微视频教学、翻转课堂、分层教学等,但要注意的是,乡村教师的课堂实践及优化只有紧扣乡村学校教学的实际,才能真正学以致用,满足乡村学校基础教育课程改革的需要。

第五,善用网络资源:复活乡村小学"僵尸"类课程。乡村小学的校本课程是缩小乡村教育与城区教育差距的核心之举。然而,受乡村教师能力、精力等限制,校本课程等在乡村教学点几乎是处于"冬眠"状态的"僵尸"课程,因此,须加大共享课程资源的建设和开发力度,如兴趣类校本课程,可以让乡村教师以课程助教的形式,配合开展教学。当前,云南省乡村学校应该充分利用信息技术来大力开展教学信息工程建设,不断探索网络研修和现场实践相融合的混合式培训模式。此外,要通过培育教师信息化能力提升课程来让广大的乡村教师掌握先进的网络信息技术,充分利用网络资源来开展课程设计。

第六,引导课程建设:立足乡村学校创建特色课程。不少乡村教师只看到乡村学校课程建设的不利因素,却没有看到自身在课程资源方面的诸多优势(农业资源、生态资源、地质资源等),因此并没有立足乡村学校现有的资源,因地制宜地做好本学校的校园文化设计,而是一味地模仿跟风城区学校,结果造成了"千人一面、千校一品"的同质化倾向。事实上,云南乡村小学应开发具有本地特色和民族特色的校园课程和校园文化。组织和引导少数民族聚集地区的乡村教师进行多种非物质文化遗产的研究和学习;在一些地势平坦的地区开辟苗圃菜园,建立学农基地。除此之外,云南乡村小学在开展校园文化建设的过程中应树立"绿水青山就是金山银山"的理念,让广大的师生从思想上给予生态环境保护更多的重视。在扶贫过程中,应该扶贫先扶智,这也是乡村小学教师专业发展的必要环节和途径。

第七,加强研究指导:立足岗位成长为研究型教师。在乡村教师的专业发展指导中,应增加指导乡村教师开展立足乡村教学实际、开展教育教学研究的教师教育课程,指导他们选择教学反思的有效切入点,主动且积极地开展教学反思活动;应科学设计指导乡村教师有效开展教研活动的教师教育课程,使他们能充分切合乡村学校实际,有效开展乡村学校的学科教研及教研组建设活动。教育行政部门和业务指导部门应采取多种措施,激发教师的学习热情,开展立足乡村教育教学实际的多形式教研活动,如根据乡村学校新课程(国家课程校本化实施以及校本特色课程建设)的内容,设置相应的教师学习目标,定期组织教师收集学习资料,交流探讨教学理念和实践的经验。在此基础上,学校还应积极组织各种教师专业发展经验分享的报告会,组织教师参加教学座谈会,营造互相帮助、共同研究向学乐教的氛围。

第八,注重素质综合:培养一专多能的乡村教师。与城区学校相比,乡村学校对全科教师的需求量很大。在乡村学校,积极培养全科教师,有利于乡村学校基于

STEAM的课程理念,创新乡村学校的课程体系,为乡村学校的课程建设、特色办学寻找到新的发展点、创新点。现阶段,基于部分乡村学校中教师学科结构不够科学,且地方财力十分有限的情况,培养更多的全科教师可以有效缓解乡村教师人数不足的压力。除此之外,从乡村教师的在职教育来看,我们则应通过乡村教师教育培训课程的开发,使乡村学校能培养、涌现出更多的全科教师或跨学科教师,以胜任乡村学校教育教学活动,满足乡村学校课程建设的需要。

(四)精准研制教师专业发展的方案

在促进乡村教师专业发展的顶层设计、目标内容确定后,如何设计精准的乡村教师专业发展实践方案,则是一个极其关键的环节。基于乡村教师专业发展培训在针对性、有效性、创新性等方面的不足,乡村教师专业发展的培训需要注意以下重要问题。

第一,准确把握乡村教师专业发展培训的需求。准确把握一线教师的需求是提高培训实效性的基础。为此,在各种培训项目实施之前,采取分片区、分层次抽样方法,对从幼儿园到初中的不同参训对象开展培训需求调研。重视一线教师对培训的态度、意见和建议,培训规划过程中全面审视,认真吸取,对于具有代表性和普适性的建议予以采纳。在乡村教师培训项目实施过程中,我们适时召开教师培训需求座谈会,及时了解参训学员的需求和意见,不断调整培训规划,主动适应教师需求。

第二,精心规划乡村教师专业发展培训的项目。首先是明确教师培训目标。通过培训,让教师树立崇高的职业理想,不断吸纳新理念,转变新角色,融入新课程,适应新形势,创造新业绩。同时学会自我反思,不断改进教学工作,努力提升专业水平。其次是设计教师培训模块。以教育理念更新为核心,以高效课堂建设为重点,以学科专业知识重建为基础,以自我反思为推手,以现代教育技术应用为辅助,促进教师专业化水平的全面提升。再次是精选培训内容。既要注重培训内容的系统性和前瞻性,又要针对各教师群体的需求,把他们真正需求的东西作为培训内容,认真开发培训专题,为一线教师"雪中送炭"。

第三,拟定科学的乡村教师专业发展培训思路。重视教师的课堂实践,坚持"从课堂中来,到课堂中去"的教师培训思路,依托县内现有资源,加强中小学、幼儿园教师培养、培训基地建设,将培训重心下移,把教师的培训有机地渗透到真实的教学情境和过程之中,突出培训的针对性和实效性,确保参训教师教学能力有质的提高,确保所在县所组织的教师培训落脚点在课堂教学上;外出培训的教师,回校后汇报自己所学所得,积极把培训落实在课堂上,接受学校甚至县上的考评。以此来促进参训教师学习的主动性,扩大培训辐射影响力。

第四,不断地创新乡村教师专业发展培训的模式。在乡村教师培训过程中,着力建构理论学习与教学实践交融,专业引领与个人反思结合的教师培训模式。横向上采取"专题引领—观摩研讨—交流互动"的模式;纵向上采取"专题培训—实践应用—自我反思"的模式。在具体培训中,灵活选择培训方式。一是大力开展网络研修,让广大教师足不出校就能聆听专家的讲座,接受名师的培训,有效解决了教师的工学矛盾;二是适时举行集中培训,弥补网络研修监控性弱、互动性差、实效性低的不足;三是适当开展混合培训。根据实际情况,把以上几种培训方式结合起来,扬长避短,将一期培训分成几个阶段,分别进行几种不同方式的培训,打出培训"组合拳",提高培训实效。

(五)完善专业发展模式的制度支持

云南省各州市、区县教育行政部门认真贯彻落实上级部署,优化职能配置,探索了一条集教师培训、教育教学研究、信息化建设于一体具有管理、研究、指导、培训、服务等综合化功能的研训机构的建构路径,促进了地方教育的协调发展。这些工作的背后是乡村教师专业发展模式的制度支持的完善。当然,针对上述揭示的问题,在借鉴经验的基础上,还需要从以下方面做进一步的完善。

第一,完善制度层面的保障。首先是进一步保障培训经费的足额投入、及时到位。要建立乡村教师培训经费最低保障线制度,确保5%的生均公用经费、教师工资总额的1.5%及时足额划拨到位,并真正用于乡村学校教师的专业发展上。其次是进一步加强城乡学校、教师交流机制的建设。依托名校的办学优势和教育教学实力来构建名校托管制度,把教师专业发展方面的影响力不断扩大。同时各县(区)应建立学校间的教师轮岗制度,把教师定期流动作为教师职称晋升的必要条件。再次是不断优化和完善教师人事管理制度,强化激励效果。充分利用人事制度改革的重要契机,有效解决绩效工资差距不大以及职称晋升指标限制等问题,把广大乡村教师专业发展的积极性和热情激发出来,从根本上提升乡村教师的专业素养。最后是培植遴选省、市、县(区)校本研修示范校。充分发挥校本研修示范校的示范、引领和辐射作用,使更多的学校在校本研修的良好环境文化下获得提升,促进更多乡村教师的成长发展。

第二,完善服务支持的保障。首先是进一步理顺全省各级行政、业务部门和学校教师研修的管理机制。各乡村学校也安排优秀教师或中层干部负责全校的教师培训、校本研修及教师专业发展工作,学校应加强整体协调,各部门协作,协同制订本学校的乡村教师专业发展支持计划。其次是构建优质的教师研修平台,对优质培训资源进行整合,推动重点项目的实施。在全省范围内加强市县两级教师培训资源库建设,通过自我创新和引进相结合的方式来实现教育资源的积累;对名师资源、优质课程资源进行有效配置和积极整合,实现教育资源的共享和互通;引导各大名校以及教师研修机构实现对口帮扶,对帮扶过程进行全方位监督。再次是加强乡村学校校本研修文化建设,建立教师研修基地,通过全方位支持为乡村教师提供专业和高水平的贴身服务。最后是加强对乡村教师专业成长规律研究,促进教师研修机构内涵建设。要重视乡村教师培养模式和教师专业成长规律研究,更新工作理念,实现研训技术革新,缩短教师成长周期,提高研训实效。

第三,优化和完善内在支持要素。首先是乡村教师专业制度的支持,如教师配置制度、教师培训制度、经费投入制度。近年来,国家出台了一系列促进政策,教育经费投入总量不断增加,乡村教育落后的局面得到根本性的转变。其次是乡村教师专业发展的信念和价值支持。专业价值支持包括生命关怀支持、自我认同支持。专业信念支持包括本位视角支持、他位视角支持。政府制定倾斜政策是政府层面支持的重点,学校和教育部门应该让教师获得更多的晋升和发展机会,让他们的付出和努力得到应有的回报。民间层面的信念支持实际上就是广泛动员社会力量为教育事业投入更多的资金。同时,学校之间可以举办学术交流活动,扩展乡村教师的学术视野。最后是乡村教师专业发展的文化支持,包括从文化内涵层面来开办乡村学校,乡村学校根据所处文化环境来选择合适的发展道路和模式;教育部门重点发掘乡土文化自身的价值,尊重乡村教师的社会地位,鼓励乡村学校开设风土人情方面的课程;乡村学校领导重视乡土文化传承,为中小学生开设乡村文化课程。

第四,优化和完善外在支持要素。发展乡村教育,开辟乡村教师专业发展支持的服务系统,其中不可避免地要优化和完善以下要素:一是政策与制度的支持服务。就促进教师参与学习的制度而言,应注重激发广大乡村教师的积极性和兴趣,为乡村教师的成长和发展提供动力支持和制度保障。二是资源保障。促进教师专业发展的基础是教学和培训资源。应该对相关的教学和培训资源进行积累和优化,真正满足广大乡村教师的知识诉求。三是专家要素。一名优秀的培训人员可以帮助乡村教师建构新的知识体系,不断提升教师的德育水平和专业素养,让广大的乡村教师形成新的教学思路,真正做到与时俱进和不断创新。四是积极开展一体化教师培训活动。培训是提升教师水平的重要方式。随着"国培计划"的顺利推进和开展,教师专业发展水平不断提升。一体化的教师培训方式不仅包括短期集中培训和远程培训,同时还包括置换脱产培训等。

（六）营造助推专业发展的研究氛围

对于偏远山区和广大农村地区来说,乡村教师的作用十分重要,承担着传播现代文明和主流文化、培养人才的重任。校本研究是促进乡村教师专业发展的主要路径,可以通过以下方式促进校本研究更加深入。

第一,立足教育叙事研究。教育叙事研究的着力点就是对教师课堂行为、实践课程中的情境问题以及真实事件进行研究。教育叙事研究开始就确立了教师教学研究的主体地位。围绕着教师发生的所有的教育事件都可以成为教育叙事研究所要描述以及反思的对象。教育叙事研究主要包括两种形式,一是"教学叙事",二是"课程叙事"。对所叙事件的深入研究,可以引导教师对课堂教学进行更加深入的理解,可以帮助教师对课程内容和内涵进行全方位的感悟。

第二,向"教学案例"的方向拓展。以校本研修活动来倒逼乡村学校不断扩宽研究的范围,不再仅仅局限于"课题设计",而是应该对多项内容进行全方位的研究,不仅包括课堂教学策划以及课堂观察和复议,同时还包括教学实施预设以及教学效果评价等。在课堂教学实践中,教师根据设计出的不同"课题",把更多的内容进行整合,不仅包括教学目标和学情分析,同时还包括教学方法以及教材整合等。通过深入研究"课例",不仅可以对学生学情以及课堂教学实施效果进行深入分析,还可以构建科学的"教学案例",推动学校学科、课堂教学和校本研修的实施。

第三,重视校本行动研究。通过校本行动研究的循环,教师可以形成一个涉及多个环节的有机整体,不仅包括教学设计、教学观察和评价,同时还包括教学过程以及教学反思。通过多次循环,可以把典型的教学事件有效识别出来,最终实现案例素材的积累。"外循环"校本研修中行动研究顺序如下所示:首先是教学设计,其次是教学过程,再次是观察和评价,最后是教学反思;"内循环"所代表的是教师校本研修的双向互动的思维过程。校本研修的流程主要包括教学设计环节、教学过程环节、观察和评价环节、教学反思环节。

总之,乡村教育教学水平提升的一个重要途径就是促进乡村中小学教师专业发展。从整体上来讲,多种因素导致乡村中小学教学出现城乡发展不平衡的现象,不仅包括乡村地理条件不便和办学经费不足等因素,同时还包括乡村教师队伍发展状况不佳等因素。现阶段,制约乡村教育发展水平不高的一个十分重要的因素就是乡村教师队伍状况存在着问题。由于工作环境差、工资水平低等原因,很难有教师愿意真正留在乡村任教,致使乡村教师职业吸引力不强,乡村教师整体素质不高,教育资源配置不合理,教师结构不科学。鉴于此,在国家进一步加大人、财、物支持的同时,乡村教师要想真正提升教育教学水平,就应当立足乡村教育实际,大力开展"校本研修",围绕着本校的教育教学研究,对实际问题进行重点解决,通过专家指导、同伴互助以及自我反思等环节来不断提升乡村教师的专业素养,这样才能有效提高乡村学校的教育教学水平,从而促进乡村教育事业的发展。

专题八　乡村教师专业发展路径效能之研究①

【摘要】通过设计、运用《乡村教师专业发展路径效能调查问卷》，对四川省、贵州省、重庆市的部分乡村学校教师进行抽样调查。结果表明，目前乡村教师专业发展路径总体效能不高，各路径功能发挥有所侧重，其中同伴互助路径的效能认可度最高、远程培训路径的效能认可度最低，其他路径效能处于二者之间。分析可知：各专业发展路径对教师专业发展的效果影响程度不一，如不同性别乡村教师对专业发展路径效能的偏好不一、不同年龄乡村教师对专业发展路径效能的目标定位不一、不同教龄乡村教师对专业发展路径效能的具体内容需求不一、不同职称乡村教师对专业发展路径效能的功能需求不一、不同学校类型的乡村教师对专业发展路径效能的选择不一。造成上述不同中小学教师对专业发展路径效能高低评判差异的原因主要基于：影响专业发展路径效能的因素众多，各因素作用的高低不一；各种专业发展路径的效能不同，且效能的差异明显；教师主观因素对专业发展路径效能影响较大，且不同教师认识不一；教师的知识储备和经历各异，影响了对路径效能的判定；专业发展引领者众多，各种引领的作用不一；乡村教师的非教学任务繁重，降低了路径效能；乡村学校的资源及管理存在问题，降低了专业发展路径的效能；乡村教师评定职称困难，阻抑了专业发展路径效能的发挥；乡村学校考核评价不健全，政策因素限制了路径效能。基于上述分析，为更好地指导乡村教师利用各专业发展路径，需要国家、学校、专家、教师提供必要的支持条件：一是针对教师个人的不同需求，提出有效选用专业发展路径的建议；二是针对不同性别、不同年龄、不同教龄、不同职称、不同学校类型的乡村教师，给出适切的专业发展路径选择建议。最后，为指导乡村教师有效利用各专业发展路径，建议以融合思维为导向，综合利用各路径。

【关键词】乡村教师；专业发展路径；效能；平庸；优化

---

① 本专题由李瑞(女，教育学硕士，重庆师范大学附属初级中学校教师)、唐智松(男，教育学博士，西南大学教授、博士生导师)同志完成研究、撰写工作。

一、研究缘起与研究意义

自2001年启动课程改革以来，为了适应教师专业发展的需要，我国开展了诸如"国培计划"、校本教研、远程培训、名师工作室、专业共同体、各种规模的讲座培训等，涉及的教师专业发展常用培训路径达20多种。对中小学教师而言，到底选择哪一个或哪些专业发展路径？路径多得眼花缭乱而不知如何是好！因此，有必要通过研究，检测这些专业发展路径的效能，为教师们在选择专业发展路径促进自身专业发展时提供有效的实践参考。

(一)研究缘起

第一，加强乡村教师队伍建设，需要实现教师专业发展的路径。自20世纪80年代以来，教师专业发展作为教师专业化的内在理论依据已成为教育领域关注的焦点，也是教育改革的核心话题。2004年颁发的《教育部关于进一步加强基础教育新课程师资培训工作的指导意见》中强调，要认真总结前两年新课程师资培训的经验，增强新课程培训的针对性，提高其实效性，不断提高培训质量，并强调探索新时期教师培训工作的新途径、新方法、新模式，不断完善教师继续教育的体系和制度。《国家中长期教育改革和发展规划纲要（2010—2020年）》中提出："完善培养培训体系，做好培养培训规划，优化队伍结构，提高教师专业水平和教学能力。""以农村教师为重点，提高中小学教师队伍整体素质。"乡村教育的发展关键在教师，而乡村教师队伍建设落实需要具体的乡村教师专业发展路径来实现。《支持计划》中明确指出："到2020年全面建成小康社会，基本实现教育现代化，薄弱环节和短板在乡村，在中西部老少边穷岛等边远贫困地区……发展乡村教育，教师是关键，必须把乡村教师队伍建设摆在优先发展的战略地位。"

新时代要求教师们需具备高尚的师德、先进的教育理念、扎实的教育知识、过硬的教育本领，还需有灵活多样的教育智慧和较高的综合素养。但是，教师队伍建设关键在教师专业发展，而教师专业发展水平如何，就聚焦到专业发展路径的效能研究上。因此，运用专业发展路径促进乡村教师专业发展，是在乡村振兴战略进程中落实《国家中长期教育改革和发展规划纲要（2010—2020年）》《支持计划》，并推动乡村教师专业发展的重要举措。但任何专业发展路径只有切合需求，并切实促进教师专业发展，才被认为是有效的。因此，在乡村振兴战略进程中，开展卓有成效的乡村教师专业发展路径效能研究具有重要的时代价值与意义，它是加快落实新时代乡村教师队伍建设的关键环节。

第二,已有研究涉及的专业发展路径众多,但缺乏路径的效能研究。近年来,中共中央、教育部、各级政府部门颁布了许多关于乡村教师队伍建设方面的政策文件,在实际教育教学过程中也取得了明显效果。但是,与东部发达地区相比,我国西部地区教师受工作生活环境相对落后、工作压力较大、专业发展支持不足、专业发展路径或方式单一等因素的制约,专业发展呈现相对滞后的状况。有研究指出:"我国在推进素质教育进一步深化教育改革的过程中,对教师教育也给予了前所未有的高度重视,每年投入大量的人力、物力和财力进行教师教育,对教师教育的普遍关注使得教师教育的质量不断提高。但客观地看,相对于大量的投入,教师教育的效果还是差强人意。"[①]已有文献表明,一些关于教师专业发展的研究中提出了诸多实现乡村教师专业发展的路径。进一步分析发现,这些关于教师专业发展路径的研究大多对如何提高或者采用具体的某项路径或举措进行了理论或实践的论证,并从内在的教师自我专业发展和外在的教师培训和技能提升等方面去探索。有的将城市教师专业发展路径的成熟模式迁移到乡村教师中去,虽然这些路径在理论上具有一定的可信度,但在实践中还是不能很好地满足乡村教育发展的现实需要。此外,还有一些研究聚焦于具体的某项路径或途径上,并提出一些理论上的建议。当然,这些研究的重要价值在于提出了诸如面授教育培训、网络远程教育、教师专业发展学校、专家讲座论坛、校本教学培训、校本教研活动、教师专业共同体、课题指导研究、名师工作室、专业引领、同伴互助、自主研修等众多的教师专业发展路径。

已有关于教师专业发展路径的研究注重探索新途径、新方法和新模式,但都没有跳出相似几种路径之间的探讨,同时也缺乏对这些教师专业发展路径的理论架构和路径类别的梳理。所以,面对纷繁复杂的专业发展路径,乡村教育管理者和乡村教师都感到不知所措。同时,当前乡村教师专业发展路径研究,基本上都忽视乡村教育发展及乡村教师的特殊性和个体差异性,自然也让人怀疑这些专业发展路径的有效性。采取哪些合适的专业发展路径,如何将这些路径有效地应用并促进乡村教师专业发展,对于教育行政部门、教师培训机构和乡村教师而言,需要提供基于科学研究的咨询建议。因此,需要通过研究厘清诸多教师专业发展路径的关系,揭示各种专业发展路径的效能,以便为乡村教师选择专业发展路径、为乡村教师的教育与培训提供科学的参考。

---

① 易凌云,庞丽娟.教师个体教育观念:反思与改善教师教育的新机制[J].教育理论与实践,2004(5):37-41.

(二)文献综述

近年来,教师专业发展一直是国内外研究的热点,这些研究涉及教师的职业情怀、敬业精神、生活环境、福利待遇、社会支持、职业作用等方面。如何促进教师专业发展,学者们提出了众多的思考,提出了诸多的教师专业发展路径。当然,这些已有研究成果中缺少对其效能的深入探讨和研究。

1.关于影响教师发展因素的研究

学者探讨乡村教师专业发展内容研究取向时离不开影响因素。如辛继湘、廖艳群认为乡村教师专业发展包括专业理念、专业知识、专业能力和专业情意等方面,影响教师发展的因素涉及教师自身、学校、社会和家庭等方面。[①]周文斌、朱琳把影响西部欠发达地区农村教师专业发展的因素归纳为经济因素、观念因素、管理因素。[②]高俊霞认为影响教师专业发展效果的因素既有学校重视与支持、学校对教研的组织与指导、物质保障条件等保障性因素,也有教师个人志趣与教学回馈的因素。[③]蒲大勇提出影响农村教师专业发展的因素包括专业情意、专业能力、专业知识、教师地位、政策导向、工作环境。[④]在国外,对影响因素的研究主要集中在教师个人与环境两个方面。其中,个体因素方面有代表性的说法,一是菲斯勒(Fessler)认为教师专业发展受到教师个人及其职业背景两个方面的影响;[⑤]二是葛兰迪和罗宾逊(Grundy & Robinson)指出良好的微观学校环境和宏观社会环境在推动教师专业发展上的作用有目共睹[⑥]等。

综合认为,这些关于影响教师专业发展的因素研究主要有二因素论、多因素论。从二因素的角度看,影响乡村教师专业发展的因素概括为个人因素和外部因素两大类。其中,个人因素包括教师的教育信念、教学理念、职业理想、教育情怀自我发展的

---

① 辛继湘,廖艳群.农村初中教师专业发展现状与影响因素的调查研究——以湖南省醴陵市为例[J].教育测量与评价(理论版),2011(6):10-13.

② 周文斌,朱琳.西部欠发达地区农村教师专业发展影响因素分析[J].昭通师范高等专科学校学报,2012,34(3):70-73.

③ 高俊霞.农村小学教师专业发展影响因素及对策——以河北省遵化市小学教师为例[J].现代中小学教育,2013(3):59-63.

④ 蒲大勇.农村特岗教师专业发展状况及其影响因素的实证研究——以四川省为例[J].教育测量与评价,2018(2):33-39,64.

⑤ Fessler,R.A Model for Teacher Professional Growth and Development[A]. In P.J.Burke & R. G.Heideman . Carrer-long Teacher Education[M]. Illinois : Charles C. Thomas,1985:181-193.

⑥ Cristine Smith,Judy Hofer ,Marilyn Gillespie, et al. How Teachers Change:A Study of Professional Development in Adult Education [R]. 2003.

意识、主动性、积极性、终身学习的使命感、性情、兴趣爱好、知识水平、反思能力与反思意愿、家庭状况及在家庭中扮演的角色、生活中的关键事件及人物等。外部因素涉及学校系统和社会环境,具体包括学校的管理风格、校园氛围、教师文化,校长自身水平、素质及校长对教师专业发展的重视,教师的工作环境、学习资源,教师教育的公众信任,社会对教育、教师的态度和期待,政府的各项相关政策,教师专业发展理论的研究,教师专业组织等。[①]从多因素的角度看,影响教师专业发展的因素涉及社会因素、学校因素、教师个人因素及家庭因素。其中,社会因素包括教师个人的社会地位、职业魅力;学校因素包括校长和教师的关系;教师个人因素包括从业目的、发展需求、发展的自我意识、职业态度、教育信息的丰富程度、知识结构的完善程度、能力储备;家庭因素包括家庭的和谐程度、子女的成长阶段。[②]因此,结合已有对乡村教师专业发展研究的经验,选取相对较全面的视角,探讨教师专业发展的影响因素,可为乡村中小学教师的专业发展提供切实建议。

2.关于教师专业发展路径的研究

通过梳理文献发现,学者对教师专业发展路径有过一些探索。丹尼斯·斯帕克斯(Dennis Sparks)等人综合概括了当前教师专业发展模式有自我指导专业发展模式、观察/评价模式、发展/改进过程模式、培训模式、调查研究模式等[③]。丁文平将教师专业发展路径依据组织形式分为行政主导模式、学校主导模式、教师主导模式、专家主导模式。[④]文雪等人针对乡村教师专业发展状况提出增强社会支持与制度建设、唤起内驱力、强化专业引领、注重实践反思、建立教师专业组织。[⑤]孙继嫒提出农村初任教师专业发展途径有校本研修、外出培训、教学实践反思、自主学习效果。[⑥]程天宇、朱季康提倡自主学习型、关注教师情感型、基于生态取向的反思型实践路径,以及构建加强教师间合作学习的校本协作机制、注重校本研修与校际交流、鼓励教师参与日常课堂学习与发展等路径。[⑦]杨晓芳将教师专业发展途径分为教师个体、教师群体、管

① 侯甜.农村小学教师专业发展的外部影响因素研究——以山西省永济市为例[D].重庆:西南大学,2014.

② 刘洁.试析影响教师专业发展的基本因素[J].东北师大学报(哲学社会科学版),2004(6):15-22.

③ 裴跃进.国外教师专业发展的五种模式简介及对我们的启示[J].中小学教师培训,2006(11):60-63.

④ 丁文平.论教师专业发展的组织模式[J].当代教育论坛,2007(3):69-70.

⑤ 文雪,廖诗艳.促进农村教师专业发展的有效策略探讨[J].教育导刊,2010(10):73-75.

⑥ 孙继嫒.农村初中初任教师专业发展途径面临的问题与对策研究——以吉林省大安市某农村学校为例[D].延吉:延边大学,2016.

⑦ 程天宇,朱季康.教师专业发展的路径分析与支持策略——基于教师学习的研究[J].扬州大学学报(高教研究版),2014(1):22-26.

理层面三个维度。①吴亚利将教师专业发展路径分为专家引领—研究型教师培养、同伴互助—新老教师互助发展、自我反思路径—彰显教师个人魅力。②马立等人提出综合教师培训和校本研修二者的混合式网络研修路径。③张忠华、宦婧根据教师发展动力来源把路径分为外塑培训型路径和内修"教—学—研"教师专业发展路径。④陈文心、彭征文认为职后教师培训的模式主要有研修培训模式、校本培训模式、教师专业发展学校模式。⑤朱沛雨指出提供针对性的教育内容、开拓时代性的发展路径、保障充足的专业发展资源、促进教师专业自主发展等有效路径。⑥陈晓端、龙宝新提出教师专业发展途径包括校本教研、案例研究(或课例研究)、同伴指导及自主发展等。⑦周萍认为教师专业发展路径主要有自我发展的取向和教师教育取向两种,具体包括教学反思、叙事研究、行动研究、学习共同体、校本教师研究、教师专业发展学校等。⑧王倩雯、赵丹总结目前世界范围内教师专业发展模式有两类:一类是不同机构之间的合作模式,如专业发展学校、大学与其他机构合作、教师网络、远程教育;另一类是个人自主学习或小组合作学习模式,如学生的"绩效考核"、讲习班、研讨会等,个体发展、观摩中学习、教师技术提升等⑨参与教师专业发展学校也成为很多乡村教师的专业发展路径选择。其实,霍姆斯研究小组先后于在《明天的教师》(1986)、《明日之学校——专业发展学校的设计原则》(1990)中构想性地提出了教师发展学校的路径,即将教师的专业教育(含职前、入门、在职教育)的场所放在中小学学校中,并和大学的各种研究及实践结果互相合作。⑩

① 杨晓芳.农村小学数学教师专业化发展的现状和路径研究——以成都市温江区为例[D].成都:四川师范大学,2014.

② 吴亚利.我国中小学在职教师专业发展的路径探讨——基于《教师教育课程标准(试行)》的分析[D].湘潭:湖南科技大学,2015.

③ 马立,郁晓华,祝智庭.教师继续教育新模式:网络研修[J].教育研究,2011(11):21-27.

④ 张忠华,宦婧.论教师专业发展由外塑到内修的路径转向[J].河北师范大学学报(教育科学版),2016(5):80-84.

⑤ 陈文心,彭征文.教师专业发展[M].北京:北京师范大学出版社,2016:296-298.

⑥ 朱沛雨.基于《专业标准》视角的乡村教师专业发展路径研究[J].教育理论与实践,2016(8):34-36.

⑦ 陈晓端等.教师专业学习共同体:国际视野与本土实践[M].西安:陕西师范大学出版总社,2016:65.

⑧ 周萍.教师专业发展的有效路径研究——基于教学学术的视角[D].镇江:江苏大学,2017.

⑨ 王倩雯,赵丹.教师专业发展:国际研究热点及趋势[J].商丘师范学院学报,2018(1):101-104.

⑩ 于学友.教师发展学校建设中的大学与中小学合作[D].北京:首都师范大学,2005.

3.已有研究成果的评价

纵观前述已有研究分析,乡村教师专业发展的研究成果比较丰富,乡村教师专业发展被视为应对乡村教育挑战的有效方法。但就"乡村教师专业发展路径"的相关研究看来,还存在以下缺憾。

首先,乡村教师专业发展路径重复研究多,缺乏理论层面梳理。近年来,乡村教师专业发展研究趋于集中化,研究视角不断深入和细化。研究领域从注重理论层面转向实践层面,大多借助多样化手段或路径,助推乡村教师专业发展,基本上是按照现实困境、归因分析及对策建议思路来展开,路径的表述方式丰富多样,但本质内涵无太大变化。究其原因在于:缺少对路径理论的梳理和建构,任何研究若无标准化理论体系做指导,重复研究必然多,因此需加大专业发展路径理论层面的研究。从掌握的现有资料来看,乡村教师专业发展路径研究偏重"应然"层面的探讨,路径范式研究还需探索,尤其是"实然"层面的研究,特别是对阻碍性因素分析还不够充分和具体。

其次,乡村教师专业发展路径的效能研究欠缺。从研究内容分析乡村教师专业发展路径侧重于探究多样的路径类型,侧重从路径自身的有效性开始探索,或运用量化调查研究,或采用个案的质性研究,或选择某个区域、某类具有代表性的个人和群体,对乡村教师社会地位、福利待遇、生存环境、心理健康、专业发展等的状况进行实证研究。但从效能视角去思考专业发展路径研究,还存在广阔空间。到底推崇的诸多专业发展路径在实践过程中有效程度如何? 乡村教师们在沿着这些路径寻求专业发展时达到预期目标的程度如何? 这些都是值得进一步探索与思考的。总之,从教师效能和教师教学效能的文献研究中,鲜有从教师专业发展视角探讨其工作效能的研究,特别是从具体路径效能去研究的文章几乎没有。

最后,乡村教师专业发展路径研究缺乏针对性建议和有效指导策略。已有研究所提对策与建议大多过于泛化,缺少针对性和可行性论证,缺少有效的乡村教师专业发展路径实践建构。因此,从三个层面十二项路径上所呈现的实然状态进行梳理,对当下乡村教师专业发展路径的具体落实进行客观分析,深入探究影响因素,从效能视角去研究和思考,以期为乡村教师在未来专业发展路径选择时提供可行和实用的建议。本研究基于已有研究的多种路径有效性探究,知晓研究不足,从一个综合和具象视角出发,梳理繁多的专业发展路径并形成三个层面十二项路径,去探究其效能高低问题,以期提出针对性和实效性的策略。

(三)研究意义

已有研究指出,我国乡村教师专业发展模式趋同化明显[①],缺乏对异质的包容。因此有必要探索出一套适合乡村教师专业发展的最佳路径。本研究主要是从教育学和效能的视角出发,对乡村教师专业发展路径的概念进行界定与类别划分,对路径效能的有效性、实施现状进行探析。

首先,从理论上讲,鉴于国家社会层面的需求,培养乡村高、精、尖教师队伍,需要提高理论层面的认识,本研究不仅对以往乡村教师专业发展路径的相关理论研究进行梳理、丰富和完善,而且为今后进一步研究乡村教师专业发展路径的效能提供理论借鉴和参考,对乡村一线教师专业发展路径选择起着重要的指导作用。同时有助于我们了解和掌握各种乡村教师专业发展路径,明确使用价值,为乡村教师专业发展、教师队伍建设者与管理者的决策提供理论依据,对破解乡村教师队伍路径建设中存在的问题提供一些思考。

其次,从现实上讲,本研究将提供从乡村教师专业发展路径理论到具体实践之间的可行性路径。通过实事求是的调查分析,从中提炼出能有效促进乡村教师专业发展的途径、方法,在乡村教师专业发展的实践路径方面有所深化或创新,使之更加符合乡村教育实际,进一步指导我国乡村教师队伍建设的实践工作。通过对各种可行路径的归纳和分析,将其纳入乡村教师专业发展基本模式的研究,顺应国家对合格教师专业素质的基本要求,引领乡村教师专业发展,推动乡村教师支持计划和乡村振兴战略的进一步落实。本研究目的在于:为一线乡村教师在未来的专业发展道路选择上提供指导,让教师们打破自我专业发展的僵局,选择符合时代需求的专业发展方式,使乡村教师们认识到自我专业发展的重要性,更加积极主动地去应对专业发展道路上的各种困难与挑战,为我国西南部偏远乡村学校教师的专业发展路径选择提供实践参考。

二、概念界定与研究方法

(一)概念界定

1.路径与专业发展路径

"路径"在《现代汉语词典》中的释义为:"道路(指如何到达目的地说);门路。"简

---

① 唐松林,王祖霖."厚"乡村教师之"生":城乡教师均衡发展之策略[J].湖南师范大学教育科学学报,2015,14(3):17-21.

而言之,路径指方式、方法和途径,是从一种状态达到另外一种状态的方法。本研究注重将"路径"理解为乡村教师为提升自我专业发展而采用的途径或办法,是一种从不成熟走向成熟的方法或手段。

教师专业发展的有效路径是指教师在从非专业人士过渡到专业人士以及成为专业人士后在教师岗位上继续前行的专业成长过程中,选择适合自己不同发展阶段的行之有效的方式、方法或途径。在现实中,乡村教师专业发展过程的每个节点都是教师个体能力与其环境共同作用的结果,不同教师个体专业发展路径往往大相径庭。因此,我们认为,乡村教师专业发展路径就是乡村教师在职业生涯中结合自身发展需要,以胜任工作为动力,在实际教育教学工作中由非专业人员逐渐成长为专业人员的途径;它促使乡村教师在教育理念、职业道德、专业知识、专业技能等方面不断丰富、更新和演进,能提供向上引领和帮助的作用。当然,在具体实践中,教师专业发展的路径众多,钟启泉教授则依据路径的开展方式将现有路径划分为自上而下的教师教育(培训)路径和自下而上的校本研修路径。[①]

2.效能与专业发展路径效能

《现代汉语词典》中解释"效能"是"事物所蕴藏的有利的作用"。它侧重于一个组织或系统理想目标的达成,反映的是管理活动所取得的效果和利益的现实性和潜在性;它不仅体现效果和利益的大小与高低,而且更重要的是反映取得效果和利益的能力大小与强弱。有学者将效能定义为:系统在规定条件下达到规定使用目标的能力。[②]有学者认为,效能是指有效的、集体的效应,即人们在有目的、有组织的活动中所表现出来的效率和效果,它反映了所开展活动目标选择的正确性及其实现的程度。[③]与效能相关的概念有效率、效果。效率是指组织或系统以最少的投入获取最大的产出。效果指的是系统在特定的环境下完成特定的任务所体现的结果。彼得·德鲁克(Peter F. Drucker)认为,效率是以正确的方式做事,而效能则是做正确的事。[④]

从教育学视角出发,专业发展路径效能的测评偏向于评估乡村教师专业发展达到教师专业标准目标的程度。效能判断过程包含两层:一是对提升乡村教师专业发展路径的自身效能进行评判;二是对乡村教师专业发展路径的工作效能即作用于教师专业水平提升能力的评判。它既是对教师自身路径有效利用的衡量,也是对达到

① 钟启泉.教师研修:新格局与新挑战[J].教育发展研究,2013(12):20-25.
② 郭齐胜等.装备效能评估概论[M].北京:国防工业出版社,2005:241-224.
③ 张同钦.秘书学概论[M].北京:中国人民大学出版社,2011:23.
④ [美]彼得·德鲁克.卓有成效的管理者(中英文双语珍藏版)[M].许是祥译.北京:机械工业出版社,2009:18.

实际效果相对预期目标达成程度的综合评判。综上所述,我们认为,乡村教师专业发展路径指乡村教师在其从教生涯中,经过各种学习培训,掌握相关专业知识和技能,以教师知识、技能、理念、道德、情意等专业素质提高为目的的教师个体专业内在动态的持续的终身发展途径。相应地,乡村教师专业发展路径效能则界定为:乡村教师个体或群体所蕴含的有利于教师专业发展和教师自身成长的效用能量;具体表现为乡村教师利用专业发展十二项路径对乡村教师的学习与发展成长所产生的影响达到预期目标的程度,即在教育理念、职业道德、专业知识、专业技能四方面提升教师专业水平的程度。

从哲学层面来讲,不仅要考虑路径的功能和作用,还要考虑乡村教师的主观感受,二者共同作用的结果呈现出了路径的效能现状。因此,本研究的效能判定,是对路径效能状况的整体窥探,用辩证的方式来看待所呈现的效能状态,并做出综合判定。乡村教师专业发展路径的效能既能判断十二项路径促进教师专业发展在四大维度和总体上专业水平的高低,也为后续教师专业发展提供了坚实理论和实践基础,因此,应尽可能确保路径效能研究的科学性和全面性。

(二)理论基础

1.教师学习理论

随着基础教育课程改革对教师发展的重视和终身学习的提出,越来越多的教育学者对教师学习进行高度关注。[1]教师学习理论最早兴起于美国,理论指出教师要主动地参与活动并积极思考。终身学习是通过一个不断的支持过程来发挥人类的潜能,它激励并使人有权力去获得他们终身所需的全部知识、价值、技能与理解,并在任何任务、情况和环境中有信心、有创造性和愉快地应用它们。[2]它面向全体教师,同时也持续地贯穿人一生的过程,为教师提供了进修和丰富知识的可能性。它不仅指学校教育,还包括家庭教育和社会教育,正规的、非正规的和非正式的教育。美国教师学习研究中心把学习研究成果从学生作为学习者拓展到教师作为学习者上来。[3]该中心提出了教师学习所要具备的四个条件:必须以公众对学校的期望为背景;必须把教师学习当作提高教师素质和学习质量的关键因素;必须着眼于特定的学科和特定

---

① 毛齐明,蔡宏武.教师学习机制的社会建构主义诠释[J].华东师范大学学报(教育科学版),2012(2):19-25.

② 吴遵民.现代国际终身教育论[M].上海:上海教育出版社,1999:16.

③ Creswell, J. W. Education Research: Planning, Conducting and Evaluation Quantitative and Qualitative Research[M].New Jersey:Pearson Prentice Hall, 2008.

的学生;必须注意教学实践的独特性。[①]教师学习理论的提出体现了教师学习的主动性、自觉性、日常性和教师知识建构的内生性。教师以"自我指导"型学习为主,以问题探讨为中心,采用以经验学习为基础的开放式学习方式。该理论启示我们,教师作为学习和自我发展的主体,应充分发挥学习者的主动性和自觉性,发掘适合乡村教师个体和群体的专业发展路径,更好提升乡村教师队伍的专业发展水平。

2.有效教学理论

有效教学理论指教师遵循教育教学活动的客观规律,以尽量少的时间、精力和物力投入,实现教学目标和学习者的全面发展。[②]它是指在一定的教学投入内带来最好教学效果的教学,是卓有成效的教学。[③]"有效教学"是一个动态发展的概念,其内涵一直随着教学价值观、教学的理论基础以及教学研究的范式变化而不断扩展、变化。有效教学基于对核心元素"教学"和"有效"的认识,教学坚持人的交互主体性,过程和结果的互动,而有效注重对教学活动实现的"质量"和"价值"进行判定。[④]受有效教学思想的启发,本研究认为,应让乡村教师知晓专业发展路径的主要功能和作用,知道什么样的路径在什么阶段能较好地帮助教师掌握有关的知识和技能,增强自我的综合素质,提升其教育教学水平;让乡村教师们充分认识自我专业发展的规律性,根据自我的学习经历和投入,提升自我专业素质,更好促进教师队伍质量整体提升。

3.教育评价理论

我国教育评价理论研究虽起步较晚,但自20世纪80年代以来,教育评价的理论和方法得到了长足发展,从对学生学业成就的评价到注重学生素质的全面评价,进而又扩展到教师、课程、学校甚至区域性的教育评价,对于调节、改善、提高教育活动的作用和效果发挥了积极意义。教育评价是一个多因素、多变量的复杂系统,它涉及评价者、评价对象、评价目的、评价方案及评价方法技术等诸多方面;评价活动不是个体行为,而是一个有严密组织、有明确的评价目的、评价准则、评价目标、评价程序的有计划的集体行动。[⑤]教育评价本质上是一种价值判断活动,它按照一定的价值标准,对教学过程中师生通过学习活动而产生的发展变化及构成变化的诸种因素进行价值判断。综合有关研究,教育评价有五大观点:第一是认为教育评价就是教育检测;第

---

① Edwards, A.Researching Pedagogy: A Sociocultural Agenda[J].Pedagogy, Culture & Society, 2001(2):161-186.

② 祝爱农.农村学校校本教研实效性理论与实践[M].北京:光明日报出版社,2016:7.

③ 姚利民.大学有效教学特征之研究[J].现代大学教育,2001(4):42-44.

④ 肖成全等.有效教学[M].大连:辽宁师范大学出版社,2006:17-19.

⑤ 程书肖.教育评价方法技术[M].北京:北京师范大学出版社,2004:20.

二是认为教育评价是一种专业判断;第三是认为教育评价是把实际表现与理想目标相比较的活动;第四是认为教育评价是系统收集资料,为决策提供可靠依据的活动;第五是认为教育评价就是教育研究。翟天山将教育评价界定为:是在系统收集资料基础上,依据教育目标对教育过程及其结果进行价值判断的教育活动。[①]

　　该理论启示我们,从促进教师专业发展的对象来看,教育评价的目的不仅体现乡村教师在专业发展过程中所使用路径的效能评价上,还体现在所采纳的路径是否有效提升教师专业发展水平。它是一种将过程性评价和结果性评价相结合的评价方式,是建立在事实判断基础上的价值判断,是必须以一定的教育目标为基本准则而进行的主体性活动。因此,它为本研究提供了一个比较清晰的理论架构,有利于指导本研究的效能判断。路径效能评价过程,是对乡村教师专业发展学习过程的效能高低所进行的评价,是以预定目标为基准,对实际结果即路径效能达成程度的评价,是一种动态性评价。[②]这里的效能评判有评价和促进教师专业发展的两大作用。

(三)研究方法

1.文献法

　　本文主要通过中国知网、西南大学图书馆、校外网络资源等各种渠道,查阅大量与研究内容相关的著作、论文、期刊、国家政策文件,为论文后续写作奠定基础。主要梳理了教师专业发展、乡村教师专业发展、乡村教师专业发展路径、教育效能等方面的研究成果,在此基础上深入剖析本研究的核心问题,为问卷维度设计和研究开展提供理论依据,有助于专业发展路径效能研究的深入。

　　文献法在本研究中是重要的方法之一,亦即通过文献分析,将乡村教师专业发展的路径进行分类,以便于后续进行各种路径的效能研究。本研究将繁杂多样的乡村教师专业发展路径划分为十二种(见表8-1)。当然,由于教师专业发展是一项综合性事业,各路径间仍存在交叉和关联性。

---

　　① 翟天山.教育评价学[M].北京:高等教育出版社,2003:41-48.

　　② 郭蕊.教师效能评价模型概述[J].教育测量与评价(理论版),2012(5):18-21.

表8-1　乡村教师专业发展十二大路径概要表

层面	路径	组织主体	主要成员	特点和功能	发展目标
国家社会层面	A1.面授教育培训	国家各级教育主管部门或各级教育行政部门	传授者和被传授者（特指在职乡村中小学教师）	同时空性、在场感和人际互动	人文关怀导向，促进教师的专业发展
	A2.网络远程教育	国家网络教育组织机构或现代远程教育组织机构	网络媒介、传授者和被传授者（在职乡村中小学教师）	时空分离、丰富性、持续性、便利性、轻松化	以自由、开放、便利的网络方式促进学习者持续的专业发展
	A3.教师专业发展学校	高等学校教育主管部门、中小学教育主管部门	高等学校教育专家、被传授者（在职乡村中小学教师）	大学和中小学的共生性和平等关系	实现大学和中小学教师在理论与实践层面的融合发展
	A4.专家讲座论坛	各省、区、县教育主管部门	某一领域有较高学术造诣的专家学者、被传授者（在职中小学乡村教师）	专家学者引领、专业性和权威性	利用名人效应促进教师对理论和实践的创新认识和发展
学校群体层面	B1.校本教学培训	学校及行政人员、校本教研工作小组、校内外培训工作组	校外教学人员，校内各级、各学科教师	以学校教师学习需求为本	促进教师日常教育教学成长和发展
	B2.校本教研活动	学校及行政人员、校本教研工作小组、学科教研组、学校教研员	校外教研人员，校内各级、各学科教师	以学校的实际教育教学问题为主	针对实际问题进行研究和教学，提升教师教育教学和研究能力
	B3.教师专业共同体	学校及行政人员、校本教研工作小组、学科研究小组	校内外专家，校内各级、各学科教师	以教师兴趣和自愿为主、对话和分享	让教师在共享和合作中实现共同发展
	B4.课题指导研究	学校及行政人员、校本教研工作小组、课题指导小组	学校研究团队成员：课题编写者、学校教研员、参与教师	学校内热点、难点和焦点问题，探索性和创造性	以科学研究为导向，以研促教，促进教师课题研究能力的提升与发展

续表

层面	路径	组织主体	主要成员	特点和功能	发展目标
教师个人层面	C1.名师工作室	校内教育教学和管理经验丰富的教师	校级学科带头人、参与教师	对内凝聚、对外辐射,共享性	以教师中的优秀力量带动教师团体的发展
	C2.专家专业引领	校内在学科专业上有精深造诣的教师、教育研究专长人员	教师教育研究专家成员、校级学科教学能手、参与教师	双向性、互补性、易实现性	以最大化利用本土资源为导向,促进教师的发展
	C3.教师同伴互助	教研组长、同事、教学伙伴	参与教师	主动性、自愿性、自发性、榜样性	让教师在互帮互助中实现双向互动发展
	C4.教师自主研修	教师个人	参与教师	自主性、灵活性、针对性和反思性	让教师通过自我反思、启迪实现持续的发展

2.调查法

本研究调查问卷设计的关键技术就是将众多的专业发展路径进行科学分类,然后依据此分类进行相应的各种专业发展路径效能度的监测。

基于专业发展路径的归类,设计"乡村教师专业发展路径效能调查"自编问卷,采用问卷调查法和访谈法相结合的方式,从人口学变量信息和教师专业素质两个方面开展实地调研,搜集第一手资料,了解路径效能的现状及问题。问卷题目按照教师专业标准的关键指标包括教育理念、职业道德、专业知识、专业技能四大维度编排,数据采用SPSS 22.0录入和处理。

3.访谈法

对所调研地区学校中的部分乡村教师进行访谈,访谈内容主要有乡村教师对所实施的专业发展路径的认识、理解和看法,以及所在地区、学校和教师个人对乡村教师专业发展路径的关注程度。通过跟不同地区的个别教师进行深入访谈,知晓乡村教师专业发展路径的实际需求,了解教师们所理解的路径效能与理论建构之间的区别,为后续提出本土性、适切性的建议提供指导,也为本研究的深入开展提供思考的方向。

三、调查工具与调查对象

(一)调查工具

本研究在梳理专业发展路径或模式的基础上,结合相关理论知识,反复修改形成本研究的专业发展路径类别;在已有研究所使用的《中小学教师培训的实际需求、现状和建议调查问卷》的基础上编制了《乡村教师专业发展路径效能调查问卷》。问卷的第一部分为基本信息。第二部分为十二项路径对乡村教师专业发展、教育理念转变、职业道德加强、专业知识增长、专业技能提升维度的有效程度,并采用"李克特5点式量表法"进行正向计分。第三部分为对乡村教师专业发展十二条路径的评价与建议。另外,结合调研需求到实地进行了访谈。

本研究的问卷对乡村教师专业发展整体和分维度进行了调查统计,在具体分析过程中,为确保总维度和四大分维度的一致性,对四大分维度执行了"计算变量"操作,通过执行工具栏"转换"—"计算"的程序,开启[计算变量]对话框。其中,"国家层面—面授教育培训"题项变量为B1、C1、D1、E1四题的加总。以此类推,将四大维度的同一路径进行变量相加计算得到一个总变量值,后续对总体层面的统计和分析,均采用这些变量名称进行描述,后续文章不再赘述。

然而,对乡村教师专业发展路径效能的科学理解是设计调查问卷的基础。设计调查问卷时,需要考虑各种路径分别有哪些主要特点与功能;同时考虑由乡村教师的主观感受和判定来评判路径效能高低,不同的人在不同情境下、不同时间、不同地点所产生的评判结果不一,那么各项路径自身的效能高低如何,哪些因素对路径效能有显著影响,影响程度如何等诸多因素。

(二)调查对象

如上所述,乡村教师群体中的"底层"是真正工作、生活在西部连片贫困区的教学点、村小及中心小学的教师。因此,本研究以四川省凉山彝族自治州和广安市、重庆市城口县和奉节县、贵州省的松桃县和印江县等市县的25所教学点、村小、中心小学及九年一贯制学校的乡村教师为对象。问卷调查遵循比例适当、类型合理的原则确定调查样本,依据典型性、互补性的原则选择调研教师。参与问卷调查的乡村教师共计2400人,结合网络调查工具的统计筛选,发现其中有效参与调查问卷回答的教师2374人。调查内容涉及乡村教师的个人基本情况、乡村教师的工作信息和乡村教师对教师专业发展路径效能的评判等。

1. 教师个人信息

调查问卷中关于调查对象的教师个人基本信息涉及性别、年龄、民族、婚姻状况、学历等方面。根据对调查数据的统计获得了调查对象个人基本信息的统计情况（见表8-2）。

表8-2 教师个人信息统计表

名称	分类	频次	有效百分比
1.性别	男	925	39.0
	女	1449	61.0
2.年龄	20岁及以下	8	0.3
	21~30岁	718	30.2
	31~40岁	630	26.5
	41~50岁	741	31.2
	51岁及以上	277	11.7
3.民族	汉族	1700	71.6
	彝族	485	20.4
	其他	189	8.0
4.婚姻状况	未婚	393	16.6
	已婚	1913	80.6
	其他	68	2.9
5.学历	小学	11	0.5
	初中	9	0.4
	职高或技校	18	0.8
	普通高中	28	1.2
	大专或本科	2292	96.5
	硕士及以上	16	0.7

2. 教师工作信息

调查问卷中关于教师的工作信息涉及教龄、职称、学校类型、职务、所教科目等人口学变量。通过对有关数据的统计，获得了调查对象在人口学变量方面的基本信息（见表8-3）。

表8-3 教师工作信息情况统计表

名称	分类	频次	有效百分比
1.教龄	5年及以下	635	26.7
	6~10年	342	14.4
	11~15年	184	7.8
	16~20年	302	12.7
	21年及以上	911	38.4
2.职称	未评	352	14.8
	三级教师	223	9.4
	二级教师	670	28.2
	一级教师	904	38.1
	高级教师	225	9.5
3.学校类型	九年一贯制	526	22.2
	中心小学	1138	47.9
	乡村小学	539	22.7
	教学点	171	7.2
4.职务	普通教师	1063	44.8
	班主任	813	34.2
	教研组长	90	3.8
	年级组长	30	1.3
	教务主任	86	3.6
	校长	106	4.5
	代课教师	186	7.8
5.所教科目	语文	410	17.3
	数学	348	14.7
	外语	167	7.0
	文科综合	56	2.4
	理科综合	64	2.7
	体育	64	2.7
	音乐	39	1.6
	美术	32	1.3
	信息技术	27	1.1
	两门及以上主教科目	1167	49.2

对上述所调查的乡村教师工作信息表简要分析获得如下信息：

其一，教龄：乡村教师的教龄在5年及以下、6~10年、11~15年、16~20年、21年及以上的分别占26.7%、14.4%、7.8%、12.7%、38.4%。可见，乡村教师队伍中，教龄在21年及以上和教龄为5年及以下者占绝大部分。

其二，职称：所调查的乡村教师中，无职称教师、三级教师、二级教师、一级教师、高级教师占比分别为14.8%、9.4%、28.2%、38.1%、9.5%。由此可见，乡村教师队伍中一级教师和二级教师较多，高级职称偏少。

其三，学校类型：教学点教师占比为7.2%，乡村小学教师占比为22.7%，中心小学教师占比为47.9%，九年一贯制教师占比为22.2%。从总体上看，中心小学教师较多。

其四，职务：普通教师的比例为44.8%，占绝大多数；班主任的比例为34.2%；教研组长、年级组长、教务主任、校长占比分别为3.8%、1.3%、3.6%、4.5%；另外有7.8%的代课教师。这说明乡村教师中大多数为正式编制，且为普通教师，但仍存在一定比例的代课教师。

其五，所教科目：两门以上主教科目教师占49.2%，其次为语文教师占比为17.3%，数学教师占比为14.7%，外语教师占比为7.0%，音乐教师占比为1.6%，体育教师占比为2.7%，美术教师占比为1.3%，信息技术教师占比为1.1%。可见，语、数、外科目教师较多，而音、体、美、信息技术科目教师仍然偏少。

四、数据统计及结论分析

（一）专业发展路径效能的总体统计

对调查问卷中关于教师专业发展12条路径效能的满意度进行统计，获得了有关专业发展12条路径的效能测量值（见表8-4）。从该表的总体均值3.73可知，众多专业发展路径效能在总体上处于中等偏上水平。因均值"3"代表"一般有效"程度。所以3.73的均值表明教师专业发展路径整体具有一定的效能，但效能不甚理想。

表8-4　乡村教师专业发展路径效能的总体测量值

变量	N	极小值	极大值	均值	标准差
A1.面授教育培训	2374	1	5	4.01	0.991
A2.网络远程教育	2374	1	5	3.39	1.152
A3.教师专业发展学校	2374	1	5	3.79	1.037

变量	N	极小值	极大值	均值	标准差
A4.专家讲座论坛	2374	1	5	3.60	1.080
B1.校本教学培训	2374	1	5	3.77	1.077
B2.校本教研活动	2374	1	5	3.83	1.064
B3.教师专业共同体	2374	1	5	3.78	1.018
B4.课题指导研究	2374	1	5	3.54	1.137
C1.名师工作室	2374	1	5	3.47	1.186
C2.专家专业引领	2374	1	5	3.74	1.102
C3.教师同伴互助	2374	1	5	4.08	0.964
C4.教师自主研修	2374	1	5	3.77	1.010
有效的N（列表状态）	2374	总体		3.73	

进一步观察发现,12条路径的效能存在内部差异,按照效能由高到低的均值排序是:教师同伴互助＞面授教育培训＞校本教研活动＞教师专业发展学校＞教师专业共同体＞校本教学培训＞教师自主研修＞专家专业引领＞专家讲座论坛＞课题指导研究＞名师工作室＞网络远程教育。其中,教师同伴互助、面授教育培训、校本教研活动等是乡村教师一致认为效能较高的路径;而网络远程教育、名师工作室、课题指导研究等路径的效能认可度较低。

另外,从不同类型路径的效能检测结果看,在国家类路径中,面授教育培训被认为是效能较高的路径;在学校类路径中,四种路径的效能接近且效能均一般;在个体类路径中,教师同伴互助被认为是效能较高的路径。

(二)基于教师专业素质的效能统计

1.对教育理念转变的效能统计

对12条专业发展路径对于教师教育理念转变的效能进行检测,获得了12条专业发展路径对教育理念转变的效能结果(见表8-5)。从12条路径对教育理念的效能均值3.74可知,12条专业发展路径对教育理念的效能处于中等略微偏上状态。由于均值"3"代表"一般有效"程度,所以均值3.74表明12条路径对教师教育理念转变的效能不甚理想。

表8-5　乡村教师专业发展路径效能"教育理念"维度的测量值

教育理念维度	N	极小值	极大值	均值		标准差
	统计量	统计量	统计量	统计量	标准误	统计量
A1.面授教育培训	2374	1	5	3.96	0.020	0.972
A2.网络远程教育	2374	1	5	3.55	0.023	1.097
A3.教师专业发展学校	2374	1	5	3.79	0.021	1.016
A4.专家讲座论坛	2374	1	5	3.65	0.022	1.087
B1.校本教学培训	2374	1	5	3.75	0.021	1.043
B2.校本教研活动	2374	1	5	3.80	0.021	1.042
B3.教师专业共同体	2374	1	5	3.77	0.021	1.029
B4.课题指导研究	2374	1	5	3.57	0.023	1.115
C1.名师工作室	2374	1	5	3.54	0.023	1.142
C2.专家专业引领	2374	1	5	3.74	0.022	1.067
C3.教师同伴互助	2374	1	5	3.99	0.020	0.985
C4.教师自主研修	2374	1	5	3.77	0.021	1.012
有效的N(列表状态)	2374		总体	3.74		

进一步观察表8-5发现,对教育理念转变较为有效的路径是教师同伴互助、面授教育培训等,而名师工作室、网络远程教育、课题指导研究等路径的效能偏低。

此外,从国家、学校、个体三类路径的教育理念转变效能检测结果分析,结合对有关回答的统计结果观察,发现在国家类路径中,面授教育培训、教师专业发展学校被认为对教育理念转变的效能较高;在学校类路径中,四种路径的效能接近,课题指导研究的效能略低于其他三种路径;在个体类路径中,教师同伴互助被认为是效能较高的路径。

2.对职业道德加强的效能统计

对12条路径对于职业道德加强的效能进行检测,获得了12条专业发展路径对职业道德提升的效能结果(见表8-6)。从12条路径对职业道德提升的均值3.77可知,12条路径对乡村教师职业道德提升的效能处于中等略微偏上状态。由于均值"3"代表"一般有效"程度,所以,均值3.77表明12条路径对教师职业道德提升的效能不甚理想。

表8-6　乡村教师专业发展路径效能"职业道德"维度的测量值

职业道德维度	N	极小值	极大值	均值		标准差
	统计量	统计量	统计量	统计量	标准误	统计量
A1.面授教育培训	2374	1	5	3.96	0.021	1.016
A2.网络远程教育	2374	1	5	3.63	0.023	1.120
A3.教师专业发展学校	2374	1	5	3.83	0.021	1.008
A4.专家讲座论坛	2374	1	5	3.72	0.022	1.076
B1.校本教学培训	2374	1	5	3.82	0.021	1.021
B2.校本教研活动	2374	1	5	3.82	0.021	1.032
B3.教师专业共同体	2374	1	5	3.79	0.022	1.050
B4.课题指导研究	2374	1	5	3.63	0.023	1.126
C1.名师工作室	2374	1	5	3.59	0.023	1.133
C2.专家专业引领	2374	1	5	3.75	0.022	1.085
C3.教师同伴互助	2374	1	5	3.95	0.021	1.005
C4.教师自主研修	2374	1	5	3.79	0.021	1.010
有效的N(列表状态)	2374		总体	3.77		

进一步分析表8-6发现,对职业道德提升较为有效的路径是面授教育培训、教师同伴互助等,而名师工作室、网络远程教育、课题指导研究等路径的效能偏低。

此外,从国家、学校、个体三类路径的职业道德提升效能检测结果来看,通过对有关回答的统计结果观察,发现在国家类路径中,面授教育培训被认为对职业道德提升的效能较高;在学校类路径中,四种路径的效能接近且均偏低;在个体类路径中,教师同伴互助被认为是效能较高的路径。

3.对专业知识增长的效能统计

对12条路径对于专业知识增长的效能进行检测,获得了12条专业发展路径对专业知识增长的效能结果(见表8-7)。从12条路径对专业知识增长的均值3.79可知,12条路径对乡村教师专业知识增长的效能处于中等略偏上状态。由于均值"3"代表"一般有效"程度,所以,均值3.79表明12条路径对教师专业知识增长的效能不甚理想。

表8-7 乡村教师专业发展路径效能"专业知识"维度的测量值

专业知识维度	N	极小值	极大值	均值		标准差
	统计量	统计量	统计量	统计量	标准误	统计量
A1.面授教育培训	2374	1	5	4.03	0.021	0.969
A2.网络远程教育	2374	1	5	3.67	0.022	1.084
A3.教师专业发展学校	2374	1	5	3.86	0.021	1.016
A4.专家讲座论坛	2374	1	5	3.72	0.022	1.055
B1.校本教学培训	2374	1	5	3.79	0.021	1.040
B2.校本教研活动	2374	1	5	3.81	0.022	1.050
B3.教师专业共同体	2374	1	5	3.81	0.021	1.022
B4.课题指导研究	2374	1	5	3.67	0.023	1.097
C1.名师工作室	2374	1	5	3.63	0.023	1.113
C2.专家专业引领	2374	1	5	3.76	0.022	1.076
C3.教师同伴互助	2374	1	5	3.95	0.020	0.996
C4.教师自主研修	2374	1	5	3.80	0.021	1.030
有效的N(列表状态)	2374		总体	3.79		

进一步观察发现,对专业知识增长较为有效的路径是面授教育培训、教师同伴互助,其他诸如教师专业发展学校、校本教研活动、教师专业共同体、教师自主研修也有较好的效能反映。

此外,从国家、学校、个体三类路径的专业知识增长效能检测结果来看,通过对有关回答的统计结果观察,发现在国家类路径中,面授教育培训被认为对专业知识增长的效能较高;在学校类路径中,四种路径的效能接近且均偏低;在个体类路径中,教师同伴互助仍然被认为是效能较高的路径。

4.对专业技能提升的效能统计

对12条路径对于专业技能提高的效能进行检测,获得了12条专业发展路径对专业技能提高的效能结果(见表8-8)。从12条路径对专业技能提高的均值3.73可知,12条路径对乡村教师专业技能提高的效能处于中等略偏上状态。由于均值"3"代表"一般有效"程度,所以,均值3.73表明12条路径对教师专业技能提高的效能不甚理想。

表8-8　乡村教师专业发展路径效能"专业技能"维度的测量表

专业技能维度	N	极小值	极大值	均值		标准差
	统计量	统计量	统计量	统计量	标准误	统计量
A1.面授教育培训	2374	1	5	4.01	0.021	0.989
A2.网络远程教育	2374	1	5	3.65	0.022	1.080
A3.教师专业发展学校	2374	1	5	3.83	0.021	1.021
A4.专家讲座论坛	2374	1	5	3.71	0.022	1.069
B1.校本教学培训	2374	1	5	3.79	0.021	1.038
B2.校本教研活动	2374	1	5	3.82	0.021	1.017
B3.教师专业共同体	2374	1	5	3.79	0.021	1.021
B4.课题指导研究	2374	1	5	3.66	0.022	1.089
C1.名师工作室	2374	1	5	3.63	0.023	1.107
C2.专家专业引领	2374	1	5	3.77	0.022	1.059
C3.教师同伴互助	2374	1	5	3.94	0.020	0.990
C4.教师自主研修	2374	1	5	3.79	0.021	1.007
有效的N(列表状态)	2374		总体	3.73		

观察表8-8发现,对专业技能提高较为有效的路径是面授教育培训、教师同伴互助,其他诸如教师专业发展学校、校本教研活动也有较好的效能反映。

此外,从国家、学校、个体三类路径的专业技能增长效能检测的结果看,通过对有关回答的统计结果观察,发现在国家类路径中,面授教育培训被认为对专业知识增长的效能最好;在学校类路径中,四种路径的效能接近且均偏低;在个体类路径中,教师同伴互助仍然被认为是效能较高的路径。

(三)基于教师人口学变量的效能统计

1.基于性别的效能统计

通过对12条专业发展路径之于男、女不同性别乡村教师专业发展效能的统计,获得了不同专业发展路径在男、女乡村教师之间效能的差异情况(见表8-9)。观察该表发现,12条路径的均值均是女教师高于男教师,表明从总体上说,女教师在专业发展路径效能上总体高于男教师。

表8-9 组统计量

变量名称	性别	N	均值	标准差	均值的标准误
A1.面授教育培训	男	925	14.157	4.083	0.134
	女	1449	14.705	3.876	0.102
A2.网络远程教育	男	925	15.079	3.685	0.121
	女	1449	15.449	3.531	0.093
A3.教师专业发展学校	男	925	14.561	3.938	0.129
	女	1449	14.956	3.791	0.100
A4.专家讲座论坛	男	925	14.976	3.773	0.124
	女	1449	15.268	3.690	0.097
B1.校本教学培训	男	925	15.125	3.729	0.123
	女	1449	15.329	3.728	0.098
B2.校本教研活动	男	925	14.901	3.754	0.123
	女	1449	15.331	3.620	0.095
B3.教师专业共同体	男	925	14.123	4.133	0.136
	女	1449	14.792	3.896	0.102
B4.课题指导研究	男	925	13.969	4.299	0.141
	女	1449	14.660	3.978	0.105
C1.名师工作室	男	925	14.763	4.000	0.132
	女	1449	15.191	3.773	0.099
C2.专家专业引领	男	925	15.644	3.649	0.120
	女	1449	15.948	3.501	0.092
C3.教师同伴互助	男	925	15.080	3.657	0.120
	女	1449	15.198	3.623	0.095
C4.教师自主研修	男	925	14.157	4.083	0.134
	女	1449	14.705	3.876	0.102

为进一步探讨男女教师在具体路径效能判断上的高低差异,我们采用了独立样本t检验进行独立样本检验等技术处理后(见表8-10)发现,男、女乡村教师在校本教学培训、校本教研活动、教师自主研修三大路径上不存在显著差异,但在面授教育培训等其他9条路径上均有显著差异,且男教师均低于女教师。这也进一步证明了女教师在所有专业发展路径的效能上均高于男教师。

表8-10 独立样本 t 检验

十二大路径类别名称		方差方程的Levene 检验		均值方程的 t 检验					差分的95%置信区间	
		F	Sig.	t	df	Sig.（双侧）	均值差值	标准误差异	下限	上限
A1.面授教育培训	假设方差相等	5.069	0.024	−2.235	2372.000	0.025	−0.331	0.148	−0.621	−0.041
	假设方差不相等			−2.215	1909.665	0.027	−0.331	0.149	−0.623	−0.038
A2.网络远程教育	假设方差相等	1.146	0.284	−3.293	2372.000	0.001	−0.549	0.167	−0.875	−0.222
	假设方差不相等			−3.256	1893.241	0.001	−0.549	0.168	−0.879	−0.218
A3.教师专业发展学校	假设方差相等	1.349	0.246	−2.445	2372.000	0.015	−0.370	0.151	−0.666	−0.073
	假设方差不相等			−2.422	1906.816	0.016	−0.370	0.153	−0.669	−0.070
A4.专家讲座论坛	假设方差相等	1.522	0.217	−2.437	2372.000	0.015	−0.395	0.162	−0.712	−0.077
	假设方差不相等			−2.417	1913.697	0.016	−0.395	0.163	−0.715	−0.074
B1.校本教学培训	假设方差相等	0.085	0.771	−1.861	2372.000	0.063	−0.292	0.157	−0.599	0.016
	假设方差不相等			−1.852	1936.307	0.064	−0.292	0.157	−0.600	0.017
B2.校本教研活动	假设方差相等	0.237	0.626	−1.299	2372.000	0.194	−0.204	0.157	−0.512	0.104
	假设方差不相等			−1.299	1967.901	0.194	−0.204	0.157	−0.512	0.104
B3.教师专业共同体	假设方差相等	0.314	0.575	−2.782	2372.000	0.005	−0.430	0.155	−0.733	−0.127
	假设方差不相等			−2.760	1915.597	0.006	−0.430	0.156	−0.736	−0.124
B4.课题指导研究	假设方差相等	2.746	0.098	−3.984	2372.000	0.000	−0.669	0.168	−0.998	−0.340
	假设方差不相等			−3.932	1883.045	0.000	−0.669	0.170	−1.003	−0.335
C1.名师工作室	假设方差相等	2.973	0.085	−4.000	2372.000	0.000	−0.691	0.173	−1.030	−0.352
	假设方差不相等			−3.932	1856.371	0.000	−0.691	0.176	−1.036	−0.346
C2.专家专业引领	假设方差相等	5.423	0.020	−2.628	2372.000	0.009	−0.427	0.163	−0.746	−0.108
	假设方差不相等			−2.594	1883.884	0.010	−0.427	0.165	−0.750	−0.104
C3.教师同伴互助	假设方差相等	3.547	0.060	−2.024	2372.000	0.043	−0.303	0.150	−0.597	−0.010
	假设方差不相等			−2.006	1908.590	0.045	−0.303	0.151	−0.600	−0.007
C4.教师自主研修	假设方差相等	0.004	0.947	−0.771	2372.000	0.441	−0.118	0.153	−0.418	0.182
	假设方差不相等			−0.770	1954.787	0.441	−0.118	0.153	−0.419	0.183

2.基于年龄的效能统计

将12条专业发展路径对不同年龄阶段乡村教师进行效能检测,对检测结果进行单因素方差等技术处理后(见表8-11、表8-12、表8-13)发现,不同年龄阶段的乡村教师认为校本教研活动、教师同伴互助两条路径对专业发展的效能不存在显著性差异,亦即不同年龄阶段的乡村教师对这两条路径效能的评估较为一致;其他诸如网络远程教育等10条路径的效能对不同年龄阶段的乡村教师存在显著差异,其中除在网络远程教育效能上,青年教师和老年教师认为其效能较高,而中年教师则认为其效能较低外,在其他诸如教师专业发展学校等9条路径效能上,越是年轻教师越认为其效能较高。

表8-11　基于年龄的国家类路径效能之单因素方差分析

年龄	A1.面授教育培训		A2.网络远程教育		A3.教师专业发展学校		A4.专家讲座论坛	
	均值	标准差	均值	标准差	均值	标准差	均值	标准差
20岁及以下	15.250	4.979	13.625	4.596	16.000	4.504	14.625	4.274
21~30岁	16.124	3.450	14.866	3.820	15.776	3.365	15.272	3.639
31~40岁	16.232	3.481	14.586	3.941	15.435	3.609	14.929	3.890
41~50岁	15.665	3.539	13.966	4.088	14.860	3.629	14.359	3.906
51岁及以上	15.751	3.627	14.737	3.924	14.957	3.868	14.487	4.019
总计	15.963	3.518	14.492	3.966	15.305	3.596	14.802	3.853
F	2.964		5.339		6.917		5.798	
p	0.019		0.000		0.000		0.000	

表8-12　基于年龄的学校类路径效能之单因素方差分析

年龄	B1.校本教学培训		B2.校本教研活动		B3.教师专业共同体		B4.课题指导研究	
	均值	标准差	均值	标准差	均值	标准差	均值	标准差
20岁及以下	15.750	4.334	15.750	4.062	15.500	4.690	14.750	4.200
21~30岁	15.461	3.588	15.478	3.572	15.653	3.434	15.405	3.578
31~40岁	15.178	3.763	15.265	3.831	15.251	3.757	14.611	4.014
41~50岁	14.804	3.783	15.015	3.775	14.737	3.674	13.760	4.104
51岁及以上	15.224	3.760	15.238	3.750	14.823	3.937	14.144	4.295
总计	15.154	3.725	15.250	3.729	15.163	3.678	14.532	4.003
F	2.944		1.446		6.431		16.579	
p	0.019		0.216		0.000		0.000	

表8-13　基于年龄的个体类路径效能之单因素方差分析

年龄	C1.名师工作室		C2.专家专业引领		C3.教师同伴互助		C4.教师自主研修	
	均值	标准差	均值	标准差	均值	标准差	均值	标准差
20岁及以下	14.500	4.408	15.250	4.367	15.625	4.069	14.625	5.097
21~30岁	15.164	3.682	15.699	3.507	16.100	3.310	15.493	3.508
31~40岁	14.554	4.140	15.054	3.870	15.725	3.676	15.056	3.731
41~50岁	13.695	4.214	14.506	3.956	15.725	3.583	14.929	3.646
51岁及以上	13.870	4.503	14.585	4.245	15.650	3.829	15.101	3.635
总计	14.391	4.119	15.024	3.868	15.829	3.561	15.152	3.636
F	13.241		9.843		1.517		2.451	
p	0.000		0.000		0.195		0.044	

3.基于婚姻状况的效能统计

将12条专业发展路径对不同婚姻状态的乡村教师进行效能检测,对检测结果进行单因素方差分析等技术处理,结果发现,不同婚姻状况的乡村教师在面授教育培训、网络远程教育、教师专业发展学校、专家讲座论坛、校本教学培训、校本教研活动、教师专业共同体、教师同伴互助、教师自主研修9条路径上的效能不存在显著性差异,不同婚姻状况的乡村教师在课题指导研究、名师工作室、专家专业引领3条专业发展路径效能上存在显著差异(见表8-14)。

表8-14　基于婚姻状况的路径效能之单因素方差分析

婚姻状况	B4.课题指导研究		C1.名师工作室		C2.专家专业引领	
	均值	标准差	均值	标准差	均值	标准差
未婚	15.1450	3.73167	14.9491	3.78335	15.4784	3.56645
已婚	14.4318	4.03433	14.2901	4.16689	14.9556	3.91203
其他	13.7941	4.30397	13.9853	4.39638	14.3235	4.11927
总计	14.5316	4.00290	14.3905	4.11881	15.0240	3.86823
F	6.393		4.525		4.136	
p	0.002		0.011		0.016	

对具有显著差异的3条专业发展路径变量进行事后比较,以比较不同婚姻状况的调查对象对相应路径的效能评判程度,观察结果(见表8-15)发现,未婚乡村教师在课题指导研究、名师工作室、专家专业引领路3条路径上的均值明显高于已婚与其他婚姻情况的乡村教师。结合总体上对这3条路径效能检测偏低的结果,我们认为这

可能与未婚乡村教师因为没有家庭生活的牵挂,又相对拥有更多时间利用这些花费时长较多的专业发展路径有关。

表8-15 多重比较(LSD)

因变量	(I)婚姻状况	(J)婚姻状况	均值差(I-J)	标准误	显著性	95% 置信区间	
						下限	上限
B4.课题指导研究	未婚	已婚	0.71326*	0.22119	0.001	0.2795	1.1470
		其他	1.35092*	0.52455	0.010	0.3223	2.3796
C1.名师工作室	未婚	已婚	0.65899*	0.22777	0.004	0.2123	1.1056
		其他	0.96382	0.54017	0.075	−0.0954	2.0231
C2.专家专业引领	未婚	已婚	0.52280*	0.21395	0.015	0.1033	0.9424
		其他	1.15484*	0.50739	0.023	0.1599	2.1498
*:均值差的显著性水平为0.05							

4.基于学历的效能统计

将12条专业发展路径对高中以下、职高或技校、大专或本科、硕士及以上等不同学历层次的乡村教师进行效能检测,对检测结果(见表8-16)进行单因素方差分析等技术处理后发现,不同学历层次的乡村教师在面授教育培训等12条路径的效能上都不存在显著性差异。

表8-16 基于学历层次的路径效能单因素方差分析

变量		平方和	df	均方	F	显著性
A1.面授教育培训	组间	20.318	5	4.064	0.328	0.896
	组内	29356.420	2368	12.397		
	总数	29376.738	2373			
A2.网络远程教育	组间	134.434	5	26.887	1.712	0.128
	组内	37192.898	2368	15.706		
	总数	37327.332	2373			
A3.教师专业发展学校	组间	114.264	5	22.853	1.770	0.116
	组内	30568.547	2368	12.909		
	总数	30682.811	2373			
A4.专家讲座论坛	组间	83.107	5	16.621	1.120	0.347
	组内	35145.844	2368	14.842		
	总数	35228.950	2373			

变量		平方和	df	均方	F	显著性
B1.校本教学培训	组间	73.343	5	14.669	1.058	0.382
	组内	32846.231	2368	13.871		
	总数	32919.574	2373			
B2.校本教研活动	组间	74.756	5	14.951	1.075	0.372
	组内	32926.119	2368	13.905		
	总数	33000.875	2373			
B3.教师专业共同体	组间	73.038	5	14.608	1.080	0.369
	组内	32030.875	2368	13.527		
	总数	32103.913	2373			
B4.课题指导研究	组间	56.737	5	11.347	0.708	0.618
	组内	37966.394	2368	16.033		
	总数	38023.131	2373			
C1.名师工作室	组间	33.615	5	6.723	0.396	0.852
	组内	40223.410	2368	16.986		
	总数	40257.025	2373			
C2.专家专业引领	组间	73.798	5	14.760	0.986	0.425
	组内	35433.834	2368	14.964		
	总数	35507.631	2373			
C3.教师同伴互助	组间	83.148	5	16.630	1.312	0.256
	组内	30014.760	2368	12.675		
	总数	30097.908	2373			
C4.教师自主研修	组间	44.583	5	8.917	0.674	0.643
	组内	31331.522	2368	13.231		
	总数	31376.105	2373			

5.基于教龄的效能统计

将12条专业发展路径对高中以下、职高或技校、大专或本科、硕士及以上等不同教龄时间的乡村教师进行效能检测,对检测结果(见表8-17)进行单因素方差分析等技术处理后发现,不同教龄的乡村教师在面授教育培训等12条路径的效能上均存在显著性差异。

表8-17 基于教龄的路径效能单因素方差分析

一级	二级维度	所得值	教龄阶段					F	显著性
			5年以下	6~10年	11~15年	16~20年	21年以上		
A. 国家社会层面	A1.面授教育培训	均值	16.331	16.061	15.902	16.103	15.636	3.925	0.004
		标准差	3.475	3.405	3.548	3.321	3.624		
	A2.网络远程教育	均值	15.060	14.714	14.130	14.440	14.102	6.17	0.000
		标准差	3.847	3.756	4.059	3.878	4.088		
	A3.教师专业发展学校	均值	15.981	15.442	15.005	15.520	14.771	11.56	0.000
		标准差	3.413	3.440	3.532	3.400	3.767		
	A4.专家讲座论坛	均值	15.487	14.851	14.489	14.957	14.318	9.164	0.000
		标准差	3.650	3.877	3.955	3.677	3.948		
B. 学校群体层面	B1.校本教学培训	均值	15.652	15.278	14.745	15.202	14.828	5.287	0.000
		标准差	3.635	3.569	3.769	3.679	3.813		
	B2.校本教研活动	均值	15.663	15.287	14.984	15.407	14.950	3.821	0.004
		标准差	3.692	3.576	3.936	3.595	3.788		
	B3.教师专业共同体	均值	15.825	15.401	14.777	15.229	14.669	10.31	0.000
		标准差	3.547	3.494	3.728	3.496	3.807		
	B4.课题指导研究	均值	15.561	14.971	14.207	14.404	13.757	21.11	0.000
		标准差	3.659	3.796	4.101	3.696	4.209		
C. 教师个人层面	C1.名师工作室	均值	15.373	14.573	14.082	14.540	13.650	17.40	0.000
		标准差	3.766	3.995	4.076	3.932	4.320		
	C2.专家专业引领	均值	15.893	15.105	14.723	15.142	14.409	14.47	0.000
		标准差	3.570	3.782	3.774	3.629	4.078		
	C3.教师同伴互助	均值	16.236	15.927	15.424	15.735	15.622	3.57	0.007
		标准差	3.385	3.425	3.712	3.515	3.694		
	C4.教师自主研修	均值	15.611	15.216	14.772	15.109	14.899	4.195	0.002
		标准差	3.624	3.554	3.798	3.511	3.657		

　　同时,进一步对所有路径效能差异进行解析,获得了有关差异的内部状况(见表8-18)。观察表8-18发现,在12条路径的效能上,越是教龄时间短的教师认为其效能越高,相反教龄时间越长的教师认为其效能越低。

表8-18 基于不同教龄阶段的多重比较表

因变量	(I) 教龄	(J) 教龄	均值差 (I-J)	标准误	显著性	95% 置信区间	
（LSD）							
						下限	上限
A1. 面授教育培训	5年及以下	21年及以上	0.69514*	0.181	0.000	0.339	1.051
	16~20年	21年及以上	0.46708*	0.233	0.045	0.010	0.924
A2. 网络远程教育	5年及以下	11~15年	0.92941*	0.331	0.005	0.281	1.578
		16~20年	0.61945*	0.276	0.025	0.078	1.161
		21年及以上	0.95776*	0.204	0.000	0.557	1.358
	6~10年	21年及以上	0.61136*	0.250	0.015	0.120	1.102
A3. 教师专业发展学校	5年及以下	6~10年	0.53958*	0.239	0.024	0.071	1.008
		11~15年	0.97567*	0.298	0.001	0.391	1.561
		21年及以上	1.21052*	0.184	0.000	0.849	1.572
	6~10年	21年及以上	0.67094*	0.226	0.003	0.228	1.114
	21年及以上	16~20年	-0.74929*	0.237	0.002	-1.213	-0.285
A4. 专家讲座论坛	5年及以下	6~10年	0.63574*	0.257	0.013	0.132	1.139
		11~15年	0.99748*	0.320	0.002	0.369	1.626
		16~20年	0.52966*	0.267	0.048	0.005	1.054
		21年及以上	1.16828*	0.198	0.000	0.780	1.556
	6~10年	21年及以上	0.53255*	0.243	0.028	0.057	1.008
	16~20年	5年及以下	-0.52966*	0.267	0.048	-1.054	-0.005
		21年及以上	0.63862*	0.254	0.012	0.140	1.137
B1. 校本教学培训	5年及以下	11~15年	0.90740*	0.311	0.004	0.298	1.517
		21年及以上	0.82431*	0.192	0.000	0.448	1.201
B2. 校本教研活动	5年及以下	11~15年	0.67930*	0.311	0.029	0.069	1.290
		21年及以上	0.71349*	0.192	0.000	0.336	1.091
B3. 教师专业共同体	5年及以下	11~15年	1.04802*	0.306	0.001	0.449	1.647
		16~20年	0.59672*	0.255	0.019	0.097	1.097
		21年及以上	1.15670*	0.189	0.000	0.787	1.527
	6~10年	21年及以上	0.73209*	0.231	0.002	0.278	1.186
	16~20年	21年及以上	0.55998*	0.242	0.021	0.085	1.035

续表

（LSD）							
因变量	（I）教龄	（J）教龄	均值差（I-J）	标准误	显著性	95% 置信区间	
						下限	上限
B4.课题指导研究	5年及以下	6~10年	0.58987*	0.264	0.026	0.072	1.108
		11~15年	1.35411*	0.330	0.000	0.708	2.000
		16~20年	1.15666*	0.275	0.000	0.617	1.696
		21年及以上	1.80322*	0.204	0.000	1.404	2.202
	6~10年	11~15年	0.76424*	0.360	0.034	0.058	1.470
		21年及以上	1.21335*	0.250	0.000	0.724	1.703
	16~20年	21年及以上	0.64656*	0.261	0.013	0.134	1.159
C1.名师工作室	5年及以下	6~10年	0.80013*	0.273	0.003	0.266	1.335
		11~15年	1.29171*	0.340	0.000	0.625	1.959
		16~20年	0.83349*	0.284	0.003	0.277	1.390
		21年及以上	1.72339*	0.210	0.000	1.312	2.135
	6~10年	21年及以上	0.92326*	0.258	0.000	0.418	1.429
	16~20年	21年及以上	0.88990*	0.270	0.001	0.361	1.419
C2.专家专业引领	5年及以下	6~10年	0.78765*	0.257	0.002	0.285	1.291
		11~15年	1.17009*	0.320	0.000	0.542	1.798
		16~20年	0.75053*	0.267	0.005	0.226	1.275
		21年及以上	1.48347*	0.198	0.000	1.096	1.871
	16~20年	21年及以上	0.69582*	0.243	0.004	0.220	1.172
C3.教师同伴互助	5年及以下	11~15年	0.81231*	0.298	0.006	0.229	1.396
		16~20年	0.50112*	0.248	0.044	0.014	0.988
		21年及以上	0.61383*	0.184	0.001	0.254	0.974
C4.教师自主研修	5年及以下	11~15年	0.83928*	0.304	0.006	0.244	1.435
		16~20年	0.50175*	0.253	0.048	0.005	0.999
		21年及以上	0.71201*	0.187	0.000	0.344	1.080

*:均值差的显著性水平为 0.05

6.基于职称的效能统计

将12条专业发展路径对未评、三级教师、二级教师、一级教师、高级教师五类不同职称的乡村教师进行效能检测,对检测结果(见表8-19)进行单因素方差分析等技术处理后发现,不同职称的乡村教师在面授教育培训、校本教研活动、教师同伴互助、教师自主研修4条路径上不存在显著差异;不同职称的乡村教师在网络远程教育、教师专业发展学校、专家讲座论坛、校本教学培训、教师专业共同体、课题指导研究、名师工作室、专家专业引领8条路径的效能上存在显著差异。

表8-19　基于职称的路径效能单因素方差分析

一级	二级维度	所得值	职称类别					F	显著性
			未评	三级	二级	一级	高级		
A.国家层面	A1. 面授教育培训	均值	16.13	16.37	15.94	15.88	15.69	1.424	0.223
		标准差	3.601	3.583	3.539	3.441	3.558		
	A2. 网络远程教育	均值	15.96	15.77	15.27	15.12	14.65	4.906	0.001
		标准差	3.376	3.726	3.535	3.568	3.908		
	A3. 教师专业发展学校	均值	15.34	15.13	14.81	14.56	14.6	6.340	0.000
		标准差	3.583	4.185	3.939	3.767	3.928		
	A4. 专家讲座论坛	均值	15.51	15.34	15.27	14.87	15.19	3.187	0.013
		标准差	3.623	4.04	3.618	3.733	3.786		
B.学校层面	B1. 校本教学培训	均值	15.59	15.37	15.27	15.08	15.2	2.440	0.045
		标准差	3.643	3.949	3.674	3.725	3.809		
	B2. 校本教研活动	均值	15.59	15.37	15.27	15.08	15.2	1.266	0.281
		标准差	3.643	3.949	3.674	3.725	3.809		
	B3. 教师专业共同体	均值	15.67	15.62	15.25	14.87	14.86	4.506	0.001
		标准差	3.518	3.825	3.629	3.668	3.843		
	B4. 课题指导研究	均值	15.4	15.25	14.71	14.09	13.7	11.690	0.000
		标准差	3.517	4.173	3.889	4.105	4.087		
C.教师个人层面	C1. 名师工作室	均值	15.19	15.1	14.5	13.99	13.71	8.883	0.000
		标准差	3.685	4.178	4.054	4.176	4.372		
	C2. 专家专业引领	均值	15.8	15.5	15.07	14.71	14.46	7.124	0.000
		标准差	3.386	3.978	3.856	3.949	3.963		
	C3. 教师同伴互助	均值	16.14	15.91	15.86	15.7	15.69	1.077	0.366
		标准差	3.311	3.945	3.51	3.539	3.77		
	C4. 教师自主研修	均值	15.42	15.37	15.15	15.04	14.95	1.062	0.374
		标准差	3.615	3.96	3.588	3.581	3.696		

同时,对存在显著差异的路径进行事后多重比较(见表8-20)分析发现,越是职称低的教师认为这些路径的效能越高。当然,也由此可见,职称越高的乡村教师越不屑于使用这些无显著差异的路径促进专业发展。因此,可以说,职称较低的教师对所有路径都具有较好的效能评判,而职称较高的教师则主要倾向于面授教育培训、校本教研活动、教师同伴互助、教师自主研修4条路径。

表8-20　基于不同职称的多重比较表

(LSD)							
因变量	(I) 职称	(J) 职称	均值差(I-J)	标准误	显著性	95% 置信区间	
						下限	上限
A1. 面授教育培训	未评	一级教师	0.583*	0.248	0.019	0.10	1.07
		高级教师	1.166*	0.337	0.001	0.50	1.83
	三级教师	一级教师	0.683*	0.296	0.021	0.10	1.26
		高级教师	1.266*	0.374	0.001	0.53	2.00
	二级教师	一级教师	0.409*	0.202	0.043	0.01	0.80
		高级教师	0.992*	0.305	0.001	0.39	1.59
A3. 教师专业发展学校	未评	二级教师	0.686*	0.236	0.004	0.22	1.15
		一级教师	0.836*	0.225	0.000	0.39	1.28
		高级教师	1.304*	0.306	0.000	0.70	1.90
	三级教师	一级教师	0.650*	0.268	0.015	0.12	1.17
		高级教师	1.118*	0.338	0.001	0.45	1.78
	二级教师	高级教师	0.618*	0.276	0.025	0.08	1.16
A4. 专家讲座论坛	未评	二级教师	0.532*	0.253	0.036	0.04	1.03
		一级教师	0.779*	0.242	0.001	0.31	1.25
		高级教师	0.738*	0.328	0.025	0.09	1.38
	三级教师	一级教师	0.576*	0.288	0.045	0.01	1.14
B1. 校本教学培训	未评	一级教师	0.643*	0.234	0.006	0.18	1.10
	二级教师	一级教师	0.400*	0.190	0.035	0.03	0.77
B3. 教师专业共同体	未评	一级教师	0.804*	0.230	0.000	0.35	1.26
		高级教师	0.813*	0.313	0.009	0.20	1.43
	三级教师	一级教师	0.753*	0.274	0.006	0.21	1.29
		高级教师	0.761*	0.347	0.028	0.08	1.44

续表

（LSD）							
因变量	（I）职称	（J）职称	均值差（I-J）	标准误	显著性	95% 置信区间	
						下限	上限
	二级教师	一级教师	0.382*	0.187	0.041	0.02	0.75
B4. 课题指导研究	未评	二级教师	0.683*	0.261	0.009	0.17	1.19
		一级教师	1.309*	0.249	0.000	0.82	1.80
		高级教师	1.700*	0.339	0.000	1.04	2.36
	三级教师	一级教师	1.163*	0.297	0.000	0.58	1.74
		高级教师	1.553*	0.375	0.000	0.82	2.29
	二级教师	高级教师	1.017*	0.306	0.001	0.42	1.62
C1. 名师工作室	未评	二级教师	0.696*	0.269	0.010	0.17	1.22
		一级教师	1.201*	0.257	0.000	0.70	1.71
		高级教师	1.482*	0.349	0.000	0.80	2.17
	三级教师	一级教师	1.111*	0.306	0.000	0.51	1.71
		高级教师	1.392*	0.387	0.000	0.63	2.15
	二级教师	一级教师	0.505*	0.209	0.016	0.10	0.91
		高级教师	0.786*	0.315	0.013	0.17	1.40
C2. 专家专业引领	未评	二级教师	0.724*	0.253	0.004	0.23	1.22
		一级教师	1.085*	0.242	0.000	0.61	1.56
		高级教师	1.333*	0.328	0.000	0.69	1.98
	三级教师	一级教师	0.792*	0.288	0.006	0.23	1.36
	二级教师	高级教师	0.609*	0.297	0.040	0.03	1.19

*：均值差的显著性水平为 0.05

7. 基于学校类型的效能统计

将12条专业发展路径对九年一贯制学校、中心校、乡村小学、教学点四类不同学校的乡村教师进行效能检测，对检测结果（见表8-21）进行单因素方差分析等技术处理后发现，不同学校类型的乡村教师在名师工作室、教师自主研修2条路径上的效能不存在显著差异；不同学校类型的乡村教师在面授教育培训、网络远程教育、教师专业发展学校、专家讲座论坛、校本教学培训、校本教研活动、教师专业共同体、课题指导研究、专家专业引领、教师同伴互助10条路径上的效能存在显著差异。

表8-21 基于不同学校类型的路径效能单因素方差分析

一级	二级维度	所得值	学校类别				F	显著性
			九年一贯制	中心校	乡村小学	教学点		
A. 国家层面	A1.面授教育培训	均值	15.45	16.16	15.88	16.44	6.604	0.000
		标准差	3.586	3.321	3.776	3.594		
	A2.网络远程教育	均值	13.92	14.66	14.53	15.06	5.547	0.001
		标准差	3.955	3.822	4.211	3.989		
	A3.教师专业发展学校	均值	14.89	15.44	15.33	15.58	3.258	0.021
		标准差	3.661	3.458	3.779	3.628		
	A4.专家讲座论坛	均值	14.39	14.87	14.92	15.27	3.099	0.026
		标准差	4.008	3.662	4.104	3.718		
B. 学校层面	B1.校本教学培训	均值	14.64	15.34	15.13	15.55	4.921	0.002
		标准差	3.826	3.57	3.92	3.653		
	B2.校本教研活动	均值	14.76	15.47	15.22	15.37	4.440	0.004
		标准差	3.881	3.54	3.902	3.813		
	B3.教师专业共同体	均值	14.78	15.34	15.07	15.49	3.380	0.018
		标准差	3.7	3.536	3.915	3.693		
	B4.课题指导研究	均值	14.01	14.75	14.45	14.92	4.773	0.003
		标准差	4.102	3.864	4.17	3.933		
C. 教师个人层面	C1.名师工作室	均值	14.01	14.55	14.35	14.65	2.293	0.076
		标准差	4.24	3.879	4.398	4.328		
	C2.专家专业引领	均值	14.58	15.23	14.85	15.58	5.010	0.002
		标准差	3.912	3.678	4.131	3.975		
	C3.教师同伴互助	均值	15.41	15.92	15.92	16.25	3.607	0.013
		标准差	3.679	3.402	3.692	3.728		
	C4.教师自主研修	均值	14.84	15.24	15.15	15.56	2.243	0.081
		标准差	3.654	3.544	3.763	3.742		

同时,对存在显著差异的路径进行事后多重比较(见表8-22)分析发现,从村教学点、乡村小学、中心校到九年一贯制学校,教学点及乡村小学等工作条件较差的教师对这些路径的效能评估较高,而九年一贯制学校及中心校对这些路径的效能评估却较低。当然,从中可见,条件相对较差的教学点及乡村小学教师较为希望运用这些路径来促进专业发展。

表8-22 基于不同学校类型的多重比较表

因变量	(I) 学校类型	(J) 学校类型	均值差 (I-J)	标准误	显著性	95% 置信区间	
(LSD)							
						下限	上限
A1.面授教育培训	九年一贯制	中心校	−0.709*	0.185	0.000	−1.07	−0.35
		乡村小学	−0.431*	0.215	0.045	−0.85	−0.01
		教学点	−0.984*	0.309	0.001	−1.59	−0.38
A2.网络远程教育	九年一贯制	中心校	−0.739*	0.209	0.000	−1.15	−0.33
		乡村小学	−0.611*	0.242	0.012	−1.09	−0.14
		教学点	−1.142*	0.348	0.001	−1.82	−0.46
A3.教师专业发展学校	九年一贯制	中心校	−0.553*	0.189	0.004	−0.92	−0.18
		乡村小学	−0.439*	0.220	0.046	−0.87	−0.01
		教学点	−0.695*	0.316	0.028	−1.31	−0.08
A4.专家讲座论坛	九年一贯制	中心校	−0.472*	0.203	0.020	−0.87	−0.07
		乡村小学	−0.523*	0.236	0.027	−0.99	−0.06
		教学点	−0.881*	0.339	0.009	−1.55	−0.22
B1.校本教学培训	九年一贯制	中心校	−0.697*	0.196	0.000	−1.08	−0.31
		乡村小学	−0.485*	0.228	0.033	−0.93	−0.04
		教学点	−0.905*	0.327	0.006	−1.55	−0.26
B2.校本教研活动	九年一贯制	中心校	−0.711*	0.196	0.000	−1.10	−0.33
		乡村小学	−0.462*	0.228	0.043	−0.91	−0.01
B3.教师专业共同体	九年一贯制	中心校	−0.562*	0.194	0.004	−0.94	−0.18
		教学点	−0.716*	0.323	0.027	−1.35	−0.08
B4.课题指导研究	九年一贯制	中心校	−0.742*	0.211	0.000	−1.15	−0.33
		教学点	−0.913*	0.352	0.009	−1.60	−0.22
C2.专业引领	九年一贯制	中心校	−0.655*	0.203	0.001	−1.05	−0.26
		教学点	−1.003*	0.340	0.003	−1.67	−0.34
	乡村小学	教学点	−0.731*	0.339	0.031	−1.40	−0.07
C3.教师同伴互助	九年一贯制	中心校	−0.510*	0.187	0.007	−0.88	−0.14
		乡村小学	−0.508*	0.218	0.020	−0.94	−0.08
		教学点	−0.843*	0.313	0.007	−1.46	−0.23

*:均值差的显著性水平为 0.05

8.基于所教科目的效能统计

将12条专业发展路径对语文、数学、英语、文科综合、理科综合、音乐、体育、美术、信息技术、两门及以上科目,总计10个不同科目的乡村教师进行效能检测,对检测结果(见表8-23)进行单因素方差分析等技术处理后发现,不同科目乡村教师在面授教育培训、网络远程教育、教师专业发展学校、专家讲座论坛、校本教学培训、校本教研活动、教师专业共同体、课题指导研究、名师工作室、专家专业引领、教师同伴互助、教师自主研修12条路径促进专业发展上的效能不存在显著差异。由此说明,不同科目的乡村教师在12条路径促进专业发展方面的效能认识程度一致,学科方面的区分度不高。这也证明了所有专业发展路径对不同科目乡村教师的专业发展都存在有效影响。

表8-23　基于所教科目的路径效能单因素方差分析

一级维度	二级维度	所得值	所教科目类别										*F*	显著性
			语文	数学	外语	文科综合	理科综合	体育	音乐	美术	信息技术	多科教学		
A.国家社会层面	A1. 面授教育培训	均值	15.74	15.59	15.86	16.04	16.13	16.53	16.82	16.81	16.37	16.06	1.457	0.158
		标准差	3.54	3.555	3.21	3.063	3.579	3.784	3.077	2.999	3.078	3.573		
	A2. 网络远程教育	均值	14.44	14.38	14.02	13.98	14.64	14.95	15.72	15.31	15.37	14.52	1.225	0.275
		标准差	3.948	3.857	3.507	3.636	3.954	4.627	4.065	3.685	3.543	4.051		
	A3. 教师专业发展学校	均值	15.22	15.12	15.04	15.11	15.16	15.81	16.54	16.25	15.33	15.35	1.172	0.309
		标准差	3.614	3.507	3.387	3.061	3.822	3.651	3.161	2.817	3.903	3.674		
	A4. 专家讲座论坛	均值	14.6	14.6	14.34	15.29	14.78	14.95	15.97	15.84	15.74	14.88	1.508	0.139
		标准差	3.86	3.748	3.738	3.037	4.199	4.6	3.822	3.511	3.717	3.874		
B.学校群体层面	B1. 校本教学培训	均值	15.03	15.18	14.64	15.36	14.91	15.75	16.38	16.41	15.3	15.16	1.522	0.134
		标准差	3.704	3.623	3.721	3.376	4.066	3.838	3.353	3.13	3.326	3.779		
	B2. 校本教研活动	均值	15.13	15.31	14.8	15.5	15.06	15.89	16.15	16.25	15.33	15.24	1.097	0.362
		标准差	3.655	3.597	3.907	3.286	4.208	3.945	3.536	3.716	3.486	3.758		
	B3. 教师专业共同体	均值	14.87	14.99	15.29	15.32	15.03	15.58	16.03	16.5	15.52	15.2	1.253	0.258
		标准差	3.607	3.617	3.468	3.406	3.976	3.975	3.24	3.142	3.662	3.751		
	B4. 课题指导研究	均值	14.4	14.43	14.56	14.5	14.2	15.09	15.38	15.69	15.56	14.51	0.955	0.475
		标准差	3.946	4.035	3.8	3.747	4.064	4.403	4.428	3.596	3.796	4.028		

续表

一级维度	二级维度	所得值	所教科目类别										F	显著性
			语文	数学	外语	文科综合	理科综合	体育	音乐	美术	信息技术	多科教学		
C.教师个人层面	C1.名师工作室	均值	14.21	14.21	14.36	14.73	14.2	14.98	15.51	15.69	15.41	14.38	1.230	0.271
		标准差	4.216	3.91	3.687	4.052	4.303	4.548	4.34	3.685	3.713	4.18		
	C2.专家专业引领	均值	14.68	14.81	15.01	15.21	15.28	15.63	16.28	16.13	15.7	15.07	1.552	0.124
		标准差	3.906	3.758	3.62	3.29	4.026	4.271	3.501	3.358	3.678	3.935		
	C3.教师同伴互助	均值	15.57	15.81	15.53	15.41	15.44	16.23	16.97	16.88	15.74	15.92	1.489	0.146
		标准差	3.53	3.448	3.474	3.195	3.948	3.745	2.942	3.087	3.526	3.626		
	C4.教师自主研修	均值	15.09	15.14	15.05	14.93	15.22	15.63	15.87	15.75	16.07	15.11	0.648	0.757
		标准差	3.647	3.636	3.443	2.828	3.93	3.946	3.743	3.852	2.854	3.67		

9.基于职务的效能统计

将12条专业发展路径对普通教师、班主任、教研组长、年级组长、教务主任、校长、代课教师7类不同职务乡村教师进行效能检测,对检测结果(见表8-24)进行单因素方差分析等技术处理后发现,除网络远程教育路径在不同职务乡村教师间存在显著差异外,其他诸如面授教育培训、教师专业发展学校、专家讲座论坛、校本教学培训、校本教研活动、教师专业共同体、课题指导研究、名师工作室、教师专业引领、教师同伴互助、教师自主研修11条路径在不同职务乡村教师间均不存在显著差异。

表8-24　基于职务的路径效能单因素方差分析

一级维度	二级维度	所得值	职务类别							F	显著性
			普通教师	班主任	教研组长	年级组长	教务主任	校长	代课教师		
A.国家社会层面	A1.面授教育培训	均值	15.83	15.97	16.49	16.13	16.08	16.12	16.24	0.842	0.537
		标准差	3.54	3.577	2.927	3.371	3.092	3.416	3.663		
	A2.网络远程教育	均值	14.49	14.72	14.69	15.53	13.84	13.36	14.17	2.887	0.008
		标准差	3.918	3.953	3.756	3.235	3.958	4.31	4.177		
	A3.教师专业发展学校	均值	15.31	15.35	15.38	15.97	15.02	15.08	15.18	0.386	0.888
		标准差	3.577	3.632	3.381	2.977	3.617	3.745	3.672		
	A4.专家讲座论坛	均值	14.78	14.83	15.16	15.63	14.4	14.74	14.75	0.540	0.778
		标准差	3.88	3.888	3.382	3.337	3.608	3.823	3.986		

续表

一级维度	二级维度	所得值	职务类别							F	显著性
			普通教师	班主任	教研组长	年级组长	教务主任	校长	代课教师		
B.学校群体层面	B1.校本教学培训	均值	15.15	15.21	15.24	16	14.84	14.87	15.04	0.533	0.784
		标准差	3.673	3.832	3.561	3.444	3.289	3.812	3.826		
	B2.校本教研活动	均值	15.25	15.25	15.62	16.2	15.19	15.1	15.03	0.616	0.718
		标准差	3.684	3.806	3.596	3.326	3.274	3.779	3.956		
	B3.教师专业共同体	均值	15.17	15.22	15.13	15.5	14.84	15.1	15.05	0.217	0.972
		标准差	3.723	3.672	3.478	3.256	3.25	3.83	3.748		
	B4.课题指导研究	均值	14.59	14.64	14.68	15.57	13.91	13.94	14.12	1.556	0.156
		标准差	3.966	3.987	3.696	3.901	4.025	4.042	4.353		
C.教师个人层面	C1.名师工作室	均值	14.39	14.44	14.68	15.73	14.05	14.07	14.19	0.904	0.491
		标准差	4.124	4.143	3.547	3.552	4.175	4.043	4.338		
	C2.专家专业引领	均值	15.08	14.9	15.44	16.53	14.69	15.3	14.83	1.399	0.211
		标准差	3.847	3.959	3.675	3.048	3.555	3.581	4.055		
	C3.教师同伴互助	均值	15.8	15.93	15.73	16.3	15.31	15.55	15.9	0.649	0.691
		标准差	3.562	3.57	3.525	3.323	3.333	3.709	3.612		
	C4.教师自主研修	均值	15.26	15.11	15.24	15.93	14.6	14.74	15.03	1.008	0.418
		标准差	3.542	3.686	3.7	3.648	3.682	3.991	3.681		

此外,对有显著差异的网络远程教育路径进行事后多重比较(见表8-25)分析发现,没有职务的普通教师比校长等有行政职务的教师认为的效能高。同时,对具有职务的教师进行内部差异分析发现,在学校担任职务越高则认为其效能越低。这可能与其担任工作任务有关,职务越高承担的工作量越大,利用网络进行自我学习和专业提升的时间就越少,因此导致该路径在促进乡村教师专业发展过程中所呈现的效能评判偏低。

表 8-25　基于不同职务的多重比较表

(LSD)							
因变量	(I) 职务类型	(J) 职务类型	均值差 (I-J)	标准误	显著性	95% 置信区间	
						下限	上限
A2. 网络远程教育	普通教师	校长	1.133*	0.403	0.005	0.34	1.92
	班主任	教务主任	0.885*	0.449	0.049	0.01	1.76
		校长	1.364*	0.409	0.001	0.56	2.16
	教研组长	校长	1.330*	0.567	0.019	0.22	2.44
	年级组长	教务主任	1.696*	0.839	0.043	0.05	3.34
		校长	2.175*	0.818	0.008	0.57	3.78
*:均值差的显著性水平为 0.05							

五、结果评判及问题分析

(一)乡村教师专业发展路径效能的评判及问题

第一,乡村教师专业发展路径的效能处于中等偏上水平,整体效能不高;同时存在效能的内部差异。其中,就专业发展路径效能存在内部差异而言,教师同伴互助、面授教育培训、校本教研活动等路径的效能被认为较好,网络远程教育、名师工作室、课题指导研究等路径的效能被认为较差。就专业发展的人口学变量维度看,不同性别、年龄、教龄、职称、学校类型的乡村教师在专业发展三个层面 12 条路径效能上总体存在不同程度的显著差异,而不同学历、所教科目不同的教师间不存在显著差异,不同婚姻状况、不同学校职务的教师存在个别路径的细微差异。当然,这也引人思考一些问题,如一直不被看好的教师同伴互助、被认为传统而逐渐冷落的面授教育培训却被认为效能较高,被过分追捧的网络远程教育、具有所谓名人效应的名师工作室、风靡一时的课题指导研究等路径却被认为效能偏低;当然,被专家深度好评的校本教研活动路径确实也被乡村教师认可其具备较好的效能。

第二,专业发展路径提升专业素质的效能处于中等略偏上状态,虽然合格却不甚理想。具体而言,对上述四项均值进行平均值计算,得到总体均值为 3.76。由此可以判定,12 条专业发展路径在总体上对教师专业素质的效能处于中等略微偏上状态,虽然合格却不甚理想。在具体各种路径的效能上,面授教育培训、教师同伴互助被一致认为具有较高的效能,其他诸如教师专业发展学校、校本教研活动等路径也被认为具有一定的效能。值得注意的是,名师工作室、远程教育培训、专家课题指导等路径都被认为效能较低。

第三,从个体层面讲,不同乡村教师在专业发展路径效能评判上存在差异,由此提出了专业发展路径中的个体适应性问题。具体而言,一是在性别方面,除校本教学培训、校本教研活动、教师自主研修路径上男女教师不存在显著差异外,其他路径都存在显著差异且女教师均高于男教师,由此表明需要针对男教师研制、提供合适的专业发展路径。二是在年龄方面,除校本教研活动、教师同伴互助路径效能上不同年龄教师不存在显著性差异外,其他专业发展路径的效能上,越是年轻教师越认为其效能较高,由此表明需要针对年龄较大老师提供有吸引力的专业发展路径。三是在婚姻状况方面,除课题指导研究、名师工作室、专家专业引领路径效能上不同婚姻状态教师之间存在显著差异,且未婚乡村教师认为其效能较高外,其他诸如面授教育培训等路径的效能不存在差异,由此需要为已婚教师提供其合适的专业发展路径。四是在教龄方面,不同教龄的乡村教师在专业发展路径效能上均存在显著性差异,且教龄时间越短对效能反映越高,由此表明需要为教龄时间较长的教师提供更有效的专业发展路径。此外,所有专业发展路径的效能在不同学历层次乡村教师中都不存在显著性差异,由此表明所有专业发展路径对不同学历的教师可能都适用。

第四,从工作层面讲,不同岗位教师在专业发展路径效能评判上存在差异,由此提出了专业发展路径提供上的岗位适应性问题。具体而言,一是在学校类型方面,除在名师工作室、教师自主研修路径上不存在显著差异外,在其他路径效能上都存在显著差异,而且越是工作条件较差的教师越是认为效能较高,由此表明教学点等艰苦工作环境中的教师更需专业培训。二是在职称方面,不同职称的乡村教师在面授教育培训、校本教研活动、教师同伴互助、教师自主研修路径效能上不存在显著差异外,在其他8条路径效能上均存在显著差异,而且越是职称低的教师认为这些路径效能越高,由此表明需要设计对中老年教师有吸引力的专业发展路径。三是在职务方面,除网络远程教育路径在不同职务乡村教师间存在显著差异,且普通教师认为其效能较高外,其他11条路径效能上不存在显著差异,由此表明远程教育培训适合于普遍教师而不甚适合具有职务的乡村教师。此外,不同科目乡村教师在所有专业发展路径效能上不存在显著差异,由此表明乡村教师专业发展路径适合于不同科目的教师。

(二)乡村教师专业发展路径效能问题的归因

1.专业发展路径特点所致

第一,各种路径的功能特性不同,其效能当然存在差异。由于每种专业发展路径在信息含量多少、人际互动高低、地位平等与否、针对性强弱等方面不同,因而不同性别、不同年龄、不同学校类型的乡村教师们有不同的效能感受,故其效能评判上呈现差异。比如,教师同伴互助、教师专业发展学校、教师专业共同体等路径,因具有较强的平等与参与特性而受到乡村教师们较高的效能评判。又如,面授教育培训、专家讲座论坛、名师工作室等路径,可能因其具有较多的信息而被刚毕业任教、渴望学习的年轻教师认为效能较好,而教师自主研修、校本教研活动、课题指导研究等路径有利于深思熟虑、提炼总结而受到中老年教师的高效能评判。再如,网络远程教育、校本教学培训、专家专业引领因其信息量大、教学针对性强而被青年教师认为效能较高,但年纪较大和教龄较长的中老年教师则认为其效能不高。如上所述,就不难理解出现的同一专业发展路径在不同教师视角得出不同的效能评判结果。

第二,影响路径效能的因素众多,实际效果当然有差异。虽然各种专业发展路径的特性、功能是客观的,但其功能的实现却受到许多因素的影响,结果会影响效能判断者的判断。比如,网络远程教育一直被认为是当代教育的重要途径,却被认为效能低下。究其原因可能在于:在现代通信技术发达、信息量高度饱和的情况下,人们已经处于"信息过度饱和"而疲乏的状态,故其效能被低估。又如,名师工作室、专家专业引领等近年来时兴的路径也被认为效能低下,可能原因在于:现在教师参与培训见识名师大师的机会较多,对这些途径的效能感也就没有预想的那么高。再如,校本教学培训、校本教研活动本来是具有较高针对性的专业发展路径,但被认为效能偏低,可能原因在于:教师已经熟悉学校教学事务,或者想离开乡村学校,自然会低评其效能。

2.专业素质项目性质所致

第一,不同专业素质对发展的路径要求不同,影响对专业发展路径效能的评判。按照我国教师专业标准的有关规定,专业发展的内涵包括教育理念、职业道德、专业知识、专业技能。由于这些不同专业标准的内涵特性不一样,故其对专业发展的手段要求也会不同。比如,对教育理念的转变,具有较强在场感、带有哲理思辨的面授教育培训、专家讲座论坛、教师专业发展学校等路径的效能较好;对职业道德的提升,富于名师人格魅力、具有形象示范影响的名师工作室、专家专业引领、课题指导研究等路径的效能较好;对专业知识的增长,资源信息量大、自主选择性较强的教师自主研修、网络远程教育、教师专业共同体等路径的效能较好;对专业技能的提高,实践性强、可以向模范学习的教师同伴互助、校本教学培训、校本教研活动等路径的效能较好。因此,也可以说,没有哪一种专业发展路径是全能的。

第二,教师之间不同的专业素质层次的差异,影响对专业发展路径效能的评判。客观地看,教师之间的专业发展水平是存在差距的。处于不同专业素质发展层次的教师,对专业发展路径的需求不一样,对其效能的评判也就不一样。如专业素质层次较低的教师就比较倾向于使用诸如面授教育培训、网络远程教育、校本教学培训等教育资源信息量大、教学操作示范性强的路径,因为他们急于从"新手"转变为"熟手"。又如专业素质处于中等层次的教师则倾向于使用专家讲座论坛、教师专业发展学校、名师工作室等有较好思想深度、具有成功示范的路径,因为他们需要从"熟手"发展成为"专家"。再如专业素质较高的教师则倾向于使用教师自主研修、校本教研活动、教师同伴互助等路径,因为他们所处的较高专业素质状态要求他们进行深层次的思考、独立性的探索和创造性的实践。

3.教师个人因素所致

第一,人口学因素影响专业发展路径的效能评判。如上所述,除所有路径对不同学历教师都不存在显著性差异外,不同性别、婚姻状况、年龄、教龄的乡村教师在一个或几个甚至全部的路径效能上存在或者不存在显著性差异。具体而言,除教师同伴互助被不同性别、婚姻状况、学历、年龄、教龄的乡村教师都认为效能较高外,其他路径对不同人口学变量的教师存在不同的效能评判。比如,在性别方面,女教师喜欢诸如面授教育培训、专家讲座论坛等在场感强、人际互动高的路径,而男教师则喜欢诸如教师专业发展学校、网络远程教育等自主性强、信息量大的路径。又如在年龄方面,青年教师处于从"新手"向"熟手"的转变期而比较喜欢网络远程教育、面授教育培训等路径;中年教师由于处于从"熟手"向"专家"的提升期而比较喜欢专家讲座论坛、名师工作室等路径;老年教师则可能因为临近退休、出于解决困扰自己的问题而喜欢教师自主研修、校本教研活动等路径。

第二,工作因素影响专业发展路径的效能评判。如上所述,除所有路径对不同科目教师都不存在显著性差异外,不同职称、学校类型、工作职务的乡村教师在一个或几个甚至全部的路径效能上存在或者不存在显著性差异。具体而言,除教师同伴互助被不同职称、学校类型、工作职务的乡村教师认为效能较高外,其他路径对不同工作岗位教师存在不同的效能评判。比如,在学校类型方面,处于教学点或乡村小学的教师因为培训的机会少、接触外界有限而对面授教育培训、专家讲座论坛、专家专业引领等路径的效能评判较高,中心小学因为条件较好、学习机会较多而对这些路径效能评判偏低。又如在职务方面,普通教师因为有相对充裕的自主安排的时间而对网络远程教育路径效能评判较高,越是在学校担任较高职务的领导因为时间紧张且受外界干扰较大而对其效能评判越低。

总之,不同人口学因素、不同工作岗位的乡村教师对不同专业发展路径效能的评判存在或多或少的差异,这与他们不同性别的性格特质、不同的学历背景、不同的智能结构、不同的教学经验、不同的领悟能力和工作环境要求有较为密切的关系。

4.工作环境因素影响所致

第一,特殊的乡村社区环境影响对专业发展路径效能的评判。从法国哲学家爱尔维修的"人是环境的产物"的视角分析,乡村教师对不同路径效能评判的差异,其原因与其所处环境具有一定的关系。就乡村教师所在社区环境而言,偏僻不便的交通、信号不畅的通信、较为落后的经济、素质偏低的人口、松散滞慢的生活,每天不断地在乡村教师眼前"上演",校园之外犹如"文化沙漠",身处此境的乡村教师想得更多的是"走出去"——离开乡村学校,到当地镇、县或更大城市的学校去,这就能够解释为什么乡村教师对所有专业发展路径的效能给予仅仅中等稍微偏上的合格性评判。正如在访谈广安市华蓥山上某所村小的教师时,他们所言的:"就是想走出去培训,希望能够碰到走出去的好运气!"因此乡村教师对教师同伴互助、面授教育培训、校本教研活动等人际交往程度较高、在场气息感较强、能够相互支持的路径给予较高的效能评判,而给予网络远程教育、名师工作室、课题指导研究等人际交往程度较低、获得难度较高等路径较低的效能评判。

第二,特定的乡村学校环境影响对专业发展路径效能的评判。从统计结果中我们也发现,有些教师对国家类、个体类路径效能给予较高的评判,而对校本教学培训、校本教研活动、教师专业共同体、课题指导研究等学校类路径的效能都给予较低评判。这可能与乡村教师所处的学校人员规模较小、教育教学资源有限、教师之间水平均偏低等因素有关。所以,不难理解重庆市某村小教师所说:"我们学校就这几个人,大家的水平都差不多,彼此之间也学不到啥子,还是要到像你们学校(西南大学,笔者注)那样的大地方去才能学到东西!"此外,分析认为,乡村学校软件环境差、各种非教学检查多、职称晋升比较困难、工资待遇不理想的工作条件,无疑会挫伤教师的工作积极性[①],低落的情绪可能影响对专业发展路径效能的评判。

第三,既定的教学工作岗位影响对专业发展路径效能的评判。从表面上看,较低的师生比似乎让乡村教师很轻松。真实的情况是:乡村教师包班上课多、所教科目多、跨年级任教多,他们还要做大量留守儿童的心理健康教育工作、做家长支持不力

---

① 童飞."乡村教师支持计划"实施的成效、问题及对策研究——基于对陕西部分县市的调研[D].武汉:华中师范大学,2018.

的家校衔接工作、负责校园安全防范与处置、参与食堂饮食卫生监督,甚至参与力所不及的脱贫工作等。可见,他们既要承担发展学生德、智、体、美、劳素养的诸多任务,又要承担教学工作之外的学校和社会事务等,其工作头绪众多、内容较为繁杂,还具有较高难度。这些致使乡村教师每天处于"应接不暇"的疲惫应付状态,自然难以有效运用这些专业发展路径来提升自己,所以对名师工作室、课题指导研究、专家讲座论坛、专家专业引领、教师自主研修等需要时间的路径的效能都给予低评判。所以,需要把专业发展路径效能的客观功能与乡村教师的主观判断做既有联系又有区别的对待。

六、有效利用专业发展路径的建议

(一)基础:完善支持体系,创设良好环境

1.国家层面:提供机会,完善政策

第一,提供促进乡村教师专业发展的充裕机会。没有乡村教师专业发展的机会,就谈不上专业发展路径的效能问题。令人欣喜的是,近年来各方面为教师提供的专业发展机会逐渐增多,也由此涌现了众多的专业发展路径,如"国培计划"全面铺展中采用的面授教育培训、专家专业引领、教师同伴互助、网络远程教育;又如区县教研室组织的名师工作室、课题指导研究、教师专业共同体;再如众多中小学校自主开展的校本教学培训、校本教研活动、教师专业发展学校、专家讲座论坛,以及教师自主研修、远程教育等。当然,这些专业发展路径的选用首先需要经济做支撑。因此,在国家教育拨款中,学校经费预算中应当计划用于教师专业发展的经费,同时学校也应在教师的教学工作安排、研修时间保证等方面给予支持,使乡村教师的专业发展活动成为现实。当然,针对位置偏僻、交通不便、薪水偏低、社会资源匮乏的工作条件,还要给予外出研修的乡村教师适当的交通及生活补助,在教育教学工作的时间安排等方面给予支持。同时,鼓励优秀的城市退休教师、高水平的高校专家送培到乡村学校。此外,值得注意的是,一方面虽然教师专业发展的研修机会不是很充裕,但另一方面也存在派送学校非骨干教师甚至冗余人员参训等现象,甚至出现了"培训专业户"[①]。总之,有利用专业发展路径促进专业发展的前提,才有探讨专业发展路径效能的问题。

---

① 一些乡村学校因为校内工作繁忙而难以派出骨干教师参与培训等专业发展活动,结果往往指派非骨干教师反复地参加各种培训活动,这些反复多次参加各种培训的非骨干教师被戏称为"培训专业户"。

第二,对乡村教师专业发展路径的选用做出指导性建议。一方面,结合乡村振兴战略需要,在落实《支持计划》时,国家教育部门需要组织专门的研究团队对已有乡村教师专业发展路径的效能做科学的研究,以便为科学遴选、具体选用乡村教师专业发展路径提供科学依据。另一方面,通过对有关乡村教师专业发展活动中的路径选择,做出基于科学研究的规定,防止盲目选用有关路径。特别是不但对教师专业发展中的教育理念转变、职业道德提升、专业知识增长、专业技能提高等不同素质的路径选用做出政策性的规定,而且针对不同性别、不同年龄、不同学历、不同婚姻状况、不同教龄、不同职称及不同学校类型的乡村教师的专业发展路径做出政策性的规定。当然,这种对乡村教师专业发展路径的指导意见必须基于科学的研究基础。比如,本研究所揭示的,众多乡村教师对网络远程教育、名师工作室、课题指导研究、专家讲座论坛四大专业发展路径效能的评判最低。但不能因为他们评判效能偏低而否定。因为正如我们就网络远程教育、名师工作室、课题指导研究、专家讲座论坛的效能在对个别乡村教师进行访谈时发现,乡村教师之所以做如此的评判,有其特殊的原因,如对网络远程教育的低评,既可能与乡村地区网络信号不好、信息下载滞呆有关,也可能与其"私心"——到有人的地方去参加培训,希望通过建立人际关系而离开乡村学校有关;再如对名师工作室低评,乡村教师就是认为名师工作室太少了、不可能进入,当然也无所谓效能的问题。还有对课题指导研究的低评,乡村教师认为不需要搞什么教育研究,而且课题研究到底是什么也不清楚,所以给予了低评。所以,需要在国家层面对乡村教师专业发展路径的选用给出意见。

第三,对乡村教师专业发展路径的效能做出有效评价。近年来,出现了诸如国家、省市和区县层面的"国培计划",中小学校自主展开的校本教研、教师专业发展学校,高等院校组织的远程教育培训等多种多样促进教师专业发展的活动,自然涌现了众多的教师专业发展路径,但是,这些不同路径的效能到底如何? 尽管出现了为数不多的研究,各省市也在开展"国培计划"效果的评价,应该说已经注意到了教师专业发展路径的效果问题。但从专业的角度看,还缺乏科学的效能检测。因此,正如本研究对各种乡村教师专业发展路径的检测一样,需要这样的科学研究来为各种不同培训的路径选用提供依据。为此,需要组织专业评价团队,对乡村教师专业发展活动中选用路径的模式设计、实施策略进行实时追踪,及时评估,提供反馈,甚至公布选用效果及推荐选用指导。

2.学校层面:方向引导,提供平台

第一,指导乡村教师确定专业发展的目标。调研中发现"缺乏明确的任务和目标"是乡村教师认为阻碍专业发展的主要因素。因此,首先,乡村学校要对乡村教师的专业发展进行科学规划和安排,根据学校课程开发、教学改革、学生管理、教师管理、后勤完善、校园文化建设,以及安全防控、卫生健康等工作的需要,引导教师把个人的发展与学校的需要结合起来,找准自己专业发展的方向和目标。其次,乡村学校需要聘请专家指导乡村教师的专业发展。为克服有些专家不熟悉所到农村学校地区的教师情况,难以给出合理性建议,可以采取"本土选拔,定向培育"的方法[①]培养乡村教师专业发展的指导专家,让与乡村教师具有相似的人生经历、文化背景、生活习惯、教学经验和价值理念的本土型专家作为导师,有针对性地进行定期指导和帮扶。

第二,创造乡村教师实现专业发展的条件。调研中发现,大多数乡村教师虽有一定的学习热情和愿望,但迫于繁重的工作压力和额外的事务负担使其无心顾及专业发展。为此,乡村学校要有力支持乡村教师的专业发展,首先是上级主管部门要合理安排乡村学校的工作量。为此,这需要乡村学校与上级教育主管部门做好沟通和交流,既要服从国家教育政策大局,又要兼顾学校的应对能力,使乡村学校的工作任务趋于合理。其次是乡村学校要对工作进行科学统筹安排、任务合理分工,做到权责明确规定、绩效奖惩明确,让事有人做。最后是减少乡村教师非教学性的校内外事务,切不可让乡村教师去做非本分的工作。唯有让学校回归育人本职、让教师回归教学本职,才可能出现可持续的教师专业发展。

第三,营造更人性化的乡村学校管理模式。乡村教师队伍建设过程中能否有效解决"下得去""留得住""教得好"问题的关键之一在乡村学校的管理环境,亦即用乡村振兴战略的"事业留人"、乡村儿童发展需要的"感情动人"、乡村学校发展需要的"工作留人"。而有力支撑这些"留人"招数的是让乡村教师感受到的人性化管理! 为此,落实《支持计划》中的乡村教师荣誉制度,让乡村社区尊重乡村教师;落实《支持计划》中的有关待遇提高政策,让乡村教师提升获得感;落实《支持计划》中有关职称评定倾斜和有关经济补贴政策,让乡村教师感受到国家和人民的关怀。此外,在具体的乡村学校管理中,还要针对女教师生育孩子时的特殊困难、男教师难于找对象、低学历教师的学历提升需要、教师晋升职称的诉求、老年教师的困惑、离退休教师的孤独等问题,既要给予合理的解释,又要给予力所能及的帮助,让乡村教师体会到乡村学校人性化管理的温暖。

3.专家层面:开展研究,提供指导

第一,提供教师专业发展路径效能的科学依据。教师培养工作的问题,必须按照

正确的原则和方法去训练教师。乡村教师专业发展路径的选用问题属于乡村教师教育的一部分,需要基于科学研究的正确方法。由此,可以说是,乡村教师专业发展路径效能问题,对专家来说就是一个科学的研究课题。正如本研究所指出的,虽然近年来涌现出来众多的乡村教师专业发展路径,种类不断翻新、名目应接不暇,但这些路径的各自效能到底怎么样,针对某一具体的个人或集体到底该选用哪一种或者组合哪几种路径,则是"讳莫如深"或"语焉不详"!所以,应当鼓励专家或科研机构自主开展乡村教师专业发展路径效能的相关研究。需要提醒的是,这种研究不仅是一种统计数据的获取与处理及数据的解释,还应当是基于访谈的深度认识与对统计数据的印证或修正。比如,本调查从统计数据看,教师同伴互助是乡村教师认为效能最高的专业发展路径。这在近年来各种专业发展路径花样翻新、某些路径被奉为圭臬的情况下,实属意外。但当走近乡村教师身边、走进乡村教师心里时才发现,原来乡村教师们认为教师同伴互助路径具有自主伙伴选择、相互地位平等、资源信息共享、体验经验分享、内容可深可浅、及时个别交流、专业与生活交融的益处,是其他任何专业发展路径都不具备的。

第二,为国家教师专业发展路径的指导提供建议。一方面,将乡村教师专业发展路径效能的研究成果形成政策建议,为国家有关乡村教师专业发展路径选择提供指导意见,这正是科学技术转化为现实生产力的重要表现。另一方面,国家也确实采用了类似的教师专业发展路径效能研究等科学研究作为指导开展教师专业发展的重要依据。正如近年来的"国培计划"就培训模式、方式做了指导性建议,而且在项目的验收时也给予一定的权重。因此,专家应该基于科学研究,从教师的人口社会学对象的角度、专业发展内容的角度多方面地揭示这些路径的效能,为不同性别、年龄、婚姻、学历、职称、教龄、任教科目、所在学校类型等乡村教师专业发展的路径选用提供有针对性的建议,为乡村教师教育理念转变、职业道德加强、专业知识增长和专业技能提升等不同内容的专业发展给予指导性的建议,并通过政策咨询、政策研制等途径上升为指导性的政策,发挥更大的社会效益。

第三,指导乡村教师选用适合的专业发展路径。在教育资源信息发送方与乡村教师作为信息的接收方,二者信息不对称的情况下,乡村教师面对本文所总结的三大类十二条主要具体的专业发展路径可能会感到茫然而不知所措。这就需要给予相应的指导。为此,专家可以有所作为:一是引导乡村教师学习、辨析各种专业发展路径的重要特点、作用偏向、突出优势与缺陷等,形成对专业发展路径效能的科学认识,为理性选用专业发展路径奠定理论基础。二是基于与乡村教师的相互沟通、了解,指导乡村教师选用合适的专业发展路径,亦即乡村教师在指导下根据男女不同性别、青年与中老年不同年龄、已婚与未婚不同状态、高中以下与专科以上不同学历、初级与中高级不同职称、任教时间长短不同、任教科目不同、在教学点或乡村小学执教等不同情况选用合适的路径;针对不同教师诸如教育理念转变、职业道德提升、专业知识增长和专业技能提高等不同专业发展需要提供指导性的建议。比如,乡村教师较为一致地认为教师同伴互助、面授教育培训路径的效能最高,可能在执行中也会选用这些路径。但事实上,这两种路径既有知识信息量较大、知识获得效率高、可主动接受等简捷、快速的好处,也有单向传送而被动接受、大众化而缺乏针对性、富于知识而缺乏研究等弊端。

4.教师层面:加强研修,善于反思

第一,以学习奠定专业发展的基础。调研中发现,乡村教师们因"自身知识储备不足或欠缺"而参与专业发展路径的人数比例高达1/3,部分乡村教师对信息的敏感程度和对新知识的认识和理解程度确实比城市教师相差甚远,不仅自我无专业发展意识,还懒于改变和进取,随波逐流。这跟周围环境影响有关。因此,首先需要乡村教师自我激发学习热情,形成不断学习新知识、不断更新知识结构、不断提升专业技能的动力。这就需要乡村教师具有洞察世界与国家发展动向及其要求、科技发展和社会进步的机遇及挑战、学生文化的代际变化及其挑战、自我专业智能老化的危机与应对等方面的能力。其次需要乡村教师善于抓住各种专业学习机会,比如善于利用网络、著作、杂志、报纸等信息资源;又如善于利用社会观察、个人生活、工作环境等路径收集信息,然后把信息转化为教学资源,从而丰富自己的信息储存;再如善于利用各种参与培训的机会,在与专家接触、与同伴交流、校外调研、野外考察等机会中汲取智能营养、获取专业支持、建立专业联系。最后需要掌握科学的学习方法。对于乡村教师而言,主要是注意三个结合:一是注意把个人兴趣爱好与学校发展需要结合起来,在学校工作需要的选项中寻找自己的学习定位,做到学校发展与个人发展的统整;二是要把学习内容与工作目标结合起来,在浩如烟海的信息中寻找所需教育资源,做到有的放矢地主动获取信息资源;三是把学习收获与教学工作改善结合起来,让个人专业学习与教育工作改善相互促进,实现个人专业发展与学校改革发展的同步推进。

第二,以反思促进专业发展的持续进行。首先,反思是教师必需的一项修炼。依据著名学者波斯纳对教师"经验+反思=专业成长"的理论,反思是乡村教师专业发展的必备内涵。正如我国许多教育研究者所认同的:一个教师写一辈子教案难以成为名师,但如果写三年反思则有可能成为名师。确实,在实践中,我们许多乡村教师的教案只是"复制性"的反复撰写，没有自觉地、主动地、全面地、透彻地对自己教学工作进行系统的反思，没能总结出工作中取得的收获与取得的成功经验，没能发现工作中存在的不足及问题与产生的原因。如此简单重复的工作，虽然从教多年却水平提高缓慢。所以，反思不是来自学校等外界布置的任务或负担，而是提高教学水平、提升自我教育生命内涵的需要。其次，反思是教师的一种研究性工作。反思性教学意味着教师也是研究者。英国学者斯腾豪斯把行动研究引入课程研究领域，主张让教师参与课程研究，使"教师成为研究者"，通过教师不断的自我、自主、自动反思而实现专业持续发展自动化的目标。教师成为研究者意味着教师需要具有反思和改善工作的责任和意识，意味着教师需要掌握反思、总结和再创新的技能，意味着教师要形成"教学—反思—反思性教学"循环往复的惯习和心境，其结果也意味着教师从"工匠型"教师向"学者型"教师的转变，实现教师自身生命的升华。

第三，以奉献的境界维系专业发展的持续进行。《支持计划》中提出建设一支"下得去""留得住""教得好"的乡村教师队伍。实事求是地讲，在乡村社区较城市社区环境差异较大、乡村学校条件与城市学校条件差距较大，以及子女就读和升学、就业，教师家庭生活的环境和社会文化资本的获取都有较大差距的情况下，没有一种对乡村教育奉献的境界，就难以解决"下得去""留得住""教得好"的问题。也正如我们在调研时许多老师反映的："城市地区教师自带光环，无论工资待遇、生活条件还是职称评定都比乡村教师优越，乡村教师与城市教师是无法比拟的"。所以，在落实《支持计划》背景下，一方面需要各个方面大力支持，切实落实提高乡村教师的待遇和社会保障政策，提高乡村教师的获得感；另一方面，也需要乡村教师发扬奉献乡村教育的精神，站在把乡村教育融入乡村振兴战略的高度对待乡村学校教育工作，把乡村教师的个人与乡村社区的发展结合起来，把教师个人的教育奉献与乡村孩子的发展结合起来，站在对历史进步、对国家复兴、对乡村发展、对孩子成长负责的高度，激发从事乡村教育的热情与激情。

(二)策略：因类选择路径，相互补充致臻

基于上述乡村教师专业发展路径效能的人口学、工作信息变量差异因素的评判结果，对其中存在显著性差异的性别、年龄、学历、教龄、学校类型等因素，在专业发展路径上需要提出相应的策略。

1.基于性别差异的路径使用建议

基于上述有关男、女乡村教师在专业发展路径效能上高低认识的差异，对男、女乡村教师使用有关专业发展路径的建议如下。

第一,针对乡村女教师的专业发展,建议优先选择使用名师工作室、课题指导研究和网络远程教育三种路径,其次建议使用教师专业发展学校、专家讲座论坛、教师专业共同体等路径。这些路径与女教师喜欢集体探讨和交流、具有较高的自我控制能力等特点较为吻合。

第二,针对乡村男教师的专业发展,建议优先选择使用校本教研活动、网络教育培训和课题指导研究三种路径,其次建议使用面授教育培训、教师同伴互助等路径,这些路径与男教师比较讲究工作时效和活动实效、喜欢研究类的挑战性工作特点较为吻合,能够给男教师提供更多思考和探究的空间。

第三,在促进教育理念发展上,面授教育培训、校本教学培训、校本教研活动、教师同伴互助和教师自主研修等路径对男女教师均有较好的效果,均可选用。

第四,在促进职业道德发展上,男教师适宜选用教师自主研修、校本教研活动,女教师适宜选用教师专业发展学校、校本教学培训。

第五,在促进专业知识发展上,男教师适宜选用教师自主研修、教师专业共同体,女教师适宜选用教师专业共同体、专家专业引领。

第六,在促进专业技能发展上,男教师适宜选用校本教研活动、教师自主研修,女教师适宜选用教师专业共同体。

2.基于年龄差异的路径使用建议

基于上述有关不同年龄乡村教师在专业发展路径效能上高低认识的差异,对不同年龄乡村教师使用有关专业发展路径的建议如下。

第一,所有年龄阶段乡村教师的专业发展路径都可选用校本教研活动和教师同伴互助两种方式。由此建议,参与促进乡村教师专业发展的高等院校、区县教研培训机构、乡村学校等均可选用这两种专业发展路径。

第二,对于21~30岁年龄阶段的年轻教师,所有专业发展路径都具有较好的效能,都可选用,因为这与年轻教师渴望获得学习机会、快速实现专业成长具有较大的关系。因此,建议乡村学校尽可能为年轻教师提供各种可能的专业发展的机会。

第三,31~40岁年龄阶段的中年教师,适宜选用名师工作室、课题指导研究、网络远程教育等路径。当然,教师专业发展学校、专家讲座论坛、面授教育培训、专家专业引领、教师专业共同体等也是可以备选的专业发展路径。

第四,41~50岁年龄阶段的中老年教师,适宜选用课题指导研究、教师自主研修、校本教研活动、网络远程教育等方式。这些路径与他们较为成熟的思想、较高的批判反思能力和一定的创造欲望相适应。

第五,51岁及以上的老教师,适宜选用网络远程教育的方式。这符合他们希望消除外出路途劳顿、耗时费劲的要求一致。

此外,对青年、中年乡村教师的专业发展路径选用上,需要给予他们更多的集体性、合作性和探究性的要求,让他们在共同学习和交流探讨中得到提升;对中年、老年乡村教师的专业发展路径选用上,需要给予他们更多的个性化、全民化要求,让他们在专业发展中逐步塑造真实、完善、整合的自我。

3.基于教龄差异的路径使用建议

基于上述有关不同教龄乡村教师在专业发展路径效能上高低认识的差异,对不同教龄乡村教师使用有关专业发展路径的建议如下。

第一,针对5年以下教龄的乡村教师,上述12条专业发展路径均可选用。当然,其中面授教育培训、网络远程教育、名师工作室可以作为优先选用路径。

第二,针对6~10年教龄的乡村教师,校本教学培训、校本教研活动是优先选用的路径。

第三,针对11~15年教龄的乡村教师,校本教研活动、校本教学培训是优先选用的路径。

第四,针对16~20年教龄的乡村教师,教师专业发展学校、专家讲座论坛、网络远程教育是优先选用的路径。

第五,针对21年及以上教龄的乡村教师,专家讲座论坛是优先选用的路径,并且可以利用这些专业发展路径去实现对青年教师的指导、引领作用。

4.基于职称层次差异的路径使用建议

基于上述有关不同职称乡村教师在专业发展路径效能上高低认识的差异,对不同职称乡村教师使用有关专业发展路径的建议如下。

第一,对尚未评职称的新入职乡村教师而言,以上12条专业发展路径均具有较高的效能,故可以采取以上任何一种专业发展路径。相应地,乡村学校应尽可能地为新入职乡村教师提供一切可以利用的专业发展路径。

第二,三级、二级职称和高级职称的乡村教师,宜选用校本教研活动、校本教学培训和专家讲座论坛等专业发展路径。

第三,高级职称的乡村教师,宜选用以网络远程教育和教师自主研修为主的专业发展路径,尽量避免使用教师专业发展学校、教师专业共同体、课题指导研究、名师工作室、专家专业引领等路径。

第四,在促进教育理念发展上,虽然网络远程教育、教师专业发展学校、专家讲座论坛、名师工作室、专家专业引领对三级、二级、一级教师均有一定的效能影响,但在具体选用上,三级教师更适宜选用专家专业引领,二级教师更适宜选用课题指导研究,一级教师更适宜选用网络远程教育。

第五,在促进职业道德发展上,三级以下职称教师宜选用教师专业共同体、教师专业发展学校、课题指导研究等路径,二级、一级等高级职称教师宜选用网络远程教育、专家专业引领等路径。

第六,在促进专业知识发展上,未评职称教师、三级教师等低职称乡村教师宜选用网络远程教育、教师专业共同体、名师工作室等路径;二级、一级教师宜选用课题指导研究、专家讲座论坛、教师专业发展学校等路径。

第七,在促进专业技能发展上,未评、三级和二级职称教师宜选用网络远程教育、教师专业发展学校等路径,一级教师和二级教师宜选用教师专业共同体、课题指导研究、名师工作室等路径。

5.基于学校类型差异的路径使用建议

基于上述有关不同学校乡村教师在专业发展路径效能上高低认识的差异,对不同学校乡村教师使用有关专业发展路径的建议如下。

第一,教师规模在6人及以下的较小规模乡村学校的教师,宜选用面授教育培训、专家讲座论坛、校本教学培训等路径。另外,可考虑网络远程教育与面授教育培训相结合的方式,把网络自主研修与面授答疑结合起来。同时,在促进教育理念和师德、专业知识和技能的发展上,宜选用教师专业发展学校、教师专业共同体路径。这些路径有助于增加现场感,激发教师的求知兴趣。

第二,教师规模在7~13人的小规模乡村学校的教师,宜选用网络远程教育、教师同伴互助等路径,以发挥这些路径的安排自由、方式灵活、内容丰富的优势。

第三,教师规模在14人以上的乡村学校教师,宜选用教师专业发展学校、校本教学培训、教师专业共同体、校本教研活动等路径。

当然,也应辩证地看到,一方面,任何一种教师专业发展路径效能的高低要受多种因素的影响;另一方面,任何一位教师在选用专业发展路径时选项不止一种。所以,乡村教师在选用专业发展路径时需要具备融合思维,从专业发展路径效能的辩证性、个体的主观能动性相互融合的角度去看待各种专业发展路径的效能问题。特别是在具体的实践中,既需要考虑各种专业发展路径效能的特殊性,又需要考虑不同情况下教师智能水平的高低及专业发展需要,实事求是地选用相应的具有较高效能的专业发展路径。唯有这样,才不致机械僵化地认识各种教师专业发展路径,才不致机械套用各种专业发展路径。

下篇 为了"乡村太阳"更加灿烂

本篇导言

除了上述有力落实、助推《支持计划》，奠定良好的乡村教师队伍建设基础外，我们认为，为了乡村教师这颗照耀乡村的太阳更加灿烂，还需要做好如下两项工作。

其一，"有所为，才有其位！"乡村教师要获得政府、专家、社区及社会人士等外界支持，重要环节之一是乡村教师通过自身价值的凸显，让外界看到乡村教师之于乡村建设的作用，在践行历史责任和时代使命中装点教师生涯。因此，乡村教师需要紧跟当前我国新型城镇化的时代步伐，不拘泥于传统的学校围墙内的教书育人，在新型城镇化建设中发挥新的作用。具体而言，身处新时代的乡村教师，既需要在乡村学校中担任立德树人的重要使命，又需要在乡村文化中发挥化民成俗的重要作用；既需要在乡村政治建设中发挥积极参与治理的作用，又需要在乡村经济建设中发挥促进其可持续的科学发展功能，此外还需要在天人合一行动中发挥环境保护的作用。

其二，"一个好汉，三个帮！"要让乡村教师在新时代发挥有时代特色的作用，则要立足当前乡村教师身处大数据时代，利用泛在学习促进乡村教师专业发展，为乡村教师插上信息化的翅膀。为此，既需要做好利用"泛在学习"助推乡村教师发展的整体构想，搭建"泛在学习"供给体系，探索"泛在学习"应用模式，探索"泛在学习"学习模式；又要建设乡村教师专业发展的数字资源库，构建国家多元化、多层级乡村教师专业发展资源库，构建校本特色乡村教师专业发展资源库，构建师本特色乡村教师专业发展资源库。既要在应用指导中构建"泛在学习"背景下乡村教师专业发展模式，促进教学目标明细化，提高教学内容的针对性，实现教学模式的个性化，实现教学组织的多样化，促进教学评价的规范化；还需要加强制度保障以构建助推乡村教师专业发展的支持网络。

总之，为乡村教师插上信息化的翅膀，有助于更好实现乡村教师的专业发展。较好地实现了自身专业发展的乡村教师才能够更好地在新时代发挥全方位的作用。只有这样，乡村教师这颗乡村太阳才会更加灿烂！

专题九　新时代乡村教师使命之研究①

【摘要】从系统科学的角度出发,乡村教师、乡村建设及城乡一体化发展之间关系紧密。新型城镇化建设正在成为中国经济增长和社会发展的强大引擎,乡村教师在乡村建设中的文化教育、化民成俗等方面有着无可替代的作用。本文主要从乡村学校教育、乡村文化建设、乡村政治经济建设、乡村生态环境保护等方面论述在乡村振兴战略下乡村教师所能承担的事关乡村建设发展的多重使命及其践行途径。

【关键词】新型城镇化;乡村教师;时代使命;作用发挥

一、问题提出与概念界定

(一)问题提出

经济全球化的到来使得各国联系日益紧密,国际竞争的实质由军备竞赛演变为以经济和科技实力为基础的综合国力的较量,是创新力的博弈。国际竞争归根结底是人才的竞争。人才培养的关键在于国民教育,教师是教育的灵魂,教师队伍的素质直接影响人才培养的成效和教育的品质,从而间接影响我国综合国力的提升。一个国家若无一定实力做支撑,不仅在全球化的舞台上难有立足之地,在涉及国家利益的国际事务中,话语权更是无从可谈。大而言之,教师群体肩负着中华民族兴旺发达的光荣使命。我国过半数人口居住在农村,在中国新型城镇化建设的今天,农村劳动力不断成为城镇化建设的后备军甚至是主力。农村劳动力素质的高低对新型城镇化建设有着举足轻重的影响。要培养出高素质的建设者,教育,特别是乡村教育所起的作用至关重要。而提升乡村教育质量的关键在于提高乡村教师素质。乡村教师除了需要具备课业掌握、知识储备、职业道德、能力素养、职业心理健康等方面的基本素质外,让乡村教师对自身工作的重要性及事关中华民族伟大复兴的光荣使命有明确认

① 本专题由王丽娟(女,西南大学博士生)、高娅妮(女,教育学硕士,湖南生物机电职业技术学院教师)完成研究、撰写工作。

识后,才会迎来乡村教师素养的提升与超越、乡村教育质量的全面提高。

乡村学校作为乡村社区的一部分,乡村教师作为乡村学校的主体,自然在乡村振兴战略中负有不可推卸的责任。"有为,才有其位!"在某种程度上,只有乡村教师明确并承担起时代使命,做出应有的贡献,才能赢得社会各界的认同和赞誉。因此,乡村教师需要紧跟当前我国新型城镇化的时代步伐,不拘泥于传统的学校围墙内的教书育人,在新型城镇化建设中发挥新的作用。

(二)概念界定

"使命"一词,在《辞海》中的解释有三:一是使者所奉之命。《北史·魏收传》:"李谐、卢元明首通使命,二人才器并为邻国所重。"二是奉命出使之人。《宋史·田景咸传》:"每使命至,唯设肉一器,宾主共食。"三是任务。在现代汉语中指"派人办事的命令",多比喻重大的责任。而英语词典中"使命"一词被表述为"calling"和"mission",含义为"task"或"duty",有"任务、命令"等意,另有"代表团""传教""(神的)感召"和"天职"之意。

作为人类社会最为古老的职业之一的教师,在《中国学前教育百科全书:教育理论卷》中被解释为受社会的委托向受教育者传递人类长期积累的知识文化,并对他们进行思想品德教育,促使他们全面发展的专业人员。《教师百科词典》中关于教师的表述为:教师受社会的委托对受教育者进行专门的教育。在社会发展中,教师是人类文化科学知识的继承者和传播者。对学生来说,又是学生智力的开发者和个性的塑造者。因此人们把"人类灵魂的工程师"的崇高称号给予人民教师。在教育过程中,教师是起主导作用的,他是学生身心发展过程中的教育者、领导者、组织者。教师工作质量的好坏关系到我国年轻一代身心发展的水平和民族素质提高的程度,从而影响到国家的兴衰。

教师既是一种职业,也代表社会中的特定人群。对教师群体的分布状况进行地域上的划分便有了乡村教师的概念。"使命"在中国文化里有着群体性、外在性与被动性的特征。文中的"教师使命"特指国家或社会结合时代背景,向特定人群所赋予的促进国家社会发展的职责。特定人群是指受社会委托对受教育者进行专门知识传授和多方面培养的专业人员,即教师。乡村教师使命特指国家和社会向在人口稀少、居住分散、经济落后或欠发达地区就业,且受社会委托进行专门知识传授和多方面培养的专业人员所赋予的促进当地发展的职责。

二、乡村教师的使命内容

正如《中共中央 国务院关于实施乡村振兴战略的意见》《乡村振兴战略规划（2018—2022年）》中所提出的，坚持乡村全面振兴，准确把握乡村振兴的科学内涵，挖掘乡村多种功能和价值，统筹谋划农村经济建设、政治建设、文化建设、社会建设、生态文明建设和党的建设，注重协同性、关联性，整体部署，协调推进建设，从而实行产业兴旺、生态宜居、乡风文明、治理有效、生活富裕的总目标。如此责任重大、使命光荣的乡村振兴战略任务，自然也赋予了包括乡村教师在内的各方以重大时代使命。

（一）学校育人使命

传统意义上的乡村教师所进行的乡村学校教育以知识传授和道德培养为主。信息化时代的到来拓宽了知识获取渠道，同时也伴随着副作用。中国为应对经济全球化进行新型城镇化建设，农村进城务工人员增多催生了系列社会问题。这些因素让乡村教育也发生相应改变，近年来，乡村教育问题引发热议。但少有人发现，如今五花八门的教育改革都在力求使不具备城市学生们优越条件的乡村少年们取得与城市学生们相同的学习效果。少有人思考什么是乡村学校教育，怎样进行乡村学校教育，乡村学校教育应教些什么，乡村少年们又想学到什么。乡村学校教育恰似"逃离乡村"的教育。据廖其发教授在《中国农村教育问题研究》中通过调查分析发现：对比城市学生，乡村学生在心理素质、能力素养、审美素养、知识结构等方面都较为欠缺。尽管少部分乡村少年可通过读书跃出"农门"走向城市，但起点不同和整体素养的差异增加了这少部分人参与社会竞争的不公平性。在升学竞争中"被淘汰"的绝大多数乡村学生由于在学校所学并不能为乡村生活所用，他们既没有掌握乡村生产生活技术，也难以对乡村文化产生亲和力和归属感。这当中的绝大多数走上了涌入城市依靠劳动力的谋生之旅，极少的投机取巧者选择以非道德甚至违反法律的方式过活。农村人口大量涌向城市，造成城市的拥挤和乡村"空壳化"。这在内地或许还不能凸显问题的严重性，但我国的边境乡村若是出现"空壳化"，定会严重威胁国防安全。乡村学校"逃离乡村"的教育衍生出诸如留守儿童问题、土地问题、家庭赡养问题等一系列社会问题。这些问题的解决都有赖于乡村教师履行好学校教育使命。转变当下乡村学校"逃离乡村"的教育为"振兴乡村"的教育。

（二）文化传播使命

学校教育未出现前，教育功能一直潜藏在约定俗成中，在时光里沉淀下来的种种"约定"化身成人类文化。良好的文化氛围对乡村社会成员有着潜移默化的影响。关于乡村文化现状,刘铁芳在《乡村的终结与乡村教育的文化缺失》中有这样的描述:"乡村本土文化秩序处于迅速瓦解之中,利益的驱动几乎淹没一切传统乡村社会文化价值……乡村社会的文化内涵在以发展为中心的现代化框架中被隐匿。以城市取向为中心的外来文化的冲击使得原来的乡村文化秩序土崩瓦解。民歌、民间故事、民间曲艺逐渐从乡村消失,乃至绝迹,代与代之间的乡村文化交流已经完全让位于对以金钱为中心的拜物教文化的崇拜。"①传统的中国乡村社会是有着良风美俗的"熟人社会",拥有着一套历史长期积淀并流传下来稳固乡村社会生活的价值体系,如重人伦道德,重义轻利,存理灭欲,崇尚整体主义等。这样的价值体系使得乡村生活被安排得井然有序。随着坚守价值体系的老一辈人的故去,乡村文化中的优良传统尚未及时传承便被嫁接上现代市场经济主导的城市文化中并非精华的部分。先天的传承不足,加上后天习得城市文化的营养不良导致乡村文化的畸形发展。乡村文化畸形发展使得乡村问题频发:人口星散、田地荒芜、孝道堪忧、两性关系混乱、婚姻不牢、犯罪率上升等。昔日孩童三五成群、追逐嬉戏,大人们各自辛勤地在地里劳作,劳动之余用对唱山歌来缓解疲劳,晚上便聚在某一户人的家中或谈天说地或听人讲书。而今这样的场景也只能在记忆中搜寻。何以重拾当初的美好,乡村文化重建迫在眉睫。学校是乡村文化的中心,乡村教师更是乡村文化的传承人与拓荒者,进行乡村文化建设是乡村教师应尽的职责。

(三)政治参与使命

乡村教师进行乡村文化建设时应谨记:家国使命历来是国家与民族文化的重心。民国的乡村教师尽管经常面临薪水被克扣、拖欠等不公平的现象,但大部分乡村教师还是在教育岗位上坚持教育救国的信念。"尤其是日据时代,乡村教师坚持在敌后教育甚至宣传革命思想……中共早期乡村党组织有70%~80%是由乡村教师创建的。"②这是国难之时乡村教师流露出不畏牺牲的家国情怀。新中国成立后,国家大力发展基础教育,"在乡村政治事务中,民办教师比一般村民显示出更强的应对能力,这种能力一方面来源于他们所掌握的知识和文化资本,另一方面来源于教书育人职业所赋予他们的社会影响力。在很大意义上,民办教师甚至被看作乡村与国家连接的中介,担负着对村民传递时事信息和解释国家意志的职能"③。这是新中国成立之后乡村教师迸发出的家国情怀。改革开放后,虽然依法治国的基本方略早已写入宪法,但在当

---

① 钱理群,刘铁芳.乡土中国与乡村教育[M].福州:福建教育出版社,2008:98.

② 徐继存,高盼望.民国乡村教师的社会形象及其时代特征[J].教师教育研究,2015(4):80-85.

③ 车丽娜,徐继存.民办教师及其对乡村社会的影响[J].教育研究与实验,2014(5):45-51.

今新型城镇化的新农村建设中,绝大多数乡民的法律意识仍很淡薄。他们对法律范围内自身权利与义务知之甚少,因此产生一些违法犯罪行为却不自知,或者自身权利遭到侵害却不懂维权。如个别乡村干部单凭个人喜好裁决村务,压榨村民利益,乡民们却敢怒不敢言,只能默默忍受并期盼更高级别的官员知道村干部的行径后施予惩罚。也有在乡村选举活动中游手好闲之人恶意拉票,从中谋取私利的情况。这些事件的频发对建设法治社会构成多重障碍。当务之急是让乡民们具备基本法律常识和主人翁意识。乡村教师要为一方土地上的人们做道德行为上的示范,也有义务在基本法律常识及公民基本权利与义务方面对乡村居民加以引导。

(四)经济助推使命

原始社会的生产力低下,人们温饱尚不能自顾,更无心思考教育。没有经济基础做支撑的一切学校教育、人类文化以及政治都将变作经不起风浪的空中楼阁。经济发展差距是城乡发展不平衡的突出问题。提高乡村经济发展水平、改善村民生活质量是我国进行新型城镇化建设的重要抓手。乡村地区经济发展普遍落后,在资源配置方面存在诸多问题。"巧妇难为无米之炊",资源欠缺及资源配置不均加剧了城乡教育不公、乡村人文建设不到位、乡村政治文明建设效果不佳等。反之,若乡村经济水平提高,便能促使乡村教育、文化、政治文明建设得到正向发展。国家经济发展的乡村短板得以补齐,综合国力及国际竞争力也就随之提升。于乡村教师群体而言则意味着生活水平的提高、教育教学条件的改善。所以,发展乡村经济亦在乡村教师使命之列。但践行乡村经济使命并非意味着必须让乡村教师们操办实业,而是为乡村经济的发展因地制宜地出谋划策、革故鼎新、贡献智慧。

(五)环保引领使命

工业社会里的人类本着"人定胜天"的信念,以环境为代价换来了经济发展。中国的一些省市地区在进行经济建设时急功近利,未考虑环境之于经济的反作用,不时会陷入随经济发展而生的地陷、滑坡、泥石流、海水倒灌等困境。新型城镇化下新农村建设已有成果的确给农村居民的生活带来极为受用的舒适便捷:平坦的大道替代了泥泞山路;机械力运作取代了人畜力劳作;生物科技造福农业。但人们似乎过于沉浸在惬意生活的满足中而忽视周遭环境里随处可见的废弃塑料。"垃圾靠风刮,污水靠蒸发,家里现代化,屋外脏乱差"已成为部分农村生活环境的真实写照。或许部分农村原住民还不知道他们脚下的土壤已由于长期的化学肥料使用而肥力下降,农业生产的可持续发展只能幻梦成空。农药的滥用不仅使农作物将其残留物带上餐桌,更打乱了生态系统中的生物链,很可能意味着一些物种的灭绝。水污染是各种因素综合作用的结果,原本自然界中的水系统具有一定的修复能力,村民生活用水根本难以对其造成伤害,但如若"生化炸弹"的农药、化肥、电池等投向土壤或是河流中,自然的免疫系统被各个击破,环境问题致使地球千疮百孔。全面协调可持续是科学发展观的基本要求。乡村教师应让环保意识深入每位乡村社会成员心中。

三、乡村教师使命践行之法

(一)乡村学校:立德树人

乡村学校教育是乡村诸多问题的症结所在。针对乡村教育现状,乡村教师应将立德树人作为教育教学的根本任务。立德,就是坚持德育为先,通过正面教育来引导人、感化人、激励人;树人,就是坚持以人为本,通过合适的教育来塑造人、改变人、发展人。"我们对乡村教育的预设应更基本的层面去关照他们生活境遇之中的生存方式的改善和生活幸福的实现,使他们既可能享有进入更高级教育的机会,又使那些没有此机会的孩子能在他们的人生中享受一段对于他们来说良好的教育。"①

第一,引导乡村群体学会格物致知。任何事物都有其两面性。教师要引导乡村群体正确地看问题。灯火辉煌的城市里绝对看不见乡村夜晚那如画般的璀璨星空,城市人也绝对无福享受山林间大口吸入负氧离子的酣畅。乡村泥泞的小道及公共服务设施的不完善也仅是乡村暂时性的状况。乡村教师可通过加强乡土教育为乡村少年们展现家乡的美好,并引领乡村群体充分挖掘乡村建设发展潜力,使乡村少年们热爱生养自己的乡土。

第二,科学规范乡村学校教育课程体系。为防止乡村学校教育中学生学用分离,教师们在教育教学中要适当安排职业规划教育、创新创业课程、能在乡村安身立命的生活技巧课程等,使乡村学校教育课程科学、丰富。借助互联网+教育的平台,在提升自身教学能力的同时,利用网络优质教育资源充实线下课堂内容,鼓励乡村少年构建乡村建设方案。开放学校课堂,邀请家长前来听课,鼓励学生及家长共同探索观光农业、农家乐等产业模拟实验,邀请农业或电子商务行业专家定期来校讲座。

第三,关爱留守儿童。随着乡村进城务工人数的上升,留守儿童成了乡村教育的主要群体,父母关爱缺失而导致乡村留守儿童心理变化给乡村教育带来巨大挑战。大部分留守儿童在人格心理、学习能力及道德行为等方面存在缺陷。因此,乡村教师应替代乡村留守儿童的父母来弥补那份缺失的关爱,引导乡村留守儿童树立正确的

① 刘铁芳.乡土的逃离与回归:乡村教育的人文重建[M].福州:福建教育出版社,2008:24.

价值观,使他们树立切合自身生存现状又不狭隘的价值目标与理想追求,使他们在力所能及的范围内有更好的发展。乡村教师可采取分组负责制,由一位教师同时对几位学生负责,对其定期进行家访或心理咨询,建立留守儿童档案,保障留守儿童身心健康。在学校设立心理咨询室的同时与高校建立相关合作,邀请大学生来支教或通过书信以及定期走访形式与留守儿童进行对话交流,疏导其困惑或分享其成长的喜悦。

第四,政府应尽义务。要办好乡村学校教育,除了乡村教师自身的努力外,更离不开全社会的支持。首先,政府部门应当完善教育教学设施,让乡村少年们有学可上,让乡村教师们有学生可教。其次,深入贯彻落实《支持计划》中的相关要求,保障教师工资按时按量发放,教师职称评定及编制分配向乡村倾斜,设立乡村教师荣誉制度。让乡村教师在投身于乡村学校教育事业的同时少些后顾之忧。

(二)乡村文化:化民成俗

"化民成俗,其必由学"语出《礼记·学记》,原意为想要教化人民并使其形成良好的风尚,一定要从教育入手。教育恰似一阵清风能吹走乡村文化腐化所产生的恶臭。乡村教师是乡村教育的主心骨,于乡村文化建设有着义不容辞的责任。乡村教师应做乡村传统文化及城市文化的"筛子",筛选出有助于乡村少年成长生活、乡村社会和谐的乡土知识。

第一,发掘本土文化资源。尽管乡民们并不知觉一些由风俗习惯及信仰组成的乡土知识,但这些乡土知识的规约却远远超越了城市文明中的道德法律,成为村民"社会良心"的指路灯。乡土知识之于乡村少年意味着"文化之根"的归属认同。乡村教师可组织学生及乡民们编纂族谱家谱,或是编写民族志,收录富于乡土特色的文化资源。创办以乡民为主要阅读群体的乡村报纸杂志,鼓励乡村少年动笔记下家乡之美,歌颂乡民的淳朴善良。师生乡民共同编制乡土教材,探寻乡村的来源,全方位了解乡村历史及地方资源,提升乡民的乡土认同感。

第二,搭建城乡文化桥梁。20世纪50—80年代,在中国各大农村盛行的有线广播在传达政令、配合中心工作、指挥农业生产、对农民进行宣传教育、活跃农村文化生活等方面发挥了重大作用,现今依旧可以取其长处加以利用。当下中国农村的互联网普及率不高,每天固定时间广播一些新闻、轶事、美文、科普农业知识,便能起到潜移默化的作用。借鉴20世纪30—50年代著名实业家卢作孚在北碚开展以乡村教育促进乡村现代化建设的实验中的部分举措,搭建城乡文化桥梁。破旧立新,用现代文化生活改良传统生活及当前陋习。乡村教师可协助有关部门设立乡村巡回图书馆、博物馆以拓宽乡民视野。举办乡村演讲比赛、说故事大赛以及各类知识竞赛以提升乡民各方面素质。城市里的学校每年都会举办运动会,乡村同样也可依样照办,汇入乡土特色,创办以农业项目比拼为主的"农业运动会",如此既可向乡村少年们传授务农经验,亦可弘扬中国传统农业社会一直得以传承的辛勤劳动、自强不息的美德。

第三,发挥文艺活动在文化建设中的作用。现今农村社会里的村民虽打破了古代"鸡犬之声相闻,民至老死不相往来"的交往模式,但大多被电视或者手机网络困于家中,若非搭台唱戏,一般无法让乡民齐聚。由此可见,文化艺术活动之于乡村生活的重要性。而这些文化艺术活动正是乡村文化建设的突破口。所以,可由乡村教师起头,创建一些社团协会。时下已有不少地区的老年协会创办成效显著,如兰考闫楼大李西村老年协会、云南箐口哈尼民俗村老年协会等。除了发展丰富老年人生活的老年协会外,还可利用当地特色资源,创办农作物协会以提高农作物产量,创办旅游协会来拉动当地旅游业发展,创办音乐舞蹈协会以改善乡民生活,创办读书协会来丰富乡民精神。利用乡村文化来提高乡民生活质量,建设真正和谐幸福的中国乡村。

(三)乡村政治:参与治理

第一,培养乡村群体的爱国意识。"国之不存,民将焉附。"在边境线上居住的村民们更应有深切的爱国情怀。爱国的直接体现是对同胞的热爱。国民间互尊互助才能更好推进新型城镇化建设。近年来,由片面理解爱国主义引发的个人极端行为对社会及他人造成的伤害无法挽回,乡村教师有责任让乡村群体对爱国主义有个明确认识。让乡村群体爱国从爱乡村开始,一个连自己家园都不爱的人又怎能期盼他去热爱自己的民族与国家。

第二,提高乡村群体的法律意识。公民政治生活的基本内容之一是行使自身政治性权利、履行政治性义务。在乡村政治文明建设中,乡民们对公民基本政治权利义务一无所知势必会影响自身政治生活的参与,同时也阻碍了法治社会建设进程。乡村教师要在基本法律常识及公民基本权利与义务方面对乡村少年加以引导,并让学生将法律常识带给家长,使他们逐步知道有法可依、有法必依。村民有了基本的法律常识,才能在干部选举或是其他村务活动中将民主贯彻落实,才能实现真正的人民当家作主。

第三,发挥好智囊和桥梁作用。乡村建设离不开政府的引导,但乡民们由于文化水平有限,对多数政府文件理解不够透彻,导致政策实施困难。乡村教师没有理由坐视乡民对着各类"红头文件"发愁而不管。乡村教师通过学生与乡民们建立起一种无形的信任,凭借这份信任,乡村教师可帮助村民解读相关国家政策,以推进政府决策的实施;也可向上反映民意,让政府切实了解乡村实况,调适乡村建设策略,建设和谐幸福乡村。

(四)乡村经济:科学发展

发展乡村经济被列入乡村教师使命,并非要求乡村教师们操办实业,而是在乡民们着手经济建设时提供智慧参考。相关专业的乡村教师可因地制宜,为乡民们普及科学种植技巧或选育作物牲畜优良品种。精通网络信息技术的教师可引导村民们发展农村电子商务,将乡村极具特色的农副产品、手工艺品推出乡村,甚至推出国门。乡村生态旅游也是发展乡村经济的新途径,引进外资创办乡镇厂房或企业,这些项目的实施运作都少不了策划、宣传、洽谈。乡村教师作为乡村社会的一员,乡村的发展同乡村教师的生活有着千丝万缕的联系。在与乡村经济相关的活动中,皆有乡村教师的用武之地。乡村教师们在谋划乡村经济发展时应铭记工业社会经济发展的教训,坚持绿色发展,提倡循环经济。

(五)天人合一:保护环境

寄希望于渴求且能迅速接纳知识的乡村少年是乡村生态环境保护的不二法门。践行环保可实施陶行知先生的"小先生制"[①]。乡村教师作为"小先生"的引导者,首先要让乡村少年们明确环保的目的是让人类自身拥有更加美好的生活。同时了解自然的价值所在,正如霍尔姆斯·罗尔斯顿在《哲学走向荒野》中所说的,我们无法预料未来世界的食物或药品会如何产生,技术的发展速度又如此惊人,生态系统里正受威胁的物种里,很可能有一些潜藏着特定用途。[②]这便是潜在的经济价值。自然亦是科学、诗、哲学和宗教的源泉,康德对"在我之上的星空和居我心中的道德法则"的景仰和敬畏,帕斯卡尔的"这无垠天空的无限的寂静让我战栗"的警句都产生于对自然的心灵游走。人类千百年来的心智历程都源于自然的启发。这当中孕育出自然的宗教文化象征价值。小学生的作文中,各大文豪的文字间,世界级绘画大师的画里以及

---

　　① 20世纪20—30年代陶行知倡导的制度。由年长的优秀学生教年幼学生或民众,以传播知识,开展人民大众教育。他有感于旧中国文化落后,文盲众多,普及教育中师资极端匮乏,提出让儿童一边当学生,一边当"先生","即知即传入",把学到的知识随时传授给周围的人。初称"连环教学法"。1932年后,山海工学团倡行此法时改称"小先生制"。他认为这有四大优点:(1)有利于普及女子教育,杜绝男女之嫌的议论;(2)使大人"无形中得到一种少年精神",焕发学习情趣;(3)使"知识公有",使教育成为"人人有得到沾施的机会";(4)使学校教育与社会教育打成一片。曾在全国23个省市推广,还被介绍到印度、墨西哥、加拿大等国。

　　② 霍尔姆斯·罗尔斯顿.哲学走向荒野[M].刘耳,叶平译.长春:吉林人民出版社,2000:125.

《国家地理》杂志刊登的照片无不彰显着自然的艺术或审美价值。最为关键的是自然的人格塑造价值,自然的广袤巨大让人感到谦卑,恶劣的自然环境让人学会艰苦奋斗,偶发的自然灾害让人学会自力更生,脚下的泥土让人学会踏实,珍珠的形成让人学会包容。

明确保护自然环境的重要性后当如何践行环境保护?乡村教师须得遵从"天人合一"的诉求。人与自然是同处一体、相互依存的,只有人们认识自然、了解自然、尊重自然、按照自然界的规律办事,并尽心尽力地体物爱物,才有可能谋得自身的可持续发展。爱护自然可从身边的点滴做起,引导乡村少年们不再伤害野生动物,爱护身边的一草一木,分类回收各类垃圾,尤其是化学农药或肥料的包装、电池等。此外,邀请环保局工作人员来校举办讲座,举行环保知识大赛或是环保方案设计竞赛,学校建立环保社团,然后动员学生回到各自村落建立环保协会等都是行之有效的方案。

乡村教师何以被称为"乡村教师"?四个字表明了乡村教师的双重身份,即不仅是教师,更是乡村社会中的一员。乡村的繁荣与衰败时刻影响着乡村教师的生活,乡村教师的言谈举止足以影响乡村的几代人甚至整个乡村的发展。乡村教师作为最接近学生的人,要做乡村少年成长的引导者,不仅要传授他们知识,教他们学会生存与生活,学会辨别是非善恶,更要用呵护与温暖去填补留守儿童缺失的关爱。同时不忘致力于乡村文化建设,用自身的智慧与才艺丰富乡民们精神生活;投身于乡村政治经济建设,利用所学所能为乡村发展谋出路。正如李克强总理所说:教师是国家大厦的基石,也是我们建设中国特色社会主义的关键力量。如果每一块基石都牢固,每一种力量都精彩,我们的国家必然更加强盛。乡村教师的肩上扛着整个国家,我们期待着有更多的教师能成为奋进者、先行者、引导者;期待着有更多的教师活出自己的精彩。

总之,正如《中共中央 国务院关于实施乡村振兴战略的意见》所提出那样,一方面,优先发展农村教育事业,高度重视发展农村义务教育、推进农村普及高中阶段教育、加强职业教育、把农村需要的人群纳入特殊教育体系。以市县为单位,推动优质学校辐射农村薄弱学校常态化。统筹配置城乡师资,并向乡村倾斜,建好建强乡村教师队伍。另一方面,鼓励社会各界投身乡村建设,以乡情乡愁为纽带,吸引支持企业家、党政干部、专家学者、医生教师、规划师、建筑师、律师、技能人才等,通过下乡担任志愿者、投资兴业、包村包项目、行医办学、捐资捐物、法律服务等方式服务乡村振兴事业。这些都为乡村教师全面参与乡村振兴战略工作提供了历史性的机遇。乡村教师正好可以利用这个历史机遇在参与乡村振兴战略中彰显自己的才华、在过程中全面提升自己的素质、在奉献中实现自己的人生价值。

专题十　信息化助推乡村教师之发展①

【摘要】当前大数据背景下,对教师专业发展问题的分析和思考,需要对核心概念理解、内部教师自主发展、外部环境助推方面进行探讨,从中提炼出当前教师专业发展中所面临的关键问题,为促进我国教师的专业发展提供路向。同时,在信息化高速发展的社会背景下,应将现代化的泛在学习方式运用于乡村教师专业发展中,充分利用泛在学习的泛在性、易获取性、情境性、协作与共享、个性化与整合性等特性去审视乡村教师专业发展的突出问题,并结合乡村教师实际,加强泛在学习顶层设计、创建乡村教师专业发展数字资源库、构建基于泛在学习的乡村教师专业发展模式,确保乡村教师专业发展的制度保障,有效地推进乡村教师队伍专业发展,提升乡村教师整体质量,为推进乡村振兴战略的落实贡献力量。

【关键词】教师专业发展;大数据;泛在学习;困境;应对

一、基础:教师专业发展走向大数据时代

(一)大数据引发的教育问题

1.走进大数据教育时代

大数据作为推动教育变革与创新的力量正在形成,给社会带来的冲击毋庸讳言。人、机、物三元世界的高度融合引发了数据规模的爆炸式增长和数据模式的高度复杂化,引领人类进入了网络化的大数据(Big Data)时代。②在大数据时代,大数据、无线网络技术、3D打印等诸多新媒体新技术的出现,对教育产生了革命性的影响,随着科学技术的飞速发展,教育信息化日益成为衡量国家综合国力和国民整体素质的重要

---

① 本专题由李瑞(女,教育学硕士,重庆师范大学附属初级中学校教师)、唐智松(男,教育学博士,西南大学教授、博士生导师)同志完成研究、撰写工作。

② 李国杰、程学旗.大数据研究:未来科技及经济社会发展的重大战略领域——大数据的研究现状与科学思考[J].中国科学院院刊,2012(6):647-657.

标志。而这里的教育信息化是指运用信息与通信技术系统地提升和变革教育的过程,一个运用信息技术优化教育领域,促进教学变革目标,培养创新型人才与实现学习型社会为核心任务的动态系统过程。[①]随着大数据时代的到来和新一轮课程改革的不断深化,教育逐渐被认为是大数据可以大有作为的重要领域。

教育如何更好地适应"大数据"时代的发展要求成为教育界研究的一个新话题。我们的教育可以使用大数据、云计算、移动互联等这些已经非常成熟的信息科学和网络技术,并且,开放的互联网中有大量有用的信息、想法和创新思维。以上种种都是以前没有大数据没有互联网的时代所不敢想象的便利条件,互联网中如此开阔的大环境和如此海量的信息资源,如一场知识风暴,席卷整个教育领域,必将掀起一场教育改革的新浪潮。

2.大数据的教师挑战

大数据的出现对我国教师专业发展提出了新的要求,同时也使得我国的教师专业发展面临诸方面的挑战。如何适应数据时代的新要求,如何在"互联网+"的大环境下不断成长,是值得我们每个教师认真思考的问题。2016年9月9日,习近平在到北京市八一学校看望慰问师生时强调,"教育决定着人类的今天,也决定着人类的未来","一个人遇到好老师是人生的幸运,一个学校拥有好老师是学校的光荣,一个民族源源不断涌现出一批又一批好老师则是民族的希望"。[②]由此可见,培养优良的教师队伍是教育发展的前提,也是关涉我国教育改革成败的基础。当前,我国在轰轰烈烈地开展教育改革的同时,也在积极寻求促进教师专业发展的途径,教育信息化的重心已经由基础设施建设阶段转向教学应用的深入发展阶段,同时在大数据背景下加大对教师专业发展的关注和研究,使得学校教育教学质量能够更加有效地提高,为未来教育发展奠定基础。我们始终坚信,教师的专业发展水平直接会影响学校教育教学质量的高低程度,从而影响我国的人才培养,最终影响国家的兴旺发达。

整理和分析大数据时代我国教师专业发展的研究进展,对于了解教师专业发展的状况、指导教师专业成长、促进研究工作的展开、更好地服务于我国教育事业发展均具有一定指导意义。从国内现有的研究成果来看,虽然关于教师专业发展的研究涉及范围较广、内容较多,但是教师专业发展研究的焦点主要集中在教师专业发展概念、内容、发展阶段、发展途径、影响因素以及评价等几方面,而对于大数据背景下教

① 王长纯.教师专业化发展:对教师的重新发现[J].教育研究,2001(11):45-48.

② 霍小光,张晓松.习近平在北京市八一学校考察时强调 全面贯彻落实党的教育方针 努力把我国基础教育越办越好[J].人民教育,2016(18):6-9.

师专业发展现状的研究仍然停留于泛泛而谈的层面,没有具体深入地探讨真实的现状及产生的原因,因此需要立足于此,分析大数据背景下我国教师专业发展所存在的问题。

(二)大数据的概念与特征

1.大数据的概念

目前关于大数据的概念还没有统一,学者们普遍认同的观点是:大数据是以信息技术为基础的巨量数据资料,拥有"数据量大,类型多样化,价值密度低,速度快时效高"的重要特征,以在短时间内提供大量的数据资料,挖掘有价值的信息,展示隐藏在数据中的规律和发展趋势。第一个提出"大数据"时代到来的是麦肯锡。麦肯锡环球研究院发表的全球研究报告《大数据:创新、竞争和生产力的下一个前沿》中对"大数据"定义如下:大数据是指大小超出了传统数据库软件工具的抓取、存储、管理和分析能力的数据群。总的来说,大数据就是指那些大量、复杂、高速以及变化不定的数据,人们要用先进的技术手段实现信息的收集、存储、管理和分析,挖掘出有效的、有价值的、可利用的数据信息,从而作用于人们的日常生活。大数据最核心的价值就在于对海量数据进行存储和分析,相比其他现有技术而言,大数据的"廉价、迅速、优化"这三方面的综合成本是最优的。

英国著名教授维克托·迈尔-舍恩伯格等人在《大数据时代》一书中前瞻性地指出:大数据带来的信息风暴正在变革我们的生活、工作和思维,开启了一次重大的时代转型。在大数据的时代背景下,教育也正在面临着新的变革,对教师专业发展的要求,已不再局限于简单的学科理论和教育教学技能的实践能力。为适应教育的变革,教师在专业化发展方面必须树立数据意识、预测意识、个性化意识和自主意识;培养整理分析数据的能力、精确规划能力、个性化教学能力及掌握和应用信息技术的能力。因此,人们通过对数据进行挖掘、利用和分析,可以洞察真正的含义,获得更高的价值。

2.大数据的特征

笔者认为大数据作为一个新兴的概念,站在不同的角度对它的理解也各不相同,不同作者虽立足不同理论的出发点和学科背景,但大数据的核心是数据,数据是统计研究的对象,从大数据中寻找有价值信息的关键在于对数据进行正确的统计分析。笔者比较认同从统计学与计算机科学出发的定义:大数据指那些超过传统数据系统处理能力、超越经典统计思想研究范围、不借用网络无法用主流软件工具及技术进行单机分析的复杂数据的集合。对于这一数据集合,在一定的条件下和合理的时间内,我们可以通过现代计算机技术和创新统计方法,有目的地进行设计、获取、管理和分析,揭示隐藏在其中的有价值的模式和知识。身处大数据这个具有社会性、公开性、广泛性和动态性特征的时代,数据资料可以随时随地产生,不仅数据资料的收集具有动态性,而且数据存储技术、数据处理技术也随时更新,即处理数据的工具也具有动态性,这些显著的特性无疑对教师专业发展产生了具体的影响和作用。

二、问题:当下乡村教师专业发展之困境

(一)大数据引发教师自我反思

第一,专业发展的自我意识问题。大数据背景下教师专业发展要求教师具备较强的自我发展意识和内在动力,这在很大程度上取决于教师是否积累了大量的信息化教学实践经验。然而,面对大数据,多数教师专业发展意识不够强烈,过于被动,内在动力不足,缺乏一定的教育信念和危机感。身处大数据时代,自我发展的危机意识比任何时候都来得迫切和真实,教师不能沉浸在已经取得的成绩里和自己狭小的圈子里,不能故步自封,需要将自己的眼光放长远,善于更新自己的知识库,立足于未来教育发展目标,制订出适合自己的专业发展规划,才能够具体地落到实处。大数据是基于互联网和云计算技术,对获得的巨量数据进行处理分析,从而提高人们对于事物的洞察力和决策力。这就要求教师要有主动求取新鲜事物的意识,思想观念要与时俱进,对自己的专业发展要有明确的规划和安排,时刻保持大数据的思维方式,用数据说话,从自我的发展意识改变起,为我们的教育教学提供真实、可靠的实践材料。然而,现实中往往教师所处的学校之间的福利待遇的差别,造成部分教师归属感不强,人员流动性大。教师的情感需求与愿望达成没有受到学校应有的重视,教师的职业神圣感与现实的失落感纠结不断,教师中普遍出现职业倦怠。教师的专业发展规划也没有系统专业的指导,导致教师对自身专业发展感到迷茫,陷入被动发展的态势。

现在社会,手机、电脑、网络是其数字化的生存方式,学生的兴趣习惯、学习方式、思维模式已经完全异于以前。教师也不再是高高在上的知识权威者,学生可以通过各种渠道获得自己想要的知识,教师要学会放下权威,大胆承认学生在某些方面比自己了解得更多,虚心向学生请教,学生也要敢于发问,出现师生互教互学,教学相长,有力地提升教师专业发展的内在动力。[1]如果教师自我发展的知识观念和思维方式

---

[1] 黄小宇."自我更新"取向:教师专业发展的内在动力[J].科教文汇(下旬刊),2016(2):25-26.

不转变,将不能顺应时代发展的潮流,势必会影响自己的教育教学质量和自我的可持续发展。因此,大数据时代的教师要树立发展创新的自我意识,利用大数据时代的便利技术和方式为自己的职业发展制订一套适合的发展规划,这样才能够有明确的目标,脚踏实地循着目标前进,让自己的职业生涯有价值和意义。同时,教师在大数据时代需要具备自我的数据意识,也就是教师对自己教学实践接触到的相关数据及其异动具有敏锐的嗅觉,教与学的相关过程和行为等从数据的角度理解、感受和评价。充分利用优质的教育资源不断更新自己教育教学的理念,不断提高自身素养,制订专业学习计划和职业发展规划,不断学习现代教育技术理论和先进的信息化教学方法,不断充实自身的发展,成为时代的弄潮儿,才不至于被社会所淘汰。任何研究都在追寻一个逻辑起点,而我们认为教师专业发展研究的起点需要从教师自我意识开始,若一个人连认知自我的意识都没有,就不能从根本上认识自我,即使外界发生再大的变化和拥有再大的助推力也是徒劳无益的。

第二,专业发展中的角色转变问题。教师在大数据时代的课堂上扮演的是信息资源整合者、激发学生学习兴趣的引导者、指导学生进行自主合作学习的组织者和监督者等角色。教师不仅要在课堂上为学生传授知识、提供资源,还要引导学生学会如何筛选、整合相关资料,善于利用信息平台与学生进行沟通交流、答疑解惑,因为教师要有终身学习的理念,不断更新自己的知识结构,只有具有最新的知识结构和完善的知识体系,才能够有底气迎接未来充满挑战的社会和充满求知欲望的学生课堂。但大多教师由于根深蒂固的教学习惯,无法适应时代发展的要求,自然会让自己的权威地位受到威胁,不愿意失去自己在学生心中的知识全能形象,因此不仅使学生的发展受到阻碍,也将使我国的教育事业无法得到快速理想的发展。

在大数据时代下,教师职能发生了很大改变。首先,教师针对教学资源方面要从提供者转变为整合者,根据学生的个性化需求,广泛地收集各种学习信息、学习资源,将这些信息和资源加以分析和整理,然后以多媒体和网络的形式有选择地呈现给学生,指导学生进行学习。其次,教学方式上,教师的教学方法要由传统的灌输式转变为启发式,激发学生的学习兴趣;同时,教师要指导学生学会制订学习计划,传授学习方法,从而推动学生自主学习和自主发展。与此同时,根据建构主义理论,教师不仅要做学生学习的组织者、引导者,还要做学生的合作者、评价者以及监督者。这些要求教师在更新教育观念的基础上转变角色,加强自己的学习意识,不断地完善更新已有知识库,为学生提供最新的、最能满足学生个性化需要的知识。

第三,专业发展中的利益处理问题。大数据时代,教师获取教学资源的途径多元化,因此教师可通过轻松便捷的方式获取教学资源,通过自我甄别选择适合课堂教学和学生发展的资源,形成个性化、有特色的教学方式,注重个人专业的发展。学校中往往存在个人比较优秀和教学贡献突出的教师,而这类教师由于自我优越感极强,一心钻研自己的教学和学术,不愿意牺牲自己宝贵的时间带领团队和集体共同进步,缺乏集体荣誉感,导致大数据时代教师专业发展整体受到一定程度的阻碍。在目前的教学体制下,教师的教学成绩和个人的贡献是教师发展和评价的主要标准,在教师专业发展过程中,对个人教学成绩和教学效果的重视程度多于集体的教学成绩和教学效果,究其原因,往往是教师群体受利益机制和职称晋升制度的影响,偏重个人教学成果,而淡化集体教学成果,内部竞争激烈的结果。

在大数据时代的教师专业发展过程中,应注重教师个体发展和群体发展的融合,多开展教师群体间的合作和交流活动,教师要与其他学科教师之间多交流,建立起互动合作机制,最好能够创建出一个良好的交流平台,为实现学科教育教学的深度融合添砖加瓦。以群体发展促进个体发展,个体得到发展后,又会转而促进群体发展。教师若一味地采取单一的交流方式、孤立的学习状态,肯定不能适应时代对教师提出的专业要求。伴随信息化社会的发展,为了实现教师专业能力的提高、促进共同发展的目标,教师需要形成一个强有力的学习共同体,在这个学习共同体中教师的工作、生活和学习方式,逐步演变为大数据时代的主流方式,我们需要加紧建构适合大数据时代教师发展的模式,使之有效促进教师专业发展,提高教育教学质量。因此,大数据时代,教师首先应该具备集体荣誉感,要有无私奉献的专业精神,同时在教师学习共同体中以身作则,关注学科前沿知识与技术,提升信息化技术手段下的教学设计能力,利用所学习的学科专业知识创新教学模式,经常在课堂中注入学生没接触过的新知识,这样就能引起学生的兴趣,提升教学效果。

第四,专业发展中的知识结构问题。大数据时代的教师知识体系可以指导实践中教师的教育教学行为,大数据时代教师获取的知识属于碎片化的知识,缺乏系统性。教师所具备的专业知识在具体的教学实践中既要求对教育现象进行高度抽象、概括和总结形成系统化的"理论",又要求教师的教育教学行为是在教育理论指导下对教育本质价值开展的积极探索。只有在理论指引下的教育教学实践才能使教师获得关于教育本质的规律性认识,进一步改造和完善教师教育活动。于教师而言,教学思维缺乏独创性、批判性以至于僵化、萎缩的根本原因在于教师教学理论匮乏与不足。一个优秀教师首先要懂得教育规律,其次要客观地遵循教育规律。在此基础上,在实践中提高教育科研能力,通过教育实习、毕业论文、参与课题研究等途径,注重科研实践的形成及转化。

要达到上述的教学实践，教师要不断丰富已有专业知识，完善专业知识结构。教师只有具备了系统化和丰富的知识，才能赢得学生的信赖和爱戴，因为教师丰富的文化知识，不仅能够扩展学生的精神世界，还能激发他们的求知欲。根据教师个人的文化差异，需要不断整合自身的专业知识体系，促进学生的全面发展，发挥自己的一技之长。在大数据时代，教育将由一个靠理念和经验传承的学科，变成一门实实在在的实证科学。教育中教师若连最基本的专业知识都不能系统地深入了解和掌握，不断更新自身的知识结构，加强大数据相关知识和信息技术的处理能力，就不能适应时代和社会发展的要求。

第五，大数据的能力提升问题。目前教师大多只在乎数据本身和如何应用数据，而不善于有针对性地去挖掘数据。因为大量的数据信息并不全是对我们教育教学有用的，随着教育大数据的快速增长，学生的海量数据不仅记录了学生学习行为轨迹，而且反映了学生的兴趣爱好及对知识的理解掌握度，这些数据是量化的、明显的学生的信息。有些数据虽然不是很明显，但是可以挖掘学生学习动机和学习态度的迹象，以及学生的挫折感、参与度等，教师必须学会有效地浏览海量数据，善于借助大数据有效分析解读千差万别的学生，走进学生世界，将不同数据分析整合在教学决策中，才能够更好地进行教育教学，提升教师的专业技能，促进教师的专业发展。

因此，教师不但要提高大数据的挖掘、甄别和应用能力促进专业发展，对挖掘出来的数据进行分析、加工后再加以利用，而且要有意识和能力充分利用数据指导其教学，通过多元数据了解学生的状态，使自己的教学决策更科学。教师通过学生学习行为数据分析可以发现问题学生、分析自己教学中的不足和问题，掌控自己教学的实践和发展的进程，及时调整改善教学，促进教学决策，做到因材施教，满足学生的个性化需求。[①]此外，还要学会提升自己处理数据的能力，运用数据的智慧，提升教师运用数据促进教学决策的能力。将采集到的大量数据提炼成有效信息、知识，并且升华为智慧以改进教学工作。在学校倡导数据文化，建立持久运作的收集、分析数据并将分析结果转换为教学决策和实践的体系，提升自己在专业发展中的数据处理能力，真正发挥大数据在教育发展中的价值。

(二)大数据助推教师发展反思

第一，教师教育培训模式固化与教育实践多元化需求的困境。通过查阅相关文

---

① 周旭.大数据时代下的教师职业发展——访清华大学经济管理学院院长钱颖一[J].辽宁教育，2015(1):5-7.

献可知,我国各地乡村地区组织的教师教育培训方式多种多样,如顶岗置换、名师教研室、专家讲座、送教下乡、校本研修等各种模式不断涌现,但无论何种形式的教师教育模式总是刚开始开展得如火如荼,但真正经过一段时间的实践检验后都因或多或少地转为教师们的一种负担而告终,无法很好地满足教师教育教学的实际需求。乡村教师们更多地倾向于切合实际需求的教育教学培训模式,希望能从中获得更多更有效的资源,以促进教师个体和群体的专业发展。总之,教师专业发展不仅要求教师在专业知识和专业技能方面有深厚的知识储备和丰富的经验,还需在教育理念和师德师风等方面有较高的认识与领悟,但目前固化的教师教育培训模式难以满足乡村教师专业发展的需要,这与政策制定者在制定培训模式的时候欠考虑乡村教师所处的实际教学生活环境有关,虽然校本研修成为目前教师专业发展的一种有效方式,但对于乡村教师整个职业生涯的学习持续性和系统性方面的发展仍然存在欠缺,大多只是照搬套用模式而忽略了结合各学校乡村教师实际需求,导致实际执行效果偏离初衷。

第二,乡村教师专业发展中教学资源与人际资源不足的困境。"国培计划"的实施与开展提升了我国乡村地区教师队伍的整体质量,尤其是大力地改善了乡村教师学历层次低、教育思想观念落后、专业结构知识不完善、教师结构不合理等问题,但在乡村教师的专业发展尤其是资源共享方面仍然存在欠缺。有学者研究表明,我国乡村学校教师专业发展资源问题主要表现在两个方面:一方面是教学资源较少,另一方面是缺乏名师专家的指导。由于城乡教育资源向来分配不均衡,乡村学校存在边缘化等特点,可供参考的资料和优质教育信息资源缺乏。通过调查访谈可知,乡村教师认为自身现有的教学能力主要得益于在教学中的不断摸索和反思,同事之间的交流和与校外其他教师进行经验交流的比例很低。[1]另外,乡村教师与专家学者接触的机会很少,接触同行新型观念和思想的机会就更少,缺乏切实有效的外部支撑。近年来城乡交流在具体的实施过程中产生了城市选派教师选拔标准低、没有按照乡村学校需求来选派、外派教师没有良好地发挥作用等现实问题。久而久之导致乡村教师们在实际教育教学中遇到的问题得不到及时有效的解决和专业指导,思想变得狭隘,易于滋生惰性,毫无进取心,由此产生职业倦怠,在此氛围中乡村教师更难意识到自我的专业发展。

第三,乡村教师队伍低收入高负担与自由支配时间少的困境。21世纪教育研究院通过对1032名乡村教师进行调研发现:32%的乡村教师要承担3~4门课程的教学

---

① 吕丹.乡村教师专业发展现状及解决对策[J].科教导刊,2017(30):69-70.

任务,28.9%的乡村教师要承担4门以上课程的教学任务;同时乡村教师平均一天工作达12小时。[①]另外,大多乡村教师除了教学工作量大、任务繁重外,还要应对上级教育主管部门的各项检查、考试与培训,由于超负荷的工作,时间紧迫教师们难以顾及教育教学业务学习,工学矛盾突出。上级分配给学校的任务,学校不得不采取强制手段,挤占教师应得的某些劳动收入或者让教师自我付费参与,导致教师产生抵触情绪。对于大多教师来讲,虽然国家一直以来都关注乡村教师们的福利待遇,但相对经济条件较好的地区仍然存在巨大差距,他们更无经济能力去承担额外的学习费用。繁重的工作、微薄的收入和自我专业发展需求强烈的矛盾,导致教师们身心疲惫,以致在自我专业发展中面临着压力与困惑,最终以乡村教师专业发展动力不足而显现。

第四,专业发展内容的针对性和个性化与教育实际需求脱节的困境。根据文献梳理和实地调研可知,2010年教育部发起的"国培计划"、教师在岗置换和县域内轮岗研修等措施对乡村教师队伍质量的提升起到了促进作用,但在实际的施行过程中效果不佳,乡村教师在职培训机会少于县镇以上教师,在培训体制方面还存在内容缺乏针对性、培训与教学冲突增加教师负担等问题。曾新、高臻一实地调查发现,"国培计划"实施后,虽然乡村学校教师专业培训机会比以前多,但培训内容和培训方式的针对性不强,仍难以满足教师专业发展的需要,教师们的专业化水平提升效果也不明显。[②]教师教育培训模式大多的培训流程和培训内容是按照城市教师的专业发展需求来定制的,当然学习内容与乡村教师教学实践相脱离,往往缺乏实用性,这些课程反而沦为教师自主发展的负担,因为上级安排必须修满相应的学时才算合格,他们没有任何话语权,无力反抗,只能听从。近年来各级各类专家呼吁并实施的校本培训等举措,虽有一定程度的改善,但在开发校本资源,课程设置和学习资源库建设方面,乡村教师仍然没有话语权,另外教师素质参差不齐,无法兼顾所有教师的个性需求。因此目前培训模式针对性仍不够强,忽视乡村教师个体需求的差异性和教师发展阶段的差异性,脱离教学实践,各类大量的新型教育培训内容等给乡村教师带来无谓的困惑与迷茫。

第五,专业发展考核评价机制不健全和专项经费支持不足的困境。上级教育主管部门机制不健全,学校考评制度不公平,社会支持力度不够是制约乡村教师专业发

---

① 张旭.农村小规模学校师资队伍建设的成效与困境——基于全国1032名农村小规模学校教师的调查[J].苏州大学学报(教育科学版),2015(2):85-92.

② 曾新,高臻一.赋权与赋能:乡村振兴背景下农村小规模学校教师队伍建设之路——基于中西部6省12县《乡村教师支持计划》实施情况的调查[J].华中师范大学学报(人文社会科学版),2018(1):174-187.

展的又一瓶颈。乡村学校由于条件差和福利待遇低，没有规范的专门针对教师专业发展的有效考核评价体系，监督体制不完善，与奖惩相脱节。课程的设计与规划以及活动的实施是否符合教师的需求，到教师参与进修后，其教学效能有无提升，是否有利于教师的专业成长等方面，都缺乏可行的评估机制。另外在乡村教师专业发展专项经费投入方面，按照2016年的小学生公用经费标准，西部地区的农村学校每年获得的公用经费仅为6万元左右，在公用经费足额发放的情况下，仅能够维持学校的正常运转，在教学仪器设备和资源建设等方面仍存在较大的经费缺口，更无法满足学校在师资培训方面的经费需求。加上经费投入没有明确的法律规范，投入渠道相对单一，主要靠政府财政支持，经费投入缺乏长效的保障机制，此种状况更难以确保乡村教师专业发展的有效持续开展。

简而言之，乡村学校无论在政策支持、经费投入还是师资素质方面都与城镇学校存在较大差距，要想真正促进乡村教育的发展，必须关注乡村教师的专业发展现状，提出具有针对性与实用性的举措来改善当前发展面临的问题，因为任何一种新的教育学习形式的出现都是根据社会的发展对教育的需求而产生的。[①]根据乡村教师专业发展的现实诉求，呼吁教育教学领域用新的视角和新的方式来解决教育面临的问题，以期更好地促进乡村教师的专业发展。

三、方式：利用泛在学习助推专业之发展

（一）扑面而来的泛在学习

1.泛在学习的内涵

泛在学习的理念起源于1988年泛在计算之父马克·威瑟（Mark Weiser）提出的"泛在计算"的理念，此项技术起初始于商界，后来逐渐地应用到教育技术领域，再将泛在理念慢慢整合到教育领域，进行相关的教育教学研究，就有了泛在学习的提法。他曾预言未来的网络模式："网络如同空气和水一样，自然而深刻地融入人类的日常生活和工作中"。[②]当今社会曾经的预言将成为现实，互联网已经自然地融入人们的日常学习生活中，泛在学习这个概念经历了泛在计算、泛在网络、泛网社会、普适学习、泛在学习等五个阶段的转换过程，它是数字化学习、移动学习和终身学习等多种学习参与后的一种学习状态的体现和必然的发展阶段；移动学习、数字化学习和终身

---

① 南国农.信息化教育概论(第2版)[M].北京：高等教育出版社,2011:223.

② 马满仓.泛在网络技术及其应用[J].电信科学,2011,27(S1):306-309.

学习则是实现泛在学习的重要手段和具体表现。①与泛在学习相关的概念有无缝学习、移动学习、数字化学习及混合学习等,目前的泛在学习方式属于南国农先生所划分的第五代远程教育智能灵活学习模式②的范畴。我国学者郑世珏等认为,泛在学习是普适计算环境下未来的学习方式,是学习者可在任何地方、任何时候,使用手边可获得的任何移动设备来进行个性化学习活动与信息交流的方式。③余胜泉认为泛在学习就是在无所不在的学习情境空间中,在自然的生活场景中,学习者透过情境感知设备与情境相关群体或智能知识主体,以自然的方式交互、共享和构建个体认知网络和社会认知网络的过程。④

综合分析之后,笔者认为泛在学习是在数字学习基础上发展起来的,囊括移动学习的优势于一体,而又超越移动学习的一种指尖时代所孕育的智能学习方式。基于对泛在学习的不同理解和认识,我们认为泛在学习的内涵是指任何人于任何时间任何地点借助各类移动终端设备在智能化的学习环境之下,根据学习情境的需要,以多样化的学习方式获取所需数字化、网络化的信息资源和服务,以人为中心的能最大化满足学习者个性需求,以泛在技术(云计算、大数据等)作支撑来实现的物理空间的非面对面和虚拟空间的面对面的学习与交流模式。泛在学习方式正处于高速发展阶段,相对于移动学习更具有泛在性、情境性和个性化等特点,它经历了一个教育需求与技术发展交互推动的过程,它的出现不仅会给人们带来学习理念的转变,还会促使学习环境的彻底改变,它已经慢慢地成为人们的一种生活方式,而不只是我们简单的一种求知的方式。借助于电子信息科学与互联网技术,泛在学习可谓是将世界上最优质的教育资源,传播到地球最偏远的角落。

2.泛在学习的特征

学者潘基鑫等认为,泛在学习方式的主要特点是泛在性、易获取性、交互性、学习环境的情境性、以现实的问题为核心。⑤李卢一、郑燕林认为泛在学习的主要特点为情境性、真实性、自然性、社会性与整合性。⑥徐晶晶认为泛在学习优化了数字化学习与移动学习的优势,有以下特点:易获取性、即时性、移动性、虚拟现实、交互性、协作

① 潘基鑫,雷要曾,程璐璐等.泛在学习理论研究综述[J].远程教育杂志,2010,28(2):93-98.

② 南国农.信息化教育概论(第2版)[M].北京:高等教育出版社,2011:226.

③ 郑世珏,刘三妍.智能手机的微型移动学习创新设计[M].北京:清华大学出版社,2015:21-24.

④ 余胜泉.从知识传递到认知建构、再到情境认知——三代移动学习的发展与展望[J].中国电化教育,2007(6):7-18.

⑤ 潘基鑫,雷要曾,程璐璐等.泛在学习理论研究综述[J].远程教育杂志,2010,28(2):93-98.

⑥ 李卢一,郑燕林.泛在学习的内涵与特征解构[J].现代远距离教育,2009(4):17-21.

与共享。[①]国外学者认为泛在学习的特点有永久性、可获取性、即时性、交互性、教学行为的场景性。[②]综合各位学者的观点，笔者认为泛在学习具有泛在性、易获取性、情境性、共享性、个性化、整合性等特征。

第一，泛在性。泛在性是泛在学习方式的一个基础性和决定性的特征，是指学习需求、学习内容、学习服务、学习行为的发生都是泛在的。学习者可基于自身的需求持续地、无缝地获取各种学习支持，它包括了移动学习的即时性、移动性、交互性等特征，打破了时空限制，持续地、无间断地对任何形式的学习资源进行访问、传递与共享，能实现最大限度的泛在学习支持。

第二，易获取性。泛在学习环境的开放性、兼容性，使学习者可以在任何地方任何时间接入他们所需的各类信息。多样化的通信方式使学习者能够找到适合自身的学习工具和方式，这些信息的提供是基于学习者自身的需求的，因此易获取性的特征体现在泛在学习是一种自我导向的过程，便捷易获取。

第三，情境性。学习者的学习可融入日常生活中，可体验真实的学习环境，学习进程是无缝变换的且没有被学习者觉察，学习者甚至意识不到学习环境的存在。将所遇到的问题和所需的知识以自然而然的方式呈现出来，帮助学习者更好地关注问题情境本身。[③]它以学习者的学习任务和认知目标为焦点，目的是解决学习者在现实中所遇到的问题，而不在于资料的收集和学习工具的使用。

第四，共享性。学习者利用终端设备随时与专家、教师或者学习伙伴进行同步或异步的协作与共享交流，也可以随时随地直接从泛在环境中获取信息，将学习行为从校园带到整个社会，从真实生活带入无线的智能空间。泛在学习环境中学习者不再是一个孤独的人，在这个虚拟的世界里可以找到更多具有相似或共同学习目标和学习兴趣的人，可以通过这个平台进行相互交流和探讨。

第五，个性化。泛在学习能够根据不同对象的不同学习需求进行自主调控，它的私人定制功能和个性化资源推送等，能够最大化满足学习者的个性需求和调动学习者的学习主动性。[④]确保泛在学习的发展，需要明确学习的主体以及与该主体相关的信息，并根据主体需求及相关信息提供相应的服务。因此，个性化体现在学习者具有

---

① 徐晶晶.基于Podcasting的数字课程设计及教学应用研究[D].上海:上海师范大学,2008.

② Chen, Y.S., Kao, T.C., Shen, J.P., & Chiang, C.Y..A MobileScaffolding-Aid-Based Bird-Watching Learning System[C].Proc.of IEEE International Workshop on Wireless and MobileTechnologies in Education, 2002:15-22.

③ 李卢一,郑燕林.泛在学习环境的概念模型[J].中国电化教育,2006(12):9-12.

④ 郑世珏,刘三妍.智能手机的微型移动学习创新设计[M].北京:清华大学出版社,2015:22-23.

高度的灵活性和自由选择性,与传统的批量化、标准化、统一化学习不同,其更多的是基于个人目标与兴趣,有个人倾向性。

第六,整合性。泛在学习者在进行泛在学习过程中,有效地把学习环境、学习工具、学习资源、学习方式、学习过程、学习成果等整合在一起[①],使学习者在不同情景和环境中的学习具有连续性、互操作性和适应性。学习者将随时随地进行无缝学习,无论在任何学习场所,借助任何学习设备,强调现实环境与虚拟环境的相互融合,进行信息的互相传递,实现整个学习过程的系统化和完整性。[②]

3.泛在学习的意义

第一,为乡村教师专业发展提供了便捷的信息通道。教师们通过泛在学习根据自己的喜好选择不同的学习内容,利用闲暇时间灵活地进行学习,这种学习方式不受教师的学科类型和年龄结构限制,可以活学活用。乡村教师们在繁忙之余,只用动动手指通过网络平台便可获取广泛而丰富的各类教育教学信息资源(包括文字、图片、音频、视频、学习类App),无处不在的广泛学习,让乡村教师的学习发展变得如此便捷与高效。

第二,为乡村教师专业发展提供了有力的实践导向。乡村教师们在进行资源学习与交流的时候,虽然是基于虚拟的网络,但学习的过程和认知的获得以及情感的体验是学习者的直观感受,使学习活动融入日常的学习活动中,使知识与现实生活中的具体情境实现无缝结合,让乡村教师们期盼的"以问题解决为中心"的学习成为可能。教师们在交流与协作的同时能调动学习兴趣和参与度,让彼此之间的交流更加愉快,让彼此获得更加丰富的知识,并在反复交流与实践中建构适合自身的知识体系,增长教育教学经验,提升自身的专业素养,获得自我的持续发展。

第三,为乡村教师专业发展提供了个性化发展的契机。泛在学习的过程中,让乡村教师们平日难以获取的专家指导和帮助成为可能。教师们借助这个学习平台通过与大量优秀教师和专家学者的交流与互动获取丰富的资源,将这些资源进行有效利用,并建构起自己的知识体系,将适合乡村教师群体的学习成果分享传递出去。同时,泛在学习有它的独特性,依托于网络移动平台,满足根据自己所处的环境来获取适合的学习资源,满足乡村教师们的个性学习需求,满足乡村教师学习时间碎片化和学习个性化的需求。教师们在进行学习与交流的过程中,各种疑难问题都可以在交互中得到解决,各种思想可以进行交流与碰撞,又不断地产生出新的思想,更好地指

① 李卢一,郑燕林.泛在学习的内涵与特征解构[J].现代远距离教育,2009(4):17-21.

② 李卢一,郑燕林.泛在学习的内涵与特征解构[J].现代远距离教育,2009(4):17-21.

导教育教学实践,这样的方式也容易形成有利于乡村教师的各类教育教学资源和宝贵的经验,这样的经验也能在乡村教师群体之间进行分享与交流,更好地促进乡村教师们的专业发展。

总之,泛在学习方式的出现将无线网络和现实时空无缝融合,给乡村教师们提供了一个充分自由的多样化学习空间,即任何需要学习的人都可以随时随地地接受任何形式的教育。[①]这能较好地解决乡村教师的任务重而时间少、学习内容无法满足需求,获取资源不足等现实问题,让乡村教师们获取更多学习和发展的机会,提升专业水平,更好地在乡村教育工作岗位上体现自身的价值。

(二)利用泛在学习助推发展

1.顶层设计:设计利用泛在学习助推发展的整体构想

第一,国家统筹:搭建"泛在学习"供给体系。近年来,我国推行的"农村中小学远程教育工程""三通两平台"等项目持续推进,农村学校甚至相对偏远、贫穷地区的薄弱学校基本上已实现了信息化的教学环境,为泛在学习的实施提供了最基本的条件。但从国家层面来讲,为了更好地搭建基于乡村教师专业发展的泛在学习实训研修平台环境,还需加大基础设施设备的建设力度,提供更多的优质教学资源,增强教师的信息化学习能力,只有从这三方面合力去考虑,才能为后续泛在学习活动的顺利开展提供强有力的物质保障。

第二,地方推进:探索"泛在学习"应用模式。《教育信息化十年发展规划(2011-2020年)》的颁布,使得我国教育信息化的建设和互联网的普及应用有了质的提升,任何教育信息化的发展都要经历初步应用、应用整合和融合创新阶段,探索如何将泛在学习这种新型的信息化学习方式应用于乡村教师专业发展的模式也需经历这三个阶段。在国家泛在学习资源公共服务平台建成之际,鼓励省级、县级、学校、教师从各个层面进行探索与应用,通过网络平台进行信息推送与发布,让各级部门群策群力探索出适合乡村教师专业发展的泛在学习应用模式,形成覆盖各级各类乡村学校的各个年级各个学科教师教育学习资源库。比如"一师一优课"政策多向乡村教师倾斜,让广大的优秀一线乡村教师将自己的教育教学经验和成果通过网络平台进行推送与发布,不断推进信息技术与教育教学的深度融合,不断创新应用模式。

第三,个人践行:探索"泛在学习"学习模式。教师学习的观念需转变,通过构建网络学习思维和学习范式更新教师的专业发展理念。教师的教育理念能够直接影响

---

① 亢春艳.终身学习理念下的U-learning环境设计[J].现代教育技术,2011,21(10):83-86.

教师的教学方式和教学方法,教育理念需要教师通过实际的教学工作和不断自省总结得出。教师需要明白,基于泛在学习的方式不仅是通过改变教学方式、使用先进的教学设备就可以完成的,更多的是需要教师自身进行专业发展,提高自身的综合素质。另外,乡村教师还需要转变传统的教学观念,树立专业发展信心,高度认同自身职业发展的价值和意义,不断提升技能和进行自我反省,相信一定会快速提升自己的专业教学水平。教师专业发展是一个动态的持续过程,需要教师不断地学习和进行反思,教师在对自身的教学工作和方式不断反思和完善的过程中,清晰地认识到自己在理论知识和实践技能方面的欠缺,进而改进和提升自己。

2.创建资源库:建设乡村教师专业发展的数字资源库

第一,国家层面:构建国家多元化多层级乡村教师专业发展资源库。呼吁国家和政府部门提供这样一个平台,能够云集海内外专家学者的智慧和力量,为乡村教师专业发展献计献策,针对不同区域、不同经历和不同学科教师,给他们配备专门套餐,建设开发出一套相对完备的有别于城市教师专业发展的教育资源库,便于城乡、区域、校际资源分配的相对平衡,提供给他们无时无刻不在的泛在学习资源。教师们可通过这样的开放平台,自由选择参与在线课程、学术报告、专题讨论及专家讲座等一系列围绕专业提升展开的研修活动;同时通过网络平台乡村教师之间可以实现跨区域跨学科地进行课堂观摩、听评课和在线研讨等,形成更加丰富、多元化、专业化的乡村教师专业发展资源库。

第二,学校层面:构建校本特色乡村教师专业发展资源库。乡村学校需要依托乡村地方特色,以乡村文化为依托,充分挖掘乡土素材,构建适合学校发展、学校教师发展和教育教学实践的有特色的教师专业发展资源库,包括本校教师的实训研修平台、供学习交流和实践的泛在网络平台。同时,学校应该聘请专家学者进行专题报告或业务指导,形成学校特色的数字化资源,供学校教师随时随地分享与学习。专家们能够对本校教师的专业发展中存在的问题或者平时教育教学中的现实问题进行专业的训练和指导,形成有校本特色的资源库。教师之间、教师与专家之间也可以形成合力,逐步对自己的教学实践和教学特色进行反思与改进,便于更好地提升整个乡村教师队伍的专业化水平。

第三,教师层面:构建师本特色乡村教师专业发展资源库。资源库建设的根本立足点为乡村教师,让乡村教师们在知识共建、共享的过程中不再只是资源的使用者,同时也成为资源的生成者、建设者、维护者。乡村教师在创建学习资源和制订培训方案的过程中更具有针对性和实用性,能满足乡村教师的真实需求,达到按需施学的目的。乡村教师之间结合自身的教学实践,能够根据自己的兴趣制订专业发展计划,进行榜样示范,以乡村教师的特色为本,不断形成适合乡村教师专业发展的模式,并在不断的学习与教学中自省自悟,形成一线教师最接地气的专业发展资源,同时根据乡村教师教育经验以及教师的实践与学习经验,以及反思后获取的经验可以不断地给师本资源库注入持续不断的活力,以便于为顶层的理论架构提供一个导向。

因此,只有从宏观国家、中观学校和微观教师三个层面去思考,加快乡村教师专业发展的资源库建设,才能为乡村教师专业发展提供一个合理实用的资源库,促进乡村教师专业化水平的提升。丰富多元化和满足教师需求的资源是乡村教师专业发展的最根本保障,缺少系统化、专业化、实用性的资源,难以让教师们进行深入的教学与发展。

3.应用指导:构建泛在学习下乡村教师专业发展模式

第一,教学目标:明细化。基于泛在学习的网络平台的教师教学目标应从国家、学校和教师设立分层分类菜单,参考国家信息资源平台的管理方法,明确关于乡村教师专业知识、专业能力、专业理念与师德等方面的政策与标准。结合乡村教师或特殊岗位教师的政策倾向,并以乡村地区实际的经济发展水平及财政支持能力为基准,通过科学的测算方法制定区域乡村教师专业发展的课程标准,让全国各级地方政府都能依据本地区的学校或教师发展状况找到对应的乡村教师专业发展的标准导向,并依据此标准来进行更加科学化和具体化的乡村教师专业发展工作研究。

第二,教学内容:针对性。通过利用先进的泛在信息技术手段改造现有的在线学习平台,并结合乡村教师自身利用数据支持教学的现状和需求进行精确的分析与定位,根据乡村学校的现实状况选择易操作的、快捷实用的方式,制订出有针对性的学习内容。依托教育信息化方面的已有研究优势与企业在先进技术研发方面的优势,鼓励信息化条件较好应用到乡村教师专业发展的资源建设中去,并结合当前乡村教育发展需求,做对满足不同层次、不同经历和不同学科教师的专业发展内容需求的设计和建设。

第三,教学模式:个性化。在泛在学习理论视域下,通过对乡村教师的学习特征、学习环境、学习情况等进行个性化分析与深入探讨,创设更具有个性化的教学模式。乡村教师这个特殊的群体存在各种不同的知识背景、教学风格、学习能力及经历,应尊重他们的个体差异,允许他们根据自己的学习兴趣和教学需要自主选择学习内容和学习方式,这种教学模式强调利用不同的信息技术手段通过对碎片化知识的积件式写作和个性化改写,实现个人知识体系的创造性重构。[①]

第四,教学组织:多样化。基于泛在学习平台的网络教学组织形式,应在借鉴传统课堂教学组织形式优势的基础上,充分认识它的独特性,资源提供者与学习者处于时空分离的状态,此种情况展开的学习活动主要是在信息网络技术创设的虚构环境中进行。应该结合先进信息技术设备构建适宜的泛在学习环境以提高乡村教师的学习效果,采取乡村学校引进、专家指导、乡村教师自我筹建等模式,以期实现更加科学和可行的教师教学组织形式。同时还应综合考虑所选择的教学组织形式是否考虑到学习者人数、学习科目、不同经验层次的学习者的适应性,然后根据乡村教师具体的教育教学实践中的经验是行动态的自我适应的调试,以便形成更加适宜的教学组织形式。

第五,教学评价:规范化。基于泛在学习环境的教学评价指的是在系统、科学、全面地搜集、整理、处理和分析教学信息的基础上,对教学的价值做出判断的过程。[②]教学评价应从教学理念、教学内容、教学方式等方面去综合评价,形成一套规范的智能化评价体系。借助信息时代的数据分析,形成可借鉴的科学数据,并给具体的教学实践提供可行的参考信息,这样也有助于教师在学习与发展中合理定位及明晰自身的优劣,让学校、家长、政府、社会多方参与进来,形成比较全面的、规范的、综合化的发展性评价体系。

综合上述五个方面来思考与建设,才能更好地切合乡村教师们的实际专业发展需求,并给他们提供更加明晰的学习目标和相关的情境创设,根据具体的问题展开学习与讨论,并获得推送的适应性资源,针对问题分析找到解决方法,选择适合自身的最佳学习方式和学习路径,在这个过程中,学习者的个性需求能得到最大化的满足。同时利用泛在学习平台开展在线的互动与交流,形成更加多元的评价体系,便于乡村教师教育教学质量的稳步提升,并为进一步的学习与研究打下坚实的基础。

4.制度保障:构建助推乡村教师专业发展的支持网络

第一,重视乡村教师发展。为了确保我国乡村教师专业发展的顺利进行,应从社会、政府、学校等层面去重视乡村教师,关注乡村教师的专业发展,并为他们创建一些学习与交流的平台,提供大量的信息资源。同时,我们也应该认识到在信息化高速发展的时代下,乡村教师的质量是乡村教育的关键。要随时关注时代发展的新趋势,实时对乡村教师的培训目标、专业发展动因、学习内容与方式,以及制度与环境等方面

---

① 王竹立.新建构主义:网络时代的学习理论[J].远程教育杂志,2011,29(2):11-18.

② 李葆萍,周颖.基于大数据的教学评价研究[J].现代教育技术,2016,26(6):5-12.

提供指导。

第二,确保管理体制机制。通过建立国家、省、市、县四级乡村教师管理体制,确保乡村教师学习培训管理的规范化,坚持定期全员学习培训并进行量化考核,以保证学习的有效性。如在平时的教学活动、教研活动中,制定相关的激励制度,不仅要通过量化的方式来评价教师,更应该设立一个学校内部适宜的管理机制来助推乡村教师专业发展。另外,教育行政部门还可以和各类乡村学校进行合作探讨,设立乡村教师发展组织等,明确各自的职责,确保乡村教师专业发展的有效开展。乡村学校也能对乡村教师的专业发展起到指导作用,引领乡村教师有效规划自己的发展目标。同时,在教师专业发展的过程中,各级各类部门应该确保制度的有效宣传与执行,对权责不明的机构进行有机调整,建立专门的乡村教师专业学习与培训管理制度。学校在进行具体的教育教学过程中,参考教师队伍建设的管理制度,根据学校的实际情况适时进行内部机构调整,建立合理有效的管理体制,将责任落实到人,展开师本专业学习以促进教师整体素质的提升。

第三,完善教师制度建设。乡村教师是特殊的教师群体,只有保证每位乡村教师的教学资格和教学素质都达到相应标准,才能更好地开展乡村中的教育与教学工作。目前我国教师资格制度全面施行,考试对象有师范类和非师范类,表明我国的教师教育体系的受众对象更加开放,这样更有利于选拔到能胜任教师职业的教师群体,也是教师教育资源整合的一个导向。总之,教师专业发展实施的条件保障是全方位的,既有教师资格制度的规范化,教师教育和培训机构的专业化,又会涉及教师教育教学课程标准的改进,各项教师制度循环推进。在解决乡村教师专业发展如何满足乡村教育发展实际需求的问题中,更要考虑到乡村教师自己的发展需要,考虑到乡村教师作为乡村教育主体的地位和价值。唯有如此,才能给乡村教师们提供一个持续有效的专业发展模式。

第四,规范技术平台建设。基于泛在学习的交流及信息发布平台,是一个更加灵活而开放化的平台,可以让乡村教师们处于一个广阔的教育信息环境之中,能给予他们更多的实践空间,让他们与更多的信息、观念发生思想的碰撞与交流。因此,需要规划这个技术平台的标准化建设,以便于让乡村教师对自己的专业发展有更加精准的认识与定位,从而通过技术平台的数据信息,结合自身的实际需求,对已有的知识结构和教学理念,以及自己的学习方式等方面能进行更深入的思考。同时,良好的技术支撑也是泛在学习得以展开的前提条件,在强大的平台支持下,乡村教师们可形成一个有共同理念和追求的学习共同体,通过不断反思,借助平台分享与交流,不断地修正自我的发展规划和学习模式,在这个过程中,所遇到的某些需求又可以反馈给技术平台,提高技术的后台支持水平,以更好地促进乡村教师们的专业发展。

此外,还需考虑到泛在学习发展的局限性,以更好地扬长避短,利用这种学习模式更好地促进乡村教师的专业发展。首先,与泛在学习相伴而生的碎片化学习和浅层化理解现象容易导致学习深度的欠缺,数字化资源的呈现方式要更加丰富,否则难以调动教师的学习兴趣和满足他们的学习需求。其次,在高负荷的工作压力下,乡村教师们网络自我学习控制力难以保障,因此在线参与度可能不够,若此便难以有效促进教师的专业发展。最后,泛在学习平台建设在技术支持和资源建设方面要求较高,技术的发展和资源的建设还需要一个过程,在短时间内难以很好地满足乡村教师专业发展的需求。因此本专题是立足于一个展望的视角,利用泛在学习的新型方式构建未来乡村教师专业发展的新路向,只有深入思考如何规避泛在学习理论下的一些局限,才能更好地将信息技术手段运用到乡村教师的专业发展中去,助力乡村教师队伍整体质量的提升。

专题十一　乡村教师问题研究之研究①

【摘要】为了更好地促进乡村教师问题的研究,需要对乡村教师问题研究的历史与现实及视野进行必要的梳理。首先,对乡村教师百年认识的梳理发现,日本、韩国教师地位在全世界排名是居于前面的,农村教师流失问题是各国都面临的问题,各个国家都在出台不同政策吸引与留住农村教师。其次,通过对农村教师的社会地位、政策待遇、津贴发放,日本、韩国、法国等国的农村教师工作流动,日本、澳大利亚等国农村教师的教育培养等等问题的梳理,获得了因地制宜地提高农村教师待遇、科学地设计城乡教师流动机制、齐头并进地推进职前职后教育等启示。最后,为了认识当代乡村教师问题研究的现状,本研究对所收集的2604篇文献,利用CiteSpace科学文献可视化软件进行分析并结合具体文献,发现了有关乡村教师研究的路径、热点,进而分析讨论了未来研究的展望。

【关键词】乡村教师;历史梳理;国际比较;专业发展

一、乡村教师百年认识之梳理

乡村教师,包括私塾先生、私立学校教师、兼职教师、民办教师、特岗教师、农村教师等众多类型,是一个既有点"土气"、又有点"洋气"的称谓,是一个既有点"卑低"又有点"崇高"的称呼,自从人类社会产生以来,就一直存在着,这种称谓既是对一个个具体人物的指称,又是对一个工作岗位的指代。为了更好地理解当下乡村教师的问题,有必要对百年来有关乡村教师的认识、研究进行梳理。我们通过对近年来有关乡村教师研究文献的解读,梳理出来了百年来有关乡村教师的认识。

---

① 本专题由王丽娟(女,西南大学博士生)、向静(女,教育学硕士,成都市新都区锦门小学教师)、谢焕庭(女,教育学硕士,贵州省铜仁学院教师)、李瑞(女,教育学硕士,重庆师范大学附属初级中学校教师)同志完成研究、撰写工作。

（一）关于乡村教师的形象使命

近百年来，关于乡村教师的形象使命可以从社会角色、职业角色、职责使命三个方面来梳理人们的有关认识。

1.关于乡村教师的社会角色

第一，革命精神的播火者。有研究表明，在民国初期，乡村教师在"早期党组织负责人中占了67%……如果这个结果反映了中共早期乡村建党的一般状况的话，那么，我们可以说，乡村教师在中共向农村发展的过程中起到了举足轻重的作用"。"中共认识到乡村教师无论从经济生活、政治倾向、阶级立场抑或是从社会地位等方面来看，这些处在基层农村知识分子都具有较强的革命倾向与热情。"[①]鉴于知识分子的特殊及有利情况，乡村教师作为乡村知识分子群体中重要的组成部分，更成为"中共进入农村的先锋队和播火者"。可见，这时乡村教师是革命的播火者，坚持在敌后教育、宣传革命思想，他们通过夜校、家访、社会宣传等各种形式进行革命宣传活动，使农村中党组织不断壮大，党员数量有了较大的增长。

第二，教育救国的探索者。有关学者的研究表明，作为民国时期的乡村教师实在不易。[②]当时自然灾害频发致使农业经济停顿，时局战乱致使百姓流离失所，盗匪横行致使乡村一派凋敝，这些情况致使许多人走上背井离乡之路。内忧外患的社会现实赋予了民国知识分子救亡图存的深刻命题，而乡村的破败和危机屡屡刺痛着知识分子脆弱而敏感的神经。他们深知无论从人口上着想或从经济上着想，唯有站在乡村的立场，侧重乡村，从乡村工作入手，以复兴民族，方不会走错了路子。[③]于是，"具有不同社会背景却具有同样社会良知的知识分子，从自身的学术使命和社会责任出发"[④]，通过研究乡村社会问题和开展乡村（教育）建设实践来拯救国民心理，发展民族精神，进而挽救国民经济，试图走教育救国路来引领中国社会走向复兴。

第三，乡村建设的开拓者。20世纪20—30年代是中国乡村建设思想和乡村教育实践的繁荣时期。此时，研究乡村问题、着手乡村建设的知识分子群体主要有以梁漱溟、黄炎培等为代表的国内知识精英，以晏阳初、陶行知等为代表的留学归国人才和

---

① 丁留宝，罗国辉.乡村教师：中共革命的播火者——以安徽农村党组织建设为例(1923–1931)[J].许昌学院学报，2008(6)：103–107.

② 车丽娜，徐继存.乱世中的学者使命：民国知识分子乡村实践的现实启示[J].青海社会科学，2015(5)：161–166.

③ 王衍康.乡村教育[M].南京：正中书局，1946：附录.

④ 车丽娜，徐继存.乱世中的学者使命：民国知识分子乡村实践的现实启示[J].青海社会科学，2015(5)：161–166.

以燕京大学、金陵大学等为代表的大中专院校的师生团队。他们或著书立说,研讨乡村问题和乡村发展方向;或组建团队和研究机构,培养乡村建设人才,扩大乡村教育思想的社会影响;或躬身乡间并建设实验区,醉心于自己理想的乡村教育,塑造着理论与实践完美结合的教育典范。这时的他们是乡村教师又一形象的代表。他们在乡村中,展现出服务桑梓的乡土情怀,在战乱年代中迸发热爱祖国、参与革命的家国情怀。在民国大时代中,渺小的他们组成了强大的集体,挺起民族的脊梁。如留学归国后践行生活教育的陶行知,在当时的新教育黯然的情况下,他把目光投向了广大的农村,认真思考乡村教育问题,走上了主编主导主演的晓庄实验之路。在乡村改造之路上,"根据乡村社会改造的实际需要,设立了总务、教育、卫生、农林、交通、水利、自卫、救济、妇女、编辑、调查12股,分别进行规划和指导"。①此时他既是乡村教师,也是校长,又是村民……身兼多职。此外,还有众多的试验研究者,他们不辞劳苦,乐其所为,被赋予乐教、爱国的时代特征。不管是当时还是现在都受到追捧和崇拜,后继学者对他们的研究络绎不绝,或希冀能继承他们的传统,延续他们的精神,润教育于无声,或从他们的创举中寻些适合现在改革的苗头,让时代的文化涌流。

第四,农村教育的主力军。新中国成立后到"文革"时期,以民办教师为代表的乡村教师承担了农村教育主力军的角色。新中国成立之初,百废待兴,民办学校的建立和民办教师的选任是应对教育经费欠缺和师资严重不足的最佳方案。这些民办教师和稍懂读写算的村民在建国初期的扫盲运动中起到非凡的作用。随后人口增长、受教育人数猛增,师资需求也急剧增长。在培养师资的主渠道——师范院校因"文革"停止招生、公办教师来源中断的情况下,民办教师更是发挥了骨干力量的作用。直到现在,人们还吟诵着他们的伟大②:历史让他们"上位",他们平凡却伟大,贫困却执着;虽不知道真丝的奢华与皮草的高贵,却能把人性的温暖与质朴的美丽奉献给山里的娃娃;他们虽然生活贫寒条件艰苦,却自己用笛子演奏国歌对学生进行着灵魂的洗礼;他们没有享受应有的教师待遇,却以绵薄之力担负着中华民族最神圣同时也最艰巨的乡村教育的重任;在乡村社会中处处都有其无私奉献的身影。

第五,倾斜政策的沐恩者。随着国家城市化的整体推进和迅速扩展,传统农业经济的不振及快速衰落,政府逐步"取缔"了民办教师政策,同时伴随教师专业化的全面推进,乡村教师渐次失去了其生存之根,并进而逐步沦为"弱势群体"。如"《人民日报》不断用政策倾斜和援助来架构乡村教师报道";在社会给乡村教师贴上的标签经

① 吴擎华.陶行知与民国社会改造[D].济南:山东大学,2008:44.

② 车丽娜,徐继存.民办教师及其对乡村社会的影响[J].教育研究与实验,2014(5):45-51.

媒体的选择与扩大下,乡村教师给人的印象是文化水平低、工作条件艰苦等。此外,"透过免费培训、拨款等主题,经常看到的是某地政府落实对乡村教师的优惠政策、拨款、关心爱护乡村教师等,在某种程度上乡村教师被贴上了'沐恩者'的标签"[1]。在此过程中,乡村教师"日渐丧失其在公共生活中的知识分子身份,退出传统的农村社会舞台。他们的创造力、判断力与反思力正被现代教育理论与技术宰制而日益退化"。最后导致"乡村教师之于乡村的知识分子身份,随着现代文明与教师专业化的发展而日渐式微:其'知识者'角色正在弱化,其'文化人'身份正在消失,其'政治精英'地位正在旁落"。[2]上述因素综合作用的结果是乡村学校成了乡村社区的"孤岛"、乡村教师成了乡村社区的"候鸟"。

虽然"通过与民办教师生活其中的乡村民众经济收入的对照,可以发现民办教师整体上并不比周边村民表现得更加拮据"。但在"乡村教育经费有限而受教育人数众多的情况下,贫困是经济发展落后所造成的乡村整体社会的特征和教育发展的瓶颈,民办教师的生活必然无法超越这种特定的社会现实"[3]。但就是在这样的情况下,乡村教师发挥着文化知识的传授者、乡村文明的传播者、社会发展的探索者等多种角色的作用,在乡村社会有着较高的地位和声望,是村民们信得过的"先生"!

2.关于乡村教师的职业角色

第一,早期的"多面手"。如上所述,民国时期一部分乡村教师作为共产党员而存在,传授知识的同时也传播党的理论。一部分乡村教师作为自由人士存在,在战火纷飞的年代奔走在乡村教育的路上。如20世纪二三十年代的乡村教育运动中的国内国外精英们从未认为乡村教师是单纯的"教书匠",他们身上体现出知识分子的公共性与专业性的统一,他们充当乡村民众的精神导师和乡村社会改造的发动机,是一位位扎扎实实的"多面手"!因此,如有研究指出的:"长期以来,传统中国乡村教师在社会身份角色上是相对清晰的,即无论该师身处何方,他者与自身都会将自己视为是乡村的知识人,从而,在从事自己正常的教书育人之外,他们也会广泛参与本地的日常社会事务活动,并将其视为自己应尽的职责。"[4]过去的他们,尽管收入低但由于其文

---

① 鲍坤子.改革开放以来《人民日报》对乡村教师形象建构的研究[J].中国传媒科技,2013(24):150-152.

② 唐松林,丁璐.论乡村教师作为乡村知识分子身份的式微[J].湖南师范大学教育科学学报,2013(1):52-56.

③ 车丽娜,徐继存.民办教师及其对乡村社会的影响[J].教育研究与实验,2014(5):45-51.

④ 容中逵.他者规训异化与自我迷失下的乡村教师——论乡村教师的身份认同危机问题[J].教育学报,2009(5):83-88.

化水平较高从而成为乡村文化的代言人,是乡村知识精英,同时也是乡村人。

第二,近期的"教书匠"。新中国成立以后随着国家权力深入乡村和媒介的介入,国家政权通过各种力量渗透到地方社会,日益强化其监视力,乡村教师成为乡民眼中的"国家干部"。乡村教师脱离乡土社区生活的联系与互动,他们愈来愈成为城市人的角色并向单纯的"教书匠"转向。有学者考察指出,现在毕业于师范学校的学生,年纪轻、经验少,根本不具备乡村礼俗知识。①正如有研究指出的,乡村教师在地域归属上从"乡村教师就是乡村教师"到"乡村教师'国家化'"逐步发生转变。在身份归属上由"知识分子"转向"教书匠",乡村教师本应具备专业性与公共性的双重属性,教育现代化使得他们被孤立为专业人。

第三,当下的"刻板化"。在古代,乡村教师德高望重,人们不仅将"先生"看作自己子女智识的启蒙者与传授者,更将其视为道之代表、礼之化身、德之典范。②在民国,乡村教师与乡民同样劳作,从事乡村治理工作,成为乡民眼中的能人。新中国成立以后经改革开放以来,在"为人师表""身正为范、学高为师"的宣传下,乡村教师成了学生的榜样,他们在新闻媒体宣扬的"园丁""蜡烛""春蚕"中成了清贫而崇高的化身。可以说,在这些较为"刻板化"的描述中,对乡村教师职业角色的描述还是比较正面的。当前对乡村教师宣传的另外一种刻板化现象表现为:"报道呈现典型化和标签化现象。除介绍、宣传相关政策外,树立典型的报道尤其引人注目,在所有报道议题中,典型报道的数量列第四位,约占总体的13%,比例较大。且报道中乡村教师的经历类似,对其的描述也大体相同。"③媒介介入的另一负面影响是对乡村教师的评判越来越严格。"起初或许是因为部分媒体一则不经意的报道,恰巧碰到极个别的家长因教师对自己子女的教育不当,以怨报德而发出一些贬损教师素质的言辞,但随着相关反例的不断增多"④,以及专家型教育家们通过国家政策不断扩散的"素质教育"要求使得愈来愈多的乡村教师被贴上"教育观念陈旧""缺乏创新观念""素质低下"等标签。这些"刻板化"的形象描述正在把乡村教师推向艰难的境地。

---

① 张济洲.乡村教师的文化冲突与乡村教育改革[J].河北师范大学学报(教育科学版),2008(9):121-124.

② 容中逯.他者规训异化与自我迷失下的乡村教师——论乡村教师的身份认同危机问题[J].教育学报,2009(5):83-88.

③ 鲍坤子.改革开放以来《人民日报》对乡村教师形象建构的研究[J].中国传媒科技,2013(24):150-152.

④ 容中逯.他者规训异化与自我迷失下的乡村教师——论乡村教师的身份认同危机问题[J].教育学报,2009(5):83-88.

3.关于乡村教师的职责使命

第一,乡村学校的教育者。乡村学校是乡村文化传播、文化服务和文化发展的堡垒与中心,乡村学校师生则是乡村文化传播、服务和发展的主体。在那些比较落后的村落中,乡村教师是文化精英。首先,乡村教师是乡村学校的教师,他们把基本的生活文化知识传授给学生也将文明的进程呈现给人们,这是他们的基本责任与任务。在城乡教育一体化的要求下,传授学生基本知识,具有缩小城乡教育差距和促进教育公平的重要意义。当然,我们也要看到当前乡村教师在乡村学校教育中的现实处境问题,特别是在城市话语霸权的情况下,"乡村教师素质被纳入一个与城市教师统一的、客观的、无差别的教师专业化发展体系中,追逐着现代教师素质发展标准或目标"①,事事都以城市立场、标准来要求乡村教师,可有其合理性? 乡村教师曾经是革命的传播者和奔走者,是乡村的拯救者、扫盲的清除者,但在现代化标准体系中,他们却逐步丧失了教育理论的话语权,在未来的教育道路上他们应该承担什么样的职责和使命是值得深思的问题。

第二,乡村文明的服务者。乡村教师也是乡土文化的改造者。城乡教育的一体化对于乡村教育来说不是城市教育话语霸权填充乡村教育的过程,而是乡村教育改造自身适应教育一体化趋势的过程。乡村教师对乡土文化的改造应当包括:对乡土文化传承部分的选择,基于乡土文化进行本土化的文化服务。②由于当前"79.89%的青年乡村教师出身于农村,上大学前的户口类型是农业户口"③,相对于城市教师他们更了解乡村生活,更能够有效改组和改造乡土文化,为乡土文化的最大化传承和发展承担责任,成为"乡村价值的引导者""规范的守护者""文明的引领者""文化的弘扬者""生活的帮助者"。④当然,面向未来,乡村教师如何继续做好乡村文明的服务者,有学者提出了自己的思考:"重新发现促进乡村教师发展的契机,须强调乡村教师与社会理想的关系,立足其当下生存环境,提倡精神自治并建立相应的集体保护机制"⑤;又如,农村教师在乡村生活的改造过程中发挥应有的作用,至少需要三个条件:

---

① 唐松林,邹芳.语境视域与乡村教师:乡村教师素质分析[J].湖南师范大学教育科学学报,2013(5):54-58.

② 纪德奎.城乡教育一体化进程中乡村学校文化的冲突与调适[J].教育发展研究,2013(21):13-17.

③ 郑新蓉,王成龙,熊和妮.他们是中国教育百年现代化历程中最特别的一群人——中国新生代乡村教师调查[J].云南教育(视界时版),2015(10):32-35.

④ 李长吉.农村教师:改造乡村生活的灵魂——兼论农村教师的知识分子身份[J].教师教育研究,2011(1):29-32.

⑤ 唐松林.理想的寂灭与复燃:重新发现乡村教师[J].中国教育学刊,2012(7):28-31.

拥有知识分子情怀、掌握本土知识、完善相应的机制。除此之外,最为关键的是要对农民有一颗赤子之心。①

第三,社会文明的指引者。如民国时,涌现出了如晏阳初、梁漱溟、陶行知等推进乡村社会文明整体进步的榜样人物。回顾民国乡村的教育家,虽然他们的思想及实践方式存在差异但都是为着乡村人的教育,他们都有共同的特质:悲悯救世的人文情怀、科学务实的教育态度、传统而生活化的教育手段、完满而为人的教育目的。②民国时代的优秀乡村教师大都兼受东西方文化的共同影响:受过严格的封建旧式教育,或幼秉家学,或少入私塾,大多取得了初步的功名,又入新式学堂,留学国外,视野广阔,贯通中西,学养深厚。③民国时期的教育家不仅有实在的真学术、真学问,更重要的是,他们胸怀宽广,淡泊名利,德高品洁,有士人风骨。在面临着内部民族斗争和外部国家打压所激发而来的爱国情怀下,他们筚路蓝缕,宵旰图治,锐意改革,成效卓然。④可以说,这些乡村教师作为特定时代的优秀人物,他们发挥着社会榜样的作用,具有指引社会文明进步方向的重要价值。

(二)关于乡村教师的工作岗位

关于近百年来乡村教师工作岗位的问题,相关研究相对集中于呼吁提高他们的地位待遇、解决令人担忧的岗位或人员流失问题。

1.关于乡村教师的工作待遇

第一,关注乡村教师的经济待遇。对于乡村教师地位待遇的研究近年来逐渐增多,既有现代、近代乡村教师地位待遇的研究,也有民国时期,乃至更靠前时段的。对地位待遇的研究多集中在现状、问题的描述,虽然在各个时代情况有些差异,但一致的结论是:乡村教师地位低、待遇差;政策文本里的理想图景与现实落实情况差异显著,如民国时的乡村教师既是面临转型的文化人也是根植桑梓的自乡人,既有受人尊敬的一面,也有生活艰辛清贫无奈的一面。综观这些,最后都是一致地指向提高乡村教师地位待遇的美好期望。因为研究者也认识到,比起的"最美乡村教师"的头衔,少发议论、少说空话,多在解决问题、解放思想、优化机制、人文关怀等方面下工夫,将我

---

① 李长吉.农村教师:改造乡村生活的灵魂——兼论农村教师的知识分子身份[J].教师教育研究,2011(1):29-32.

② 肖军飞,彭艳梅,唐小寅.论近代乡村教育思想对现代乡村教师成长的启示——以晏阳初、梁漱溟、陶行知等教育思想为视角[J].商丘师范学院学报,2012(11):114-117.

③ 徐继存.民国时期教育家的共相[J].西北师大学报(社会科学版),2013(6):75-80.

④ 徐继存.民国时期教育家的共相[J].西北师大学报(社会科学版),2013(6):75-80.

们对农村中小学教师的敬重与感激,转化为一步一个脚印的具体探索和努力实践①更实在些。值得注意的是,其中一些对策特别强调通过城乡教师"工资倒置"的方式来提升乡村教师的地位待遇,来解决乡村学校教师流失和学校消失的问题。从这一点看,以提高经济待遇为主要内容的《支持计划》真是恰逢其时!

第二,关注乡村教师的专业地位。乡村教师失去其往日的选择自主权。传统的"先生"没有教育内容和教学方法的限制,自由合理地安排教学活动。而现代的乡村教师沉默在国家权威和专家权威之下,教学创造力折服于"凯洛夫五环节""布鲁姆教学目标分类"……从中外教育史的发展趋势看,教师职业的国家法定建构、知识构成的专家学者建构以及日常生活观念的大众传媒建构等是一种必然现象,在客观实践效果上给各国教师教育带来了许多积极的效果也不容忽视。因此,我们此处不是要去诋毁国家乡村教师身份建构的合理成分,而是以此使广大教师能够做到心口一致、心行一致,做到教师的信念与自我追求的价值、追寻的人生意义不相违背,在任何环境下都可以找到坚持自己的理由。②

第三,关注乡村教师的社会地位。根据费孝通先生的论述,农村社会是"长老统治"局面,而乡村教师由于文化人儒家"学而优则仕"传统观念深入人心,"乡村塾师在传授知识的同时,自觉地参与乡村的政治活动,对政府的有关政策发表个人的意见"。③近代由于干部缺乏,乡村教师从事着治理乡村的工作。而现在,乡村教师的身份被法定建构后,身份被有条件地固定在这一职业上,专注于教育教学活动的同时也受制于国家政策,乡村教师被动停留在学校范围内,不再参与乡村社区的治理,成为生活在乡村的对乡村熟悉的"陌生人"。改革开放后乡村教师政治精英的地位旁落。有学者言,应当利用乡村教师知识分子的身份,让其参与新农村建设,从生产发展、生活宽裕、乡风文明、乡容整洁、管理民主方面主动发挥作用,参与乡村社区管理,同时也将其作为教师专业发展的一个方面。

2.关于乡村教师的工作流动

第一,乡村教师流动有其共性。有研究表明,乡村教师流动呈现出共同的特点:一是流动的方向上,无论是相关文献中,还是调研中发现的都是由边远落后地区向经济发达的地区流动,由一般学校向重点学校流动,偶有个别教师从中心校向村小流动,以单向流动为主。二是流动的结构上,中青年比老年教师、男教师比女教师、主科

---

① 程方平.拿什么感谢乡村教师的坚守与奉献[J].中国农村教育,2014(4):10-11.

② 于泽元,田慧生.教师的生命意义及其提升策略[J].课程·教材·教法,2008(4):82-87.

③ 唐松林,丁璐.论乡村教师作为乡村知识分子身份的式微[J].湖南师范大学教育科学学报,2013(1):52-56.

比副科教师、高学历比低学历教师流动更多。三是流失的质量上,对乡村学来说,乡村教师流动更像是流失,流失于教育系统外、教育系统内。[1]乡村地区流失的一般是学历相对较高、骨干级优秀教师。一言以蔽之,乡村教师流向城市的多,城市教师流向乡村的几乎没有。针对乡村教师(尤其是中西部贫困地区)队伍流失严重,对农村基础教育产生的不良影响,学术界分别从教育学、社会学等不同视角研究乡村教师流动问题,对乡村教师流动的现状、原因和对策等问题进行了深入的探讨。

第二,利用特殊政策阻止流失。乡村教师流失问题的解决在短期内必须依靠政策方能有理想的效果,而这也是《支持计划》的宗旨之一。除去对教师师德"一专多能"的自身要求,其余都是对乡村教师外部环境的改善,增加"班师比"的教师配置指标,降低教师负担;加大乡村教师培训力度,提升乡村教师的能力素质;拟制专门的职称评定办法,帮助乡村教师职务(职称)晋升;引导城市优秀教师向乡村学校流动,增强乡村教师队伍的整体活力;"《计划》要求各地方依据学校艰苦边远程度实行差别化的补助标准,依法依规落实乡村教师工资待遇政策,要为乡村教师缴纳住房公积金和社会保障费,建立省市县三级乡村教师重大疾病救助基金,尤其提到要支持建设乡村学校教师周转宿舍。这些'便民'举措都有助于解决乡村教师的实际困难,为乡村教师营造舒心、安心的生活工作环境,使乡村教师生活得好、工作得好。"[2]"组合拳"出击,提升乡村社会空间的吸引力,以此解决乡村教师流动的不合理,并促进乡村教师资源配置公平,让乡村孩子得到社会所能提供的优质教育。

(三)关于乡村教师的专业资质

根据教师职业标准中对教师资质进行的理念与师德、专业知识和专业技能的划分,结合已有研究文献中有关概念的使用情况,我们从理想信念、专业智能两个方面来梳理百年来有关乡村教师的专业资质问题。

1.关于乡村教师的理想信念

第一,呼唤乡村教师的理想信念。众多研究结果表明,要提高乡村教师的教学质量,一要靠政府加大投入,二要靠乡村教师自己。而教师自己素质的提高首先在于改善自己的教育理想信念。有学者指出,从心理学层面的定义阐述中,教育信念、教师

---

① 余应鸿,胡霞.论农村教师的流失及其应对策略——基于城乡统筹视角的分析[J].教育理论与实践,2014(28):28-31.

② 邬志辉.专家组成员解读《乡村教师支持计划(2015—2020年)》破解乡村教育发展症结的良药[J].云南教育(视界时政版),2015(7):12-13.

信念、教育观念、教育信条等概念在其内涵表达方面是趋于一致的。①无论在哪个时代，都要求每一个乡村教师有符合自己时代的正确的理想信念。而这取决于乡村教师自己。各学者对教育信念的概念解读大同小异，从宏观和微观上有所区别。叶澜教授认为，从宏观上教师的教育信念包括教育观、学生观和教育活动观；从微观上讲，主要有关于学习者和学习的信念、关于教学的信念、关于学科的信念、关于学会教学的信念和关于自我和教学作用的信念等，笔者此处以教育观、育人观、教学观、学生观、学术观、绩效观来论述。后两项是在当今时代的需要下提出来的。这些研究，在一定程度上可以看作是对乡村教师教育理想信念的呼唤。

第二，肯定乡村教师的理想信念。一些研究表明，到了当前阶段，乡村教师的思想大多是传统文化和西方民主平等思想相融合的结果，他们在否定旧有教育训诫文化的同时，也吸收顺应自然的教育思想，他们的教育理想信念在发生着变化，他们的教育观已经改变，对学生不再是"打骂"，而是"鼓励"；在育人上，他们希望自己培养的是通达人道的社会人而不是"高分人"；在教学上，他们希望给每个孩子更多平等的发挥自己能动性的机会、时间和实践；在学生观上，他们不断憧憬下次上课时不要把他们当成除了自己所教外一无所知的人；在学术上，他们梦想自己在上好课的同时又有学术成果源源不断；在工资待遇上，他们希望自己能"利得"与"义得"相当②。

第三，担忧乡村教师的理想信念。乡村教师教育观，既受传统历史和近代西方教育文化的影响，也受家长的影响。特别是在当前众多家长逐渐由培养"仕人"到培养"有钱的人"的情况下，乡村教师面对社区的要求，在理想信念上感到"左右为难"。同时，虽然国家要求乡村学校按照全面发展要求实施教育，培养全面发展的人，但在家长及社会追捧分数、考试成绩的"压力"下，特别是学校把分数、升学作为考核教师的重要指标的情况下，乡村教师为了自己的业绩考核效果、职称晋升及待遇改善等要求，不得不向"应试教育"低头！所以，虽然在各种理想化的研究中提出了乡村教师应如同其他教师一样拥有"高、大、全"的形象，但在现实中，乡村教师更多的还是把自己看作是"一支粉笔一张嘴，一篇课文念到尾"的升学教育推动者。如此情形下，乡村教师的理想信念不得不令人担忧。

2.关于乡村教师的专业智能

第一，早期对乡村教师专业智能关注较少。已有文献研究情况表明，关于民国乡村教师专业智能的文献资料较少，对民国乡村教师的专业智能研究多内隐在乡村教

---

① 董春英.乡村教师的教育信念——基于一所农村小学教师群体的个案研究[D].锦州：渤海大学，2014.

② 杨运鑫.平民精神：乡村教师公共性回归之所[J].大学教育科学，2008(5)：66-68.

育、乡村生活、乡村政治、名家教育活动的研究之中,研究领域多集中在经济、政治、文化、制度、乡村结构等方面。有学者认为,乡村教师最起码应接受基本知识训练(如基本知识包括公民科、国文、历史、地理、数学、自然研究、图书音乐、手工、体操)和专业学术训练(如专业训练包括普通心理学与儿童心理学、教学原理与教授法、学校行政、乡村教育学、学务指导及教育统计、国艺农业、乡村社会学、乡村经济学、乡村卫生学)。[1]再有就是政府对教师提出的要求。在实际的专业智能上不管是塾师还是新式学堂的乡村教师,他们都有属于时代的能力素质和技能条件。但此方面的研究甚少,民国乡村教师的研究主要集中在乡村教师演化史和身份认同研究、生活研究等方面。相关著作数量庞大但时人对乡村教育关注较多,造成了乡村教师主体的遮蔽。

第二,当下研究重视专业智能的结构化。当前学者对乡村教师专业素质的研究主要集中在专业结构的研究,一方面致力于建立一套具有普适性的"专业特质",将其从专业角度与其他职业区别开来;另一方面是对"教师素质"的研究,对从事教师职业的乡村教师提出从人格、知识到能力、素养的要求。当代学者对乡村教师的专业智能,或在论述一般性的教师专业智能的文献中提及,或在师资队伍建设等形式中提及,没有专门的研究。

第三,关注乡村教师智能的特殊性。乡村教师和城市教师相比,他们在城市话语霸权中群体性失语,他们既要按照城市要求武装自己又要在乡村教学实践中探索所受教育无法供给的符合乡村教育实际的能力。学者们对于乡村教师能力欠的缺研究主要集中在城市本位的能力和乡村的特殊能力方面,主要从现状、原因和策略三方面来具体论述。而在如今中国的乡村,乡村教师不仅需要提高教育科研能力,还需要提高现代教学技术能力等符合乡村教师特性的能力:符合乡村教育的课程资源的利用与开发能力、传承并运用乡村文化能力、符合乡村孩子发展的教学能力等。乡村有自己独特的味道,能给乡村教育提供独特的资源。正如有学者所说,"它(乡村文化)是不同于城市文化的,但不是在层次上低劣于城市文化。"[2]当乡村文化被理所当然地视为"低俗""落后""愚昧"时,几乎所有人都不认同乡村文化,乡村教师也就没有多少动力去提高自己的专业智能了。

(四)关于乡村教师的生存生活

综合已有研究文献的认识,我们从日常生活和文化生活两个角度来梳理近百年来有关乡村教师的生存和生活情形。

---

① 喻谟烈.乡村教育[M].上海:商务印书馆,1927:75-90.

② 刘丽群.农村课程资源开发深层困境:乡村文化边缘化[J].中国教育学刊,2009(7):63-65.

1.关于乡村教师的日常生活

第一，早期作为"乡民"的日常生活。城镇化以前，乡村教师是居住在乡村社区的"村民"。这时的乡村教师大多为土生土长的自乡人，鲜有来自其他区域或者城市的教师，这类乡村教师常常也是村民。学界对于民国乡村教师生活的研究多见诸乡村教育、乡村建设、平民教育运动以及乡村教育史方面的零散记载，另外在社会史、政治史、生活史等方面稍有涉及。梳理以往研究，可以看出研究者对民国乡村教师的研究多内隐在乡村教育、乡村生活、乡村政治、名家教育活动的研究之中，研究领域多集中在经济、政治、文化、制度、结构等方面，只有少量专门涉及乡村教师的教育调查研究。①同时，观察研究结果发现，民国时期"乡村教师在忙碌、劳累、无序中度过，他们因儿童的天真烂漫、学习刻苦、尊敬师长而快乐，因学校发展、学生成长而欣慰，也因事无巨细、内外应酬、条件艰苦而苦恼"②。还有研究发现，民国时乡村教师的常规工作量大。一般一个学校只有一个教员，班级学生年龄跨度大，致教学难度大，乡村教师集多种职位于一身。③在社会活动方面，"有教师对士绅阶层的依附与反叛，有教师与塾师之间的竞合，有教师对乡民的妥协和改造，亦有新旧转换中知识人的迷茫与游离"④。此时的"乡村教师作为乡村小社会中稀有的文化人，其身份绝不单单是一个以教书为业的职业角色，除了常规教学之外，他还必须拿出一定的精力来充当乡村的'参谋长、顾问官'"⑤。他们是乡村礼俗的百科辞典，任何红白喜事等村民们都要求助的对象。当然，也有学者揭示了民国乡村教师生存中灰暗的一面：苦、难、烦。经过新中国成立后发展和改革开放的洗礼，相比而言当今乡村教师日常生活与民国时有异也有同。乡村教师的隐性和显性待遇从纵向来看有了提高，但是从横向来看仍旧不容乐观。学者对现代乡村教师生存环境的研究主要囊括在生存现状的研究中，从现状中发现乡村教师生存的困境并提出策略和建议。⑥

第二，后来作为"城民"的日常生活。城镇化以前，乡村教师更多是居住在城镇的"城民"。如现实中所看到的，没有哪一个是不想往城市里调动的，所以有顺口溜"'村里老师镇上走，镇上老师县里走，县里老师市里走，市里老师东南走'"。不能或确实是能力不够调动级别的也在另一个层面上"调动"，那就是买家庭住房往城镇靠

---

① 高盼望.民国时期乡村教师的生活研究[D].济南：山东师范大学,2015:15.

② 高盼望.民国时期乡村教师的生活研究[D].济南：山东师范大学,2015:77.

③ 姜朝晖,朱汉国.民国时期乡村教师的生存状况[J].史学月刊,2015(4):67-76.

④ 高盼望.民国时期乡村教师的生活研究[D].济南：山东师范大学,2015:99.

⑤ 姜朝晖,朱汉国.民国时期乡村教师的生存状况[J].史学月刊,2015(4):67-76.

⑥ 郭浩.农村教师业余生活存在的问题、成因及对策[J].教育与职业,2007(18):173-174.

近。教在山上的往山下买房、教在村里的往镇上买房、教在镇上的往县里买房、教在县里的往市里买房。他们工作在乡村,住在离乡村远远的市、县、城镇。可见,这些乡村教师虽然工作场所在乡村学校,但下班后是返回位于城镇的家中生活、休息,其结果导致了乡村教师"候鸟式生活"的普遍化。究其原因在于,城乡二元对立与标准的城市化取向使得乡村长期在城市中心取向下被赋予"落后""野蛮"的刻板印象,城市把"文明"带到乡村,城市给乡村带来"光明"等极端想象强化了既有的社会差异,并使之合理化、合法化,结果是无论谁对乡村都有着鄙夷和躲避。这种感情展现在乡村教师身上就是他们所表现出来的"身在曹营心在汉"。这种"候鸟式生活"、工作迁徙,使得乡村教师意识上逐渐远离乡村,隔开了他们与乡土社会的感情。近几年各省市为吸引更多人到乡村任教,对离家较远的乡村教师有交通补贴,这也在某种程度上加剧了过"候鸟式生活"的乡村教师群体的庞大化倾向。当然我们此处不是批判乡村教师追求这种"候鸟式生活",只是就这种现象做一个描述,毕竟这一结果不是乡村教师群体自身导致的,还存在其他影响因素,无须对其求全责备。

2.关于乡村教师的文化生活

第一,始终城镇化趋向的乡村教师文化。从总体上看,乡村教师文化生活的百年发展是跟随着乡村文化的历史流动而变化的。分析认为,虽然塾师由新型教师逐渐取代,乡村文化也走在一条与城市文化耦合的路上,但是,城市文化始终占据主导地位,乡村文化在高度耦合性中失去其独立性乃至有消失其特点的趋势。在具体内容上,众多学者从物质、精神、制度文化三个维度对乡村教师的文化生活进行了研究。其中譬如,关于乡村教师的精神文化,有研究指出了乡村教师精神文化在近百年来的嬗变:由原来的血缘关系到地缘关系文化,宗族法权到文明法制,安土乐天到土地魅力丧失,勤俭节约到拜金主义盛行,服务的自给到生产服务商品化……当然,也有一些研究在思路上别开生面地给以具体化地展开,文化转向不是存在于教师整个群体的,而是存在于不同年龄结构的乡村教师之间——刚到乡村任教的年轻教师的文化生活是城市取向的,多年在农村工作的中老年教师他们的文化生活是乡村取向的。[①]对于这种城镇化趋向的乡村教师文化现象,有学者认为,简单的非此即彼的二元取向根本无法解决乡村教师的文化困惑,而提出乡村教师群体的文化取向必定要经历文化转型,并就乡村教师文化转型的现实、基础、方向做了研究,认为"教师专业化持续推进、社会角色深刻转变、群体性失落亟待缓解等问题呼唤乡村教师的文化转型。乡村社会由传统向现代,由'人情'到'金钱',由首属群体向次属群体的过渡以及进入

---

① 高小强,王成军.多元文化视野下乡村教师的文化生存[J].继续教育研究,2009(12):108-111.

'弱关系社会'的现实,构成了乡村教师文化转型的基础。生活方式的重构和人文精神的重塑为他们的文化转型提供了方向"①。

第二,呼吁乡村教师传承乡土文化。乡村教师作为乡村文化的主体,其文化取向是乡村的还是城市的关系到乡村文化的未来。不可忽视的是上述提及的乡村教师文化城镇化的趋向问题。虽然乡村教师的文化取向由乡村文化取向到二元文化取向共存到城市文化取向走过了一条漫长的路,其间由于城市中心主义的文化被选择为主流思想而导致乡村文化的没落。特别是在当前乡村振兴战略下,乡村教师客观上担有助推乡村振兴的职责,这就要求他们必须具备乡村文化的资质。正如众多学者都认识到乡村教师拯救乡村文化的重要作用那样:"建设新农村最缺乏的是知识和智力资源,而社会上其他知识力量又难以通向农村,这一直是制约我国农村现代化发展的瓶颈。因而乡村教师是建设新农村必须依靠的知识力量。"②所以,乡村文化不能是次于城市文化的存在,不能任由乡村文化没落,在社会主义新农村的文化建设下,乡村教师作为乡村文化的主要主体,承担着建设新乡村文化的重任,具体任务涉及加强农村公共文化建设,开展多种形式的、体现农村地方特色的群众文化活动,丰富农民群众的精神文化生活等等。

(五)关于乡村教师的专业发展

通过对职前教育、在职培训两个基本的培养教师阶段的认识,我们从职前教育、在职培训两个方面梳理出有关乡村教师专业发展的认识。

1.关于乡村教师的职前教育

第一,续存百年的中等师范学校。乡村教师培养的历史界限为有无专门培养小学师资和幼儿园师资的中等师范学校(简称"中师")。清朝末年,废科举、兴校堂,出现了专门培养师资的师范学校。新中国成立以后,"中师"教育经历了恢复与重建阶段后发展迅速;但在"文革"中再次遭受了重创,其后又经历了一段时间的恢复与重建。在发展过程中,基于特殊国情,我国的"中师"教育形成了"超稳定封闭"的体制框架,同时进行了百年不懈的"师范性"追求。③20世纪90年代后期,为了提高教师的学历层次,中等师范学校被取消了,此后师范专科学校纷纷升格为师范学院,改为综

---

① 高盼望,徐继存.论新型城镇化中乡村教师的文化转型[J].中国教育学刊,2015(2):96-100.

② 张济洲.乡村教师的文化冲突与乡村教育改革[J].河北师范大学学报(教育科学版),2008(9):121-124.

③ 程建荣,白中军.百年中师教育特色问题摭探[J].教育研究,2011(9):82-86.

合大学。①回顾这一时期,正如有学者指出的:"百年中师,经历了艰辛、曲折的探索,经受了时代、实践的考验,在小学教师培养方面形成了优良的办学传统,积累了丰富的办学经验,取得了辉煌的办学业绩,培养的学生思想品德优良、专业本领过硬、艺体素质全面,而深受社会欢迎。"②所以,人们无不对取消"中师"感到担忧:由于师范生就业由国家统一分配转变为用人单位和毕业生双向选择共同确定,加之师资来源渠道多元化和就业市场机制不完善等各方面的影响,愿意从事教师行业的人减少了,同时培养的教师强化了学科专业色彩,不符合乡村教育(主要是小学教师)的"小学教育"专业性,其结果是师范生教育生源质量下降并直接影响了乡村教师师源的质量,乡村教育前途堪忧。

第二,异军突起的综合性师范大学。20世纪90年代中后期,在中等师范学校被取消后,综合性师范大学成为培养乡村教师的主力军,并且逐步形成了以师范院校为主体,其他高校共同参与,多渠道、多规格、多形式、开放性、培养和培训相衔接的教师教育体系。虽然有人认为"我国目前尽管不少师范院校开设了非师范专业,也有不少教师毕业于非师范院校,但是师范院校独立设置定向培养的性质未变,师范院校毕业生仍是我国教师的主要来源,因此应当认为我国现阶段采用的仍是'定向型'师范教育制度"③,但在城镇教师饱和、乡村教师奇缺的情况下,我国师范生的培养实际是以师范院校为主、各级各类院校共同参与的教师培养制度(定向陶冶和综合培养相结合),可以说继承了中师的传统。那么师范院校是如何培养师范生的呢?有学者对全国高等师范院校师范生培养状况进行调查后发现,在教师教育课程设置上,存在"学科专业类课程比例高,教育类课程比例相对较低,教育实践类课程占教育类课程的比例较高;师范院校重视教育类课程改革,但师范生对教育类课程的重视和投入程度明显低于学科专业类课程"④等问题。各类师范非师范高校对师范生的培养都放在学科专业课程学习和实习上,但是大的方向注重学科专业,而非"小学教育"的专业性,这和当前乡村教育中一师多科授课甚至授全部科目的现实相对立。所以,人们也在质问:乡村教师的培养是否也走了一条弯路?

---

① 顾明远.尊师重教:师范生免费教育政策导引教师教育变革[J].新疆师范大学学报(哲学社会科学版),2012(3):1-4.

② 王淑芬.百年中师优良传统:解析与承续[J].河北师范大学学报(教育科学版),2012(6):24-28.

③ 别林业.中师布局调整和师范教育制度的逐步开放——关于我国师范教育体制改革的政策建议[J].教育研究,2000(7):55-59.

④ 丁钢,李梅.中国高等师范院校师范生培养状况调查与政策分析报告[J].教育研究,2014,35(11):95-106.

2.关于乡村教师的在职培训

第一,注重补偿的初期培训。新中国成立以前的乡村教师在职培训问题少有文献提及。关于新中国成立以后,有关乡村教师的在职培训问题也较少,我们对其梳理如下:新中国成立后很长一段时间,教师在职培训机构的主要承担者是政府机关,由于物质、人力资源的匮乏加上各级教师亟待提高其教学水平,在职教师的培训一直处于因地制宜,遍地开花的局面,各个机构单位都有资格举办培训,但培训机构并不规范。20世纪50年代的培训机构多样,承办教师培训的机构是教育学院、教师进修学院、函授教育、业余学校、星期日学校,此外还有各地形成的业余学习班、学习互助组、流动图书馆等。20世纪60—70年代,随着广播电视的出现,教师培训的承办单位新增为广播电视大学。从整体上看,由于师范教育机构和整个社会的工作重点是职前培养,小学本身也因为缺乏足够的教师而难以外送参培教师。直到20世纪80年代中后期,乡村教师的在职培训才在教师在职教育(继续教育)逐渐被国家政府重视起来的大条件下得以兴起,所以是一个迟到的"礼物"。其具体路径有成人高等教育、高等教育自学考试、电大教育和网络大学、高学历继续教育等等。这些路径给予了乡村教师一个重要的学习时间、学习经费、学习资源、学习环境等支持。对于乡村教师接受在职培训的目的,我们可以以是否取得学历为标准进行分类:在职学历补偿教育和非学历培训教育。依据我们的观察,比较而言,在21世纪的头10年里,是以学历补偿教育为主的在职培训,在近20年来则是以非学历的专业素质提升为主。

第二,专注提高的素质培训。如果说,新中国成立初期至改革开放之前的在职培训是全员合格性培训,那么改革开放之后至2000年的乡村教师在职培训则是骨干聚焦性培训,2000—2019年是全员分类型培训。具体而言,2010年,国家发布《国家中长期教育改革和发展规划纲要(2010—2020年)》,要求对教师实行每五年一周期的全员培训并启动"国培计划";2010年《中小学教师国家级培训计划》的实施,是提高农村教师队伍整体素质的重要举措。2018年,教育部等五部门印发的《教师教育振兴行动计划(2018—2022年)》,凸显了重视乡村教师在职培训的决心。在这些在职培训中,"国培计划"是其亮点:随着培训对象的分类细化,培训内容逐渐具有针对性、并具体化,除学习基本的教育理论知识外,还根据培训对象的需要安排内容,并且按照不同层级、地区、科目的教师进行分类培训。如此精密的设计,旨在着力提高信息存储技术专业素质。正因为如此,才有2013年教育部发布的《教育部关于深化中小学教师培训模式改革 全面提升培训质量的指导意见》,文件提出了对培训机构、参培教师、培训经费等做出管理的要求,强调要"国家制定培训质量标准,定期开展培训质量评估,发布年度监测报告"。当然,也有学者观察到当前乡村教师在职培训存在的问题,如学习缺少机会,教学繁忙,学习时间偏少;经费短缺,学习资源匮乏;支持不足,学习机会缺乏政策保障;气氛不浓,学习文化呈现惰性等。①当然,也有学者对此提出了"按需施训"的对策,认为"按需施训"的关键在于如何知道教师的"需",作为课程内容的直接受益者,受训教师理所应当成为培训课程设计的一员。管理者、培训专家与学员代表三方共同参与,制定包括培训目标、课程、方法、日程等的培训方案。②

二、农村教师研究的国际视野

农村教育薄弱问题一直是我国教育的一个重点难点问题,如何提高农村学校的教育质量,农村教师起着关键的作用。虽然国家出台了一系列政策支持农村教师的发展,但是总体情况依然不容乐观。从全国范围来看,农村教师队伍存在着如下一些问题:农村教师紧缺、流失情况严重、分布不合理、年龄结构老化、结构性学科教师不足、待遇低下。③我国在2015年6月1日出台的《支持计划》政策,标志着我们国家对农村教师问题的持续关注。农村教师问题不仅在我国引起了极大的重视,在国际上也一直是一个令各国政府头痛的问题。了解其他国家关于发展农村教师的经验,有利于促进我国农村教师的发展。

(一)各国教师的地位及待遇

农村教师属于广大教师群体中的一员,在关注农村教师之前,有必要先了解"教师"这个职业在各个国家的地位以及他们的待遇情况。在法国、英国、意大利、韩国、新加坡、日本等国家,教师的身份是国家公务员。在美国和英国,教师则属于国家的公务人员。

在中国,改革开放之初,教师的身份是国家干部,教师的工资待遇是根据其职务级别所对应的干部级别标准统一确定的。学校是各级教育行政机关的附属单位,是政府的组成部分。1993年,《中华人民共和国教师法》颁布实施,第一次以法律的形式正式规定了我国教师的地位——专业人员。1995年《教师资格条例》更进一步对教师

---

① 肖正德,张素琪.乡村教师学习机会的现状分析及保障体系构建[J].教育研究与实验,2011(1):39-42.

② 李茜,王颖.中小学教师培训新动向分析[J].中国成人教育,2015(11):80-82.

③ 郑新蓉,武晓伟.我国农村教师队伍建设与支持性政策的思考[J].河北师范大学学报(教育科学版),2014(1):5-10.

资格加以说明。[1]教师与学校构成劳动关系，但教师工资对比公务员，又不适用于《中华人民共和国劳动法》，造成教师法律身份的不明确，导致教师的合法权益得不到保障。2007年，中国教师的工资待遇在世界上居第170余位，仅比一些非洲或阿富汗这样的国家高，社会地位在世界上的排名也是非常低的。

日本教师工资稳定地高于公务员的20%，英国中小学教师的平均工资比一般职员的平均工资高35%，法国中小学教师平均工资比高级熟练工平均工资高出将近一倍，美国中小学的教师工资一般高于普通企业职员平均工资的25%~35%，也高于政府工作人员平均年薪，在全国13大行业中排名第六。除此之外，像法国和意大利就是根据"一般公务员工资指数"来确定教师工资并与物价指数挂钩。古巴、马来西亚、新加坡以及西亚的一些石油出口国教师工资水平均高于一般公务员工资水平。

（二）关于农村教师的政策待遇

1.提高基本工资

俄罗斯的农村和城市教育差距比较大，为了吸引更多的人员从事农村教师的工作，政府改革了农村教师的工资制度。2002年起，教师薪酬制度开始由统一的工资表制度向行业工资体系过渡，教师工资的多少更多地取决于其学历的高低、教学和科研工作的年限以及技能的高低。这种工资体系主要取决于教师的课时量。在《国民教育优先发展方案》的框架下，2007年10月22日，俄罗斯联邦政府出台了新的教师薪酬制度以代替现行的统一工资表制度。新制度规定，教师的工资包括基础工资和激励工资两部分：基础工资由课内外的教学活动构成，占总额的60%；激励部分主要取决于劳动的质量和成果，占总额的40%。[2]

印度为了改善农村教师的生存状况，提出了一系列的解决方法。为了留住优秀合同教师在农村任教，印度政府提高了合同教师的薪酬，如2007年，查谟和克什米尔邦将合同教师薪酬提高到正式教师薪酬的68%。[3]

澳大利亚为了提高乡村教师的质量，采取了各种优惠政策鼓励优秀教师到乡村任教，如优厚的年薪、带薪假期、减免交通费用等。

---

① 劳凯声.中国教育改革30年(政策与法律卷)[M].北京:北京师范大学出版社,2009:91-93.

② 刘楠,肖甦.21世纪以来俄罗斯推动义务教育城乡均衡发展的政策述评[J].比较教育研究,2011,33(8):70-74.

③ Kingdon, G. G., Sipahimalani-Rao, V. Para-Teachers in India:Status and Impact[J].Economic&Political Weekly,2010(12):59-67.

2.发放津贴补助

在日本,中小学教师不评职称,一旦当上教师,就是终身制。教师之间工资的差别,只存在于工作年限之间,既不存在于不同地区,也不存在于不同学校,更不存在于所谓的优秀与普通教师之间。日本中小学教师没有级别,只有资格新老之别。日本教师的工资主要分为基本工资和津贴两大部分。其中基本工资包括标准工资、教职调整额和工资调整额,其中标准工资占主要部分,由工资表规定。工资表分为四级(有的地方分为五级),每级又分为若干号,根据教师工作的年限与学历一一与之相对应。教职调整额是向教师全员发放的加班津贴,相当于基本工资的4%。工资调整额是对艰苦岗位的教师进行的工资补偿,目前主要向特殊教育教师发放。津贴包含的内容则比较多,以石川县为例,如生活类的抚养津贴、住房津贴、期末津贴、通勤津贴;地域类的偏僻地区津贴、地区津贴等;职务类的管理岗位津贴、产业教育津贴等以及各种其他津贴。由此,可以看出日本针对农村教师的工资政策主要集中于发放津贴,特别是地区津贴这方面。[1]日本的偏僻地区与中国的农村地区情况比较类似,因此,日本针对偏僻地区制定的政策对于中国也有参考意义。1954年日本颁布的《偏僻地区教育振兴法》规定了在日本偏僻地区任教的教师根据偏僻地区的等级给予超过全国教师工资范围的最高25%的津贴。津贴发放依据是实际工资的支付额度和抚养津贴之和乘以偏僻级别率得出。偏僻地区分为五级,一级级别率为8%,二级为12%,三级为16%,四级为20%,五级为25%。该法还规定,教师流动到偏僻地区三年内都道府县要支付不超过教师月工资额和津贴4%的偏僻地区津贴。国家负责实际发放经费的一半。政府要保证教师进修的各项费用。[2]

韩国一向重视偏僻地区教育的发展,政府义务教育经费规定先保障经济困难的岛屿和偏僻地区,再保障其他地区;先保障农村,再保障城市。1967年,韩国就颁布了《岛屿、偏僻地区教育振兴法》,该法规定:国家对这些地区要优先支付所需经费。为了鼓励教师的积极性,避免偏僻地区教师的流失,保证偏僻地区的教育质量,韩国给予在偏僻岛屿工作的教师额外的津贴,以弥补其因工作环境带来的不便和困难。通过津贴补助,在一定程度上保证了偏僻地区教师的稳固,保证了偏僻地区教育的发展。[3]

印度政府提出了为部落和偏远地区教师提供住房,为教师提供生活补贴、山区补

① 高益民.从工资制度看日本的教师优遇政策[J].比较教育研究,2012(8):1-7,81.

② 金红莲,秦玉友.日本偏僻地区义务教育教师质量保障制度研究[J].基础教育,2014(2):106-112.

③ 王怀宇,张静.国外怎样谋划义务教育阶段教育平等[N].中国教育报,2006-03-21(003).

贴以及住房补贴等,以留住在偏远地区任教的教师。为鼓励教师到农村学校执教,尼泊尔政府根据学校所在地区的偏僻和艰苦程度,向教师加发工资和边远地区津贴。边远农村教师加发工资和津贴标准为现行工资总额的20%,最高者可达70%。①

法国根据学校的内部环境和外部环境划分"教育优先区","教育优先区"内一般为边远贫困地区和弱势群体。虽然法国教师作为公务员实行单一的工资制,但是政府对愿意到边远地区工作的教师提供了额外的岗位津贴。从1994年起,对初次分配到"教育优先区"的教师,政府每年为每人提供12594法郎特殊补贴,连续补贴三年;对于愿意流动到"教育优先区"任教的教师,政府每年为每人提供6741法郎的特殊补贴。②

3.其他激励措施

俄罗斯为了保障农村教师的利益,提高了农村教师的福利待遇。自从1992年《联邦教育法》规定给农村教师提供免费住房等条件保障开始,国家制定了许多政策为农村教师提供更多的额外保障与优惠。2004年,联邦政府对《联邦教育法》做出修改,给农村地区的教育工作者以生活条件和公共服务方面的优惠,并用资金的方式予以补贴。为改善农村教师的生活条件,俄联邦国家杜马在2010年通过了《关于教育工作者社会保障措施的俄联邦法案修正案》,进一步完善了农村教师的社会保障制度。该法案明确规定:(1)在农村地区生活和工作的教师享有免费的住房及照明、取暖等社会保障措施;(2)各项措施将惠及教师的所有家庭成员,不论其劳动能力如何;(3)各项措施的经费支出由俄联邦政府保障,各联邦主体在任何情况下都不能降低为农村地区的教师所提供的福利待遇;(4)在农村地区工作不少于10年的教师将获得联邦政府发放的养老金。③

美国"不让一个孩子掉队"(No Child Left Behind)法案实施以后,逐渐意识到了农村教育的重要性,为了让农村学校发展得更好,除了对农村学校进行专项拨款,也就是2000年克林顿政府签订的"农村教育成就项目"(Rural Education Achievement Program,简称REAP)对农村薄弱学校的拨款以外,还专门制定了针对农村教师的特殊政策。增加了农村教师资格条件的弹性。如2004年3月,教育部规定在某些情况下,延

---

① 张乐天.发展中国家农村教育补偿政策实施状况及其比较———中国、印度、马来西亚、尼泊尔四国案例分析[J].比较教育研究,2006(11):50-54.

② 常宝宁.法国义务教育扶持政策与我国教育均衡发展的政策选择[J].比较教育研究,2015(4):33-38.

③ 刘楠,肖甦.21世纪以来俄罗斯推动义务教育城乡均衡发展的政策述评[J].比较教育研究,2011,33(8):70-74.

长农村教师资格条件的达到期限,允许农村学区教师在三年之内达到任职要求,而且州可以进行一个单一的州级教师测验——测验多个学科和年级的学科专业知识。[①]这样做减轻了农村教师的负担。而且美国政府为了留住农村教师制定了各种各样的物质激励措施。激励包括提高工资待遇、发放奖金、提供安家补助、住房贷款、免费住房、减免税收等,并为教师提供免费棚车,甚至让其获得免费汽油。而且还减免了到贫困地区任教的师范生的贷款,如佛罗里达州通过法律建立了教师服务换取贷款豁免的项目,密西西比州为服务于教师短缺的农村地区的教师提供激励贷款、进修奖学金、住房贷款和租房服务。[②]美国政府还从2006年起设立教师奖励基金,来激励在贫困地区任教的教师。美国是一个超级大国,政治军事方面的实力都不容小觑,美国的大学教育在全世界也是非常有名的。虽然美国的中小学教育质量还存在一些问题,但是在如何留住农村中小学教师这方面为我们提供了经验。

印度的古吉拉特邦、中央邦和拉贾斯坦邦合同规定,对于代课3~8年的优秀合同教师可以直接纳入正式教师队伍。[③]另外,建立基于"工作表现"的教师评价体系。如印度拉贾斯坦邦的乌代布尔市在27个月的持续试验过程中所采取的薪酬奖励措施在激励教师工作投入度方面效果是显著的,使教师缺席率从44%下降到27%,学生的测验成绩也得到了提高。[④]印度农村女童不太愿意到学校学习,研究认为增加农村女教师的数量可以为她们树立良好的榜样,因而在招聘教师的时候也会大力提倡要招聘女教师。印度全国教师委员会报告中对中小学阶段的教师队伍建设第12条规定:"为了克服农村地区教师特别是女教师短缺的问题,有必要在这些地区兴建各种住宅区,并提供各种特殊津贴、奖学金或劝告性的诱因。"[⑤]这些政策都有利于改善印度农村教师短缺的现象,并且可以更加促进男女教师之间的均衡发展。同时在选拔农村教师的时候,全国教师委员会报告中对中小学阶段的教师队伍建设第26条规定:"在农村和部落地区招聘教师,应宁愿选择本地人,并在必要时,放宽合格要求。"[⑥]

① 廖英丽.美国农村中小学合并问题研究[D].武汉:华中师范大学,2008.

② 傅松涛,杨彬.美国农村社区基础教育现状与改革方略[J].比较教育研究,2004(9):47-52.

③ 孙来勤,秦玉友.印度代课教师:概况、争议及趋向[J].比较教育研究,2011(6):71-75.

④ Krishna Narayan,Jos Mooij.Solutions to Teacher Absenteeism in Rural Government Primary Schools in India:A Comparison of Management Approaches[J].The open Education Journal,2010,3(1):63-71.

⑤ 瞿葆奎.教育学文集:印度、埃及、巴西教育改革[M].北京:人民教育出版社,1991:387.

⑥ 瞿葆奎.教育学文集:印度、埃及、巴西教育改革[M].北京:人民教育出版社,1991:388.

(三)关于农村教师的工作流动

1. 日本农村教师的工作流动

在流动政策中,通过比较发现日本的教师定期流动很有代表性。日本教师"定期流动制"始于二战后,主要是在公立基础教育学校(小学、初中、高中及特殊教育学校)范围内实行。20世纪60年代初该项制度就已趋于完善,对提高教师素质和工作热情、积累丰富经验以及合理配置人力资源、保持学校之间的发展水平均衡等起了很大作用,特别是对偏僻地薄弱学校状况的改善,作用更为显著。

1956年,日本制定了《关于地方教育行政的组织及运营的法律》,规定都道府县负责教师的聘用及配置。根据法规,各个都道府县纷纷制定了关于义务教育教师定期流动的制度。定期流动一般分为两种情况:一种是在同一市町村之间流动,另一种是跨县一级(相当于我国省一级)行政区域内的流动。从流动的学校种类来看,既可以在同级同类学校中流动也可以在不同种类的学校之间流动。从流动的对象来看,既包括学校的教师也包括校长。平均每位教师6年流动一次,校长每3~5年流动一次。从流动的实施程序来看,一般在每年的11月上旬,由县(都道府)一级的教育委员会发布教师定期流动的实施要旨,内容包括地区的指定,有关原则、要求等;全体教师填写一份调查表,其中包括教师流动的意向;由校长决定人选,在充分尊重教师本人意愿并与之商谈后,报上一级主管部门审核,最后由县(都道府)教育委员会教育长批准。校长一般由教育长直接任命换岗,本人也可以提出申请;在来年4月新学期前,流动教师全部到位。[①]日本的教师定期流动制度,对于解决义务教育师资均衡问题提供了一定的帮助,有利于缓解农村地区教师缺乏的问题。优秀的教师流动到农村地区,带来了新的教学方法、教学理念等,也让农村地区的孩子有接受优秀教育资源的机会。都道府县在教师的考核等方面会优先考虑有流动到偏僻地区任教经验的教师。即便如此,真正愿意留在农村地区的教师仍然很少,而且在教师流动中年轻教师和年纪较大的教师流动得比较多,有七年教学经验以上的中坚教师流动得比较少。

2. 韩国农村教师的工作流动

韩国的城乡教师轮岗制度开始于20世纪70年代。1962年,韩国《教育公务员任用令》第13条第3项明确指出:为防止任用者或任用提请者所属教育公务员在同一职位或地域上长期出勤而引起倦怠,通过实施人事交流计划,可以有效率地实行教师的义务。1963年韩国颁布《国家教育公务员法》,对教育行政机关的工作人员、学校行政

---

① 汪丞,方彤.日本教师"定期流动制"对我国区域内师资均衡发展的启示[J].中国教育学刊,2005(4):59-62.

领导和教职工的选拔、任用、调配、考核、流动、退休和退职等事项做出了规划和决策。

第一,流动对象的规定。韩国城乡教师轮岗制度作为一项重要的人事管理制度,流动的对象主要有:中小学校长、校监(相当于中国的教导主任)和中小学教师。在韩国公立学校工作的校长,一般在同一所学校的工作预订周期是4年。工作4年之后,校长将被安排轮换到另一所学校工作。私立学校则可以自主管理本校校长的工作年限。一般而言,韩国中小学教师在同一所公立学校的工作年限为4~5年。对于包含偏远农村地区的道行政区,教师在城市工作的时间可以是8年或10年,之后,他们将流动到农村学校工作3~4年。但是也有允许可以不流动的教师。比如对于有体育竞赛、科学教育、英才教育等办学特色的学校,教师具有特长并有工作实绩,校长要求留任的教师可以提出申请,经道教育厅教育长批准可暂不流动;夫妻双方都是教育公务员,其中一方已经在艰苦地区工作,其配偶可以不流动;父母、配偶、子女或自己身体有残疾的教师也可申请不流动。

第二,流动地域的规定。韩国根据各地区的城市化水平程度,将所有学校的人事管理行政区划分为五级区域,分别为Ⅰ区域、Ⅱ区域、Ⅲ区域、Ⅳ区域和Ⅴ区域。Ⅰ区域是城市化水平最高,是教师最愿意竞争岗位的地区,Ⅴ区域是城市化水平最低,是教师竞争岗位最不激烈的地区。教师的流动将根据教师在相同的人事管理行政区和同一所学校工作的时间和工作表现来定。其实,韩国教师的轮岗体系除了城乡学校间教师的轮换,还包括相同城市的学校间、不同城市的学校间和相同农村地区的不同学校间的轮换。①

3.法国农村教师的工作流动

法国的教育发展情况并不均衡,20世纪70年代以后,两极分化严重。贫困地区和社会中下层子女失学率严重,远远高于国家平均水平。针对这一情况,国家制定了"教育优先区政策"。政府根据一系列的标准三年评定一次教育优先区,符合条件的地区将享受优惠条件,如多派教师到该地区任教、增加教育经费、强化早期教育等。而教育优先区经过发展达到政府标准的,将不再享受这些政策。因此,教育优先区流动性比较强,有利于优化国家教育资源配置。

法国的教师属于公务员,接受国家统一调配。教师流动分为两种,一种是学区间流动,一种是学区内流动。国家统一收集各学区情况并汇总,教师必须在规定时间内登录网站建立个人档案并提交学区交换申请,学区根据自己的需要安排交换。从1994年起,对初次分配到"教育优先区"的教师,政府每年为每人提供12594法郎特殊

---

① 董博清,于海波.韩国城乡教师轮岗制度及其对我国的启示[J].外国中小学教育,2012(7):44-51.

补贴,连续补贴三年;对于愿意流动到"教育优先区"任教的教师,政府每年为每人提供6741法郎的特殊补贴。[①]

(四)关于农村教师的教育培训

1.开展培训课程

日本的政府及大学、偏僻地区的中小学积极致力于复式教学方法、课程设计的研究。承担培训偏僻地区教师的大学在附属学校开设复式班级,进行有关的指导,并让学生亲自到复式班级实习,在实践中巩固学到的知识。到偏僻地区学校去体验学习,也是一个不错的办法。学生通过短期与长期到偏僻地区学校去实习,接触那里的孩子,了解那里的环境,也可以减少部分教师的排斥心理,有利于更好地融入当地社会。复式班级教学是偏僻地区授课的基本形式之一。政府充分重视关于复式班级授课的指导工作,一般会编写指导方针发布到各个中小学,以便教师学习。有时也会与大学合作编订出版复式教育指南。此外,以都道府县为中心,还会组织各种各样的校外研修项目,包括指导复式班级班主任的讲座等等。还会实施由学校举办的校内研修,一般采取老教师和新教师交流座谈的方式。日本比较早的实行了教师资格证制度,但是由于在现实发展中遇到了一系列的问题,迫使人们重新审视教师资格证制度,并提出了教师资格证更新制度。在中小学任教的教师在10年期满后,需参加培训更新教师资格证。此举重在保证教师队伍的高素质,从而保证学生的学习质量。但是在一些偏僻的地区,可能参加进修培训并没有那么容易,因而政府鼓励地方大学开设一些进修讲座,并且承诺给这些大学一些补助,以提高他们的积极性。[②]

在美国中西部,大部分学区都提供了新任教师支持计划,如密歇根州92.8%的农村学区、印第安纳州83.7%的农村学区、俄亥俄州92.1%的农村学区都采用这项计划。[③]农村学校对新任教师的帮助包括简化教案、提供精心安排的进修项目、定期安排听课、加强新任教师与学校其他工作人员的交流。教师间的积极合作不仅能改进教学,发展教师专业能力,也有助于农村教师克服孤独感,获得专业成就感。

澳大利亚幅员辽阔、人口众多,大部分居民居住在沿海城市。内陆地区相对比较落后,为此,澳大利亚政府相当重视农村教育的发展,政府于1977年提出了"贫困乡

---

① 常宝宁.法国义务教育扶持政策与我国教育均衡发展的政策选择[J].比较教育研究,2015(4):33-38.

② 金红莲,秦玉友.日本偏僻地区义务教育教师质量保障制度研究[J].基础教育,2014(2):106-112.

③ Debra Hare, James Heap, Lenaya Raack.Effective Teacher Recruitment and Retention Strategies in the Midwest:Who Is Making Use of Them [EB/OL].[2019-10-06].

村地区计划"(1982年改名为"乡村地区计划")促进乡村地区的教育发展。各州教育部会定期组织乡村教师接受专业培训,培训结束后要进行严格的考试,合格者授予证书,不合格者要继续学习。维多利亚州、西澳大利亚和南澳大利亚等州都要求乡村教师每年必须接受专业培训。澳大利亚政府"优秀教师计划"(其实施对象包括农村和边远地区教师在内)就充分考虑教师的自身专业发展需求,为教师提供适合其发展的专业学习项目,鼓励教师自己制订专业发展计划,自主申请政府津贴选择相应的学习课程。同时,州教育部还会定期委派教育专家到乡村地区指导乡村教师教学,帮助改进教学方法以提高教学质量。

2010年8月,印度颁布了《初等教育教师任职最低资格标准》,印度政府计划用五年的时间通过在职培训计划培训所有未接受过任何培训的教师,提升其专业水平,使全体在职教师符合任职资格规定。[①]具体包括以下几个方面:(1)2009年10月印度国家教师教育委员会(NCTE)颁布了新一轮的《教师教育国家课程框架》(NCFTE),该框架在统一规定教师培训内容的同时,要求地方教师培训机构根据培训对象、培训目标的不同,确定具有层级化和差异性的培训内容;(2)建立情境指导模式,2007—2011年印度拉贾斯坦邦巴兰地区建立的"基于学校现场"的教师教育指导模式,培训者深入农村学校及教师课堂实际,进行现场教学诊断,在倾听教师意见的基础上,为教师提供教学处方;[②](3)了解教师需求,每年更新培训内容,研究开发教师培训资料,特别是关于学生发展、学生知识、社区知识和最新教学方法的资料;(4)提供特殊培训,如"表列种姓"和"表列部落"身份的学生有着不同的社会背景、语言、文化表现上的差异,这就需要对教师进行特殊培训,包括语言的培训,文化敏感性的培训以及教学方法的培训等。[③]

2.运用远程信息技术进行培训

日本特别提倡通过培训的信息化发展提高教师的培训质量。借助电视会议系统以及e-Learning系统等开展的ICT(Information and Com-munication Technology)远距离教师培训,是日本将现代技术融入偏僻地区中小学教师培训的典型代表模式。建构终身学习社会是ICT远距离教师培训的理念基础,即在偏僻地区中小学教育思想符

① 董静,于海波.印度农村初等教育教师:短缺现状、补充策略及启示[J].外国教育研究,2014,41(5):91-99.

② Anju Saigal.Demonstrating a Situated Learning Approach for In-service Teacher Education in Rural India:The Quality Eduation Programme in Rajasthan[J].Teaching and Teacher Education,2012,(28):1009-1017.

③ 董静,于海波.印度农村初等教育教师:短缺现状、补充策略及启示[J].外国教育研究,2014,41(5):91-99.

合终身学习社会理念的基础上,通过学习型社会群体的形成,达到偏僻地区中小学教师综合素质能力提升以及人性持续升华的目的。在该理念的指导下,日本以都道府县负责教师培训的教育中心为主要推手,逐步建立起利用现代技术推动偏僻地区中小学教师培训信息化发展的培训模式。①

美国联邦教育部2004年夏季召开了"教师研究与实践"会议,并发起实施"教师成长计划"。该计划的主要内容是利用远程教育技术促进教师职业的专业发展,联邦教育部与教育财团合作提供了大量的支持,越来越多的州为教师通过网络学习更新专业知识提供机会。教师们可以登录全美23个数字研究室进行课程培训,包括课程的描述、向导、影像、评估、课外活动及反馈表等。远程教育在时间和空间上为教师提供了方便,对于农村教师而言,它更是一个接受继续教育的好途径。②

俄罗斯培训中小学教师主要是通过信息化来完成。首先,为学校配备硬件设施。2001年,俄罗斯投入2224亿卢布,为30715所农村中小学安装了7.6万多台计算机与设备,其中,8543台教师用计算机,48065台学生用计算机,6987台外部调制解调器,3582套网络设备。到2003年初,俄罗斯农村中小学的计算机配备工作已全部完成。其次,开展信息技术培训。将中小学教师信息技术培训纳入教育信息化整体规划中,在"630号决议"框架下完成"信息技术领域教育工作者的培训与进修"。到2002年底,俄罗斯89个地区的4.8万名教师在因特网教育联盟中心完成了培训。第三,利用信息化网络开展远程教育。到2005年,仅因特网教育联盟中心就开放了50个远程教学区域中心支持远程教师培训,每年有5万名俄罗斯教师在这里进修。③

澳大利亚为了解决乡村教师获取教学资料的困难,各州在建立的关于乡村地区计划的官方网站上专门开设了关于乡村教师的栏目,包括各种教学信息、优秀教学课件、网上图书馆、教育专家在线指导教学、教师论坛等。由于大部分乡村学校的设施都比较齐全,乡村教师可以很方便地在网上搜集教学资料,可以请教专家解答教学中遇到的问题,还可以与各地的乡村教师交流教学心得。④

---

① 姜茉然,陈君.日本偏僻地区中小学教师培训的经验及其启示[J].中小学教师培训,2017(8):74-78.

② 李祖祥.美国农村教师职后教育的新动向[J].外国教育研究,2010(1):85-88.

③ 于海波.俄罗斯提高农村教师职业素质的策略与启示[J].外国教育研究,2008(3):39-43.

④ 陈娜.澳大利亚发展农村教育的重要举措——乡村地区计划述评[J].外国中小学教育,2007(8):12-15.

(五)国际农村教师研究的启示

1.大力提高农村教师待遇

提高农村教育水平,核心是农村中小学,关键是中小学教师。要想留得住农村中小学教师,提高待遇是一个非常重要的解决措施。我们经常呼吁的提高农村教师待遇一般以提高工资为主。大量研究提供的证据表明,对教师的经济援助或提薪将有助于教师留在一所学校。比如,科比(Kirby)发现在美国工资每增长1000元,教师的离校或重新择校率就要少3%~6%。[①]英格索兰(Ingersoll)则在控制了教师个人特征等变量基础上佐证了这一结论。[②]汉纳谢克(Hanushek)更通过数据推断出10%的薪资提升可使教师离职率减少一到四个百分点。[③]说明不仅要从表面提高工资待遇,提升的幅度还要足够明显,这样才能达到一定的效果。而且工资的发放一定要准时准额,不能出现拖欠的情况。

除了提高工资待遇外,对农村教师的经济支持还可以表现在发放特殊津贴和保障福利待遇上。比如日本,根据每个地方偏僻程度的不一样,划分了几个等级,每个等级的津贴都不一样,而且津贴的种类丰富多样,通过津贴的发放也可以达到补助农村教师的目的。农村地区特别是一些偏僻的地区欠缺吸引力还有一个比较重要的原因就是环境比较恶劣。如果能保证在农村地区任教的教师有一个舒适的居住环境,并且构建完善的交通体系,便于他们出行,那么也会更容易留住农村教师。

2.完善城乡教师流动机制

我国在关于城乡教师流动方面做出了一系列的政策规定。1996年,国家教育委员会下发《关于"九五"期间加强中小学教师队伍建设的意见》,鼓励教师从城市到农村,从强校到薄弱学校任教。2005年颁布的《关于进一步推进义务教育均衡发展的若干意见》提出"巡回授课"和"流动教学"两个新名词,细化了教师流动议题。2006年的《教育部关于大力推进城镇教师支援农村教育工作的意见》又重申大中城市教师到农村支教,加大对口支援工作力度。2006年9月1日起施行新修订的《中华人民共和国义务教育法》中把校长流动作为教师流动的重要组成部分,使得教师流动的内涵更为丰富、形式更具多样化。2008年12月,《国家教育督导报告2008(摘要)——关注义务

---

① Kirby, S.N., Berends S., Naftel, S.Supply and Demand of Minority Teachers in Texas: Problems and Prospects[J].Educational Evaluation and Policy Analysis,1999,21(1):47-66.

② Ingersoll, R.M.Teacher Turnover and Teacher Shortages: An Organizational Analysis[J]. American Education-al Research Journal,2001,38(3):499-534.

③ Hanushek, E.A., Kain, J.F., Rivkin, S.G.Why Public Schools Lose Teachers[J].Journal of Human Resources,2004,39(2):326-354.

教育教师》发布,该报告再次指出县级政府要统筹县域内城乡教师资源,灵活合理地配置教师。2010年《国家中长期教育改革和发展规划纲要(2010—2020年)》重点强调了教师和校长交流制度的建立,并规定了从财政、硬件设施、社会保障等配套措施上对教师流动予以跟进。2013年11月召开的十八届三中全会在其通过的《中共中央关于全面深化改革若干重大问题的决定》及其后教育部拟出台的相关政策都对教师流动政策提出了要求。①

国家制定了如此多的政策文件来规定教师的流动,那么具体成效如何呢?中国教育科学院的一项调查显示,72.7%的校长认为流入教师不是学校需要的;52.82%的校长认为很难满足交流进来的教师的所谓需求(其中中部、农村校长持有此观点的比例更高,分别达到57.14%和54.86%);40.36%的校长认为交流来的教师不好管理(其中中部、农村校长持有此观点的比例更高,分别达到44.59%和41.57%);36.18%的校长认为教师交流不利于教师队伍的稳定性(其中中部、农村校长持有此观点的比例更高,分别达到38.31%和36.92%);22.9%的校长认为教师交流扰乱正常教学活动。②政策的制定者在制定一项政策的时候,通常持有乐观的态度,殊不知在实践的过程中会遇见各种各样的障碍。

中国的教师流动周期一般为3~5年,这可能会出现教师刚刚适应环境,又要流动走这样的情况。而且一个教师适应了原来的工作环境,到一个新的地方也有可能会出现"水土不服"的现象。本来预期新教师会带来新的知识与理念,但是新教师也很有可能会被同化,或者保持旁观的态度。这也是我们需要考虑的,在政策颁布之后,多进行一些后续的调查,监督实施情况,并且及时做出调整是很有必要的。

3.加大农村教师培训力度

农村教师专业素质的提升会在很大程度上影响农村教育的发展。虽然当前我国也有一部分政策指向农村教师的培训,但是在实施过程中,发现存在县级教育行政部门缺乏正确观念、政策支持力度不大、培训资源匮乏、培训经费严重不足、培训管理不科学的问题。③根据其他国家的一些经验,首先,地方教育行政部门一定要有一个正确的理念,充分重视农村教师的培训问题,并且保证好政策的落实。中央政府负责制定政策,但更重要的最终的落实在于地方政府。其次,要安排符合各个学校发展的校

① 操太圣,吴蔚.从外在支援到内在发展:教师轮岗交流政策的实施重点探析[J].全球教育展望,2014(2):95-105.

② 中国教育研究院.教师流动促进学校均衡发展——校长视角下的义务教育教师流动状况调查分析[N].中国教育报,2012-08-27(003).

③ 张志越.农村教师培训现状调查与策略研究[J].教育理论与实践,2011,31(1):38-41.

本培训课程,最好是结合各所学校的实际情况而定。第三,在培训方式上可以运用远程技术,通过开设网上学习课程的方式,为广大农村地区教师提供培训课程。那么,完善学校的硬件设施就是非常必要的。第四,可以选择专门的教师负责教师培训工作,并且在培训过程中注重理论与实践知识的结合,培训课程不要完全用讲解灌输的方式,要更加注重被培训教师的互动参与。最后,培训不能流于形式。建立完善的监督评价体系,考察培训实施效果也是很有必要的。

三、乡村教师研究的当代热点

21世纪初,我国学界出现了"农村教师专业发展"这一概念,2005年之后得到广泛使用。①农村和乡村的概念在人们的日常用语中,被习惯于等同使用,而本文选择乡村教师是因为他们更能代表我国中西部偏远农村地区教师的特质,他们传承和传播着乡土文明。随着时代的发展,"农村教师培训"到"农村教师专业发展"的概念变化,表明我国对农村教师教育的关注不断深入,从强调城市教师专业发展转向农村教师专业发展,从强调农村教师素质和适应岗位需求转变为关注农村教师职业生涯发展。2015年国务院印发的《支持计划》,对我国乡村教师的专业发展有了较大程度的助推作用。但是,乡村教师的专业水平还是不能很好地满足乡村教育发展的需要。目前我国研究的乡村教师专业发展,还主要是借鉴教师专业发展的研究成果来推演,这种推演方式注重"乡村"和"乡村教师"的特殊性,也就是结合乡村教师的特定需求和内在学习需求来进行②,以确保研究更有实践的价值。

乡村教师支持计划中的乡村教师是指包括全国乡中心区、村庄学校的教师。而本文的乡村教师是指在全国农村地区除城镇以外,经济欠发达的农村地区的乡中心区学校、村小学校、教学点工作的中西部贫困地区的教师,这类教师是在乡村学校中从事教育教学工作的专职人员(包括代课教师)。根据已有研究可知,教师专业发展阶段的辨析涉及三个领域,即对教师行业专业化程度的认定,对教师专业标准的界定及对教师专业化发展阶段的辨析。③大致将教师专业发展分为两类:一是指教师的专业成长过程;二是指促进教师专业成长的过程(即教师教育)。④本文所研究的乡村教

① 李尚卫,周天梅.农村教师专业发展:特质、标准、途径[J].教育探索,2010(1):105-106.

② 李静美."需求—满足"模式下的农村教师专业发展[J].教育观察(上旬刊),2013(6):53-57.

③ 张春宇.国内教师专业发展阶段文献研究综述[J].黑龙江教育学院学报,2014(11):31-32.

④ 蒋竞莹.教师专业化及教师专业发展综述[J].教育探索,2004(4):104-105.

师专业发展更多的是从教育学的视角，从教师个体的、内在的专业性的提升过程，从不成熟到成熟的发展过程，乡村教师专业发展即乡村教师作为专业人员，在专业理念、师德师风、专业知识、专业技能等方面不断发展和完善的过程。

（一）文献来源及研究方法

1.文献来源

本研究的数据来源主要是以中国知网为检索数据库，使用高级检索功能，以"农村教师专业发展"或"乡村教师专业发展"作为篇名进行数据检索。为了保证检索资料的全面性、广泛性和权威性，笔者通过两次检索分别为期刊和硕博论文，检索到相关文献共计2604篇文献，以此作为本研究的原始数据（数据搜集时间截至2018年5月13日）。

2.研究方法

本研究采用美国费城Drexel大学陈超美教授开发的可视化软件CiteSpace 5.0.R2.SE.11.3.2016版本及电子表格进行相关数据的分析与研究。利用关键词在研究领域文献中出现的频次高低来确定研究领域的热点问题，频次越高的关键词表明被该领域研究者关注的程度越高，所代表的文献内容便是该领域研究的热点问题。通过突变词分析并预测我国乡村教师专业发展的趋势，以期望对我国乡村教师专业发展有一个整体的了解。

（二）数据统计与结论分析

1.文献发表量分析——整体概况

有学者研究表明，科学文献在数量及其发展趋势上的变化会直接反映科学知识量的增长情况，因此，科学文献的数量是衡量科学知识量的重要尺度之一。[①]因此，我们对2003—2018年发表的文献进行统计、描绘（见图11-1）。

---

① 邱均平，苏金燕，熊尊妍.基于文献计量的国内外信息资源管理研究比较分析[J].中国图书馆学报，2008（5）：37-45.

(篇)

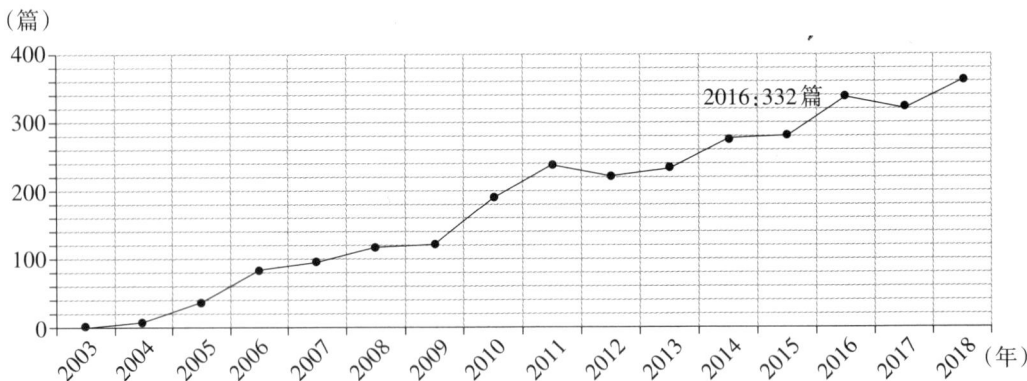

图11-1 2003—2018年我国乡村教师专业发展研究文献年度发表数量曲线图

分析该图可知,我国乡村教师专业发展相关研究文献,从发表数量上来讲总体呈持续上升的趋势,虽然每年会存在一些差异,如2003年最早出现乡村教师专业发展研究时,只有4篇,但近年来我国乡村教师专业发展状况正处于快速发展期。我国学者陆丽香①的研究表明,我国乡村教师专业发展的相关文献的发表的机构多以师范类高校为主,说明了我们教师专业发展的专业性。而发表的论文期刊分布广泛,呈现不均衡性,没有形成核心作者群,研究主题多元但缺乏深入。就期刊论文看,从2005年开始对乡村教师专业发展进行加速研究,到2010年呈明显上升趋势,近几年逐渐趋于稳步上升状态。可知,我国乡村教师专业发展已经成为我国基础教育研究的热点研究领域,需进一步为后续的研究工作与发展做出更多的努力。

2.关键词图谱分析——研究热点

关键词是对文献研究内容的高度浓缩,关键词在不同时期出现的频次反映了该领域研究热点的走向。笔者对2003—2018年我国乡村教师专业发展研究文献的关键词共现网络图描绘、分析后发现,按照出现频次由高到低排序,结果为:农村教师、专业发展、教师专业发展、乡村教师、教师培训、特岗教师、农村教师专业发展及农村小学、农村中小学教师等。这说明我国对乡村教师专业发展的研究比较集中,关键词均聚焦在农村教师的周围,具有高度的集中化特征。进一步分析可知,研究者关注乡村教师专业发展,探讨乡村教师专业发展的成长路径、教师培训、机制创新等,同时针对乡村教师专业发展的现状、影响因素、现实困境、对策与途径等进行研究。此外分析还发现,农村教师、专业发展、教师专业发展、乡村教师等概念是教育学科或教师教育知识中的中心领域,是研究者需要重点关注和分析的对象。

---

① 陆丽香.基于文献计量法的农村教师专业发展研究综述[J].中小学教师培训,2017(12):16-20.

　　笔者结合我国乡村教师专业发展中相关文献及关键词共现知识图谱,通过分析文章的关键词,了解作者的主题和观点。基于对有关统计数据的分析认为,由表11-1可以看出,农村教师/乡村教师、专业发展、教师专业发展、农村教育/乡村教育、专业成长、乡村教育、教师专业化、农村教师培训、教师(继续)教育、教师队伍建设、校本培训、现状调查研究、校本教研、培训模式、影响因素、叙事研究、教师发展、问题与对策、信息技术、教师流动等均是高频关键词,这说明乡村教师专业发展领域的相关文献中,这些关键词属于核心地位。笔者结合文献资料分析发现:我国学者对乡村地区教师的专业发展的理论研究和实践研究从起初集中于初高中阶段转向了幼儿园和小学阶段的研究,尤其是针对乡村教师专业发展的研究开始逐渐增多,这是由于乡村教育是我国教育改革和发展的薄弱环节和短板,而乡村教育质量和水平与乡村教师的专业发展情况密不可分。

表11-1　我国乡村教师专业发展的关键词出现频次的统计表

频次	关键词	频次	关键词	频次	关键词
630	农村教师/乡村教师	50	乡村学校	10	青年教师
473	农村中小学教师	47	问题与对策	10	小规模学校
400	专业发展	31	信息技术/网络教研	9	城镇化
309	教师专业发展	31	教师专业素质	9	教师文化
185	农村教育/乡村教育	30	叙事研究	9	语文教师
164	乡村教育	27	校本教研	9	生存状态
114	教师专业化	22	自主发展	8	教学反思
109	农村教师培训	21	教师流动	8	教育公平
99	特岗教师	19	教师发展	8	教学研究
91	农村教师继续教育	19	体育教师	8	身份认同
78	师资培训/国培计划	18	培训需求	8	专业引领
67	校本培训	18	远程教育	8	贫困地区
67	教师队伍建设	18	培训效果	8	教师政策
64	现状调查研究	16	个案研究	7	专业标准
64	培训模式	15	民族地区	6	地理教师
62	乡村教师专业发展	13	教育均衡发展	6	教育质量
62	专业成长	12	城乡统筹	5	职业幸福感

续表

频次	关键词	频次	关键词	频次	关键词
59	影响因素	12	培训课程	5	教育科研
57	新课程改革	11	职业认同	4	农村小规模学校
56	英语教师	11	教师资源	4	数学教师
56	农村幼儿教师	11	对策建议	4	生命关怀

我国乡村教师专业发展的研究热点可概括为以下几个方面:第一,注重乡村教师专业发展的现状研究,即重点关注乡村教师的教育现状和生存状态,注重教师自身内在素质的提升,专业发展趋向标准化的方向发展;第二,重视深入剖析乡村教师专业发展的影响因素、培养模式和探求多元化的发展路径,对乡村教师专业发展的研究趋向实践性,以调查研究、个案研究、校本研究居多;第三,乡村教师专业发展趋向于利用信息化、网络化的手段,促进专业发展,解决教师专业发展面临的问题,并提出相应的对策;第四,注重乡村教师文化的发展,体现人文关怀。与国家政策倾向于贫困地区有关,注重教师内在职业幸福感、职业认同、身份认同的探究,并提出有针对性的建议和意见。

3.关键词聚类分析——研究领域

本研究通过对2604篇文献的关键词进行聚类后发现,我国乡村教师专业发展的研究高频热门领域主要集中在师范生免费教育政策、乡村教师专业成长、学科教师成长、教师继续教育模式、中小学教师专业成长、教师的知识与技能、教师的培训、实证调查研究、幼儿园教师、转岗教师、教师自主发展等方面。

本研究选取了前22个关键词进行Citespace聚类分析,清晰地观察到关于乡村教师专业发展方面的研究属于以乡村教师为中心展开的高度集中研究领域,凸显出乡村教师专业发展属于研究热点话题。该研究领域从注重理论研究包括乡村教师的概念、乡村教师专业发展的概念与理论研究、教师的专业标准研究等转向教师专业发展的实践研究,更加注重对教师自身内在素质的探讨,并针对实际的需求来展开研究,比如乡村教师的教学技能、教师资源、共生发展、教师自我评价、继续教育模式、青年教师、农村幼儿教师、实证调查研究等领域,注重从理论和实践两个维度进行深入的探讨和研究,以增强对乡村教师专业发展研究的科学性、系统性。

4.关键词突变分析——研究前沿

为了探索我国乡村教师专业发展研究的前沿,这里采用CiteSpace软件中的突变检测功能,将突现词从大量的主题词中探测出来,从而揭示出乡村教师专业发展的研究前沿。

与乡村教师专业发展相关的专业素质、继续教育、信息化、网络教研、城乡统筹、国培计划、特岗计划等是该领域研究的热点与前沿,其中以校本培训突变最为明显,尤其是在2003—2011年这个时间段。

按照关键词突变情况表,大体可将乡村教师专业发展的情况分为三阶段:2003—2009年为第一阶段;2010—2012年为第二阶段;2013—2018为第三阶段。第一阶段乡村教师专业发展研究前沿主要集中于校本培训、教师继续教育、专业素质、课程改革、信息化、农村教师专业发展、信息技术等方面,尤为突出校本培训、教师继续教育和农村教师专业发展等方面的研究。该阶段是对乡村教师专业发展方式进行探索的阶段,存在大量与乡村教师的内涵、概念及维度划分、结构标准探讨有关的文献研究。第二阶段的研究前沿主要集中在网络教研、农村幼儿教师、农村骨干教师、幼儿教师、中小学教师、小学英语教师、城乡统筹等方面,其中尤为突出农村幼儿教师、幼儿教师、农村骨干教师、城乡统筹等领域的研究,属于乡村教师专业发展的快速发展阶段,尤其注重结合乡村教育教学实际,根据具体的方法和策略,借助信息化手段展开针对性的研究。第三阶段的前沿主要集中于国培计划、义务教育、体育教师、特岗计划、青年教师、特岗教师等领域,其中比较突出的是特岗教师、特岗计划和国培计划。该阶段属于深化发展的阶段,将乡村教师专业发展的突出问题进行深入探讨,同时国家出台相应的政策作导向,加快乡村教师专业发展的步伐,聚焦乡村教师的专业发展的关键问题,探索多样化的专业发展路径,是"国培计划"和"乡村教师支持计划"等政策具体落实的重要举措,更加注重全方位提升乡村教师队伍的整体素质。但我们还不得不清醒地认识到,我国乡村地区的现实生活环境和生存状态给乡村教师专业发展带来的阻碍。

(三)现状评判及影响分析

1.乡村教师专业发展现状的评判

对乡村教师专业发展现状分析发现,与城市学校相比较,农村和偏远地区乡村学校的生活条件无疑存在较大距离。偏远地区乡村教师的工作环境差、劳动强度大、文化生活贫乏,这些必然影响教师的工作热情、教育质量和师资队伍的稳定。[1]总结现状得出以下结论:一是乡村教师们教学任务繁重,学习时间偏少;二是政策支持力度

---

[1] 陈元辉.城乡教育二元分离问题的解决策略探讨——日本教师轮岗制的启示[J].教学与管理,2009(15):156-157.

不够,学习机会和学习质量难以保障;三是培训内容的针对性和实效性不强,效果不明显;四是专项经费短缺,导致学习和教学资源匮乏;五是乡村教师专业发展目标不明确,学习氛围不浓厚。这些严重阻碍了我国乡村教师的专业发展和自身成长,进而对乡村中小学整体的教育质量的提升产生阻碍。因此,有必要对我国乡村教师的专业发展问题予以高度重视,并且设法解决,只有这样才能更好地提升乡村教育的整体质量。

目前我国乡村教师专业发展的范式以乡村教师为学习主体按照学习模式来划分有自主学习、专家引领、校本研修、城乡结合、网络研修、学习共同体等发展路径。在路径探索方面存在利用信息化手段助推教师专业发展的趋势,主要是探讨如何将新的信息化教学理念运用到教师的专业发展中,以及教师如何使用信息化手段与方式,促进专业发展,但很少关注到这些专业发展模式的有效性。相比之下,校本研修被公认为是相对有效的专业发展模式,特别是针对边远贫困地区资源匮乏,乡村教师如何更好地利用校本资源进行自我发展才是关键环节。

2.影响乡村教师专业发展的因素分析

乡村教师专业发展的影响因素可分为外部因素和内部因素。外部因素主要包含家庭因素、学校因素、社会因素、国家因素等。家庭生活状况的好坏、学校的管理与激励机制的强弱、社会和国家的政策和财政支持力度的大小等因素影响着乡村教师专业发展水平的高低。乡村教师自身原因是影响乡村教师专业化的内部因素,主要是指教师的个人因素,如受教师自主发展意识、教师自我专业发展规划、教师的职业情怀等因素的影响。目前我国乡村教师专业发展面临的阻碍:第一是学校的激励机制薄弱,支持力度不够;第二是乡村教师们自身因素,乡村教师整体素质偏低、自我专业发展规划意识不强;第三是所处的环境条件差、待遇低、任务重等,无时间与精力进行专业的学习与交流。[①]

(四)已有成绩与未来展望

1.已有成绩

结合我国乡村教育改革实践,积极稳妥地提升乡村教师切实关心的生存问题,优化生活环境,让广大乡村教师有更多的时间和精力投身到自身的专业发展中去,才是关键所在。长期以来,我国乡村教师专业发展缺乏专业引领、工学矛盾突出、教育教学资源分配不均等问题一直受到国家高度重视。因此为了更好地展现目前发展状

---

① 徐君.自我导向学习:农村教师专业发展的有效途径[J].教师教育研究,2009(3):17-22.

况,本研究的结论概括为以下几个方面。

第一,乡村教师专业发展研究以理论层面的探讨居多,以乡村教师和乡村教师专业发展的内涵与特征研究为主要内容,针对专业发展阶段、影响因素、对策方面展开研究。

第二,重点突出乡村教师专业发展的路径探索,学者们通过考察乡村教师专业发展的现状、进行归因分析,并提出各种对策的研究方式,已成为大家熟悉的研究模式。据统计分析可知,本文所研究的文献中,专门研究路径、对策的文章占到所有文献的比例大约为50%,这说明寻找乡村教师专业发展的路径是研究者们的共同旨趣。目前常见的乡村教师专业发展路径有:一是通过自主发展策略(自我学习与学校外派学习),二是国家和政府部门组织领导的教师培训,如"国培计划""网络远程培训""课堂学习+网络研修"等混合型学习方式等。

第三,研究主题比较集中,以教育学领域尤为突出,说明我国乡村教师专业发展在教育领域已形成相对稳定的研究体系。研究主题已由关注教师的知识和技能转向了教师的整个职业生涯的专业发展和规划。

第四,乡村教师专业发展的研究方法多以调查法为主,尤其是以廖龙龙和唐松林等学者为代表的相关实证研究较多。还有以个案研究和叙事研究为主的乡村教师研究,都给我国乡村教师的专业发展提供了很多的实践指导。

第五,随着网络技术的迅速发展与应用,借助网络化、数字化的学习平台,以乡村教师为主体进行的个性化学习、自主学习、协作学习和混合学习等非正式学习的方式越来越多地受到关注。

2.存在不足

虽然我国乡村教师专业发展研究已取得了不错的进展,总体趋势上注重从教师队伍人才培养目标、灵活多样的教育培训模式、适应需求的教师教育以及以能力培养和专业发展为主的方面去探讨。但现有模式依然不能很好地满足乡村教师专业发展的实际需求,理论深度有待加强、研究效度不高,提出的对策与建议缺乏可操作性与科学性。大多研究仅停留于关注于现状的一般探讨,没有深入地挖掘现象背后的本质原因,偏离乡村教师实际发展需求,都难以有效地促进乡村教师专业发展。另外,本研究使用的软件的运行结果与作者选择的文献期刊、学科类型、文献的筛选方法、文献数量等都有一定的关系,所以不同的人分析出的结果是不一样的,该工具只能作为一个辅助工具进行参考,真正的分析研究还得靠研读文献本身。加之,软件的不兼容性和不稳定性,给研究也带来了一些困难。最后需说明的是本文未对外文文献、专著等进行分析,因此只能略窥我国乡村教师专业发展的部分研究状况,后续还需更深入持续地去关注该领域的相关内容,以期为后续的研究学习奠定基础。

3.未来展望

通过文献梳理和分析发现,国内学者们重视对乡村教师专业发展领域的研究,并取得了丰硕的研究成果。纵观整个研究历程,当前对乡村教师专业发展的研究呈现出一定的趋势,基于以上结论,提出以下展望。

第一,应注重乡村教师专业发展相关理论的深入挖掘和探讨,尤其是乡村教师专业发展路径的理论探讨,力求寻求一套更加合理的路径理论体系,从而更好地指导乡村教师的专业发展实践。

第二,研究的对象从大学走向中小学并深入农村中小学和幼儿园,研究对象与人群的范围在不断扩大,涵盖了各类农村学校的教师。但在乡村教师职业发展的影响因素和培训发展方式上还应进一步充实和论证。

第三,研究者们应更加聚焦问题并进行持续的追踪研究,更有利于形成系统化、专业化的研究成果。但在未来的研究中应尽量避免对乡村教师专业发展相关问题的重复研究,将其置于信息时代发展大背景中去思考,对发展对策及路径的可操作性、效果反馈和教育评价等方面还应深入研究,体现时代性和实用性。

第四,已有研究很多借助网络手段进行乡村教师专业发展模式的建构,将网络手段作为缩小城乡差距、减小资源分布不均的一种便利手段,这是一种发展的新思路,未来还应更加深入地探讨如何借助网络手段更有效地促进乡村教师专业发展,随着社会向信息化方向发展,这种方式也将持续成为未来我国乡村教师专业发展研究的新取向。

第五,如何将乡土文化与乡村教师专业发展深度融合是促进教师专业发展的可能选择。需要乡村教师转变观念,将乡土性与现代性相结合,充分挖掘乡土教育素材,创建乡村教师专业发展学习圈。要求乡村教师无论在知识技能、思维方式、教学方式及价值取向上都应该进行转变,构建凸显乡土文化内涵的乡村教师专业发展路径,只有这样才能吸引更多的教师参与其中,并不断获得成长与发展。

第六,联系近些年国家颁布的《中共中央 国务院关于实施乡村振兴战略的意见》《乡村振兴战略规划(2018—2022年)》等文件精神,站在把乡村学校作为乡村振兴战略的一部分、乡村教师作为乡村学校主体的角度,以"社会教育化、教育社会化"的大视野,探讨如何发挥乡村教师、如何发挥乡村学校在乡村振兴战略中的作用,以及由此促进乡村学校自身、乡村教师自己的发展等问题也是非常值得研究的时代大课题。

结语　助推《乡村教师支持计划(2015—2020年)》的落实

行文至此,梳理历时近三年的研究,我们认为研究工作取得了许多重要的发现,如经过对调查数据的统计分析、对访谈内容的综合归纳,获得了中期《支持计划》处于中等偏上的良好状态,由此初步推断后期难度处于中等偏下状态。同时,具体的发现还有广大乡村教师对《支持计划》的良好舆情反映,取得广大乡村教师认为的《支持计划》让其专业素质得到较大提高的重要收获,获得了评定职称和提高待遇是建设乡村教师队伍关键的重要经验等。同时,也发现了存在的诸如《支持计划》政策文本学习宣传不够、经费及配套困难、紧缺学科(课程)教师难以配齐、全员培训效果一般、教师交流形式单一等问题。此外,还发现了诸如乡村教师注重职称评定、期望提高补助标准、希望提高政策执行透明度等重要诉求。可以认为,这些重要的研究成果,既为国家科学评估该项政策的工作和《支持计划》效果评估提供基本信息,同时又能够为国家后期推进该项工作提供科学信息及决策建议。

审视当下、展望未来,我们认为,从乡村教育的可持续发展角度看,《支持计划》既是一项阶段性的工作,又是一项持续性的工作。因此,必须再度探讨持续助推《支持计划》的问题。

一方面,如上所见,对已有《支持计划》工作的研究表明,急需后期有力推进《支持计划》。具体而言,如上通过对农村区县政府教育行政人员、对乡村教师关于《支持计划》的问卷调查、访谈结果表明,该项政策《支持计划》处于中等偏上的状态,虽然达到了合格水平的效果,但尚有较大的空白需要填补。同时,对乡村教师职业情怀、职业支持、职业作用、业余生活、专业发展路径效能的系统研究表明,乡村教师的职业情怀、职业支持、职业作用均处于基本合格状态,都不甚理想;业余生活的内容与质量不甚理想,专业发展的路径虽然众多但有效利用却不甚理想等。这些情况表明,在有了较好的乡村较师队伍建设政策条件下,还要进一步促进教师专业发展,因而决定了当前急需大力推进《支持计划》!

另一方面,在开放式访谈中,我们听到了农村区县政府教育行政人员、传统乡村学校教师对《支持计划》工作的真实感受。在分析他们感受的内容后发现,《支持计划》尚有诸多关于乡村教师队伍建设的工作需要持续推进,如持续提高经济待遇和改善生活条件、坚持职称评定倾斜政策、持续补充乡村教师人员、提高城乡教师交流的规模和质量、不断提高乡村教师的专业素质、积极宣传和彰显《支持计划》的良好舆情反映等。

总之,乡村教师队伍建设是一项系统的工程,既需要国家及地方政府层面的有关乡村教师建设在政治、经济等方面的保障,又需要乡村社区及学校层面的有关乡村教师队伍建设在职业情怀、职业支持、职业作用和业余生活、专业发展路径等方面的保证,当然还需要教师个人层面发挥自主性、抓住机遇、不断提高自身专业素质。唯有如此合力,才能够托起乡村教师这颗"太阳",才能够让乡村教师这颗"太阳"更加灿烂!

习近平在2014年同北京师范大学师生代表座谈时指出,一个优秀的老师,应该是"经师"和"人师"的统一,既要精于"授业""解惑",更要以"传道"为责任和使命。好老师心中要有国家和民族,要明确意识到肩负的国家使命和社会责任。面向未来,乡村教师的工作任重而道远,但使命光荣!让我们一起努力共同托起乡村的"太阳",让它为照耀乡村而更加灿烂!

在此结束之际,一方面,我们必须要表达的是课题组在研究中,大量参考了有关专家、学者的研究成果,你们的研究成果对本研究提供了诸多的启发、提供了众多的借鉴。在此,我们深表感谢!同时,研究工作的不当之处,还望专家、学者指导、批评、指正!另一方面,课题组在完成研究工作中,30多个乡村区县的300多名教育行政人员、100多名乡村学校校长/主任、1000多位乡村学校教师给予了有力支持。我们在此表示衷心的感谢!向你们在艰苦的学校中坚持岗位的精神表示崇高的敬意!

此外,需要说明的是,本著是一项集体研究的成果。课题负责人唐智松教授负责了设计提纲、组织统稿工作,徐爱斌、王丽娟参与了提纲设计、统稿、校对工作;各专题撰写人员为:专题一由唐智松、徐爱斌(成都市礼仪职业中学)撰写,专题二由唐智松、王丽娟（西南大学博士研究生）撰写，专题三由谢焕庭（贵州省铜仁学院）、王丽娟、唐智松撰写，专题四由向静（成都市新都区锦门小学）、徐爱斌、唐智松由撰写，专题五由高娅妮（湖南生物机电职业技术学院）、王丽娟、唐智松撰写，专题六由任洁（四川省成都市双流区棠湖中学实验学校）、徐爱斌、唐智松撰写，专题七由王光雄（云南省楚雄师范学院）、杨婕（女，西南大学硕士研究生）撰写，专题八由李瑞（重庆师范大学附属初级中学校）、唐智松撰写，专题九由王丽娟、高娅妮撰写，专题十由李瑞、唐智松撰写，专题十一由王丽娟、向静、谢焕庭、李瑞撰写。另外需要提出来感谢的人：一是西南大学硕士研究生彭昊、吴诗芸同学在后期校对中付出了大量心血；二是西南师范大学出版社郑先俐同志对本著从初稿到完稿出版给予了专业的、真诚的奉献！ 对于大家在研究中的相互支持、默契配合，我们为自己点赞！

课题组

2020年6月1日